학교 리더십의 이론과 실제

성공적 리더를 위한 지침서

A Guide to Effective School Leadership Theories

Matthew Lynch 지음

김이경, 최은옥, 한민석, 박기석, 박병선, 김서현, 안지윤, 김가람, 민경준 옮김

아카데미프레스

A Guide to Effective School Leadership Theories
By Matthew Lynch

역자 서문

21세기가 필요로 하는 역량을 지닌 인재를 양성하기 위해서는 학교가 변해야 한다는 주장에 더욱 힘이 실리고 있다. 그러나 학교를 둘러싼 정치, 경제, 사회, 문화 환경이 숨가쁘게 변화하면서 학교의 본질이 무엇인지, 어디를 향하여 어떻게 나아가야 하는지, 왜 그래야 하는지 저마다 해석이 분분하다.

학교 교육의 본질과 방향에 대한 교육계의 합의가 부족한 만큼 학교 리더가 되기를 희망하는 교육자나, 혹은 자신을 이끌어 줄 리더를 갈망하는 교육자 모두 혼란스럽기는 마찬가지다. 학교 교육을 함께 만들어 가는 학교 공동체 구성원인 교사, 학생, 학부모들의 특성이 하루가 다르게 변화하고 있다는 점도 혼란을 더욱 가중시키는 데 일조한다.

그 동안 학자나 연구자들에 의해 수많은 학교 리더십 이론이 소개되었지만, 너무 어렵고 복잡하거나 정작 우리나라 교육 현실과는 다소 동떨어져 있다는 아쉬움이 있었다. 또한 학교 현장에서 귀감이 될 만한 리더십을 발휘하고 있는 현장실천가들도 자신의 리더십 유형과 실천방식을 명쾌하게 설명해 줄 수 있는 이론적 틀이 부족하다고 느꼈던 것도 사실이다.

학교 리더는 좁게는 교실과 학교에, 넓게는 지역사회와 국가 전체에 영향을 미치는 다양한 과업을 수행해야 할 뿐만 아니라 여러 종류의 사람들과 소통해야 한다. 학교 리더는 교육자이자, 정치가이자, 탁월한 전략을 수립하는 지략가여야 한다. 더 나아가서 교육 조직 안팎을 들락거리는 수많은 사람들의 요구를 이해하고, 자신을 따르는 사람들에게 영감을 불어넣어 헌신하도록 해야 하며, 도덕성과 주인의식으로 사람들의 신뢰를 이끌어 낼 수 있어야 한다.

훌륭한 리더는 사람들이 붕괴되었다고 한탄하는 교실과 학교를 배움과 성장이 있는 희망찬 장소로 탈바꿈시킨다. 분명한 것은 현재 학교 교육을 이끌어 가는 리더나 미래의 잠재적인 리더들에게는 이전 세대의 리더들과 판이하게 다른 지식, 기술, 태도가 요구된다는 점이다. 학교 교육의 성공을 꿈꾸는 리더들을 성공의 길로 안내하기 위해서는 리더십 이론과 실천을 유기적으로 연결할 수 있도록 해주는 지침이 필요하다.

이 책은 현재 학교 교육을 이끌어 가고 있는 리더는 물론, 미래의 잠재적인 학교 리더들을 염두에 두고 집필되었다. 학교 리더들이 리더십에 관한 견고한 이론적 토대를 숙지하고 이를 일상에서 마주치는 미국의 학교 현실에 적용할 수 있도록 구상되었다. 각 리더십의 개념이나 연구 동향을 소개하는 한편, 리더십 스타일의 강점과 약점을 파악하고 이에 대한 토론이나 상황 적용까지 해볼 수 있는 활동 주제 등을 포함하고 있다. 따라서 학교 리더십에 관심 있는 학자나 연구자, 혹은 자신의 실천을 비추어 볼 수 있는 틀을 원하는 현장실천가들이 두루 활용할 수 있는 지침서이다.

이 책은 학교 리더십에 관한 공통된 고민을 해오던 역자들이 학교 리더십에 대한 이론과 실천을 아우르는 관점에서 대학이나 대학원에서 토론수업에 활용할 수 있는 교과서를 찾는 과정에서 발견되었다. 원서를 토대로 모든 역자들이 참여하여 토론 위주의 학습을 진행해 보고 그 결과에 만족하였으며, 이를 학교 리더십의 이론과 실천에 관심을 가진 학자 및 연구자, 현장실천가, 대학원생 및 대학생들과 보다 넓게 공유하고 싶다는 열망에서 번역서를 발간하게 되었다.

이 번역서가 출간되기까지 그 여정 자체가 보람차고 즐거운 배움의 시간이었으며, 여러 사람들이 헌신과 수고를 아끼지 않았다. 번역자 전원이

책 전체에 대한 토론학습을 마친 후, 각 장별로 책임 번역자를 지정하여 번역서 초안을 마련하였다. 각 장별 책임 번역은 1장 한민석, 2장 김이경, 3장 최은옥, 4장 안지윤, 5장 김가람, 6장 김서현, 7장 박기석, 8장 민경준, 9장 박병선이 담당하였고, 10장은 공동으로 작업하였다. 역자들은 번역서가 우리나라 독자들에게 쉽게 이해될 수 있도록 의역한 부분도 있지만 가급적 원전의 내용을 충실하게 전달하려고 노력하였다. 이어서, 번역자들 간의 정기적 모임을 통하여 번역 내용을 수정, 보완하였고, 그 과정에서 특히 중앙대학교 대학원 석사과정에 재학 중인 김지혜와 김현정 대학원생들의 꼼꼼한 문제제기와 교정은 번역서의 완성도를 높이는 데 큰 도움이 되었다.

아무쪼록 이 책이 학교 리더십에 관심을 가진 분들이 다양한 교육 리더십 이론을 쉽게 이해하고 학교 현장의 실천에 접목하며, 주변 동료들과 함께 토론해 볼 수 있는 길을 안내하는 지침서 역할을 해줄 수 있기를 소망한다.

번역자를 대표하여
김이경

저자 서문

지난 20년간 학교 현장의 리더십에 관한 연구가 많이 수행되었다. 이와 같은 연구들의 범위나 주제는 다양하나, 대부분의 연구는 공통적으로 최근 급격하게 변화하는 교육 정책과 경쟁적인 이론들 사이에서 학교 리더들의 역할이 그 어느 때보다도 중요하다는 결론을 내리고 있다. 오늘날 학교 리더들은 새로운 트렌드와 정책 변화에 발빠르게 대응할 수 있어야 하며, 의사결정 기술뿐만 아니라 효과적인 의사소통, 분석, 네트워킹 기술에 대해 배워야 한다.

1960년 이전의 미국 학교는 대부분의 조직과 마찬가지로 엄격한 위계 구조를 가지고 있었다. 학교장(보통 유럽계 미국 남성)은 지배적 위치에서 교사나 다른 이해관계자들에게 상의하달식 명령을 내렸고, 권력에 맹종하면서 지시에만 따르도록 하였다. 교사, 학부모, 지역단체들은 이러한 제도 내에서 목소리를 낼 수 있는 기회가 거의 없었고, 이로 인한 불만은 사회에 만연했다.

지난 반세기동안, 철학, 심리학, 경영학 분야의 학자들이 학교에 관심을 쏟아온 결과, 놀라운 결과들이 도출되기 시작했다. 강력한 형태의 리더십이 여전히 대세이지만 대부분의 학자들은 이제는 학교 리더가 의사소통 기술을 바탕으로 하의상달식 학교 조직을 설계해야 한다고 제안한다. 학교 공동체를 구성하는 이해관계자들의 발언권이 그만큼 중요해졌기 때문이다.

미국 내 소수인종과 유색인종이 유럽계 미국인 다수에 비해 빠르게 증가함에 따라 2050년이 되면 유럽계 미국인은 소수인종이 될 것이라고 전망되고 있다. 이에 따라 학교에서의 민족적, 인종적, 사회경제적 양상 또한 급격하게 변화할 것이다. 학교 리더들은 이처럼 새롭게 등장한 여러 가지 변수를 고려해야만 한다. 다양한 이해집단, 언어, 문화가 공존하는 상황에서 동질적인 학생집단을 염두에 두고 구상된 구시대적인 접근 방법은 더 이상 효과를 발휘하지 못한다. 더욱 다양해진 공동체에 효과적으로 대응하고, 보다 다양한 경험을 포괄할 수 있는 교육과정을 편성하기 위해서 학교 리더들의 비전은 점차 확대되어야만 한다.

미국에서 발생한 정치적 변화는 학교 풍토를 변화시키고 있고, 이로 인하여 학교 리더는 긴장을 늦출 수 없게 되었다. 시험과 책무성이 다시 강조되고 시험결과에 초점이 맞추어짐에 따라, 학교 리더는 주요 과목 수업시수와 음악, 미술 등의 예체능 과목 수업시수의 균형을 맞추어야 한다. 이러한 상황으로 인하여 학교 안에 긴장과 분열이 발생한다. 학교 리더는 학부모와 교사의 불만을 잠재우기 위하여 사교적 기술을 활용할 줄 알아야 한다.

이처럼 미래의 학교 리더는 이전 세대의 학교 리더와는 전혀 다른 역할을 할 것으로 기대된다. 이 책은 교육 리더십 유형과 방법을 간결하고 실용적인 방식으로 제시함으로써 미래의 학교 리더들에게 견고한 이론적, 실천적 토대를 제공할 목적으로 집필되었다. 이론적 배경과 철학적 논의는 각 방법의 강점과 약점을 보여주는 사례 연구 및 예화를 기반으로 제시된다. 다양한 방법이 명확하게 제시되고, 각 장의 마지막에서는 토의 문제와 활동 주제를 통해 독자로 하여금 여러 가지 상황에 적용되는 각 방법의 영향을 탐구할 수 있는 기회를 제공한다. 토의 문제와 활동 주제 이외에도, 추천 문헌을 각 장의 마지막 부분에 제공함으로써 독자들이 각 주제를 더욱 깊이 탐색할 수 있도록 했다.

각 장별로 다루게 될 내용은 다음과 같다.

책의 구성

제1장. 변혁적 리더십: 리더십 전략계의 불변의 리더십

변혁적 리더십은 James Burns와 Bernard Bass에 의해 개발된 것으로, 교육적 리더십에 있어서 관계의 중요성을 강조한다. 변혁적 리더십을 통하여 리더들은 모든 이해관계자들로 하여금 학교의 목표에 헌신하고 미션을 만드는 데 참여하도록 장려하는 전략과 도구들을 개발한다. 변혁적 모델에서, 학교 리더들은 구성원들에게 영향을 끼치기 위한 카리스마, 강력하고 지속가능한 참여적 구조를 만들어내는 지성, 그리고 개별적인 관심을 기울일 수 있는 역량을 지녀야 한다. 변혁적 리더십은 세 가지 유사한 리더십 스타일—교환적 리더십, 감성적 리더십, 서번트 리더십—과 비교되고 대조된다.

제2장. 교수 리더십: 교수와 학습 향상을 위한 촉매제

교수 리더십은 전통적인 상의하달 방식이면서, 교장을 독재자로 간주하는 학교 리더십 유형이다. 이 장에서는 학교 리더십의 역사를 살펴보고 그 초점이 "학교 효과성"에 집중되었던 1970년대와 1980년대의 변화들을 살펴본다. 학교 리더의 세 가지 주요 과업은 학교의 목표 설정, 교수 프로그램 관리, 긍정적인 학습 풍토 조성이다. 이 과업들을 교수 리더십의 렌즈를 통해서 검증하고, 이런 방법의 긍정적이고 부정적인 측면을 탐색할 것이다. 마지막으로, 학교 리더가 되기에 적합한 인성적 특징을 밝히는 데 유용한 Myers-Briggs의 인성 평가 테스트에 대하여 탐색할 것이다.

제3장. 분산적 리더십: 공유된 지배구조에 대한 인간주의적 접근

분산적 리더십은 미국 전역의 학교에서 빠른 시간 내에 성행하게 된 새로운 모델이다. 학교 리더라고 해서 모두 변혁을 성공적으로 이끌어내는 데 필요한 자질을 가지고 있는 것은 아니라는 점이 분명해짐에 따라, 이해관계자들이 책임을 공유하는 분산적 리더십이 더욱 공감을 얻고 있다. 분산적 리더십은 매우 융통성 있는 방식을 취하는데, 이 장에서는 “유연한 관료제”에서 학교 내 정치적 민주주의에 이르기까지 분산적 리더십이 표출되는 다양한 방식에 대하여 서술한다. 이 장의 마지막 부분에서는 교수 리더십 모형에서 분산적 리더십 모형으로 이동하는 과정에 있어 실천적으로 검토할 사항에 대하여 다룬다.

제4장. 윤리적 리더십: 당신의 도덕적 나침반을 사용하여 배를 저어라

윤리학은 교육분야에서 점점 더 많은 주목을 받는 학문이다. 새로운 매체로 인해 교사와 교직원이 더욱 철저하게 감시당하게 되었고, 소송은 아주 일상적인 일이 되어버렸다. 이 장에서는 Aristotle, Kant, Mill의 철학적 질문을 살펴봄으로써 윤리학의 역사적 기반을 검토한 후, 학교 시스템 내의 견고한 윤리적 구조의 필요성과 그와 같은 구조를 만들 수 있는 방법에 대하여 살펴볼 것이다. 주요 방법에는 도덕 규칙 정하기, 윤리적 용어 사용하기, 행정과정에서 감정이입 사용하기, 공정한 접근법의 적용 및 모니터링 등이 포함된다.

제5장. 감성적 리더십: 마음을 다해 이끌어라

감성지능(emotional intelligence)은 인간지능과 구별되는 영역으로 Salovey와 Mayer에 의해 처음 소개되었다. 지적으로 뛰어난 사람들이 종종 조직의 최고관리자로 발탁되지만, 훌륭한 관리자가 되기 위해서는 어느 정도의 감성지능이 요구된다. 이 장에서는 학교 리더십에 적용되는 감성지능의 특징에 대해 살펴본다. 감성적 리더십과 변혁적 리더십 간의 밀접한 관계에 대하여 탐색하고, 감성지능이 동기 및 효과성에 미치는 영향에 대해서도 기술한다. 또한 가르치는 데 있어서의 감성지능의 역할과 학교 리더십에 미치는 영향력도 확인한다.

제6장. 창업가형 리더십: 학교는 기업 리더로부터 무엇을 배우는가

번창하는 기업의 비밀을 밝히려는 연구물이 축적됨에 따라 성공적인 창업가 정신에 대한 연구는 지난 10여 년간 전성기를 맞이했다. 이러한 연구에서 얻은 교훈은 교육 분야에 계속해서 적용되고 있고, 점점 더 많은 학교들이 "기업 모형(business model)"에 따라 운영되고 있다. 이 장에서는 효과적인 창업가의 다양한 측면(목표, 목적, 구조, 업무절차 등)에 대해 살펴보고, 학교 리더와 연결하여 생각해본다. 성공을 거둔 기업 리더의 특성을 밝혀내고, 이러한 특성이 학교 리더들에게 주는 시사점에 대해 집중 조명한다.

제7장. 전략적 리더십: 계획을 세우지 않으면 실패한다

학교 리더십은 거시적, 미시적인 수준에서의 계획 수립을 필요로 한다. 이 장은 전략적 리더십의 세 가지 역사적 유형을 살펴보고 있는데, 1980년대 성행했던 내부 전략 리더십, 1990년대에 형성된 인터페이스 전략 리더십, 새 천년 들어 나타난 미래 전략 리더십이 이에 해당한다. 전략적 리더십의 기본 요소를 소개하며, 고도의 전략적 기술을 지닌 리더들을 인터뷰한 연구결과도 제시한다. 이 장의 마지막 부분에서는 성공적인 리더의 자질에 대해서 설명한다.

제8장. 지속가능한 리더십: 인내하는 자가 경기에서 승리한다

이 장에서는 Hargreaves가 바라본 "지식사회"를 통해 지속가능한 리더십을 소개한다. 지식사회에서는 사람들이 팀을 형성하여 일하도록 장려하고, 문제점들을 배움의 기회로 인식하고, 모든 구성원을 조직의 비전에 포함시키며, 관계형성을 통하여 "사회적 자본"을 축적한다. 미국이 현재 교육적 지속가능성과 관련하여 가장 크게 고심하고 있는 문제는 인구통계의 변화이다. 이 장은 이러한 변화에 대해 설명하고, 모두가 각자의 의견을 낼 수 있도록 하는 구조를 제안한다. 마지막으로, 이 장은 제도적 "망각(forgetting)"에 대해서 살펴보고 건설적인 방식으로 앞으로 나아가기 위해 과거의 어떤 요소가 제거되어야 하는지에 대해서도 논의할 것이다.

제9장. 초대 리더십: 신뢰, 존경, 희망의 학교 문화 형성

초대 리더십은 Purkey와 Siegal이 2002년에 구안해낸 비교적 새로운 유형의 리더십이다. 이 장에서는 초대 리더십의 정의와 배경에 대해 살펴보고, 초대 리더십이 학교 현장에서 어떤 양상으로 전개되는지를 보여준다. 이 유형은 네 가지 신념 즉, 낙관주의, 존중, 신뢰, 의도성에 근거하고 있다. 이 장에서는 이 네 가지 신념이 학교의 현실과 어떻게 얽혀있는지에 대하여 탐색한다. 이어서, 최근에 수행된 연구 결과나 교장 및 교사들을 대상으로 실시된 면담 결과 등을 활용하여 초대 리더십 모형을 다른 리더십 모형과 비교, 논의한다.

제10장. 구성주의 리더십: 지속가능한 학교 개선을 위한 틀

마지막으로, 촉망되는 새로운 리더십 모형 가운데 하나인 구성주의 리더십에 대해 살펴볼 것이다. Kant의 철학에 근거한 구성주의 리더십은 세계화나 발빠르게 도입되는 기술 및 인터넷으로 인해 발생하는 교육 풍토의 변화에 주목한다. 구성주의 학습에서, 학생들은 현실에 대한 자신 특유의 의미를 계속해서 능동적으로 구성하고 이해하는 존재로 간주된다. 그러므로 이 모형은 적용가능성이 매우 높은 모형이다. 이 장의 마지막 부분에서는 "추종(followership)"과 반대되는 개념인 "참여(participantship)"의 이점에 대해 다루고자 하며, 이때 모든 이해관계자에게 권한을 부여하는 학교 리더 역할의 중요성을 특히 강조한다.

이 책은 현재와 미래의 학교 리더들에게 학교 리더십의 역사와 실천 방식에 대한 확고한 배경을 제공한다. 독자들은 최근 거론되고 있는 다양한 리더십 모형을 이해함으로써, 자신이 처한 환경에서 효과를 최대로 발휘할 수 있는 리더십을 찾아내고 적용하는 데 필요한 도구를 가지게 될 것이다.

감사의 글

우선 나의 힘과 은신처가 돼주시는 하느님께 감사드린다. 또한 조상 대대로 축적되어 온 무의식에 감사하고 싶다. 조상들의 지성은 오늘날 내가 훌륭한 학자들 틈에서 실력을 발휘할 수 있는 기틀을 마련해주었고, 지적 발전을 이룩할 수 있는 촉매가 되어주었다.

물론 나를 사랑해주시고 지지해주신 부모님(Jessie Lynch와 Patsy Lynch)께도 감사드려야 할 것이다. 또한 내 편이 되어주는 누이들 Tammy Kemp와 Angelina Lynch에게 감사하고 싶다. 조카 Adicuz, Kayla, Kerri, Kelton에게도 고마움을 표한다. 나의 업적을 통해 너희가 무한한 잠재력을 깨닫게 되길 바란다. 어떤 상황에서도 삼촌이 너희를 사랑한다는 걸 기억해라. 또한 내 멘토로서 나에게 보이지 않는 지지와 안내, 지식과 영감을 준 Rodney Washington 박사에게도 감사를 표한다. 내가 한 번도 가져본 적이 없이 맏형의 역할을 해준 데 대해 감사한다. 또한 여러 면에서 나를 지지하고 도와준 Routledge 출판사의 Heather Jarrow 에디터와 Allison Bush 보조 에디터에게도 고마움을 표한다.

모든 아이들이 잠재력을 발휘하고, 세계수준의 교육을 받을 수 있도록 쉼없이 일하는 모든 교육자, 행정가, 부모, 시민, 정치가에게도 감사를 보낸다. 우리 아이들에게 정성을 쏟아줘서 고맙다. 또한 미국 교육시스템 내에서 적절한 교육을 제대로 받지 못한 수많은 아이들을 기억하고 미안함을 표하고 싶다. 우리는 이 아이들에게 피해를 준 데 대해서 되돌아보고 지속적 변화를 추구할 책임이 있다. 나는 미국의 모든 아이들이 질 높은 교육을 받을 수 있도록 하기 위해 평생을 바쳤으며, 이 목표가 실현될 때까지 쉬지 않고 노력할 것이다.

차 례

제2장 교수 리더십
교수-학습 향상을 위한 촉매자

제3장 분산적 리더십
공유된 지배구조에 대한 인간주의적 접근

제4장 윤리적 리더십
당신의 도덕적 나침반을 사용하여 배를 저어라

제5장 감성적 리더십
마음을 다해 이끌어라

제6장 창업가형 리더십
학교는 기업 리더로부터 무엇을 배우는가

제7장 전략적 리더십
계획을 세우지 않으면 실패한다

제8장 지속가능한 리더십
인내하는 자가 경기에서 승리한다

제9장 초대 리더십
신뢰, 존경, 희망의 학교 문화 형성

제10장 구성주의 리더십
지속가능한 학교 개선을 위한 틀

제1장

변혁적 리더십

리더십 전략계의 불변의 리더십

평범한 화요일 오후 Parker 중학교를 관찰해보면, 학부모와 조부모들이 5학년생들의 연극을 보러 강당으로 안내받기 위해 기다리는 것을 볼 수 있다. 정면 데스크에서는 학교 교감이 신입 교사에게 오후 과제를 설명하고 있다. 홀 건너편, 작은 보건실에선, 학교 간호사가 자신의 아이의 음식 알러지에 대해 걱정하는 부모의 말을 경청하고 있다. 교장실 근처에선, 지역 경찰관이 한 학생을 둘러싼 가족 상황에 대해 누군가와 대화하기 위해 기다리고 있다. 현장 학습 계획서를 결재받고자 하는 두 명의 교사들도 기다리고 있다.

이 상황들 중 어떤 경우에서든 교장의 관여가 필요하다. 현 상황에선 각자가 학교 정책은 어떠해야 하는가에 대한 판단을 내리며, 여러 사람들이 동시에 학교를 대변하여 활동하고 있다. 이 각각의 상황에서 교장의 역할은 무엇인가?

학교는 복잡하다. 다른 조직들의 경우 여섯 단어의 광고 슬로건이나, 숙련된 고용인들, 현명한 고객들에 의지할 수 있다. 이와는 달리, 학교는 학부모와 다른 친지들, 교직원, 학생, 정부를 만족시켜야만 한다. 전체 지역사회 모두가 학교 시스템에 관심을 가지고 있으며, 학교가 리더십을 발휘하길 바란다.

학교는 직업, 생활방식, 문화의 형성에 핵심적인 역할을 하므로, 학교의 영향력은 헤아릴 수 없을 만큼 크다. 심리학 연구에 의하면, 아동들은 어린 시절에 평생의 습관을 익히게 되고, 자신이 믿고 의지하는 사람들에 의해 큰 영향을 받는다. 그러므로, 특히 초등학교에서는, 강력하고도 역동적인 리더십이 건실한 학생들과 시민들을 양성하는 데 있어 중요하다.

학교를 경영하는 것은 힘든 일이다. 이러한 책임이 부여된 개인들은 학교와 지역사회에 있어 효과적인 리더십을 발휘해야 한다. 최근, "변혁적 리더십"이라 불리는 새로운 방법이 구성원의 충성심을 높이고 학생들의 행동발달을 촉진하는 데 매우 효과적이라는 것이 증명되었다. 이 새로운 접근법은 전 세계적인 찬사를 받았으며, 많은 복잡한 조직체에서 채택되었다. 그러나, 다른 유형의 조직들에서 성과를 거두었음에도, 변혁적 리더십은 아직 많은 학교 시스템에 도입되지 않았다. 이 장에서는 변혁적 리더십에 대해 설명하고, 이것이 어떻게 학교에 적용될 수 있는가를 기술할 것이다.

지시적 리더십 vs. 공동체

의식적이든 무의식적이든, 리더는 학교를 공식적 조직체로 정의할 것인가 혹은 공동체로 정의할 것인가 사이에서 선택을 하게 된다. 양쪽 모두 적용 가능해 보이지만, 어떤 정의가 강조되는가에 따라 큰 차이가 생길 수 있다.

학교가 공식적 조직이라고 가정하는 리더는 통제적일 수밖에 없다. 그의 초점은 규칙과 기준을 만드는 조직의 필요에 맞추어져 있다. 그러한 시스템에서는, 교장과 감독자는 학교를 "책임지는" 구성원이며, 그들이 교사나 직원보다 매일의 결정을 내리는 데 더 유능하다고 가정된다.

이러한 리더십의 형태는 "지시적 리더십"이라고 불린다. 관리자는 학교 활동, 교사 관리, 커리큘럼 분석 등을 포함하는 학교와 관련된 모든 부분을 확실한 통제하에 두고자 한다. 대부분의 교장들은 학교에서 일어나는 모든 것에 대해 자신에게 책임이 있다고 가정하고 있으며, 지시적 리더십의 대안이 존재한다는 것조차 인식하지 못한다.

학교를 공동체로 인식하는 것으로 리더십에 대해 다르게 접근할 수 있다. 공동체는 평가와 수업적 리더십에 의해서가 아니라, 그 공동체를 묶어주는 원칙, 신념, 가치에 의해 정의된다. Sergiovanni(1992)는 이러한 원칙과 가치를 공동체의 "중심(centers)"이라 하였다. 이러한 새로운 리더십 스타일이 도입되면, 교직원들이 자기 관리를 할 수 있기 때문에, 교장은 매일매일의 실천보다는 교육 정책과 교육 공동체 참여 같은 전략적 문제를 다룰 시간을 갖게 될 것이다. 일단 학교의 리더가 지시하려고 하지 않고 수업적 리더십을 버린다면, 공식적 평가 관례를 피할 수 있다. 지시에 의한 규제에서 벗어난다면, 교직원들은 자유롭게 전문성을 신장시킬 수 있다. 결과적으로 이는 교직원을 더 만족시킬 뿐만 아니라, 질적인 면의 관리도 용이하게 될 것이다.

이 장(chapter) 도입부에 Parker 중학교의 일상이 제시되었는데, 이 사례에서 서로 다른 중요도를 가진 상황들이 제시되었다. 몇 가지 상황은 교장이 다루게 되겠지만, 대부분은 직원들에 의해서 처리될 것이다. 앞으로 언급되겠지만, 적절하게 책임을 분배하는 것과 직원에게 권한을 부여하는 것이 변혁적 리더십의 열쇠이다.

변혁적 리더십은 무엇인가?

변혁적 리더십이란 James MacGregor Burns(1978)와 Bernard Bass(1985)에 의해 체계화된 개념이다. 변혁적 리더십은 대부분 여러 가지 다양한 접근 방식을 통해 조직의 목표를 성취하는 것에 초점을 둔다.

Bass(1985, 1990, 2003, 2005, 2006)와 Bruce Avolio(1990, 2003, 2005)는 변혁적 리더십의 이론적 개념의 원형을 현재의 형태로 체계화하였다.

그들의 성과는 그 이후로도 다른 학자들에 의해 계속 발전되어 왔다. Bass(1990)에 의하면, 변혁적 리더십을 가진 리더들은 고용인들의 관심사를 최대한 존중한다. 그러한 리더들은 고용인들이 집단의 목적과 임무를 자각하고 받아들이도록 하며, 그들이 집단의 이익을 위해 자신의 관심사항을 넘어설 수 있도록 이끈다.

Bass와 Riggio(2006)는 변혁적 리더십의 본질은 고용인에게 조직에 대한 헌신을 촉진시켜서, 조직의 목적과 목표를 달성할 수 있도록 이끄는 것이라고 말한다. 고용인들에게 비전과 가치, 권한을 부여하여 동기를 불러일으킨다면 조직의 목적에 헌신할 것이다. 변혁적 리더십은 리더와 추종자들 간의 관계 형성과 적절한 작업 조건 형성과도 연관된다. 리더는 개방적인 정책을 취하며 관료주의를 회피해야 한다. 신뢰 문화를 발전시키는 것은 강압이나 보상을 통해 소정의 목표를 충족하는 단기적인 이익을 취하는 것보다 더욱 효율적일 것이라고 판단된다.

Bass와 Riggio(2006)는 변혁적 리더십의 네 가지의 속성을 이상적 영향력/카리스마적 영향력, 영감적 동기화, 지적 자극, 개별적 배려로 구분한다.

이상적/카리스마적 영향력

이상적/카리스마적 영향력은 자신이 타인의 역할 모델이 될 수 있는 바람직한 방식으로 영감을 주는 리더의 능력을 일컫는다. 이 특성은 리더가 선택하는 삶의 양식, 언어, 에티켓, 매너리즘을 통해 습득된다. 이러한 카리스마적 리더들은 대개 높은 수준의 신뢰를 얻게 되는데, 이는 자신이 솔선수범하여 모범을 보이며 자신이 한 말을 책임지기 때문이다.

이상적 영향력을 위해 리더는 높은 수준의 윤리 도덕적 수준과 진실성을 유지해야 한다. 그렇게 함으로써, 리더는 더욱 용이하게 자신의 추종자들이 조직의 성공이라는 공동선(the common good)을 위해 자신들의 관심사항을 넘어설 수 있도록 고취시킬 수 있게 된다. 또한 카리스마적 리더는 책임을 다루고 분배하는 데 뛰어나며, 자신의 리더십을 변혁할 수 있다 (Avey et al., 2008).

영감적 동기화

변혁적 리더의 주 목적은 공동 목적을 달성하기 위해 자신의 추종자들의 지지를 얻는 것이다. 이를 위해 리더는 이 추종자들에게 사기와 동기를 부여하고 영감을 주어야 한다. Avey 외(2008)에 따르면, 과제에 의미를 부여하기 위해, 추종자들이 도전할 만한 과제에 전념하게 함으로써 이를 성취할 수 있다. 그리고 Bass와 Riggio(2006)는 설정된 목적을 달성하기 위해서는 팀 정신이나 조직에 대한 열정이 발휘되어야 한다고 하였다.

의사소통과 상호작용은 효율적인 변혁적 리더십에 있어 필수적이다. 리더는 추종자들 간에 소속감이 자라나도록 하는 작업 문화를 조성해야 하며, 그 결과로 그들은 공유된 비전이라는 조직의 목표를 공유하게 될 것이다. 카리스마적－영감적 리더십은 대개 변혁적 리더가 영감적 동기와 이상적 영향력을 모두 포용할 때 성취될 수 있다(Bass & Riggio, 2006).

지적 자극

변혁적 리더들은 조직의 목표 실현을 촉진하는 하나의 요인으로 창의적 사고를 장려하기 위해 자신의 추종자들의 정신을 자극한다. Avolio, Bass와 Jung(1999)은 근로자들을 자극하는 가장 좋은 방법은 그들이 세워진 가설을 비판적으로 받아들이고 새로운 방법으로 문제를 해결하도록 장려하는 것이라고 제안한다. 이와 같이 고용인들이 자신의 일의 모든 면에서 이성적이면, 혁신과 근면성을 신장시킬 수 있을 것이다. 또한 효율적인 변혁적 리더는 문제 해결이나 새로운 개념을 구상하는 데 있어서 추종자들에게 도움을 요청한다.

개별적 배려

변혁적 리더는 자신의 추종자들을 집단적으로 다루지 않고 개별적으로 배려한다. 이는 거대 조직에서는 항상 가능하지는 않겠지만, 그래도 리더는 자신을 따르는 사람들과 개별 수준의 관계 형성을 위해 노력해야 한다. 리더는 각각의 추종자들의 성장 가능성과 더불어 강점이 되는 부분을 분석한다. 또한 개별적 배려는 추종자들로 하여금 자신의 노력이 인정받고 있으며 자신의 활동이 조직의 목적과 목표에 커다란 기여를 한다는 느낌을 받도록 하는 것이다.

의사소통은 리더와 추종자 사이의 개인적 관계에 있어 핵심적인 역할을 한다. 변혁적 리더는 의사소통이 "쌍방향적"일 수 있도록 해야 하며, 말하는 만큼 들을 수 있도록 언제나 노력해야 할 것이다(Avolio, Bass, & Jung, 1999). 또한 변혁적 리더는 이러한 개별적 의사소통을 통해 효율적인 책임 분배에 필요한 정보를 얻을 수 있다. 이를 통해 리더는 추종자 개인의 욕구와 능력을 고려하여, 언제 혹은 누구에게 책임을 분배할 것인지를 알게 된다(Bass & Riggio, 2006).

변혁적 리더가 권한을 부여하는 것은 추종자의 활동을 간섭하지 않으며 힘을 실어준다. 그 반면, 리더는 모니터링을 통해 작업이 분배하고 효율적으로 이루어지도록 책임을 진다.

Bass와 Riggio(2006)가 정의하는 변혁적 리더란 다음과 같다.

- 변화가 필요한 이유를 분명히 한다.
- 확고한 비전을 설정하고 그것을 위해 헌신한다.
- 장기적인 목적에 초점을 맞춘다.
- 구성원들이 조직의 높은 수준의 목표를 위해 자신들의 관심사항을 넘어설 수 있도록 고취시킨다.
- 진취적인 자세로 자신의 삶에 책임감을 갖도록 지도한다.
- 수용하기 용이하도록 조직의 비전을 재진술한다.

변혁적 리더십 vs. 그 외 리더십 스타일

몇 가지 리더십 형태는 변혁적 리더십과 비슷한 양상을 보이나, 실제로는 상당한 차이가 있다. 이러한 리더십에는 서번트 리더십과 교환적(거래적) 리더십, 감정적 리더십이 있다.

서번트 리더십

학교에서 널리 보급된 서번트 리더십은 다양한 이론가들에 의해 변화 발전되었지만, Robert Greenleaf의 공로가 가장 크다. 서번트 리더는 자신의 관심사보다 자신이 섬기는 사람들에게 초점을 둔다. 이 이론은 리더가 주 관심사를 온전히 자신의 밑에 있는 사람들의 안위에 돌리기 위해 자신의 관심사를 완전히 버려야 한다고 주장한다.

서번트 리더십의 초점은 결과에 있는 것이 아니라, 주로 다른 사람들의 요구를 체계화하여 충족해주는 것을 통해서 그 결과를 성취하기 위한 수단에 있다. 이러한 조력은 개인의 역할에 대한 조언을 제공하는 것과 추종자들을 격려하는 것, 조직의 목적들이 성취될 수 있는 신뢰의 문화를 조성하는 것과 같은 형태로 이루어지는 것이 좋다.

서번트 리더십이라는 개념은 대중적이며 효과적이지만, 실증적이며 경험적 자료 부족과 개념의 대부분이 정의되지 않은 채로 남아있다는 사실로 인해 많은 논의를 겪었다. 최근 일부 학자들은 서번트 리더십에 관심을 가지고 이 이론이 조직적 수준에서 더 용이하게 적용되도록 발전시키려 노력하였다. Russell과 Stone(2002)은 서번트 리더십의 기능적이며 구조적 특성을 밝히는 실천적 모델을 제시하였으며, 이 모델은 서번트 리더십과 변혁적 리더십 간의 유사점과 차이점을 밝혀내는 토대가 된다. 두 리더십 양식 모두 인간중심적이라는 점에서 상대적인 유사한 속성들이 보인다.

가장 주목할 점은, 두 리더십 스타일 모두 추종자에 대한 진실성, 신뢰, 존중, 권한 부여, 비전, 영향력과 같은 요소들을 포함한다는 점이다. 또한 두 리더십 스타일 모두 추종자들을 위한 권한 부여 도구로써 리더의 칭찬, 모니터링, 공로 인정, 잘 들어주는 것과 같은 방식을 주로 사용한다.

하지만 두 스타일 사이엔 몇 가지 차이점이 있다. 서번트 리더십은 신뢰를 얻고 추종자에게 영향을 주는 것을 강조하는 반면에, 리더 쪽의 더 큰 희생을 요구한다. 따라서 이익의 추구는 서번트 리더에게 있어 부수적인 것이다. 조직의 목적은 건설적 행위를 통해 사회를 발전시키는 것이다. 추종자들은 변혁적 리더보다 서번트 리더 밑에서 더 자유롭게 활동할 가능성이 높다. 서번트 리더십은 리더 자신의 지시적 능력보다 자신의 추종자들에 대한 리더의 신뢰를 그 기반으로 한다.

또 다른 주요 차이점은 리더가 중점을 두는 것이 다르다는 것이다. 두 스타일 모두 어떤 방식으로든 리더가 봉사하게 하지만, 변혁적 리더의 최대 관심사는 추종자들이 조직을 위해 건실하게 봉사하도록 장려하는 것인 반면에, 서번트 리더는 궁극적으로 추종자 그 자체에 초점을 둔다. 그러므로 두 스타일의 근본적 차이점은 변혁적 리더는 조직의 목적에 초점을 맞추는 반면에, 서번트 리더는 추종자들의 요구에 주안점을 둔다는 것이다.

서번트 리더는 과정을 신뢰한다. 추종자들이 조직의 목표를 성취하는 이유는 리더가 그들을 최우선시하기 때문이다. Bass(2005)는 장기적인 목표는 인적자원의 개발을 통해 이루어진다고 덧붙였다. 그는 이것이 모든 면에서 조직의 관심사를 최우선 사항으로 삼는 변혁적 리더십과 서번트 리더십의 다른 점이라고 말한다.

이번 장의 도입부에 제시된 Parker 중학교의 사례를 보면, 이 학교의 많은 신뢰는 다양한 이해관계자들(간호사, 학생 가족들의 "안내인", 교감)의 손에 달려 있다는 것을 알 수 있다. 주목할 것은 학교 공동체의 "소수" 구성원조차도 각자 자신의 역할을 가지지만, 그들의 역할은 조직 구조에 통합된다는 것이다. 그들은 매일의 학교 운영이라는 순조롭게 움직이는 기계(시스템) 안에서 자신들이 맡은 역할을 이해하고 있는 것이다.

Bass와 Riggio(2006), Yukl(2009)은 카리스마가 변혁적 리더십의 핵심

요소임을 규명하였다. 카리스마는 타인을 감화하고 동기를 부여하고 흥미를 자극할 수 있는 매력과 능력을 일컫는다. 그러므로 주목할 점은 변혁적 리더십은 그 효과성을 위해 리더의 카리스마적 능력에 의존하는 경향이 있는 반면에, 서번트 리더는 리더의 자기(권력, 부, 지위 등에 있어서)강화적인 측면 없이, 봉사의 행위를 통해 카리스마와 동등하게 동기화하고 영향력을 행사한다는 것이다.

두 리더십 스타일은 모두 효과적이지만, 둘 모두 각자의 위험성을 내포하고 있다. 두 스타일 모두 조종과 부패의 수단이 될 수 있다. 왜냐하면 이러한 종류의 리더십의 경우, 리더가 결국엔 자신의 추종자들에 대한 일종의 권위 혹은 권력을 얻게 되며, 이것이 부정적인 목적으로 사용될 수도 있기 때문이다. 변혁적 리더십은 통제성을 가지기 쉽다. 카리스마적 리더는 추종자들을 맹목적으로 변화시킬 수 있다. 따라서 이것은 리더 자신의 도덕적 윤리적 기준이 자신의 카리스마와 부합하지 않으면 많은 문제를 야기할 수 있다.

Conger(1990)의 초기 연구는 카리스마에 기초한 리더십에 내포된 위험성을 발견하고, 그 리더십이 부정적 영향을 끼칠 가능성이 높다고 주장하였다. 즉, 리더는 충성심을 이끌어내기 위해 거짓된 비전을 제시할 가능성이 있다. 또한 변혁적 리더십은 특히 Clements와 Washbush(1999)에 의해 비판을 받았는데, 이들은 변혁적 리더십을 옹호하는 연구들의 대부분이 이러한 부정적인 속성을 무시하려 한다고 말한다. Northouse(2009)도 유사한 관점을 갖는데, 그는 리더가 자신의 추종자들 간에 강한 유대 관계를 형성할 수 없을 경우 변혁적 리더십은 취약해질 수 있다고 하였다. 그는 통제감에 취해 타인을 조종하는 자아도취적인 리더들의 사례를 제시한다. 또 그는 일부 추종자들은 리더에게 지나치게 의존하여 자신의 강한 의존적 욕구를 만족시키기 위해 리더와 강한 연결 고리를 형성한다는 것을 밝히고 있다(Northouse, 2009).

변혁적 리더십과 서번트 리더십 모두 오용될 소지는 있지만, 이 둘의 강점은 이러한 부정적 측면을 훨씬 능가한다. 이상적인 것은 카리스마적인 변혁적 리더가 통제하고자 하는 욕구와 부패한 관행에 빠지려 하는 욕망을 자제할 수 있게 되는 것이다. 마찬가지로, 서번트 리더는 개인의 이기적 목적이 아니라 공통 목표를 성취하기 위해 협동심을 이끌어내야 한다. 일반적으로, 서번트 리더십과 변혁적 리더십 모두 조직의 현대적 요구를 충족시킬 수 있는 리더십 지침을 제공하고 있다.

교환적(거래적, 보상적) 리더십

또 다른 전통적 리더십 스타일은 교환적(거래적) 리더십으로, 이는 리더가 추종자의 봉사에 대한 대가로 가치 있는 무언가를 제공하는 것을 의미한다. 리더와 추종자 간의 전통적 관계는 대부분은 거래적인데, 이는 대부분의 사람들이 "상호 교환(quid pro quo)"("무엇에 대한 대가로 무엇을 제공하는 것")이 협상의 궁극적 목적이라고 생각하기 때문이다. 이러한 합의 관계에서는 모든 사람이 만족하므로 어떠한 불이익도 없다.

고용주와 고용인 간의 계약은 대부분 거래적이다. 계약자는 무엇을 해야 할지 알고, 자신의 협상 의무를 이행하게 된다. 이 리더십은 양쪽 당사자들 모두가 무엇이 우선되는지 이해하고 있는 상황에서만 적용 가능하다(Aarons, 2006).

변혁적 리더십과 교환적 리더십은 서로 다르지만, 경우에 따라 종종 서로를 보완하기도 한다. Bass(2005)는 교환적 리더십과 변혁적 리더십을 혼합하는 것이 가장 좋다고 주장한다. 그러나 이 두 리더십이 상호 보완하는 관계를 가지기는 하지만, 교환적 리더십을 변혁적 리더십으로 대체하는 것은 불가능하다. 왜냐하면 교환적 리더십도 역시 효과적인 동기부여의 역할을 하기 때문이다.

자신의 추종자를 매료시키지 못한 변혁적 리더의 경우, 그는 때로 거래적 리더십에 의존할 수 있을 것이다. 변혁적 리더십은 많은 노력과 강한 의지를 요구한다. 이러한 특성을 가지지 못한 리더는 전통적인 전략을 더 선호할 것이다. 거래적 리더십은 지름길이지만, 변혁적 리더십만큼 장기적으로 지속되진 않는다. 왜냐하면 약속된 보상은 제공하지 못할 수 있으나, 리더의 카리스마는 결코 고갈되지 않기 때문이다.

변혁적 리더십은 신중함을 요구한다. 리더는 이해득실의 차가 발생하는 상황에서(win-lose situation) 종종 그 상황을 모든 당사자들이 합의하여 만족할 수 있도록 개선하려고 한다. 양쪽이 모두 만족할 수 있는 상황(win-win situation)을 리더가 이끌어내지 못할 경우, 협상 기술이 필요해지며 이럴 때 거래적 리더십이 유용해진다. 이럴 경우, 리더는 종종 거래적 리더십을 유지하고자 하는 유혹에 빠지게 된다. 그러나 변혁적 리더십은 거래적 스타일을 능가한다. 왜냐하면 변혁적 리더십에서 강조하는 추종자의 내부에서 우러나오는 자발적 동기는 강력한 결과를 만들어내기 때문이다.

Khunert와 Lewis는 Kegan의 발달의 6단계 이론을 검증하는 과정에서, 리더십 수준은 리더의 성숙함과 경험에 따라 함께 발전해간다는 것을 밝혀냈다. 그들은 6단계 중 2단계는 대개 거래적이며, 3단계는 상위 수준의 거래적인 리더십 스타일이고, 4단계는 변혁적임을 제시하였다.

2단계에서는, 리더가 조직을 위해 하는 모든 것은 자신이 조직으로부터 기대하는 대가에 상응한다. 이 단계에서는 리더가 아직 조직의 관심사에 대해 깊이 이해하지 못하기 때문에, 리더는 조직에 익숙하지 않으며, 책임이 무겁지 않다. 그는 조직의 관심사보다 자신의 관심사를 우선시한다. 또한 다른 근로자들과 교류할 시간적 여유가 없었기 때문에, 그의 카리스마는 알려지지 않았을 것이며, 충성심이 바로 형성되지 못할 것이다. 그러므로 누구에게나 효과적인 거래적 스타일을 사용하는 것이 리더에게 더 용이할 것이다.

3단계에서, 리더는 어느 정도 직원들과 교류한 상태다. 이 단계의 리더는 조직에 어느 정도 소속감을 가지며, 조직의 비전에 자신의 관심사를 동화하기 시작한다. 리더는 여전히 거래적 관계를 선호할 수 있으나, 때때로 카리스마적인 혹은 이상적 영향력을 보여줄 것이다. 이것이 바로 Khunert

와 Lewis가 "상위 거래적" 리더십이라 부르는 것이다. 이 단계에서, 추종자들은 아직 조직의 목적을 자신의 것보다 우선시하지는 않는다.

4단계에서는 리더가 더 이상 조직으로부터 자신을 완전히 분리할 수 없다는 느낌을 갖게 된다. 리더는 이제 조직의 문화와 비전, 임무를 지키는 역할을 수용한다. 존경심과 신뢰감이 커지고, 리더는 솔선수범하며, 직원들이 조직의 임무와 비전을 자신의 관심사보다 우선시하도록 만든다. 이 단계에서, 모든 당사자들은 자신들의 목적과 관심사를 하나로 통일한다. Bass(2005)는 거래적 리더십에 내재한 여러 측면을 구별한다. 그는 거래적 리더십의 주요 특성 중 하나로 "성과와 연계된 보상"[1]을 언급하는 것으로 시작한다. 성과 보상은 귀중품을 제공하거나 경제적 도구를 사용함으로써 추종자들이 조직의 목표를 받아들이도록 하는 것을 뜻한다.

거래적 리더십의 또 다른 특성은 "예외적 관리"[2]이다. 이 관리 양식의 능동적 형태는 고용인의 수행을 평가하는 것과 필요할 때 교정하는 것을 포함한다. 그리고 수동적인 형태에선, 리더는 규정과 표준에 맞지 않을 때만 개입한다. 마지막 거래적 특성은 자유방임형 리더십으로, 리더는 고용인들이 원하는 방식으로 활동하도록 내버려둔다.

감정적 리더십

감정적 리더십은 변혁적 리더십과 어느 정도 연관성이 있다. 여기서, 감정적 리더십은 때로 리더의 감정적 부분을 이끌어내어 리더는 그 때의 감정에 기반하여 결정을 내린다. 감정적 속성과 카리스마는 혼동하기 쉽다. 일

---

1) 역주: 리더는 추종자들에게 무엇을 해야 그들이 원하는 보상을 받을 수 있는지를 알려준다(contingent rewards, 성과와 연계된 보상).

2) 역주: 리더는 하급자들이 부여받은 임무를 수행하도록 하고 적절한 시기에 적절한 비용으로 목표가 달성될 때까지 간섭하지 않는다(예외적 사건이 발생했을 때에만 간섭함. 즉 규정과 표준에 맞지 않을 때에만 개입함). 자유방임이고, 책임을 조직구성원에게 이양하고, 의사결정을 회피한다.

부 연구자는 변혁적 리더십 또한 어느 정도의 감정적 영향을 받는다고 주장하기도 한다. 하지만 변혁적 리더십은 본질적으로 이성적 과정이기 때문에 이 두 리더십은 구조적으로 다르다.

수행과 행동에 대한 변혁적 리더십의 영향

변혁적 리더십은 널리 보급되어 있고 영향력 있는 리더십 양식이며, 대부분의 조직에서 매우 효과적이라는 것은 잘 알려져 있다.

Bass와 Riggio(2006)는 이런 성공의 요인이 자신의 추종자의 합리적 사고와 동기화에 영향을 주는 리더의 특정한 행동들이라고 본다. 변혁적 리더가 추종자들의 가치와 신념, 이상을 더 높은 곳으로 이끄는 것은 효과적인 리더십의 가장 중요한 부분이다. 이러한 리더에게 감화되어 추종자들은 문제 해결의 참신한 방법을 발견할 수 있게 된다. 변혁적 리더십에 대한 추종자의 반응은 많은 연구의 관심 주제가 되어 왔다. 많은 연구에서 공통적으로 강조한 신뢰와, 개인적 자신감, 직업 만족감, 자아 확인, 소속감, 공정성과 같은 요소들이 변혁적 리더의 성공 수준을 알 수 있는 지표로써 중요시된다(Piccolo & Colquitt, 2006).

변혁적 리더십에 대한 또 다른 접근법은 리더가 자신이 맡은 업무나 집단에 리더십을 투입했을 때 리더 자신에 대한 추종자들의 감정을 확인하는 것이다. 사실, 리더십이 연구대상이 된 추종자들의 행동에 미치는 효과가 리더십의 성공 여부를 판단하는 가장 논리적인 것이다. 학교 환경에서, 학생과 학부모, 교직원, 다른 이해집단들이 리더의 투입을 가치롭게 생각하는 것이 중요하다. 또한 이해집단들이 자신들의 역량으로 학교를 성공적으로 이끌 책임이 있다는 것을 느끼게 하는 것이 중요하다(Piccolo & Colquitt, 2006).

변혁적 리더십의 효용성을 판단하는 데 가장 중요한 기제는 아마 리더십에 대한 개인의 감정을 판별하는 것이라기보다는 개인의 수행에 대한 비판적 평가일 것이다. 다른 스타일과는 다르게, 변혁적 리더십의 운영 원리는 결과에 근거한다.

"의미 관리(management of meaning)"란 Smircich와 Morgan(1982)이 처음 제안한 용어인데, 이것은 일을 수행하기 위해 구조화하고 "실행(reality)"에 옮기는 리더의 능력으로 정의된다. 이러한 종류의 "실행(reality)"은 Hackman과 Oldham(1980)의 연구에서 정의되었듯이 다음의 네 가지 특성에 의해 결정된다. 일체감, 다양성, 자율성, 피드백이다. 변혁적 리더는 이러한 특성들을 추종자들에게서 이끌어낼 수 있어야 한다.

- *일체감*(identity): 추종자들은 조직의 목적(가치)과 자신의 목적(가치)을 계속적으로 연결하여 주어진 과업을 완성할 수 있어야 한다.
- *다양성*(variety): 변혁적 리더는 추종자들이 다양한 기술을 사용할 수 있도록 격려함으로써 많은 결과를 끌어낼 수 있어야 한다.
- *자율성*(autonomy): 리더는 직장에서 개인적 성장과 자유를 허용해야 한다.
- *피드백*(feedback): 리더가 조직 전체의 수행을 평가하고 무엇을 바로잡아야 할지 결정하는 데 도움이 되는 분석 도구이다. 학교에서는 모든 학생과 직원이 학교 리더십의 직접적인 추종자가 되어 이러한 특성들을 변혁적 리더로부터 습득하는 것이 중요하다.

위의 특성들은 어떤 방식으로든 추종자의 감정적 요소를 내포하지만, 이 특성들의 의도된 목적은 수행의 측면에서 서로 높은 상승 작용을 불러일으키는 것이다. 위의 특성들을 활용하여, 연구자는 수행과 행동에 대한 변혁적 리더십의 영향을 분석할 수 있다. 이러한 모든 측면을 통합함으로써 변혁적 리더십과 이상화되며 동기 부여된 추종에 의해 창조된 완전한 시너지가 발생할 것이다.

Judge와 Piccolo(2004)는 변혁적 리더는 추종자의 개인적 목적과 관심사가 조직의 목적과 일치하도록 인식하도록 할 수 있어야 한다고 밝혔다. 그럼으로써, 그들은 추종자들에게 더 높은 수준의 책임감을 부여할 수 있고, 수행 능력을 향상시킬 수 있다. 새로운 문제 해결 양식을 개발하고 개인적 자유를 높여주는 지적인 자극을 제공하는 것은 사실, 좋은 수행적 특성인 자율성과 다양성을 가르칠 수 있다. 또한 영감적 동기 부여와 카리스마적 영향력을 통해, 추종자들은 조직 환경에서 그들의 역할이 중요한 것이라는 것을 더 확실히 인식할 수 있다.

목표 헌신

직업 수행에 대한 변혁적 리더십의 영향력을 인식하는 다음 단계는 직업 특성들과 목표 헌신(goal commitment)을 연결하는 것이다. Piccolo와 Colquitt(2006)의 연구에서는 목표 헌신을 인내와 지속적인 훈련을 통해 목적을 성취하기 위한 의지로 정의한다.

Piccolo와 Colquitt(2006)는 목표 헌신의 두 가지 주요 요인을 밝힌다. 첫 번째 요인은 "자유 의지(volition)"로 이는 특정한 목적을 이루기 위해 개인이 스스로 원해서 독립적으로 결정하는 것을 말한다. 이 요인은 수행 특성인 자율성과 일치하는 것이다. 다른 요인은 "피드백(feedback)"으로 이는 목적을 이룰 수 있다는 긍정적인 생각을 유지할 수 있도록 하는 자기 동기화의 열쇠이다.

다른 연구들에서도, 자유 의지와 피드백 모두 목표 헌신에 영향을 미치는 것으로 밝혀졌다. 이 둘이 직업 수행 특성들과 근접하게 연관되어 있다는 사실은 나열된 다섯 개의 특성들이 어떻게 목표 헌신과 연결되는지에 대한 지표가 될 수 있음을 시사한다. 무엇이 우선적인지 명확하진 않지만, 목표 헌신과 직업 수행이 밀접하게 연관되어 있다는 것이 지배적인 의견이다.

Piccolo와 Colquitt(2006)는 추종자의 인식과 목표 헌신은 비례 관계를 가진다는 것을 밝혀냈다. 많은 목표설정 이론에서, 헌신은 목표 난이도와 직업 수행에 구분되어 나타난다. 또한 Piccolo와 Colquitt는 목표 헌신이 직업 수행에 직접적으로 연결된다는 자신들의 모형을 구축하였다. 이와 같이 헌신은 개인이 바라던 행동을 선택하여 충실히 따르기 때문에 수행의 주도적 역할을 한다.

도입부의 예화에서 학부모와 조부모들의 "인솔자" 역할을 맡은 자신을 상상해보자. 독단적인 리더가 맡았을 그 역할이 자신에게 주어진다면, 그 역할을 자신이 맡게 된 그 자체만으로도 그 인솔자는 무엇이 학교에 최선인지 학교의 입장에서 생각하게 된다. 내가 어떻게 보이는가? 강당은 어떻게 보이는가? 이 "외부인들"이 학교에 들어오면서 무엇을 보는가? 다른 학생들이 어떻게 행동하길 원하는가? 이와 같이 책임이 주어지면 소수의 이해관계자들조차 학교 일에 더 헌신하게 된다.

학교 환경에서, 학술적인 것이든 정규 과목과 병행한 활동에서든 간에 학생들과 직원들이 학교 모토에 헌신하는 것은 그들의 전반적인 수행에 직접적인 영향을 끼친다. 예를 들어, 학교의 모토가 "규범을 통한 완성"이라면, 이것을 염두에 두는 사람이라면 누구나 규범을 따르며 성공하기 위해 노력할 것이다. 모토를 믿고 따르는 것과 성공 간의 연결 고리가 있다는 것은 자명하다.

Wisconsin 주의 Madison 시에 있는 Lowell 초등학교에선, 학생들과 직원들은 매일 아침 단체 식사 시간에 선언문을 함께 암송한다. "나는 대단한 사람이다. 나는 유능하고 사랑스럽다. 나는 내가 하려고 하면 무엇이든 할 수 있다."고 반복한다. 이전까지 학교 상황이 좋지 않았는데, 이처럼 개인적인 책무성과 수행 능력에 대해 강조하기 시작한 이후로 학교가 극적으로 변화하였다. 이 선언문은 학교가 새로운 리더십의 지휘하에 만들어내기 시작한 여러 변화의 초석이 되었다. 교사들은 이 새로운 선언문을 미술, 음악, 글쓰기 과제의 기반으로 삼았다. 어느 날부턴가, 아이들과 교사들 모두 자신의 행동에 책임감을 가지게 되었으며, 학교 내에서 자신의 위치와 필요한 역할에 대해 확인하게 되었다(Gramling, 2010). 이것이 변혁적 리더십의 저력이다. 리더는 직원들과 학생들이 학교에 대한 주인 의식을 가질 수 있도록 이끌어야 한다.

변혁적 리더십의 적용

변혁적 리더십은 인식을 강조한다. 오로지 (추종자의 내부로부터 오는) 내재적 동기를 통해서만 목적을 달성할 수 있다. 변혁적 리더십이 개인의 본성이 되는 부분인 감정에 영향을 줄 수 없다면 사람들은 따르지 않을 것이다.

변혁적 리더십을 성취하기 위해 리더는 언어와 이미지를 사용하는 훈련을 할 필요가 있다. 그 과정에 이러한 "변혁적 특성들"을 조합하여 훈련할 수 있다. 하지만, 리더 개인의 노력이 변혁적 리더십을 성취할 수 있을지를 결정한다. Dvir 외(2002)와 Barling, Weber와 Kelloway(1996)의 연구는 절충적인 리더십 훈련과 비교하여, 변혁적 리더십을 훈련하는 것이 가장 좋은 결과를 낼 수 있다는 것을 발견하였다. 변혁적 리더십과 직업 특성 간의 긍정적 관계성이 제시하는 바는 변혁적 리더십을 사용하지 않는 조직에서는 정반대의 결과를 예상해야 한다는 것이다. "직무 풍요화"는 종종 수행능력을 강화하기 위해 사용된다. 그러나, 이는 의도된 결과를 가져오지 못하며, 시간과 비용을 낭비하는 것이다. 오히려 리더가 조직에서 의사소통을 할 때 긍정적인 언어와 상징, 이미지를 사용하여 추종자의 직무 수행에 관여하는 것이 낫다. 앞선 Lowell 초등학교의 예에서, 교장은 선언문 암송을 긍정적인 자기 이미지를 형성하기 위한 중점적 요소로 사용하였다. 교장은 하향식으로 지시하지 않고, 리더를 포함해 모두가 참여할 수 있는 테마를 만들었다.

변혁적 리더십 스타일로 전환할 때, 추종자들이 자신의 책무에 대해 인식하는 방식에 영향을 미치는 기술과 특성이 시급히 필요하다는 것을 리더는 인식해야 한다. 교장은 과제 인식에 영향을 주고 조형하는 방법에 대해 이해해야 한다. 객관적 직업 특성들과 조직을 위해 무엇을 해야 하는가에 대한 개인의 구상은 과제를 인식하는 데에 가장 큰 영향을 끼친다. 그러므로 변혁적 방식으로 매일의 과제들을 조형하는 것은 추종자들의 인식력을 증진시키는 데 도움이 될 것이다.

변혁적 행동들은 지속적 과정으로써 장려된다. 이러한 양식으로 전환하고자 하는 학교의 경우, 우선 어디에 어떤 부처에 이것이 필요한지 검토해야 한다. Piccolo와 Colquitt(2006)는 요구 조사 대신, 조직이 360도 피드백과 경영 설문조사 같은 변혁적 구성요소를 연간 평가 단계에 포함할 것을 제안한다. 변혁이 즉시 일어나지 않을 수 있지만, 장기적인 효과는 학교 전체에 도움이 될 것이므로 어떤 학교든지 간에 이러한 원칙을 따를 만한 가치가 있다. 학생들은 학교에서 리더십을 배운다. 학생 활동에서 변혁적 리더십을 기르려는 시도는 분명 학생들이 후에 이러한 리더십을 삶에서 실천할 가능성을 확실히 높일 것이다.

변혁적 리더십을 통한 부정성 퇴치

수행과 추종자의 만족감(Avey et al., 2008)과 같은 메타분석 연구는 변혁적 리더십과 직업 관련 결과물 간의 긍정적 상관관계의 증거를 제시한다. 위의 결과들에 대한 다양한 주장들은 변혁적 리더들이 자율성을 부여함으로써 직업 활동을 의미 있게 만든다는 사실과 직간접적으로 관련이 있다. Bono와 Judge(2003)의 것과 같은 연구에선, 변혁적 리더의 추종자들은 자신의 일이 존중받고 자기 결정적이라는 확고한 의견을 갖는다는 것을 밝힌다. 다시 말하자면, 그들의 연구는 변혁적 리더의 추종자들이 자신들의 일에 있어 권한부여를 더 받았다고 느낀다는 이 일반적인 의견을 지지한다.

변혁적 리더는 추종자들의 자아효능감을 증진시키고, 집단 내의 사회적 정체성을 길러주고, 조직적 가치를 추종자의 가치와 연결시킴으로써 동기를 부여한다. 이는 추종자들에게 자신의 일에 있어 더 결정권을 갖는다는 느낌을 주고, 그들에게 지각된 권한부여를 강화시킨다.

냉소적인 태도나 사직할 의향은 넓게는 고용인의 부정성으로 고려되지만, 조직 행동에 대한 초기 연구에서는 이들을 조직의 일반화된 특성들로 보았다. 그러나 최근의 연구는 냉소주의를 특수 구성요인으로 보았다. 냉소주의는 추종자들의 리더에 대한 인식을 반영한다고 볼 수 있다. Avey 외(2008)는 냉소적인 태도는 비효율적인 리더십과 의사결정에 대한 참여나 협의가 부족하기 때문이라고 말한다.

긍정적인 사고방식을 가진 추종자들은 직장에서 실패를 겪을 때 덜 냉소적이고 더 쉽게 회복되는 것으로 보인다. 이것은 또한, 자신에게 주어진 상황에 영향을 끼칠 수 있는 추종자들은(권한부여를 가진 추종자들은) 변화에 대해 덜 부정적이라는 증거이다. 자신에게 권한부여되었다고 느낄 때, 그들은 어떠한 상황도 극복할 수 있으며 자신에겐 필요한 변화를 만들어낼 힘이 있다고 믿게 된다. 변혁적 리더십은 모든 추종자에게 이러한 느낌을 준다. 매우 변혁적인 리더 밑에 있는 개인들은 평소 지적인 자극을 받고 항상 열린 사고를 하도록 요구받기 때문에, 냉소주의와 변혁적 리더십 간에는 역관계가 형성된다. 이상적 영향력에 감화되면, 사람들은 일반적으로 자신을 리더와 동일시한다.

변혁적 리더십의 독특한 측면은 조직 내에서 변화를 일으키도록 추종자들에게 영감을 주고 동기를 부여하는 능력과 그 과정에서 기대를 넘어선 수행 결과를 성취할 수 있도록 하는 능력이다. 리더가 조직의 역동성을 수용한다면, 추종자들이 그 변화를 목격할 수 있기 때문에 덜 부정적인 태도를 취하게 될 것이다.

사직할 의향(intention to quit; ITQ)은 부실한 리더십에 대한 고용인의 부정적 반응의 또 다른 형태이다. ITQ와 연관된 요인들은 저임금, 낮은 직업 만족도, 낮은 목표 헌신을 포함한다. 이러한 측면들은 직간접적으로 이직(turnover) 의도와 연관될 수 있다. 자아효능감이 높을수록 자아가치도 높아진다. Avey 외(2008)는 개인은 자신들이 유능하다고 느낄 수 있는 과제에 끌린다고 주장한다. 고용인들이 자신들의 직업적 책무에 있어 인정받고자 하는 욕구가 충족되는 조직에 대해 ITQ를 가질 가능성은 낮다. 매우 회복력이 높은 추종자들의 경우 조직을 떠나고자 하는 의향이 생길 법한 직장에서 실패를 극복할 가능성이 높다.

더 많은 책임감을 가지고 직접적인 의사결정과 리더십에 더 참여하는 고용인은 또한 직장을 그만두려고 하지 않을 것이다. 도입부의 예화로 돌아가보자. 학부모들의 안내인이나 학교 간호사는 학교장이 주도권을 잡으면 자율적이라고 느낄 것인가? 어느 것이 더 직업 만족도를 높이는가?

다양한 연구에서 추종자의 권한부여와 직업 만족도 간, 권한부여와 감소된 분노와 좌절감 간, 권한부여와 조직에 대한 애착 간의 상관관계에 대해 명확히 보여주었다(Crossley et al., 2007; Judge & Ilies, 2004; Spreitzer & Mishra, 2002).

변혁적 리더십의 기반은 고용인들의 목적과 조직의 목적을 조화시키는 것이다. 추종자의 목적과 조직의 목적을 일치시키는 것은 ITQ를 감소시키는 데 가장 중요하다. 효과적인 변혁적 리더는 집단의 가치가 하나라는 것을 보여줌으로써 추종자의 ITQ를 감소시킨다(Bass & Riggio, 2006). 추종자들은 자신들의 목적과 가치가 조직의 목적과 가치와 밀접한 연관이 있기 때문에 조직에 남기로 결정한다. 변혁적 리더십의 이상적 혹은 카리스마적 영향력은 추종자들이 자신의 리더를 영감의 지표로서 그와 자신을 동일시하거나 그를 모방하도록 만든다. 그러면 그들은 자신들의 정체성을 유지하기 위해 리더의 곁에 남고자 한다.

영감적 동기부여는 목적에 대한 감정적인 헌신을 하게 돕는데, 이는 추종자들이 조직에서 인정받고 있고, 중요시된다는 느낌을 받도록 해주기 때문이다. 그들은 리더가 그들의 요구를 충족시켜 주므로 조직을 떠날 가능성이 적다.

변혁적 리더십의 보편성

변혁적 리더십은 보편적인 리더십 양식인가, 아니면 지역적이나 문화적으로 제한된 것인가? 많은 연구자들이 이를 밝혀내기 위해 다국적 연구를 수행하였다.

Boehnke 외(2002)는 보편적으로 일관된 행동이 존재함을 조사하였다. 그들은 145명의 고위 관료들을 국제적 석유 회사와 전 세계의 그 자회사들의 두 개 부서에서 샘플로 추출하였다. 이 관료들에게 자신이 뛰어난 조직 활동이라고 생각하는 것을 말하고, 자신이 우수한 결과로 이끄는 중요한 리더십 행동이라고 생각하는 것을 밝히도록 하였다.

이 연구의 주요한 발견은 뛰어난 수행 능력을 만들어내는 리더십의 기본적인 요소는 샘플이 된 세계의 서로 다른 6개의 지역에서 거의 차이가 없이 보편적이라는 것이었다. 그러나, 리더십에 있어 몇 가지 차이점은 이 회사의 두 개 부서 간의 서로 다른 기업 문화 차이에 의해 발생한 것으로 보았다.

변혁적 리더십의 다음 특성들은 부호화 데이터(coded data)로부터 얻은 것이다.

- 직업 만족도를 높이는 데 효율적
- 추종자들을 자주 승진시킴
- 개인의 집단적 혹은 개인적 수행 능력 수준 계발
- 혁신적 제품 생산
- 추종자의 작업에 대한 특허 획득
- 극도의 피로나 직업 스트레스 감소
- 추종자들이 더욱 능동적으로 참여하도록 격려
- 스트레스에도 잘 견딜 수 있는 부서로 이끌기
- 위험을 감수하고 창의적인 사고를 할 수 있게 만들기
- 반대 의견 수용하기

결론적으로, 변혁적 리더십은 관료들이 뛰어난 조직적 수행 능력이라고 진술한 샘플 행동들의 대부분과 일치한다는 것이 밝혀졌다. 그들이 진술한

것의 89%는 뛰어난 수행의 주요 요소로 비전력을 포함하고 있었다. 지적 자극은 80%였던 반면, 팀 형성과 코칭은 73%였다. 영감을 주는 행동은 보고서의 68% 정도로 나타났다.

모든 이탤릭체로 쓰여진 속성들은 변혁적 리더십 스타일에 속한다. 반 이상인 62%의 보고서에서 비변혁적 리더십의 특성은 "인정하기와 보상하기" 뿐이며, 이것이 거래적 리더십 스타일의 요소라는 것은 주목할 만한 점이다. 또 다른 흥미로운 점은 응답자의 각각 15%와 3%만 행동을 교정하거나 회피하는 것을 효과적인 리더십 스타일로 받아들였다는 것이다. 사실 대부분의 보고서에선 이를 비효율적인 스타일로 보았는데, 73%는 이에 대해 언급조차 하지 않았다.

변혁적 리더십이 뛰어난 리더십 기술이라는 것은 이미 명백하게 널리 받아들여지고 있다. 이 리더십은 학교 환경을 포함한, 모든 종류의 조직에서 적용될 수 있다.

학교에 변혁적 리더십 적용

Los Angeles 시에 있는 Griffin 초등학교에서 한 연구가 행해졌다. 학교장인 Yvonne Davis는 학교의 행동 방침을 공식 조직의 기준에서 벗어나 학교 공동체의 기준으로 전환하였다(Bass & Riggio, 2006). 이러한 변화는 사고방식도 변화시켰다. 자신의 역할이 개인적인 의무이며 고위 관료에 의해 지시받고 감독받아야 된다고 생각하던 교사들은 이제 자신들이 책임을 공유하면, 교수와 학습이 서로 연결되고 더욱 용이해진다는 것을 알았다. 학교 공동체 환경에서, 교장은 계획자, 감독자, 통제자의 역할보다는 보증자(affirmer), "촉진자(re-enforcer)", 지원자의 역할을 한다.

학교 공동체 형성은 시간이 걸리지만, 그 영향력은 장기적으로 지속되며 이는 교장이 떠난 이후에도 지속 가능하다는 연구 결과가 있다. 이와 같은 형태의 변화에는 시간을 투자할 가치가 있다. 또한 공통된 비전을 형성하는 것은 학교의 변화에 필수적이다.

학교에 있어 가장 큰 도전은 리더십이 서로 다른 목적과 이해관계를 가진 다양한 사람들을 다루어야 한다는 것이다. 학교의 리더는 학생들로 하여금 정규 과정을 따르게 하고, 학술적으로 발전하며, 사회의 뛰어난 구성원이 되도록 만들어야 한다. 이와 비교해서, 교사들의 목표는 정규 과정의 진도를 맞추게 하고, 학생들이 항상 학업에 집중하도록 점검하도록 해야 한다는 것이다. 리더의 과업은 학생의 일탈, 교사에게 발생할 수 있는 냉소주의와 동기가 저조해지는 것에 직면해야 하는 것이다.

변혁적 학교 리더는 능숙하게 개별적 배려, 영감적 동기 부여, 카리스마적 영향력으로 학생들이 학업에 집중할 수 있게 만든다. 리더는 완전히 문제를 해결할 수 있는 기술을 갖추진 못하겠지만, 문제가 발생할 때 학생들과 교사들이 해결책을 찾을 수 있도록 문제 해결 과정에 참여시킬 수 있을 것이다. 예를 들어, 이 장의 도입부 예화에서, 리더는 교감과 학교 간호사가 문제를 해결하도록 이끌 수 있다.

학교 환경에서 변혁적 리더는 변혁이 필요한 다양한 측면과 분야를 재빨리 찾아낼 수 있어야 한다. 그는 문제에 대한 창의적인 해결책을 찾을 것이다. 교사 문제는 협력과 개별적 배려를 통해 가장 잘 해결될 수 있을 것이다. 리더는 교사들 사이의 냉소주의와 사직 의향을 파악하고, 그러한 의도를 가지게 된 교사들에게 자신이 학교에서 필요한 존재임을 확인시켜 주고, 그럼으로써 그들의 가치와 목적을 학교의 가치와 목적과 함께 달성하도록 변화시킨다.

변혁적 학교는 강조점을 "리더십"에서 "전문성"으로 전환한다. 대부분의 학교 교장들은 교사들이 전문가라고 말하는데, 전문성은 명령과 지시를 기반으로 하는 리더십에 의해서는 개발될 수 없다는 연구 결과가 있다. 그러므로 지시적 리더십과 전문성은 상충되는 것이다. 전문성은 기술(skill)보다는 역량(competence)에 관한 것이다. 전문성은 깊은 신뢰감과 연관되어 있으며, 관심, 업무발전을 위한 최상의 노력, 수행 자체에 대한 헌신 등을 기준으로 사회적 목적을 달성하기 위해 교사들이 헌신토록 만든다. 이러한 미덕은 전문가의 사고방식을 형성하는 반면, 수업적 리더십은 추종자의 책임감과 공유가치를 저하시킨다.

T. J. Sergiovanni(1984)는 학교에서 완전한 변혁적 리더십을 위해 다섯 가지의 대안적 접근법을 제안하였다. 이는 다음과 같다.

- 학교 자원의 건전한 관리를 통한, 기술적 리더십
- 사회적이며 대인적 연결고리의 네트워킹 형성을 통한, 인간적 리더십
- 교육적 문제에 대한 전문가 지식을 통한, 교육적 리더십
- 롤 모델과 행동을 통한, 상징적 리더십
- 학교의 가치, 신념, 문화적 정체성과 관련된, 문화적 리더십

처음 기술적, 인간적, 교육적 측면의 리더십인 세 가지 접근법은 학교의 효과성에 주된 영향을 준다. 상징적, 문화적 측면의 리더십은 학교의 가치를 매우 높여주며 학교의 전반적인 효율성과 우수성을 증진시킬 것이다.

요약

지시적 리더십의 전통적 개념은 학교 리더가 리더십의 대부분의 측면을 관리해야 하는 부담을 갖게 한다. 지시적 리더십을 전문성과 동료 간 협력 관계로 결합된 학교 공동체 기반 접근으로 대체하는 것은 거의 즉각적인 결과를 만들어낼 수 있다. 이러한 새로운 전략이 타당한 것으로 인정된다. 변혁적 리더십은 직원들과 학생들의 사고방식을 바꿀 수 있다. 리더는 단순히 리더의 관심사만을 좇지 않고, 학교 공동체를 발전시키기 위해 직원들과 학생들의 내면 깊숙한 곳에 호소한다.

변혁적 리더십은 또한 교직원들에게 자신의 전문성을 향상시킬 재량권을 주어 전문성을 이끌어낸다. 리더는 추종자들이 당면한 문제에 대해 스

스로 해결책을 찾아내도록 하기 때문에, 교사들은 학교 일에 더 깊이 참여한다. 동료 간 협력 관계는 리더가 감독하지 않는 상황에서 직면한 문제를 서로 모여 해결할 때 가장 잘 발전할 수 있다.

또한 우리는 카리스마적/이상적 영향력, 개별적 배려, 영감적 동기 부여, 지적 자극이라는 네 개의 기둥을 통해 변혁적 리더십이 직업 수행 능력을 향상시키는 방식을 살펴보았다. 최근 연구에서는 이 리더십이 고용인들의 심리적 건강에도 긍정적인 영향을 준다는 결과를 보여주었다(Avey et al., 2008).

또한 변혁적 리더십은 개별적 목표 설정과 목표 헌신에 도움을 준다. 즉, 리더는 개인이 소속감을 느끼게 함으로써 책임감을 부여한다. Bass(2005)는 근본적으로 변혁적 리더는 “자신의 동료, 부하 직원, 추종자, 고객 혹은 고객층에게 목적 달성(성과)에 관한 의식을 높이도록 만든다고 하였다. 리더는 인기가 있든 없든 간에, 비전, 자신감, 적절한 비전을 제시할 수 있는 내적 강인함에 의존한다.” 고 진술한다.

변혁적 리더십은 초점의 변화를 초래한다. 리더가 더 이상 보상을 제공하지 않지만, 추종자들 자신이 상호 책임과 신뢰를 바탕으로 리더가 되도록 북돋워준다. Bass(1985)는 변혁적 리더십이 리더 자신의 기대 이상으로 직원들의 수행 능력을 끌어낸다고 말한다. 변혁적 리더는 부하 직원들의 가치와 공유된 가치를 조화시키며, 자신의 추종자들이 수행 능력을 최대한 발휘하도록 이끈다.

변혁적 리더십과 학생의 학업 성취를 연관 짓는 연구는 거의 없었지만, 다양한 다른 연구에서 매우 효과적인 리더십 양식은 학생의 수행 능력에 긍정적인 영향을 줄 것이라는 결과를 제시한다. 변혁적 리더십은 개인적인 수준(즉, 추종자의 권한 부여와 일체감)과 집단적 혹은 조직적 수준(응집력과 집단효과)에서 광범위한 결과를 불러올 수 있다고 한다. 이 리더십은 주로 추종자의 자아 가치를 형성하고 자신의 리더와 동일시하는 것을 촉진함으로써 이러한 긍정적 결과를 만들어낸다. 그러므로, 변혁적 리더십을 독특하게 만드는 것은 이성과 감성의 조합이며, 사람들을 연결하고 그들에게 영향을 주는 방법으로 감정을 이해하고 효율적으로 사용할 수 있는 능력이다.

변혁적 리더십은 이것이 어느 곳에 도입되든지 간에 광범위한 변화를 초래한다. 또한 이 리더십은 학교 환경과 관련된 문제들을 해결하는 데에 효과적이다. 따라서 앞으로 미국의 학교 리더들이 학교 공동체를 운영하는 데 있어서 이 리더십을 사용하는 것이 현명할 것이다.

토의 문제

1. Sergiovanni는 학교 공동체를 한데 묶는 원칙, 신념, 가치를 공동체의 "중심(centers)" 이라 일컫는다. 당신의 학교 공동체의 중심은 무엇인가?
2. Bass와 Riggio는 변혁적 리더의 여섯 가지 속성을 나열하였다. 무엇이 가장 중요한 것 같은가? 무엇이 가장 중요하지 않은가? 이유는 무엇인가?
3. 변혁적 리더십의 한 가지 단점이 무엇인가? 어떤 방식으로 변혁적 리더십의 부정적 효과를 감소시킬 수 있을 것인가?
4. ITQ를 감소시킬 수 있는 변혁적 리더십의 두 가지 방식을 나열하시오.
5. 이 장의 도입부의 예화에서, 학부모와 조부모, 학교 간호사, 교감, 경찰, 교사를 포함하는 다섯 가지 상황이 언급되었다. 학교장이 각 상황을 해결하는 데 변혁적 리더십을 사용할 수 있는 방식을 설명하시오.

활동 주제

1. Lowell 초등학교는 학생들과 직원들이 매일 아침 외우는 "선언문" 을 만들었다. 자신만의 선언문을 만들고, 이것이 학교에서 사용될 수 있는 방법을 제안해 보시오.
2. 도입부의 예화에 묘사된 다섯 가지 상황을 바탕으로 역할극을 만들어 보시오. 역할극에서 사용된 리더십 기술에 대해 토의하시오.

추천 문헌

Anderson, K. (2008). Transformational teacher leadership: Decentering the search for transformational leadership. *International Journal of Management in Education*, 2(2), 109-123.

Avey, J. B., Hughes, L. W., Norman, S. M., & Luthans, K. W. (2008). Using positivity, transformational leadership and empowerment to combat employee negativity. *Leadership & Organization Development Journal*, 29(2), 110-126.

Avolio, B. J., & Yammarino, F. (2007). *Transformational and charismatic leadership: The road ahead*, Boston: Elsevier Science.

Bass. B. M. (2008). *The Bass handbook of leadership: Theory, research, and managerial applications* (4th ed.). New York: Simon and Schuster.

Bennis, W. G. (2009). *On becoming a leader*. New York: Basic Books.

Hall, J., Johnson, S., Wysocki, A., & Kepner, K. (2008). *Transformational leodership: The transformation of managers and associates*. University of Florida IFAS Extension. Retrieved from http://edis.ifas.ufl.edu

제2장

교수 리더십

교수-학습 향상을 위한 촉매자

Jane Ashley 교사는 Stover 교장 책상 맞은편에 앉아서 교장선생님의 수업 후 관찰 평가 결과를 기다리고 있었다. Jane은 교직 경력 2년차인 사회 교사로, 학생들도 그녀를 좋아하는 듯하였다.

그러나 Stover 교장선생님은 무슨 말을 해야 할지 몰라 쩔쩔매고 있었다. Jane의 교수방법은 평범하였다. 미국 역사에 대한 설명은 교과서의 내용과 대동소이하였다. 학생들은 교과서의 안내에 따라 조용히 노트 필기를 하거나 내용을 토론하거나 보고서를 작성하였다. 바로 이러한 점 때문에 교장은 당황하였다. 왜냐하면 Jane은 명문대학 출신으로 탄탄한 학문적 배경을 지니고 있고, 따라서 과목에 관한 한 현재 학생들에게 가르치고 있는 것보다 훨씬 더 많은 것을 알고 있을 것이라는 생각 때문이었다. 교장은 학생들이 훨씬 더 어렵고 창의적인 방식을 소화할 수 있음에도 Jane의 수업은 이를 허용하지 않는 것이라고 확신하였다. 그러나 교장은 뭐라고 말해야 하나? Jane이 놓치고 있는 것에 대하여 어떻게 설명해야 할 것인가?

미국 학교의 대다수는 그 동안 "교수" 모형(instructional model)을 토대로 경영되어 왔는데, 여기에서 교장은 독재자, 최종 의사결정자로서 학교 내에서 수행되는 모든 활동을 감독하고 방향을 제시한다. 이러한 리더십 행사 방식은 교육계에서는 가장 오래된 것으로, 교수 리더십(instructional leadership)을 주제로 그 동안 수많은 연구가 수행되었다. 그러나 교수 리더십의 효과성에 대해서는 거의 결론을 내리지 못하고 있다. 앞서 제시된 예화에서 분명히 드러나듯이, 교장이 교사의 문제점을 파악해 낸다고 해도 해당 문제를 해결하는 데 도움이 되는 건설적인 조언을 제공하지 못한다면, 문제점 인식은 아무짝에도 쓸모없는 것이 되고 만다.

최근 들어 초등 및 중등교육에서는 교사의 사기나 학생 성취도 등과 같은 사안의 효과성을 입증하려는 시도의 일환으로 리더십을 주제로 한 연구가 상당수 수행되었다. 이러한 연구의 풍부성에도 불구하고 결론에 대한 합의에 이르지 못했을 뿐만 아니라, 때때로 상충되는 결론이 도출되기도 하였다. 강력한 교수 리더십이 필요하다는 연구가 있는가 하면, 특정 학교 기능에 행정적으로 직접 관여하게 되면 오히려 부정적 결과가 초래된다는 연구 결과도 있다(Hallinger, 2005).

교수 리더십에 관한 한 합의된 결론에 도달하기가 쉽지 않은데, 이는 이 주제를 둘러싸고 그 동안 상이한 개념이나 행동 모형이 다수 개발되었기 때문이다. 이 장에서는 교수 리더십이 어떻게 개발되었고, 어떻게 변천해 왔으며, 현재 미국의 학교와 어떤 연관성을 갖는가를 중심으로 간략하게 살펴볼 것이다.

교수 리더십의 개발

교수 리더십의 모형을 탐색하려는 시도에 힘입어 학교 경영과 관련된 여러 가지 역량(competencies)이 규명되었다. Cuban(1988)은 교장으로서 직무를 수행하는 데 필수적인 정치적, 관리적, 사회적, 교수적 역할 등 다양한 역할을 포괄하기 위해서 "교장직(principalship)"이라는 용어를 처음으로 사용하였다. 그는 교장에게 부과된 다양한 역할을 균형 있게 수행할 때 효과성이 담보될 수 있다고 주장하였다.

1970~1980년대에는 수업적 측면에서 학교의 효과성을 증진시키는 데 관심이 집중되었다. 그 결과, 현직 교장은 물론, 미래 교장들의 능력을 향상시키기 위한 리더십센터가 성행하게 되었다. 이러한 리더십 개발에 대한 관심은 외부에서 촉발된 정책 개혁의 결과였으며, 학교 리더십의 실천 관행을 변화시킴으로써 학교를 개선하고자 하였다(Hallinger & Wimpelberg, 1992). 이러한 노력 덕분에 "효과적 학교 모형(effective schools model)"이 만들어졌다(Marsh, 1992). 리더십센터는 학교 리더십이 교육과정의 개발에 기초해야 한다는 결론을 내놓았다. 이러한 접근법의 효과성은 아직 연구를 통해 명확하게 규명되지 않았으며, 따라서 교수 리더십의 장기적 장점을 가늠하기에는 아직 이르다.

미국 사회는, 특히 「아동낙오방지법(No Child Left Behind)」이 제정된 이후, 학생의 성취 기준(performance standards)에 주목하고 있다. 학교장은 책무성과 학교 개선을 둘러싼 논란의 중심부에 자리잡고 있다. 정책결정자들은 행정가들이 교수적 리더로서 효과성을 발휘해주기를 기대한다. 교육에 대한 정부의 통제 기준을 충족시키기 위해서는 교장들이 교수적 리더가 되어야 한다. 이러한 방향성은 미국 교장의 양성 교육과정에서도 명시적으로 드러난다(Gewirtz, 2003; Hallinger, 2003; Murphy & Shipman, 2003). 학교의 성취도를 향상시키지 못하는 교장은 면직될 수도 있다.

교장들은 교수 지도성의 세계를 좌지우지하는 성취 기준에 비추어 자신의 리더십 스타일을 학교의 요구에 맞추어 변화시켜야 한다. 교사들의 사기가 저하되어 있거나 학생들의 시험 성적이 낮거나 지역사회가 비협조적이라면 리더십 접근방법을 바꿀 필요가 있다. 각 상황에 맞는 적절한 리더십 전략을 찾아내고 적용하는 책임은 다름아닌 교장의 몫이다. 이러한 기술을 개발하기 위해서, 교수 리더(instructional leader)라면 자신이 어떤 타입의 리더인지를 먼저 알아야 한다.

교수 리더십의 유형

교수 리더십 유형은 비전 제시자, 개발자, 이성적 학자 등으로 구분된다. 비전 제시자는 열린 마음과 명철한 직관을 지닌 "사람중심적 인간"이다. 비전 제시자는 아이디어를 목표로 변환시킨다. 한편, 개발자는 사람들이 최선을 다할 수 있도록 효과적이면서도 감정에 입각하여 동기를 유발한다. 개발자는 과업을 마칠 뿐만 아니라 과업이 가장 효과적이고 논리적인 방식으로 마무리될 수 있도록 유도하는 리더이다. 개발자는 아이디어를 현실로 변환시킨다. 마지막으로 이성적인 학자는 논리적이고 실용적인 방식으로 리드하기 위해 감정을 배제하는 리더들이다. 이성적 학자는 아이디어를 규칙, 절차, 단계들로 변환시킨다. 이러한 세 가지 유형의 리더십이 모두 필요하다. 비전 제시자, 개발자, 이성적 학자가 상호협력하고 적절한 책임이 부과될 때, 학습에 유익한 환경이 조성될 수 있다. 그러나 이러한 리더십 유형이 잘못 짝지어질 때는 불행한 사태가 발생할 수 있다.

교수 리더십의 단계

교수 리더십은 하나의 과정(process)이며, 학교가 효과적이고 잘 운영되는 기관이 되려면 교장이 일련의 과정을 통해서 교직원을 리드할 수 있어야 한다. James MacGregor Burns(1978)는 이러한 과정의 첫 번째 요소로 교장이 거래적(transactional) 혹은 변혁적(transformational) 리더십을 발휘하는 것을 꼽았다. 거래적 리더십은 외재적 동기에 의존하는 반면, 변혁적 리더십은 내재적, 심리적 동기에 의존한다. 변혁적 리더십은 학교가 개선을 위해 노력하거나 효과적으로 변화하려고 노력할 때 발휘된다.

한편, Etzioni(1988)는 리더십의 도덕적 차원과 동기에 대하여 연구하였다. Etzioni는 내적동기와 외적동기 모두 효과가 있지만, 과업의 질을 향상시키는 데 있어서 가장 중요한 것은 교사의 신념, 감정, 문화적 규범이라는 점을 발견하였다. 교수 리더십 발달의 4단계는 교환, 형성, 결속, 결합인데, Etzioni는 교장과 교사의 도덕적 차원 외에도 교수 리더십 각 발달 단계에서 나타나는 내재적 동기와 외재적 동기에 대하여 검토하였다.

가장 기초적인 리더십 발달 단계는 교환(bartering)이다. 교환은 교장이 교직원과 타협하는 상황을 일컬으며, 교장과 교사의 목적이 서로 다를 때 가장 잘 활용될 수 있다. 가령, 교사들이 방과후에 진행되는 가을 축제에 참석하는 것을 내키지 않아 할 경우, 교장은 가을 축제 참석하는 대가로 점심시간 단축 근무를 물물교환으로 제시할 수 있다. 교장의 관심사는 학교의 안전과 교사의 사기(morale)인 반면, 교사들의 관심사는 업무를 마치고 귀가하는 것이다.

효과적인 교장은 교사들과 신뢰관계를 형성하고 교사를 적극 지원한다. 형성(building)은 리더십 발달 단계에 있어서 손에 잡히는 외재적 보상을 심리적이고 내재적인 보상으로 변화시키는 단계로서, 내재적 보상에는 성취, 책임, 역량 등이 포함된다. 형성은 동일한 목표를 향해 공동으로 노력할 때 시작된다. 한편, 각각의 교사가 학교의 발전을 위해 노력하는 단계에 진입하게 되면, 교장의 리더십 스타일은 결속 단계로 이동한다. 결속(binding)은 교장과 교사가 긍정적 관계를 발전시키고 공동체 의식을 함양하는 가치를 창출하기 위해 함께 노력할 때 발생한다.

결합(bonding)은 리더십의 마지막 발달 단계이다. 결합은 공동체 의식이 놀라울 정도로 발전되어서 학교 개선이 일상적인 일로 자리잡을 때 발생한다. 모든 이해관계자가 공동의 가치, 목표, 기대 효과를 향해 하나의 팀이 되어 협력한다. 이때 학교는 긴밀하게 연결된 기능적 공동체로 간주된다(Blasé & Blasé, 2004).

교수 리더십의 기법

각 리더십 발달 단계마다 조직이 처한 상황, 조직 구성원, 행동이 다르므로, 그 때마다 리더십 전략도 달라져야 한다. 대체적으로 기능이 제대로 작동하지 않는 학교는 교환을 필요로 한다. 교수 리더로서 교장은 필요한 리더십 스타일을 결정할 수 있는 능력을 지녀야 하며, 이때, 모든 부하직원을 동등한 지지와 존중감을 가지고 대해야 한다. 리더십 발달 단계에 관계없이 리더십의 유형은 전통적, 인간자원적, 결속적 리더십으로 구분된다.

전통적(traditional) 리더십은 교장은 상급자이고 교사들은 하급자라는 관리상의 계층제에 의존하여 행사된다. 따라서 교사들은 교장의 지시에 따라서 업무를 수행한다. 교사들이 교장의 지시에 순응하는 이유는 단순히 처벌을 모면하기 위한 것이다.

인간자원적(human resources) 리더십은 리더가 원하는 결과를 얻기 위해서는 "사람을 다루는 기술"을 활용해야 한다는 관점을 지닌다. 다시 말해, 교장은 교사들이 업무를 수행하도록 동기화시키기 위해서 자신의 전문성과 기술을 활용해야 한다. 동기를 조작(manipulation)으로 생각하는 사람도 있겠지만 교장은 교사의 요구를 충족하기 위해 노력한다. 인간자원적 리더십 실천에서 나타나는 문제점은 명백하다. 교사들과 교장이 추구하는 목적은 서로 다르다는 점이다. 따라서 교사들은 자신의 요구가 충족될 때만 성과를 내게 될 것이다.

결속(binding)이 리더십 발달단계에서 바람직한 단계였을 뿐만 아니라, 교장들이 활용할 수 있는 바람직한 리더십 기법이기도 하다. 리더십 기법으로서의 결속은 도덕성에 크게 의존한다. 교사들은 학생, 학교, 동료 교사들에 대한 책임감 때문에 자신에게 부과한 임무를 완수한다.

각각의 기법은 관료적 권위나 개인적 권위에 근간을 두고 행사된다. 관료적 권위(bureaucratic authority)는 어떤 리더십 단계에서든지 교사들의 사기를 낮추는 경향이 있다. 교장이 교사보다 더 많이 알고 있고 교사들은 신뢰할 수 없는 사람들이라는 것을 무언중에 암시하기 때문이다. 이런 환경에서 교사들은 자신들에게 기대되는 수준 이상의 성과를 내지 않는다. 그 결과 교사들은 점점 자신의 일로부터 분리되게 되고, 가르침에서 소명의식은 사라지고 단순한 직업이 되어버린다.

관료적 권위의 반대는 개인적 권위(personal authority)이다. 개인적 권위는 대인관계 기술이나 인간관계에 주목한다. 교사들은 훌륭하게 잘 운영되는 학교 시스템의 구성원으로서, 자신에게 주어진 일과 추가적인 일을 기꺼이 수행함으로써 학교 발전에 기여하려는 진심어린 욕구를 가진 사람들이다.

이 장의 서두에 제시된 예화를 빌어 설명하자면, Stover 교장은 Ashley 교사에게 관료적 권위를 행사할 수 있을 것이다. 그녀를 교장실로 불러서 그녀가 무엇을 잘못했는지, 학교가 정한 기준에 왜 부응하지 못했는지 일일이 열거하며 일장 연설을 할 수도 있을 것이고, 고쳐야 할 교수법 목록을 제시할 수도 있을 것이다. Stover 교장은 자신이 취한 행동을 방어할 수는 있다. 교사의 수업을 변화시킬 수 있는 구체적인 방침을 제공하였다고 주장할 수 있다. 그러나 Ashley 교사의 관점에서 보면, 교장은 겁을 주거나 위협하는 것으로 느껴질 수 있으며, 이러한 긴장감은 그녀의 교수 스타일에 분명히 부정적으로 작용할 것이다.

그러나 이와 대조적으로 만약 Stover 교장이 교사와 나란히 앉아 충분한 시간을 할애하여 그녀가 스스로 제시하는 개선 아이디어를 유도해낸다면, 이러한 아이디어를 토대로 교장이 수업을 개선할 수 있는 추가적 방안을 제시할 수 있는 분위기가 조성될 것이다. 교장은 Ashley 교사에게 좀 더 동기가 활발한 교사의 수업을 참관하도록 하거나 현직 연수 프로그램 참가를 권할 수도 있다. 이러한 개인적 권위를 토대로 한 좀 더 부드럽고 인간적인 상호작용은 교사로 하여금 더 열심히 일하고자 하는 의욕을 고취시킨다.

교수 리더십의 역할

교수적 리더가 수행해야 할 역할은 상당히 많지만, 대체적으로 다음과 같은 세 개의 범주로 구분된다. 첫째, 학교 리더는 협력해야 한다. 협력은 모든 이해관계자, 즉 교장, 교사, 학부모, 학생 등 모든 집단들과 이루어져야 한다. 교사, 학부모, 학생들 간에 교수(instruction)에 대하여 서로 의견을 교환하고 협동하는 모습은 흔히 볼 수 있다. 그러나 교장도 학생들의 성취를 점검하기 위해 반드시 교사들과 협력해야 한다. 교장은 학급 단위뿐만 아니라, 가능하다면 학생 개개인의 성취 향상 정도를 파악하려고 애써야 한다.

교수적 리더가 수행해야 하는 두 번째 역할은 교사들이 수업할 내용을 제대로 배열할 수 있도록 안내하는 것이다. 교수적 리더는 교사들이 가르칠 내용을 교육과정에 맞추어 배열하는 데 필요한 자원에 접근할 수 있도록 해야 한다. 신규 교사에게 멘토를 배정하거나 부서 간 협력이 원활하게 이루어질 수 있도록 함으로써 학교의 효과성을 증진시킬 수 있다.

협력과 수업 내용의 배열은 교과서 및 자료의 선택에 직접적으로 영향을 미친다. 교장은 교사들이 수업을 위한 교과서 및 자료를 스스로 선택할 수 있도록 격려해야 한다. 그러나 그들이 선택한 자료가 유용하고, 믿을 만하고, 적절한가를 검토하는 것은 교장의 책임이다(Copland, 2003).

교수 리더십의 하위 변인

교장의 일상적 삶에는 여러 가지 변인들이 작용한다. 교장은 매 단계마다 어떤 책략을 적용할지 결정해야 한다. 한 가지 고려해야 할 변인은 해당 전략에 대한 교장의 숙달도와 경험이다. 교장들이 익숙하지 않은 전략을 사용하는 경우는 드물기 때문이다. 교장은 교사와의 관계 및 과거의 협력 경험 등을 고려하여 각 상황에 적절한 전략을 채택해야 한다. 교사의 발달 단계를 정확하게 측정할 수 있는 타당하고 신뢰할 만한 방법은 없다. 따라서 교장은 최상의 접근법을 구안하기 위해서 가능한 모든 변인을 고려해야 한다.

교수 리더십의 유형, 스타일, 기법, 역할 등을 확인하였다면 그 동안 학습한 것을 실행할 준비가 된 것이다. 교수 리더십과 관련된 모든 요인을 평가하고 적용한 후에 학교는 바람직한 성취 기준을 충족시키는 방향으로 나아갈 수 있다. 절대적으로 옳은 답이나 접근법은 없다. 따라서 의사결정을 내릴 때는 모든 요인과 변수를 고려해야 한다.

교수 리더십의 개념

앞에서 여러 가지 교수 리더십 모형을 제시하였다. 그 동안 Andrews와 Soder(1987), Hallinger와 Murphy(1985), Leithwood, Begley와 Cousins(1990), Leithwood와 Montgomery(1982) 등의 학자들은 교수 리더십의 상이한 차원(dimensions)에 대하여 연구하였다. 그 가운데 Hallinger와 Murphy(1985)의 모형이 가장 포괄적이며, 따라서 최근까지 가장 빈번하게 인용되고 있다. 그들의 연구에 따르면, 교수 지도성에는 다음과 같은 세 가지 차원이 있다.

- 학교 미션의 정의
- 수업 프로그램의 관리
- 긍정적 학교 학습 풍토의 조성

이러한 세 가지 차원을 토대로 열 가지 교수 리더십의 기능이 도출된다.

학교 미션의 정의

교수 리더십에서 교장의 역할은 학교의 방향 설정과 깊은 관련이 있다. Hallinger(2005)는 이러한 첫 번째 기능을 학교의 목표에 대한 "기본틀 설정(framing)" 및 "의사소통을 통한 전달(communicating)"로 설명한다.

"학교의 미션"이라는 차원을 깊이 분석해 보면, 교장의 역할은 교직원들과 협동함으로써 학교의 노력이 학생들의 학업적 성취로 직결될 수 있도록 명확하고, 측정가능하고, 시한이 정해진 목표에 기반하여 학교를 경영하는 것이다. 이때 교장은 목표가 학교 전체에 공유되고 구성원들의 지지를 받을 수 있도록 널리 전파할 책무가 있다.

이 모형에 내재된 한 가지 단점은 목표 설정의 과정이 경시되고 있다는 점이다. 즉, 목표 설정 과정보다는 성취 기준을 충족시키는 것 자체가 더 중시된다. 연구자들은 목표란 교장이 교직원과 협력에서 결정하는 것이라는 점을 별 의문 없이 받아들인다(Hallinger, 2005).

교수 리더십에서 가장 필수적인 요소는 아마도 교직원이 성취 목표를 그들의 일상적 활동에 접목시킬 수 있도록 하는 것이다. 과거로 거슬러 올라가보면, 상당수 학교의 목표는 애매하고 제대로 정의되지 못한 경향이 있었다. 그러나 오늘날의 리더는 학문적 성취를 위한 노력과 외부에서 주어진 표준화 시험에서 좋은 점수를 획득하려는 노력을 구분해야 한다.

표준화 시험 때문에 학교가 직면한 문제점과 관련된 사례는 Hallinger와 Murphy(1985)의 연구에 잘 드러나있다. 캘리포니아 소재의 한 "효과적인" 초등학교 교사들의 수업 참관과 관련된 내용이다. 한 가지 사례를 보면, 어떤 교사의 교실에는 학생활동을 위한 센터가 교실 뒤편에 마련되어 있었는데, 학생들은 수업시간 중에 이 센터에서 아무런 활동도 하지 않았다. 연구자들이 그 이유를 묻자 교사는 활동위주의 수업을 선호하기는 하지만 이 학급의 학생들은 기초 과목에서 필수로 배워야 하는 내용을 다 마치지 못했기 때문에 뒤편의 센터를 활용할 시간이 없다고 답하였다. 또한, 교장이 기초 과목에 포함된 읽기, 철자법, 쓰기, 수학 등에 좀 더 많은 시간을 할애하기를 기대한다고 덧붙였다. 동일한 질문을 받은 교장도 교사가 한 말을 그대로 되풀이하는 수준에서 자신의 기대치를 말하였다.

이 사례는 학교의 미션을 정의하는 데 있어서 효과적인 교수 리더십이 어떠해야 하는가에 관한 흥미로운 사례이다.

- 미션은 학문적 성취에 초점을 맞추어야 하고, 행정가가 보기에 학생의 요구에 맞는 적절한 것이어야 한다.
- 교장의 목표는 서면으로 명확하게 작성되어 학교 전체에 전달되어야 하며, 그럼으로써 학교의 학문적 우선순위에 대하여 논의할 때 교사

와 교장은 정확히 같은 용어를 사용해야 한다.

- 미션은 교사들이 수업을 계획하고 실시할 때 우선적으로 고려되어야 한다.
- 목표는 교장이 분명히 제시하고, 적극적으로 지원할 수 있는 것이어야 한다.

교수적 리더는 이러한 연구결과를 자신의 미션 만들기 전략에 적용할 수 있다. 학교의 목표를 정의할 때 교장 스스로가 답해야 하는 질문은 다음과 같다.

- 목표는 명확하고 이해하기 쉬운가?
- 목표는 글로 표현되었으며 학교의 모든 구성원이 알고 있는가?
- 목표는 학교의 일상적 활동에 적용되는가?
- 교장은 이러한 목표를 지속적, 적극적으로 강조하는가?
- 목표는 학교 내 구성원들이 지지하는가?

물론, 상황이 달라지면 교실 내의 활동 센터를 수업에 활용하도록 격려할 수도 있다. 가령, 이 장의 서두에 제시된 예화에서 Stover 교장은 Jane Ashley 교사의 교수 스타일에서 활력과 재미가 부족함을 감지하였다. 이 경우에 통상적인 수업 방식 대신에 활동 센터나 다른 대안을 활용한다면 학생들의 흥미를 더 많이 이끌어낼 수 있을 것이다.

수업 프로그램의 관리

두 번째 차원은 수업과 관련된 학교의 교육과정이나 여타 모든 요소들을 조정하고 통제하는 데 초점을 맞춘다. 이 차원에는 세 가지 리더십 기능, 즉 수업의 감독 및 평가, 교육과정의 조정, 학생 성취도 향상 모니터링 등이 포함된다. 수업 프로그램을 관리하기 위해서 교장은 학교의 교수-학습 프로그램을 자극하고, 감독하고, 안내하며, 모니터링하는 데 적극 참여해야 한다. 이러한 기능은 교장의 헌신뿐만 아니라 전문성도 필요로 한다. 교장은 학교의 수업과 교육과정에 깊이 관여해야 한다(Cuban, 1984; Dwyer, 1986; Edmonds, 1979; Marshall, 1996).

앞서 살펴보았던 캘리포니아 학교의 사례에서 교사들에게 학생들의 성취도 향상을 어떻게 모니터링하는지 물었다. 교장이 거의 모든 학생의 읽기 수준과 학문적 성취 진척도를 파악하고 있다고 답한 교사들이 많았다(Hallinger & Murphy, 1986). 모든 학교의 교장이 이 학교의 교장처럼 깊이 관여할 수는 없다. 그러나 이 사례를 통해서 교장이 학교의 수업 프로그램이나 교육과정의 모니터링 및 관리에 얼마나 깊이 관여해야 하는가를 엿볼 수 있다.

긍정적 학교 학습 풍토의 조성

교수 리더십의 세 번째 차원은 학습을 성공으로 이끄는 데 필요한 다양한 전략을 지지하는 것이다.

- 수업 시간의 준수
- 전문성 개발의 촉진
- 행정가의 지속적인 관심과 지원
- 교사들에게 성공에 대한 인센티브의 제공
- 높은 기준의 설정
- 학생들에게 학습에 대한 인센티브의 제공

이 세 번째 차원은 범위나 목적 면에서 가장 넓다. 긍정적 학습 풍토는 그 동안 널리 알려진 생각, 즉, 효과적 학교는 높은 학습 기준을 설정하고 학생과 교사들에 대한 기대 수준을 높임으로써 "학습에 대한 압박"을 실제로 가한다(Purkey & Smith, 1983; Hallinger, 2005). 이러한 학교에서는 학교의 목적 및 실천이 보상과 적절하게 연계되어 있다면, 대체적으로 지속적 개선을 유도하는 문화를 추구한다. 교장은 교수-학습을 지속적으로 발전시키고 개선시키려는 가치와 실천을 만들어내야 한다(Dwyer, 1986; Hallinger, 2005).

교수 리더십 연구의 공통적 발견

1980년 이래 교수 리더십에 대한 연구가 여러 학자들에 의해 수행되었다. 가장 최근에 수행된 연구들은 "교수적(instructional)"이라는 개념에 주목하였다(Hallinger & Heck, 1996a). 이 주제에 관한 한 상당한 지식 기반이 형성되어 있으며, 다음과 같은 주제들을 포함한다.

- 성별, 경력, 훈련, 나이, 학교 여건 등과 같은 이른바 "개인적 배경"의 효과
- 교수 리더십이 학교의 미션, 목표, 기대, 교육과정, 교수, 학습, 동기에 미치는 영향
- 교수 리더십이 학생의 성취도 및 여타 학교의 성과에 미치는 직접적, 간접적 영향
- 교수 리더십과 인성
- 학교 효과성과 교수 리더십
- 교수 리더십과 다른 리더십 스타일

교수 리더십과 학생 성취

연구에 따르면, 학생의 학습 수준을 눈에 띄게 향상시키는 학교에는 훌륭한 교장이 있는데, 그들은 자신이 관장하는 교직원과 학생들의 효과성에 긍정적 영향을 미친다(Hallinger, 2005). 1980년대 교수 리더십은 종종 교실

문제에 관여하는 "체험 중심(hands-on)" 리더십으로 묘사되었다. Hallinger (2005)가 수행한 최근의 연구는 수업에 대한 장학활동을 직접 담당하는 교수적 리더들은 거의 없는 것으로 보고하고 있다. Hallinger와 Heck(1996a, 1996b)이 수행한 연구에서는 수업 장학은 주로 초등학교 급에서 이루어지고 있음이 발견되었다. 최근에 수행된 대부분의 연구 결과에 따르면, 교장의 수업 관여는 간접적이고, 학교 문화의 형성이나 모범사례의 설정 등과 같은 방법을 통해 이루어진다(Hallinger, 2005).

그러나 대부분의 학자들은 교장이 학생의 학습에 미치는 영향은 통계적으로는 유의하나 그 영향력은 미미하다는 결론을 내리고 있다. 바람직한 결과를 얻기 위해서는 이러한 최소한의 영향력도 중요하다. 왜냐하면 정책결정자들은 학교 개선의 핵심 전략으로서 학교 리더의 선발 및 훈련을 강조하고 있고, 그들의 정책을 정당화하기 위해서 이러한 연구 결과를 아직도 인용하고 있기 때문이다. 학교의 비전과 미션을 형성하는 데 있어서 학교장의 영향력은 가장 큰 것으로 알려져 있다(Marks & Printy, 2004).

학교의 여건 또한 교장이 발휘하는 교수 리더십의 성공에 지대한 영향을 미치는 것으로 나타났다(Hallinger, 2005). 교수 리더십의 효과성은 독립적인 노력의 결과로 보는 것이 마땅하나 학교의 학습 환경에 종속되는 것으로도 볼 수 있다.

Rowe(2007)나 Hallinger(2005)의 연구에 따르면, 성공적인 교수 리더들은 학교를 미션에 맞추어 변화시키기 위해 다양한 이해관계자들과 함께 노력하는 것으로 나타났다. 교수 리더들은 학문적 성취 기준이나 시간표, 교육과정 등을 학교의 미션에 맞게 조정함으로써 학교 성과의 질에 직접적인 영향을 미친다(Rowe, 2007). 리더들은 미션을 결정하거나, 효과성을 얻는데 필요한 활동을 관리하는 등의 리더십을 발휘할 때 더욱 효과적으로 변모한다(Meier, 2010; Hallinger, 2005).

학교장들의 교수 리더십 행동은 학교 효과성의 전조(precursors)로 간주된다. 비록 일부 비판론자들은 이러한 논지의 경험적 타당성에 대해서

의문을 제기했지만(Hallinger, 2005), 그 타당성을 입증하는 연구 결과도 많다. Hallinger(2003)는 미국 학교에 관한 40개의 연구로부터 획득한 경험적 증거를 통해 학교 리더십이 학생의 성취에 영향을 미친다는 것을 보여준다.

학교장들의 교수 리더십 행동은 학교 효과성을 증진시킬 수 있는 전조(precursors)로 간주된다. 비록 이러한 논지의 경험적 타당성에 대해서 의문을 제기한 비판론자들도 있지만(Hallinger, 2005), 그 타당성을 입증하는 연구 결과도 많다. Hallinger(2003)는 미국 학교를 대상으로 수행된 40개의 연구 결과물로부터 획득한 경험적 증거를 통해 학교 리더십이 학생의 성취에 영향을 미친다는 것을 보여준다.

연구 결과물에 따라 다소 상이한 결과가 도출되는데, 이는 연구 모형의 차이에서 비롯되는 것으로 설명할 수 있다.

- "직접 효과" 모형은 리더의 실천과 학교의 성과 간에 직접적 관계가 있음을 증명하려고 한다.
- "매개 효과" 모형은 리더가 학교 성과에 미치는 영향이 학교의 문화나 조직 등과 같은 환경적 요인에 의해 달라진다고 설명한다.
- "상호 효과" 모형은 교장의 행동과 학교의 환경 간 상호 관계가 있다고 가정한다.

대부분의 연구는 직접 효과 모형에 의존하여 수행되었으나, 간접적 효과 모형을 사용할 경우 교수 리더십이 학생 성취에 미치는 영향력은 더 커지는 것으로 나타났다. 21개 연구 결과를 구체적으로 살펴보면, 9개는 두 가지 변인 간 관계가 없는 것으로, 6개는 상황에 따라 달라지는 것으로, 그리고 단지 6개만이 긍정적 관계가 있는 것으로 나타났다.

이와 같이 긍정적 연구 결과가 그리 많지 않은 이유는 학교가 처한 환경, 교장의 역할, 분석 모형이나 방법론 등의 차이로 인한 것이다. 교수 리더십 행동과 학교의 성과 간의 관계를 탐색한 선행연구 결과로 인하여 일부 편견이 조장된 측면도 있다. 효과적 학교에 관한 연구에서는 교수 리더십 행동과 학교 성과 간에 상관관계가 있는 것으로 밝혀졌지만, 이런 연구들은 주로 사례 연구나 질적 연구방법을 활용했다. 따라서 두 가지 변수 간 상관관계나 인과관계를 밝혀주는 양적 연구는 그리 많지 않았다.

교수 리더십에 있어서 교장의 역할이 모호하다는 점은 또 다른 문제를 제기한다. 교수 리더십을 교장의 행동이라는 관점에서 정의 내린 적이 거의 없기에, 교수 리더십을 효과적으로 발휘하기 위해서 교장이 무엇에 관심을 가져야 하는가에 대해서는 명확하게 밝혀진 바가 없다. 교수 리더십에 관한 선행연구에서는 학교의 효과성을 증진시키는 리더의 특성을 학교 현장과 분리시켜서 "통제 범위"나 "리더십 스타일" 등과 같이 묘사하곤 했다. 이런 연구물들로부터 파생되는 문제점으로 인하여 교수 리더십 역할의 중요성은 충분히 부각되지 못했다(Hallinger, 2005).

Hallinger(2005)는 다양한 교수 리더십 행동에 대하여 기술한 바 있다. 학생 성취도에 가장 중대한 영향을 미치는 특성은 다음과 같다.

- 자원 제공자로서의 리더
- 교수 자원으로서의 리더
- 효과적인 소통자로서의 리더
- 학교 안에서 눈에 띄게 존재하는 자로서의 리더

교수 리더십의 질이 수학 및 읽기 점수와 상관관계가 있고, 특히 성취도가 낮은 학생들의 경우 상관관계는 더 강한 것으로 조사되었다(Hallinger, 2005).

Hallinger는 또한 87개 초등학교를 표본으로 한 연구를 통해서 교장이 학생들의 읽기 성취도에 얼마나 영향을 미치는가를 분석하였다. 연구 결과에 따르면, 학교 미션이 적절하게 마련되어 있는가의 여부는 리더십에 직접적인 영향을 미치는 것으로 나타났다. 또한, 학생들의 학습 기회나 교사들의 학생 성취에 대한 기대를 좌우하는 것은 다름 아닌 학교의 미션이었다. 이를 종합해서 보면, 교장들은 학생들의 학습에 영향을 미친다고 할 수 있다. 다만, 그 영향력은 직접적이 아닌 간접적인 것이다.

또한, 성공적인 학교의 교장들은 학교의 교수 프로그램을 구안하기 위해 교사들과 직접 상의하는 데 더 많은 시간을 할애하는 것으로 밝혀졌다. 이러한 결과는 앞서 수행된 Brewer(1993)의 연구 결과와 일치한다. 그는 고등학교를 대상으로 한 연구에서 교장들이 교육 목표나 성취 목표를 높게 잡을수록 학생들의 성취도가 향상된다는 점을 밝혀냈다.

Hallinger(2005)는 이러한 결과를 인용하면서 학교가 지향하는 목표를 교육과정과 잘 조율한다면 학교의 성취도가 향상될 수 있다고 재삼 강조하였다. 이 모형은 목표의 중요성을 드러내준다. 왜냐하면 학교에서 이루어지는 수많은 활동 가운데 교직원이나 학생에 초점을 맞추도록 유도하는 것은 바로 목표이기 때문이다. 이 연구는 학교 리더십 스타일에 관한 연구를 계획하는 이들에게 다음과 같은 연구문제를 제안한다. 이러한 연구문제는 학교행정가들이 교수 리더십을 발휘할 것인가 말 것인가를 결정하는 데도 도움을 줄 수 있을 것이다.

- 교장들은 여러 가지 교수 활동을 수행하기 위해서 시간을 많이 소요하는가(가령, 수업 장학, 수업 모니터링 등을 통해서)?
- 교장들의 교수 리더십 행동 영역 가운데 학생 성취 및 학업 성과와 유의한 상관관계가 있는 영역은 어떤 것인가?
- 학생의 사회경제적 배경이나, 학교 규모, 학생 개개인의 성적 등과 같은 배경 변인에 따른 차이가 있는가?
- 학생의 성취나 성과를 예측하는 데 있어서 교장의 교수 리더십 행동은 과연 매개 효과가 있는가?

이 장의 서두에 소개된 예화로 되돌아가서 생각해보면, Ashley 교사의 수업이 활력이라고는 찾아볼 수 없었는데도 Stover 교장이 건설적인 비판을 제대로 하지 못한 것은 다름 아닌 상상력 부족 때문이다. 리더가 리더십 행동을 창의적으로 구상해낼 수 있다면 교사와 학생 모두에게 보탬이 되는 혁신적 문화를 창출할 수 있다는 점을 기억해야 한다.

인성이 교수 리더십 행동에 미치는 영향

교수 리더십의 효과성에 관한 연구는 종종 교육계 리더들의 인성적 특징에 초점을 맞추어 수행되곤 했다(Leithwood, Harris, & Hopkins, 2008). 리더십과 인성을 연관지어 탐색하는 연구들은 주로 Jung학파에 의해 정립되고 Myers-Briggs가 채택한 인성 이론을 활용한다. 이는 아마도 유용성(Bayne, 2005)과 다양한 독자들이 공감하는 효과성(Kise & Russell, 2008)이 뛰어나기 때문이다. 가령, Halverson, Grigg, Prichett와 Thomas(2007) 같은 학자들은 데이터를 전략적으로 활용할 수 있는 능력이야말로 성공적 리더가 갖추어야 할 필수 기술이라고 언급한 바 있다. 이 때, 데이터를 다룰 수 있는 능력은 Myers-Briggs의 인성 유형에서 "사고(thinking)"를 선호하는 유형이다. 한편, Stein과 Spillane(2005)은 교사 간 협력의 증대는 Myers-Briggs의 "외향성(extroverts)"에 상응하는 교수 모형이라고 주장하기도 했다. 성공적인 교수 리더십에 대하여 연구한 Drago-Severson(2007) 또한 교장들이 교사들의 계발의 다양성과 여러 맥락적 변인에 관심을 가져야 한다고 결론지었다. 이는 Myers-Briggs의 "감정(feeling)" 유형에 속하는 리더들에게 어필하는 내용이다. Beatty(2007)는 교수 리더들이 감정 조절을 잘 할 때 더 성공적일 수 있다고 주장한 한편, Bryk와 Schneider(2002) 또한 교장과 교사 간 신뢰 관계의 형성이 성공의 비법이라고 말했는데, 이는 모두 "감정"에 의존하는 인성을 지닌 리더들에게 어필하는 내용이다.

여러 가지 리더십 모형이 있지만 행정가들의 인성적 특징에 따라 관심을 끄는 내용은 달라진다. 리더는 이미 각자의 인성에 의해 좌우되는 선호가 있기 때문에 한 사람이 모든 기술과 스타일을 동시에 가질 수는 없다(Kise & Russell, 2008; Reeves, 2006). 리더들의 인성이 다르기 때문에 리더들의 무의식 세계에서 움직이는 선호 또한 달라진다. 따라서 리더들이 고도로 다양하고 복잡한 요구에 모두 부응하기는 어렵다.

일부 학자들은 리더십 기대에 대한 사람들의 선호에 원천적으로 모순이 있다는 점에 주목하였다. Dwyer(2007)는 Myers-Briggs의 개념을 활용하여 머리, 가슴, 손을 의식적으로 결합할 수 있는 모형을 제안하기도 하였다. 그는 이 모형을 통하여 기존 리더십 모형에 제시된 사고 및 도구적 요소가 직관 및 감정적 요소와 균형을 취하기를 바랬다. 이러한 복합적 리더십 모형은 Sternberg(2002)의 "성공 지능" 모형이나 Kise와 Russell(2008)의 "차별화된 학교 리더십" 모형으로 발전하였다. 이러한 통합적 모형에서 중요한 점은 리더의 인성이 리더십의 중요한 요소로 간주된다는 것이다.

이러한 인성의 차이로 인하여 리더가 판단을 내리거나 외부 환경에 대처할 때 발휘하는 리더십은 달라지게 된다(Firestone & Shipps, 2005). 나이, 양육환경, 성별 등과 같은 요인은 인성 발달 및 형성에 영향을 미치는 것으로 알려져 있다. 또한 직장의 근무 여건과 인성은 상호작용하여 직장 내의 일상적 관습에도 영향을 미친다. 직장의 근무 여건에는 직무의 본질에 대한 인식, 리더십 경험, 학교 급, 리더의 지위 등이 포함된다(Macdaid, McCaulley, & Kainz, 2007).

Leithwood와 Jantzi(2005)는 리더십 효과성에 영향을 미치는 효능감의 역할에 대하여 분석한 결과, 사람들이 자신의 능력에 대한 인식(자신감)과 효과성 간에는 관계가 있음을 발견하였다. 효능감이란 리더십 특성의 하나로서, 리더의 인성적 특성을 포함하는 것으로 설명된다. Hogan(2004)은 효능감처럼 리더십과 관계된 여러 가지 특성들은 리더의 인성과 밀접한 관계가 있다고 주장했다.

Reynolds(2006)는 학교나 교실이 운영되는 방식에 대해서는 공감대가 형성되지 않았다고 주장했다. 학교가 운영되어야 하는 당위적 방식에 대한 합의가 이루어지지 않았기에 교장이나 교사들이 개인적 견해에 의존해서 그 공백을 메꾸어야 한다는 것이다. 유사한 관점에서 Meier(2010) 역시 그러한 공백은 인성적 특성에 따라 메꾸어지기 마련이고, 이는 개인의 경험이나 수행해야 하는 직무의 본질에 따라 달라진다고 주장했다. Heck과 Hallinger(2005)는 지금까지 이 분야에서 이루어진 연구들을 되돌아볼 때 개념적이고 방법론적인 기준들이 잘 정리되지 않았기 때문에 연구자들이나 리더들은 개인적인 개념화에 의존해서 적용가능하고 타당한 기준을 찾게 된다고 역설했다. 이러한 주장에 힘입어 학교 개선을 위해서 가장 포괄적인 교수 리더십 실천 효과를 거둘 수 있도록 하는 모형을 개발해야 한다는 압력이 증대되었다. 리더들의 선호는 직무 기술서에 명시된 특정 실천내용을 바라보는 태도를 통해 엿볼 수 있다. Kise와 Russell(2008)은 교수 리더십의 여덟 개 영역에서 핵심이 되는 실천내용을 밝혀냈다.

리더십 실천내용은 설령 리더의 선호에 반하는 것이라 할지라도 반드시 필요하다. 따라서 리더들은 교수 실천에 있어서 거의 불가능에 가까운 융통성을 지녀야 한다. 이러한 연유로, 인성과 교수 리더십에 대하여 연구한 Meier(2010)는 리더의 인성적 차이를 현실적으로 고려한 리더십 모형을 지지하였다.

그렇다면 최상의 방법은 무엇인가? 먼저, 학교 리더와 행정가들은 여러 가지 실천내용 가운데 자신이 천성적으로 좋아하는 것이 무엇인지 알아야 한다. 이어서, 이러한 선호가 리더십 실천에 영향을 미치는지 주의 깊게 성찰해야 한다. 인성의 차이를 밝히는 데 있어서 정직성이나 투명성 등은 리더가 학교의 요구를 충족시키는 방법을 모색하도록 할 것이다. Kise와 Russell(2008)이 언급했듯이, 자기 인식은 리더가 팀을 효과적으로 구성할 수 있도록 하는 데 필수적인 전제 조건이 된다.

교육정책결정자들은 현재 성공적으로 적용되고 있는 실천내용의 본질과 내용에 대하여 제대로 알고 있어야 한다. Meier(2010)의 연구는 이러한 성공적인 교수 리더십을 보장하는 "최상의 실천내용"에 대하여 탐색하였다. 그 결과, 최상의 실천내용은 너무 많을 뿐만 아니라 상호 모순되기도 한다는 점에 우려를 표명하였다.

이상의 내용을 고려할 때, 리더들은 학생 성취도 개선을 겨냥하며 쏟아지는 제언을 적용하기에 앞서 이러한 실천내용에 대하여 숙지하여야 한다. 무난하게 시작하려면 정책결정자들이 제안하는 내용의 폭이 얼마나 넓은지 신중하게 따져보아야 한다. Meier(2010)의 연구에 따르면, 대부분의 리더들은 자신의 인성 타입에 부합하는 실천내용을 선호하는 것으로 나타났다. 또한 이러한 실천내용들이 학교에서 활용하는 교수법의 핵심과도 매우 가까웠다. 즉, 리더의 선호가 종종 실천에 옮겨진다는 것이다. 정책결정자와 연구자들은 이러한 경향이 학교의 산출물에 긍정적으로 영향을 미치는 행동으로 변환될 수 있는지 탐색해보아야 한다.

권한위임은 리더십의 한 축으로 연구자들은 이를 리더십의 성공을 가늠하는 핵심 구성요소로 간주한다. 권한위임이 인성적 선호에 의존하며, 리더십 행동이나 역량을 예측하는 데 활용될 수 있다는 연구 결과도 있다(Ozer & Benet-Martínez, 2008). 리더에게 무엇이 자연스럽고, 편안하고, 즐겁게 느껴지는가에 따라 리더의 선호가 극명하게 달라진다.

학교 리더들은 학교 리더십 책무를 행정가들의 선호에 맞도록 재구성해보고(Meier, 2010), 건설적인 연구 결과를 토대로 보다 신중하게 적용해볼 필요가 있다. 이러한 접근은 교수 리더십 스타일보다는 분화된(differentiated) 리더십 스타일에 더 가까워 보이지만, 사람들 간의 차이를 고려하는 것은 리더십 패러다임에 관계없이 중요하다. 이와 관련하여 Bolman과 Deal(2003)은 다양성이야말로 팀의 경쟁적 우위를 결정하는 데 중요하다고 지적한 바 있다.

Meier(2010)가 학교 리더를 임용할 때 인성 타입을 고려하라고 권장하지는 않았지만, 팀 형성이나 업무 배분에 있어서 인성을 창의적인 방식으로 분별 있게 활용할 수 있다.

학교가 학습 공동체로 정의되면서 구성원들은 서로서로 도전하고 관계를 맺으면서 상호협력적으로 일해야만 한다. Jung학파의 이론에 따르면, 다양성은 시너지 효과와 혁신을 불러일으킨다. 대부분의 리더십 연구와 이론에서는 사람들 간의 차이점이 기관을 앞으로 전진하게 하고 성장하게 하는 데 필요한 창조적인 긴장을 제공한다는 점에 동의한다(Fullan, 2007). 같은 맥락에서 Antonakis, Cianciolo, 그리고 Sternberg(2004)도 리더의 본질을 외면하는 리더십 모형은 위험하다고 단호하게 말했다.

학교장들이 학생들의 성취도 격차를 좁히고자 할 때, 교수 리더십에 대한 자신의 자연스러운 성향을 잘 이해한다면 득이 될 수 있다. 사람들 간의 차이점은 종종 약점으로 묘사되지만, 교육 리더십에서는 성공을 위한 씨앗이 될 수도 있다.

새로운 교수 리더십

학교 리더십이 급격한 변혁기를 겪고 있다는 것은 자명하다. 학생들의 학업 성취 기준을 높이고 책무성을 강화하는 정책이 도입되고 있다. 이른바 책무성 시스템 안에는 학교의 변화를 유도하고 모니터링하는 광범위한 수단이 포함되어 있다. 연구자들은 교수 리더십을 재발명하려는 사람들의 대열에 합류하고 있다(Halverson et al., 2006).

Halverson 외(2006)는 학생의 성취 결과를 강조할수록 지역이 교육시스템 전체의 성취 목표를 의식해야 한다는 점을 지적하였다. 학교의 성취 결과를 대중에게 보고함과 동시에 개혁이 필요하다는 압력이 발생하기에 이러한 변화는 자동적으로 수반된다. 그러나 이러한 변화 가운데 일부는 혁신과 능률성을 추구하며 성취 문제를 해결하려는 직접적인 인센티브로 인하여 초래되기도 한다.

Halverson 외(2006)는 책무성 시스템은 교수 및 평가 실태를 개선하기 위한 기준을 개발해야 한다는 부담을 야기할 것이며, 그러한 과정에 참여하는 인센티브로 작용하게 될 것이라고 지적하였다. 이와 같이 책무성 시스템에 대한 단순한 논리는 강력한 힘을 가지고 교육 개혁을 단행하는 근거로 사용된다.

교수 리더십이 이러한 새 힘을 얻게 된 배경은 「아동낙오방지법(No Child Left Behind Act」(2002)의 제정과 밀접한 관계가 있다. 이 법으로 인하여 미국에서 학생들의 학습을 평가하기 위해 표준화 시험을 치러야 한다는 주장이 제기되고, 최근 이 주장의 정당성을 둘러싼 논쟁이 격화되면서 학교가 시험 성적을 높일 수 있도록 돕기 위한 리더십 노력과 재정이 투입되었기 때문이다(Halverson et al., 2006). 이러한 노력은 학교 분석가, 연구자, 학교 리더들이 모두 데이터를 기반으로 의사를 결정해야 한다는 내용을 골자로 한 새로운 교수 리더십의 탄생을 촉구하였다. 그러나 새로운 교수 리더십 패러다임은 이미 이전의 연구물에서 구상된 것이었다(Bernhardt, 1998; Holcomb, 1999; Johnson, 2002; Love, 2002).

새로운 교수 리더십 스타일은 "학습 중심(learning-centered) 리더십"이라고 불린다. 이런 움직임은 주정부의 교육 리더들이 학생 성취시험 데이터를 가공하게 되면서 시작되었다. 민간 회사에게 데이터를 처리할 수 있는 권한을 주자 그들은 학교에 가공된 데이터를 보고하는 시스템을 판매해서 재정적 수익을 올렸다(Burch, 2005). 주정부 교육 리더들은 단위학교 리더들이 데이터를 효과적으로 활용할 줄 모른다는 우려를 표명하면서 컨설턴트를 고용하였고, 데이터 분석 워크숍이나 세미나 등이 개최되었다. 학교 리더들은 새롭게 떠오른 학교 개혁 종합 계획을 채택하고, 학교 교육과정은 주정부의 학습 기준에 맞추어 조정하였으며, 그 결과 학생들의 학습과 관련된 체계적인 변화가 야기되었다.

Halverson 외(2006)는 현장 실천가들이 새로운 구조에 부합하도록 자신의 교수 리더십 실천내용을 기꺼이 바꾸지 않는 한, 교육구나 주정부가 제아무리 데이터에 기반한 의사결정을 통해서 책무성을 완수하려고 노력한들 소기의 성과를 거두기 쉽지 않다고 말했다.

앞서 제시된 결과에 비추어 볼 때, 자료에 기반한 의사결정에서 가장 명백하게 드러나는 문제는 새로운 책무성을 어떻게 담보할 것인가이다. 대부분의 학교에는 이미 내부 책무성 장치가 마련되어 활발하게 작동하고 있다. 학교는 의사결정을 내릴 때 이미 학생들의 출석률, 시험 성적, 징벌, 가용 예산, 교사 평판도 등과 같은 데이터를 활용한다. 학교 행정에 있어서 내부 책무성 점검을 위해 이러한 자료를 이미 활용했고, 이로 인하여 수업 관련 개혁은 종종 거센 저항에 부딪히곤 했다. Weick(1982)과 같은 학자들이 일찍이 지적한 바와 같이, 변화해야 한다는 외부 압력이 가해짐에 따라 학교 구조는 그대로 둔 채 새로운 수업 방식만 덧입혀져 있는 형국이다.

학교 리더들이 학교의 실천 기제를 개선하는 방식을 면밀하게 들여다본 후 그들이 데이터에 기반하여 의사결정을 내릴 수 있도록 격려해야 한다. 이와 관련하여 Halverson 외(2006)는 "새로운 교수 리더십에서는 리더들이 내부 책무성에 젖어있던 문화에서 외부 책무성 요구를 충족시키는 문화로 옮아갈 수 있는가가 관건이다."(p.8)고 말한 바 있다. 교수 리더들은 학생 성취를 향상시키기 위해 책무성 데이터를 활용할 수 있는 지식과 이를 지원해줄 수 있는 개념적 틀을 필요로 한다.

이런 목적을 달성하려면 리더들이 전통적 방식 대신 외부 책무성이 중요하다는 것을 인식해야만 한다. 이러한 새로운 패러다임은 교사 평가, 전문성 개발, 교육과정 설계, 새로운 학습 문화 형성 등과 같은 전통적 기제와 비교할 때 한 걸음 개선된 것이다. 기존에 활용했던 전략들은 요즘 학교가 직면한 도전을 해결할 수 있도록 재설정되어야 한다.

Wilson(2004)은 책무성 장치를 이해하기 위해서는 교실에서의 수업 방식을 외부 책무성 장치와 연결해주는 쌍방향 정보의 흐름에 대해 이해해야 한다고 강조했다. 즉, 수업과 리더십의 연계, 교사 간 협력, 기존 수업 목표와 학습 간의 조율, 수업 결과에 대한 모니터링 등이 활발하게 이루어져야 한다. 이러한 활동이 성공하려면 리더는 학생들이 시험 준비를 하느라 학습이 훼손되지 않도록 하고, 수업 방식 변화의 정당성을 지역사회에 홍보하는 등 다각도의 노력을 기울여야 한다.

새로운 교수 리더십 패러다임은 교육 성취 기준을 둘러싼 논쟁을 촉발시켰다. 즉 우리에게 친숙한 수업 방식이나 변혁 스타일을 넘어서서 신뢰롭고 책임질 수 있는 학습체제를 만들어내야 한다는 것이다. 미국 전역에 있는 학교들을 둘러볼 때, 학생의 학습을 향상시킬 목적으로 설계된 책무성을 토대로 한 수업 실천 방식을 접목하고 있는 학교 리더들은 점점 증가하는 추세이다.

Halverson 외(2006)는 자신들이 구안한 "데이터 기반 수업 의사결정 시스템(DDIS)" 모형에서 모형의 필수 요건을 제시한 바 있다. 교수 리더십의 현대 모형의 여섯 가지 기능은 다음과 같다. 데이터 획득, 데이터 검토, 프로그램 조율, 프로그램 설계, 형성적 피드백, 시험 방식 결정.

데이터 획득

데이터 획득이란 데이터를 수집하는 과정을 말하는데, 교수와 학습을 위해 유용한 정보를 발굴하고, 수집하고 준비하는 과정이다. 이 단계에서 수집할 데이터는 주로 표준화된 학생 성취 시험 성적 결과이다. 그러나 교수-학습에 대한 정보를 줄 수 있는 추가적인 자료들도 있으며, 이는 다음과 같다.

- 학생 배정 및 행동에 관한 기록
- 학생들에 대한 인구통계학적 자료
- 학급에서의 성적
- 현재 교사 인력 관련 자료
- 지역사회 대상 설문조사 결과
- 예산 관련 정보
- 학교 교육계획 및 학사 일정
- 교육과정 관련 정보
- 학교의 IT 용량

데이터의 저장은 데이터를 집적하고 보고하는 과정으로, 데이터 획득에 있어서 매우 중요한 요소이다. NCLB 법안이 제정된 이래 지역에서 학생 성취도에 관한 일정 정보를 보유해야 하므로 지역 데이터 시스템이 필요하다. 학교는 다양한 유형의 데이터를 저장하고 분석한 결과를 보관할 수 있는 시스템을 갖추고 있다.

데이터 검토

데이터 검토란 획득한 데이터를 가공하여 학생의 학습에 관한 데이터를 교수-학습 개선을 위한 실천 정보로 변환하는 과정이다. DDIS 모형에서 말하는 데이터 검토는 수업 개선에 도움이 되는 실천 전략을 마련할 때, 교사나 리더가 그것이 무엇인가를 막연하게 짐작하는 대신 체계적으로 집적된 데이터를 유용하게 활용하도록 하는 기회를 제공한다.

데이터 검토는 학교 전체 수준, 학년 수준, 심지어는 과목군 수준 등 다양한 수준에서 이루어질 수 있다. 데이터 검토에 있어서 한 가지 주목해야 할 사항은 학교에 내재된 문제를 구조화하는 방식이다. 이 때, 산출물을 개선하는 데 데이터가 기여할 수 있는 정도를 적극 고려해야 한다. 데이터 검토가 마무리되면 그 결과로 행동 실천계획이 도출된다.

프로그램 조율

데이터 기반 수업 의사결정 시스템(DDIS) 모형에서 프로그램 조율이란 학교의 교수 프로그램이 수업 내용 및 성취 기준에 부합하도록 맞추는 것이다. 프로그램 조율은 DDIS 모형의 제안에 따라 프로그램을 설계할 때 아마도 가장 민감한 분야라고 할 수 있으며, 교수 리더십에 대한 계획을 수립할 때 필수적인 구성요소가 된다.

프로그램 설계

프로그램 설계란 새로운 교수 리더십 스타일이 교수적 요구에 부합하도록 다듬는 과정을 말하며, 학습을 개선하기 위해 교육과정이나 학생 서비스 프로그램, 수업 전략 등을 수정하는 내용을 포함한다. 바로 이 프로그램 설계를 통해서 학교가 안고 있는 문제를 해결할 수 있도록 학교의 정책이나 계획, 절차 등이 재설정된다. 또한 새로운 교수 프로그램을 도입하고 유지할 수 있는 예산이나 보조금 등 학교의 재정적 여건에 대한 진단도 이 단계에서 이루어진다.

형성적 피드백

피드백은 새로운 전략을 채택할 때 없어서는 안 될 중요한 사항이다. DDIS 모형에는 학생의 성취를 개선하기 위한 정보가 계속해서 시의적절하게 흐를 수 있도록 하는 구조가 탑재되어 있다. 이러한 구조는 학생의 학습 상황이나 교사의 수업 실천에 대한 중요한 정보를 제공해줄 수 있기 때문이다.

이러한 피드백은 데이터 획득이나 검토와는 다른 개념이다. 학생의 성취도를 바탕으로 학교의 개선 정도를 측정할 목적으로 수집된 정보에 적용되기 때문이다.

시험 방식 결정

DDIS 모형의 마지막 부분에는 학생의 학문적 능력을 측정하고, 자극하고, 개선할 목적으로 설계된 활동들이 포함된다. 또한, 주정부와 지역구들이 학생 평가 방법을 개선할 수 있도록 하는 전략들을 포함한다. 시험 방식의 결정은 비단 시험의 준비과정뿐만 아니라, 시험 양식, 평가 기술, 결핍된 내용을 보완하기 위한 수업 등과 같은 광범위한 사안을 모두 다룬다.

"시험을 준비하기 위한 수업"이란 Halverson 외(2006)의 표현을 빌면 "공식으로 만들어진 수업(formulaic instruction)"을 의미한다. 간단히 설명하면, 총체적인 배움을 고려하지 않고 시험이 출제될 수 있는 주제를 중심으로 학생을 가르치는 것이다. 연구자들이 미국 전역의 학교를 분석한 결과, 대부분의 리더들이 교수 프로그램과 시험 내용이 상호 연계될 수 있도록 학교의 제반 사항을 개혁했다는 점을 발견했다. Halverson은 DDIS 모형이 적용되는 학교의 경우, 교육과정이 시험 내용에 맞추어 축소되지 않았다는 점을 밝혀냈다. 오히려 학생들이 주정부 시험 기준을 통과할 수 있게 지원하는 추가 교수 프로그램이 풍부하게 마련되었음에 주목하였다.

DDIS는 학생의 성취도 개선과 관련하여 학교 시스템에서 작동하는 기능을 정보 흐름을 더 원활하게 촉진하는 다른 시스템으로 연결시킨다. 학교 리더들이 이러한 시스템을 이해하면 핵심 교수 영역에서 개혁이 필요한 영역에 집중할 수 있다. 이러한 교수 리더십 시스템은 혁신적이고 통찰적이며 결과 지향적이다. 학생의 성취 결과를 예측하는 한편, 학업 개선이 필요한 분야를 적시할 수 있는 정확도를 증진시킨다.

요약

변혁적 리더십이나 분산적 리더십의 등장에도 불구하고 교수 리더십은 그동안 수정보완을 거친 덕분에 여전히 적절한 리더십 분야로 인식되고 있다. 학교가 어느 정도의 교수 리더십을 행사해야 한다는 점에는 대체적으로 동의한다. 교수 리더십은 외재적 동기에 기반을 둔다는 점에서는 거래적 리더십의 특성을 지니고 있고, 성공에 이르기 위해 심리적 동기에 의존해야 한다는 점에서는 변혁적 리더십의 특성도 지녔다. 교수 리더십의 핵심 구성요소에는 학교의 미션 정의가 포함된다. 즉, 학교가 추구할 목적을 설정하고 구성원들과 공유해야 한다.

리더는 관료적 권위를 활용할 수도 있다. 위계적 구조 덕분에 특정 목표를 달성하는 방향으로 이해관계자들을 움직일 수 있기 때문이다. 개인적 권위는 인성에 크게 의존한다. 우리는 Myers-Briggs의 인성 측정 도구에 대해 세밀하게 살펴보았고, 이를 통해서 효과적인 리더십을 발휘하기 위해서는 특정 인성적 특징이 필요하다는 점을 알게 되었다. 이런 특징에는 “사고형” “감정형” “외향성” 등이 포함된다.

「아동낙오방지법」은 데이터를 기반으로 한 학교 행정이라는 새로운 시대를 열었다. 리더들은 데이터 획득, 데이터 검토, 프로그램 조율, 프로그램 설계, 형성적 피드백, 시험 방식 결정 등에 적합한 변화를 수용해야만 한다.

교수 리더십은 비록 초점이 다소 변화하기는 했지만 학교 현장에 계속해서 중요한 사안으로 간주된다. 교수 리더십이 변화한 상황에 맞게 잘 수정보완된다면 미래를 기약할 수 있는 역동적인 힘으로 계속해서 존재하게 될 것이다.

토의 문제

1. 리더십에 있어서 리더의 인성이 담당하는 역할은 무엇인가? 어떤 한 가지 유형의 인성이 다른 유형에 비해 더 좋다고 할 수 있는가? 특정 인성 유형의 단점은 무엇인가?
2. 학교의 목표에 반드시 포함되어야 하는 세 가지 사항을 열거하시오.
3. Myers-Briggs의 인성 측정 범주(사고형, 감각형, 직관형, 감정형)를 사용하여 가장 이상적인 교장을 묘사하시오.
4. 당신이 다녔던 학교의 교장에 대해 생각해보시오. 그 분의 인성은 어떠한가? 교장의 인성이 학교 운영에 영향을 미쳤다고 생각하는가? 영향을 미쳤던 세 가지 방식을 열거하시오.
5. 이 장은 교장이 수업에 관여하는 것이 학생들의 성취에 영향을 미친다는 주장을 견지해왔다. 당신이 서두의 예화에 제시된 Stover 교장이라면 당신은 Jane에게 뭐라고 말할 것인가? 당신을 교수 리더로 상정하고 Jane에게 자기 자신과 학생들에게 도전하라고 독려할 수 있는 세 가지 내용을 제시하시오.

활동 주제

1. Hallinger와 Murphy에 따르면 "학교 미션 결정"은 교장의 핵심 역할이다. 학교 미션을 결정할 수 있는 최상의 방법은 무엇인가? 소집단으로 나누어서 이 문제에 대해 토의하고 방법을 개발하시오. 각 소집단은 각자 제안한 방법을 활용해서 미션을 설정하고 하위 목표도 세 개를 제시하시오.
2. 적당한 사이즈의 메모지에 성공적인 교장의 속성에 대하여 기술하시오. 풀이나 포스트잇 등을 활용하여 각자 서술한 내용을 벽에 붙이시오. 그 다음 중요도 인식에 따라 메모를 재배열하시오. 일단 합의에 도달했다고 생각되면 속성에 대하여 논의하시오. 어떤 속성이 가장 중요한 것으로, 혹은 가장 중요하지 않은 것으로 밝혀졌는가? 그 이유는 무엇인가?

추천 문헌

Attewell, P., & Domina, T. (2008). Raising the bar: Curricular intensity and academic performance. *Educational Evaluation and Policy Analysis,* 30(1), 51-71.

Greenlee, B. J. (2007). Building teacher leadership capacity through educational leadership programs. Journal of Research for Educational Leadership, 4(1), 44-74.

Hoy, A. W., & Hoy, W. K. (2008). *Instructional leadership: A research-based guide to learning in schools.* (3rd ed.). Boston, MA: Pearson.

Reitzug, U. C., & West, D. L. (2007). *Problematizing instructional leadership: The voices of principals.* American Educational Research Association conference (AERA), Chicago IIL.

Stronge, J. H. (2008) *Instructional leadership: Supporting best practice.* Alexandria, VA: Association for Supervision and Curriculum Development.

제3장

분산적 리더십

공유된 지배구조에 대한 인간주의적 접근

Sequoia 중학교에 새로운 교장 Amy Paquinette이 취임하였다. 이전 교장이 건강 문제로 인해 학년도 중간에 갑작스레 학교를 떠나야 했기 때문에 그 공백 기간 동안 교감이 직무대리로 학교를 운영해오고 있었다. 하지만 교감이 학교 운영을 떠맡은 지 3개월이 되자 학교에 많은 문제들이 생기기 시작하였다. 출근 첫 날 Paquinette 교장은 복도 끝에 앉아 비디오 게임에 열중하고 있는 두 학생을 발견하고 깜짝 놀랐다. 그 학생들은 선생님이 자신들을 교실 밖으로 내보냈다고 이야기하였다. 해당 교사를 만나보니 그것은 사실이었다. 그 교사는 학생들이 계속 수업에 방해가 되어 교장실로 보냈다고 하였다. 그러나 교장 직무대리는 그 학생들에게 신경을 쓸 시간이 없다고 하면서, 그들을 복도 끝으로 보낸 것이었다. 그 학교에는 이러한 상황을 처리할 구조가 전혀 없는 듯하였다.

교장을 대신해 자리를 지키고 있던 교감은 파일이 산더미같이 쌓인 책상 앞에 앉아있었다. Paquinette 교장이 학교 상황에 대하여 묻자, 그의 눈에 눈물이 고였다. 교감은 다음과 같은 상황을 호소하였다. 전임 교장은 하루 10시간에서 12시간씩 일주일에 6일을 근무하였으며, 모든 일을 혼자 떠맡아 하는 사람이었다. 그 교장은 하루에 한 번은 반드시 전 교실을 방문하였고, 학교안의 모든 문서 업무를 일일이 확인하였으며, 모든 시험문제를 검토하였다. 7년간은 그 방식이 지속될 수 있었다. 그러나 그는 고혈압과 고질적인 위궤양으로 인해 갑작스럽게 퇴임해야만 하였다. 전임 교장의 방식을 유지해야 한다고 생각한 교감은 당황하였고, 자신의 건강 역시 악화될 것이라고 걱정하기에 이르렀다.

지속가능한 발전을 위한 분산적 리더십

변혁적 리더십과 교수 리더십을 살펴보면서 우리는 학교장이 선택한 리더십 유형이 보통 구체적인 결과와 직결된다는 것을 알 수 있었다. 즉, 리더십 유형에 따라 학생들의 학업 성취 증진, 직무 윤리의 강화, 또는 교사들의 사기 진작 등의 결과들이 수반된다. 이 장에서는 미국 학교에 긍정적인 성과를 가져올 수 있는 또 하나의 유망한 리더십인 분산적 리더십에 대하여 살펴보고자 한다.

Timperley(2005)에 따르면, 학교의 변화가 뛰어난 리더에게 달려있다는 기대는 비현실적이고 지속가능하지 않기 때문에, '사람과 상황에 따른 리더십의 분산' 이 학교의 실제 상황을 이해하고 개선하는 데 필요한 새로운 틀이 되기 시작하였다. 그러나 이것은 상당히 새로운 개념이기 때문에, 리더십이 성과를 내는 학교와 성과가 좋지 않은 학교에 어떻게 분배되어야 할지에 대한 실증적 연구는 드물다. 그러나 분산적 리더십에 수반되는 몇 가지 위험 요소들과 장점들이 여러 연구에 의해 밝혀졌고, 초기 분산적 리더십 이론에서 제시된 핵심개념들은 도전에 직면하게 되었다.

뛰어난 비전을 가진 강력한 리더들이 항상 지속적인 변혁을 창출하지는 않는다는 것에 대해서는 대부분 동의하지만, 그 원인에 대해서는 논란의 여지가 있다. 어떤 학자들은 그런 리더들이 오늘날의 학교 리더십에 대한 요구에 부응할 만큼 많지 않다고 말한다(Copland, 2003). 다른 학자들은 이처럼 리더를 "영웅"으로 개념화하는 것은 대개 앞으로 리더가 될 사람들의 관심을 끌지 못한다고 지적한다(Gronn & Rawlings-Sanaei, 2003).

게다가 교장들은 매일 처리해야 하는 행정 업무로 인해 이러한 활동을 하기에 충분한 시간이 없고, 교장들 스스로도 보다 일상적인 업무부터 처리하려고 한다(Elmore, 2002; Gronn & Rawlings-Sanaei, 2003). 이러한 "영웅적" 리더십에서 나타나는 또 다른 문제는 학교의 흥망이 교장에게 달려 있다는 것이다. 앞의 예화에서 보았듯이 특별한 리더가 떠나가면, 학교의 발전은 종종 정체되며 과거의 관행들도 다시 나타난다.

그러므로 보다 접하기 쉽고 지속가능한 리더십을 개념화하여 "수직적 조직의 정점에서 학교 공동체를 그의 목적대로 움직이는 한 명의 '영웅적' 리더" 모델을 대체해야 한다는 인식이 증가하고 있다(Camburn et al., 2003: 348). 대안적 모델은 다수의 사람들과 상황에 전반적으로 분산되는 활동 및 상호작용의 범위와 역할 보완, 그리고 네트워크 형태의 지배를 망라하여야 한다.

따라서 분산적 리더십은 학업 성취에 필요한 조직 구조나 프로그램보다는 학교 경영이나 구성원 간의 상호작용에 도움이 되는 조건들을 학교장이 어떻게 증진시키고 지속시키는가에 초점을 맞춘다(Spillane et al., 2004). 리더십에 대한 이러한 사고는 1980년대와 1990년대 초에 시작되었다. 문화와 역사가 개인의 인식에 영향을 미친다는 생각을 하게 되면서, 우리의 인식 또한 주어진 환경 속에서 물질과 사회적 유물을 통해 분산된다는 것을 이해하게 된 것이다.

마찬가지로 Sergiovanni(1984)와 같은 초기의 학자들은 조직적 사고의 변화에 초점을 맞추어야 한다고 주장하였다. 이는 특히 조직원들의 공유된 목적의 근원이 되는 준거, 믿음과 원칙의 설정에 많은 구성원들이 참여하는 조직 문화를 발전시키기 위한 것이라고 하였다. 그러나 분산적 리더십의 이러한 생각은 1990년대 중반의 연구문헌에서 처음으로 주목을 받는다.

분산적 리더십의 출현

최근의 연구들은 현대적 상황에서 분산적 리더십의 관점을 변화시키는 데 공헌하였다. 분산적 리더십은 1990년대 중반에 짧은 흔적을 남기고 사라졌다가, Gronn(2000)이 분산적 리더십의 사전적 분류체계를 작성한 이후 일종의 동향으로서 재출현하였다.

그러한 동향이 커져서 영국 국립교장연수원(NCSL)도 분산적 리더십 홈페이지를 운영하고 있다. 미국에서도 이와 유사한 경향이 나타나고 있다. Spillane 외(2004)가 노스웨스턴 대학에서 5년간 추진한 분산적 리더십 연구 프로젝트와 Sloan 경영대학이 발전시킨 분산적 리더십 모형(DLM)을 예로 들 수 있다.

이러한 대유행에도 불구하고 분산적 리더십은 그 개념적 유연성으로 인한 혼동에서 아직 벗어나지 못하고 있다. 이러한 개념적 불명확성으로 인해 분산적 리더십 개념을 실증적 연구에 온전히 적용하기는 어렵다. 많은 호응을 얻고 있으나, 분산적 리더십과 학교 성취 간의 직접적 인과관계를 나타내는 증거는 거의 없다. 무엇이 분산적 리더십을 교육적 관리와 리더십 분야의 하나의 장르로 출현하게 한 것일까? 일부 학자들은 분산적 리더십이 단순히 Etzioni의 "이중적 리더십 이론"(Etzioni, 1965)과 같은 초기 리더십 이론을 재구성한 것이라고 주장한다. Hartley(2007)는 그러한 사실은 중요하지 않다고 한다. 그 대신 학자라면 분산적 리더십이 리더십 실행의 형태로서 효능이 있는지, 그리고 이제 시작단계인 이론을 어떻게 발전시키고 리더십 분야에서 실행시킬 것인지에 대하여 비판적이어야 한다고 이야기한다. 그러므로 우리는 정치적, 경제적, 문화적 조건들을 살펴보아, 분산적 리더십이 수사적이면서도 실제적으로 표현되도록 노력해야 한다.

이러한 목표를 달성하기 위해서는 먼저 분산적 리더십이 무엇인지에 관해 명확히 이해할 필요가 있다. Spillane(2006)은 분산적 리더십을 포괄적으로 정의하는 것은 어렵다고 설명하였다. 이는 분산적 리더십의 매력은 모든 사람들에게 모든 것이 될 수 있다는 용이성에 있기 때문이다(Spillane, 2006). Bennett 외(2003)는 이러한 리더십 유형을 다수의 서로 다른 정의들을 갖는 "이질적인" 것으로 칭하였다.

MacBeath(2005)와 같은 일부 학자들은 실증적 분류체계를 이용하여 분산을 몇 가지로 구분하였다. 공식적, 실용적, 전략적, 증가적, 기회주의적 또는 문화적 분산이 그것이다. Hartley(2007)는 분산적 리더십이 새로운 아이디어가 아니라 오랜 기간 동안 대리된 또는 공유된 리더십의 형태로 존재해왔다고 주장하였다. 그럼에도 불구하고 리더의 행동과 학생 성취 간의 직접적인 인과관계를 증명해 보이려는 시도들이 결정적인 증거를 거의 얻지 못하였다는 것은 잘 알려져 있다(Levacic, 2005). Leithwood 외(2006)는 분산적 리더십을 낙관적으로 볼 수 있다고 하면서도, 자신들의 주장이 그다지 견고하지 못하다는 것을 인정하였다. 그러나 그들은 상당히 탄탄한 실증적 증거에서 지지기반을 찾아내고 있다. 그들은 교장의 리더십이 널리 분산되었을 때 학교와 학생에게 더 큰 영향력을 갖는다고 하였다. 그러나 동시에, 이러한 주장이 호응을 얻고 있다 하더라도, 분산적 리더십의 지지기반이 되는 증거가 다른 주장을 뒷받침하는 증거와 비교할 때 더 광범위하거나 더 직접적이지 않다는 것을 인정한다.

분산적 리더십에 관한 정책이 충분한 근거 없이 추진되고 있다는 점은 분명하다. 따라서 분산적 리더십에 관한 많은 연구들은 예측과 통제의 강화를 주장하여 기술적인 면을 강조하거나, "상징적 의사소통의 해석"에 초점을 두어 실제적인 면을 강조하고 있다. 그러므로 우리에게 남은 의문사항은 분산적 리더십을 조직이론의 광범위한 주제 안에서 설명해야 하는가 하는 것이다.

이 주제에 관하여 학자들은 서로 다른 견해를 가지고 있다. 어떤 학자들은 분산적 리더십이 규범적인 수사와 관련 있고, 학교의 인간관계 관리체계와 병렬적이며, 조직 문화와 관련 있다고 설명하였다(Ogawa, 2005). 다른 학자들은 "부드러운 관료제", 즉 유연하고 분산적인 업무절차와 엄격한 통제 및 집중구조가 병존하는 조직 안에서 분산적 리더십이 나타났음을 발견하였다.

Hartley(2007)는 분산적 리더십의 개념이 권위에 정당성을 부여하는 "위임", "주인의식" 등의 담론과 함께 민주적 절차도 포함한다고 하였다. 그러나 Woods(2004)는 이러한 타입의 리더십은 위임된 리더들이 선거결과가 아니라 지명에 의해 취임한 것이기 때문에 생각보다 민주적이지 않다고 지적하였다.

Hatcher(2005)와 Storey(2004)와 같은 연구자들은 리더십을 분산함에 있어서 리더십 실천의 미시정치적인 측면이 과소평가되는 경향이 있다는 것을 알게 되었다. 또한, 학교를 넘어서는 부의 분배 문제 및 부의 분배와 학교 성취와의 관련성이 완전히 배제되고 있다는 것을 발견하게 되었다. 이에 따라 분산적 리더십에서 종종 당연하다고 여겨지는 화합과 합의에 대해서도 의문을 품게 되었다.

그러나 분산적 리더십 지지자들은 분산적 리더십이 미시정치적인 측면을 심어주며, 완전한 합의의 산물이 아니라고 함으로써 이러한 비판에 대응하고 있다. 그들은 분산적 리더십 장르의 출현에 기여한 Gronn(2000), Spillane 외(2004)와 같은 선도적 이론가들이, 행동체제의 미시정치적 측면을 무시하지 않는 Engeström(2001)의 사회문화 행동 이론을 인용하였다는 사실에 근거하고 있다.

분산적 리더십 연구 가운데 리더십의 지배와 착취에 초점을 맞춘 연구는 거의 없다. 그러므로 분산적 리더십을 일종의 디자이너 리더십으로 분석하는 것은 정부 정책을 잘 전달하기 위해서라는 것이다. 비판은 아래와 같다.

> 혁신을 위한 정치적 과정 속에서 생성된 지식 기반은 불완전하고 역사적, 탈맥락적인 채로 남아있다. 또한 그것이 한 번 생성되면 고치기 어렵다는 사실은 매우 중요하다. 대학원 프로그램을 평가하기 위한 안정적인 인증

시스템 기반을 구축하는 것은 진리탐구 과정을 포기하는 것과 같다.

(English, 2006: 465)

미국에서 대부분의 비평가들은 NCSL이 검증되지 않은 리더십 유형을 지지하는 데 대하여 아무런 문제의식을 갖지 않았다. 비평가들은 그 프로그램이 분산적 리더십 철학에 대한 지지를 통해 뛰어난 리더십 개발 프로그램으로서의 국제적 유명세와 명성을 얻었음을 언급함으로써 사실상 이에 동조해왔다(Dean, 2006).

Grace(2000)와 English(2006)와 같은 초기 학자들은 학교 리더에게 교육과 훈련에 관하여 실시간으로 알리는 정치적 조급성이 증가하고 있음을 우려하고 있다. 그들은 연구에서 다음과 같은 질문을 던지고 있다. 분산적 리더십 출현이 신뢰할 만한 이론적 증거를 토대로 하지 않았다면, 그 이론에 중요성을 부여하는 정치적 고려는 무엇 때문인가?

분산적 리더십의 출현 이유

분산적 리더십의 출현에 대한 두 가지의 설명이 있다. 첫 번째 설명은 예화에 묘사된 것처럼, 변혁적 리더십과 연관된 "카리스마를 가진 영웅"의 실패이다. 두 번째 설명은 학교장의 업무가 점점 복잡해진다는 것이다. Ingvarson 외(2006)는 조직이 제대로 기능하도록 하는 것은 영웅적 리더가 아닌, "일상적인" 문제라고 주장한다. 조직을 효율적으로 만드는 것은 다음과 같은 것이라고 한다.

- 조직원의 *역량* 활용하기
- *계획*을 빨리 활용하기
- 신뢰에 기반을 둔 공유된 *목적* 확인하기
- *협동적으로 노력*하기

● *차분하게 조정*하기

다른 학자들은 분산적 리더십을 현 시대의 정책 변화 요구에 대한 실제적 대응으로 간주한다. Pricewaterhouse-Coopers(2007)는 '학교 리더십에 대한 독자적 연구'에서, 서로 다른 직업 문화 간의 파트너십과 협력이 더욱 필요한 새로운 정부정책의 범위가 점점 넓어지고 있음을 시사한다. 그들은 학교장에 대한 새로운 요구사항의 예로서 미국의 '모든 아동 문제' 안건, 14-19 안건 및 노동력 재구조화 문제를 든다.

Pricewaterhouse-Coopers(2007)에 따르면, 분산적 리더십은 공공서비스에 필요한, 보다 넓은 정책 스펙트럼에 잘 맞는다. 공공서비스를 위해 부각되고 있는 정부의 지배구조 모델에는 정부가 선호하는 세 가지의 지배구조 방식이 있다. 그것은 계층구조, 시장, 네트워크 구조이다. 정부모델을 학교 상황으로 대치해보면, 학교의 "능력과 용량"을 표시한 지도는 분산적 리더십이 자리한 네트워크 형태의 정부 지배구조에 대응된다.

그러므로 분산적 리더십은 더 넓은 정책 과정과 동일한 구조라고 할 수 있다. 왜냐하면 학교 안팎의 행위자들은 정부가 설정한 필요성, 목표, 또는 목적을 달성하기 위해서는 조직 내외적으로 그들의 노력을 분산하여야 하기 때문이다. 분산적 리더십은 여태까지의 분리된 조직들의 공식적이고 구조적인 결합을 유도하는 문화적 보완재이기도 하다(Hartley, 2007).

분산적 리더십은 현재의 학교 내 부서 간 협업 경향에 따라 업무 활동들의 결합이나 네트워크로 가득하다. 이는 개별화된 요구와 해결책의 결합 생산(Leadbeater, 2004)에 따른 것이며, 노동력 재구조화(Tabberer, 2005)에 따른 것이다. 이 모든 노력은 지금까지의 이질적 집단들의 직업 문화가 결합하게 하기 위한 것이다.

위와 같은 것을 고려할 때, 분산적 리더십은 최근의 정치적 변화에 대한 대응으로서만 출현한 것이 아니라, 문화의 변화를 반영한 것이다. Hartley (2007)는 조직들이 더 이상 과거의 소위 이성적 또는 관료적 구조로 그 구성원들을 통제할 수 없다고 말한다. 그러한 구조들은 연대감, 존경 또는 상호 신뢰에 기반을 둔 독립적 작업들을 억제하고 있다. 그것들이 결국에는 권위의 차이를 가져오게 되기 때문이다.

Hartley(2007)는 변혁적 리더십이 감수성에 관련된 문화적 변화를 강조했던 것과는 다르게 분산적 리더십은 관리이론의 하나로서 전통적 합리성의 취약점에 대하여 동시대의 문화적 변화를 강조한다고 보았다. 조직화된 사회구조 이후에 필연적으로 나타나는 것은 "네트워크 문화" 이다(Page, 2006).

이러한 새로운 변화들은 지식기반 경제에서의 변화이기도 하다(Hartley, 2007). 우리는 교육에서 새로운 형태의 "사회주의"를 보게 되었다. 이 시대의 시장 상품인 교육의 효과적인 계급해체를 상징하는 "보편적 교육"과 같은 용어를 사용하게 된 것이다. 세계 각국의 정부는 모든 사람이 사회적 지위에 관계없이 문해력을 가질 수 있도록 하는 정책을 입안하는 데 관심이 많다. 그러므로 학교장의 역할은 경제적으로 관리하는 것에서 사회적으로 관리하는 것으로 바뀌었다.

분산적 리더십은 성실하게 실행되었을 때조차도 언제나 무리 없이 추진되는 것만은 아니다. 한 학교장은 "아침에 내 사무실 문을 열자마자 교사들이 나를 기다리고 있다. 대부분의 경우 그들은 그들이 하려고 하는 것에 대해 내가 확인해주거나 동의해줄 것을 원한다. 나는 교사들에게 결정할 권한을 주지만 그들은 결과가 두려워서 항상 모든 결정사항에 대해 내가 좋다고 생각하는지를 확인한다. 나는 '확인자'나 '승인하는 사람'이 되는 것에 좌절감을 느낀다. 나는 책상에 앉아 있을 시간이 전혀 없다. … 교사들은 마치 내가 그들이나 그들의 결정을 지지한다는 것을 신뢰하지 않는 것 같다"라고 말한다(O'Hair & Bastian, 1993: 18).

그러나 분산적 리더십이 긍정적으로 인식되고 현재의 지역구조와 통합된다면, 좋은 결과를 가져올 수 있다. 한 교장이 교사들이 반복되는 문제들에 대해 서로 도움을 받을 수 있도록 이들간의 워크숍을 하도록 독려하였다. 기획자는 교사들의 워크숍 참석을 유도하기 위하여 "20명의 학생들로 구성된 학급 규모에 대해 어떻게 생각합니까?", "당신 학급의 모든 학생들이 성공하기를 바라고 있습니까?"와 같은 긍정적 질문들을 사용하였다. 워크숍 후 그 교장은 다음과 같이 적었다. "교사들은 학교가 시작하기를 무척 기다렸다. 우리는 학부모들에게 우리가 얼마나 좋은 한 해를 계획했는지를 설명하기 위한 가정통신문을 보냈다. 그 작업이 그렇게 흥미진진하거나 보람 있다고 느낀 적이 없었다. 여러 가지 면에서 교사들은 과거 어느 때보다도 더 열심히 일하였다"(Sergiovanni, 1993: 23).

분산적 리더십(동향)은 분산적 리더십이 이전의 "영웅적" 리더십 시대를 대체하였다고 말하는 학자가 늘어나면서 확산되고 있다. 그 내용은 다음과 같다.

> 분산적 리더십의 출현은 바로 시대적 징표이다. 그것은 느슨한 연대와 임시성이 특징인 동시대 문화에 반향을 일으킨다. 또한 그것은 제도적 동형화의 또 다른 징표이기도 하다. 공공부문에 민간부문의 새로운 조직형태를 도입함으로써 정책의 정당성을 확보하려는 것이다.
>
> (Alvesson & Thompson, 2005: 488)

분산적 리더십의 본질

관계적 리더십 이론들은 대부분 리더가 주도하는 관계의 과정과 맥락을 강조하고 있다(Uhl-bien, 2006). 분산적 리더십은, 그러한 이론의 하나로서, 리더십이 관계성과 관련되며, 개인적 공헌만을 조사해서는 파악될 수 없다는 사실에 초점을 맞춘다(Kempster, Cope, & Parry, 2010). 이 주장은 Hosking(1988)과 Bennett 외(2003)와 같은 초기 연구자들의 지지를 받았는데, 그들은 리더십이 "개방적으로 일하는 개인들이 상호작용하는 집단 또는 네트워크로, 다양한 전문성이 소수가 아닌 다수에 분산된, 신흥 자산"이라고 설명하였다.

이에 우리는 분산적 리더십의 중추인 체계적인 관점을 보는 경향이 있다. 그 관점에 의하면, 개인의 활동은 오직 집합적인 활동을 형성하는 관계 패턴의 일부로 볼 때 이해가 된다. 이러한 학파의 주장은 Thorpe, Gold, Anderson, Burgoyne, Wilkinson, 그리고 Malby(2008)의 최근 연구에서 설득력 있게 반복되는데, 그것은 어느 누구도 조직에서 모든 것의 전문가가 될 수는 없다는 Gronn(2000)의 주장을 뒷받침하는 것이다.

피라미드 모양의 리더십 구조의 전형적인 예를 보여준 예화에서, 전임 교장은 아마 좋은 의도를 갖고 자신이 모든 결정권을 가져야 한다고 주장했을 것이다. 그는 위에서 언급된 "다양한 전문성"이나 상호작용을 허용하지 않았다. 그는 그 자신이 모든 것의 전문가라고 여겼다. 그리고 이것은 자신의 건강과 학교 미래의 건전성에 명백하게 큰 피해를 주고 말았다.

Parry와 Bryman(2006)은 분산적 리더십의 본질을 보여주는 다섯 가지 발전 맥락을 제시하였다. 첫 번째 맥락은 Manz와 Sims(1991), Sims와 Lorenzi(1992)의 초기 작업을 개선한 것인데, 분산적 리더십이 개인 영웅적 리더십 모델을 능가하며, "다른 사람들이 그들 자신을 이끌도록 이끄는" 것을 강조하는 새로운 리더십 패러다임인 "수퍼 리더십"을 지향하는 것임을 주장하였다. 수퍼 리더십에서, 구성원들은 리더가 되는 것이 그들 자신의 권리라는 자극을 받고 있다.

두 번째 맥락은 Kouzes와 Posner(1998)의 연구로부터 나왔는데, 첫 번째 맥락의 당연한 귀결이었다. 이 이론은 다른 사람들의 역량을 개발하여 리더가 되도록 하기 위한 리더의 능력을 보다 강조한다. 여기에서의 이슈는 리더십을 다른 사람에게 위임하는 것이 아니라 그들이 자신과 다른 사람들을 이끌 능력을 발휘하도록 그들을 자유롭게 하는 것이다. Parry와 Bryman(2009)에 의하면, 이들 두 주제는 "영웅적" 리더와는 거리를 두고 리더십 원천으로서 팀에 토대를 둔 사회적 영향력을 지향하는 변화를 가져온다.

"사회적 과정으로서의 리더십"은 분산적 리더십의 세 번째 맥락이다.

이 입장은 지명된 리더의 전통적인 공식적 역할 이면에 있는 관점을 둘러싼 리더십 과정과 기술을 최우선적으로 강조한다. Hosking(1988; 1991)의 초기 연구에서는 리더십을 전통적인 리더의 배타적 기능이라고 할 수 없는 사회적 영향력의 통합적 과정에 기초를 둔 "조직적인" 활동으로 정의한다. 이러한 리더십 실행에 대한 강조는, 특정한 상황에 맞게 창업가적 리더십의 암묵적 지식을 개발하도록 하는, 실행 공동체 및 학습능력의 개념으로부터 영향을 받았다(Kempster, Cope, & Parry, 2010).

여기서 중요한 것은 리더의 일상적인 활동이 사회 과정들과 역할들, 그리고 정체성들을 어떻게 녹여내느냐 하는 것이다(Kempster, 2009). 이 제안의 함의는 실제상황에서 분산적 리더십과 사회적으로 학습된 불명확한 리더십 이론들을 구분할 수 없다는 것이다(Kempster, Cope, & Parry, 2010).

분산적 리더십의 네 번째 맥락은 Gordon(2002)의 연구에 의한다. 그 특징은 조직의 힘의 구조를 조사함으로써 분산적 리더십과 전통적 리더십을 구별하는 비판적 입장을 취한다는 것이다. 이러한 리더–추종자 관계에 영향을 미치는 권력 구조는 모든 권력과 정보의 비대칭성으로 리더와 추종자를 구별하는 전통적 개념을 유지한다. 이러한 비대칭성은 수평화된 계층구조에 내포된 위임과 대리자의 행동을 대비해보면 명확해진다. 그러나 상급직들의 권력 분산 주장에도 불구하고, 권력 구조는 언제나 기존의 리더십 특징들을 강화한다(Parry & Bryman, 2006).

분산적 리더십의 다섯 번째 맥락은 리더십이 전자 상거래나 선진화된 IT 환경에서 정의된다는 것이다(Avolio et al., 2001). Parry와 Bryman(2006)에 따르면, 리더십에 대한 도전이 첨단의 통신기술로부터 생겨나기도 한다. 문자, 이메일 등 새로운 의사소통 방식은 리더가 대량의 정보를 많은 수의 직원들에게 신속하게 전달할 수 있게 하고, 직원들도 독자적으로 동일한 정보에 손쉽게 접근할 수 있다. 따라서 리더는 정보의 흐름에 대한 통제력을 잃고 그에 수반되는 권력도 잃게 된다.

기술은 조직 전환과 리더십 과정의 일부를 형성한다(Avolio et al., 2001). Parry와 Bryman(2006)은 아래와 같이 말하였다.

> 리더십은 온전히 한 개인이 가진 특성이 아니라, "리더"와 "추종자"가 리더십을 실행하는 과정에서 공유하는 사회 체계의 신생 자산이다. 효과적인 리더십의 경우, 다수에 의해 의사결정과 실행이 이루어지도록 분산하는 것이다. "정신적 · 조직적 명민함"을 바탕으로 한 "집합적 노력"은 리더와 추종자의 상호작용 및 리더십 스타일을 설명해줄 것이다.
>
> (Parry & Bryman, 2006: 455)

우리가 "인터넷 문화"에 의한 새로운 조직구조의 출현과 만나게 되는 것은 이 다섯 번째 관점에서이다. 여기에서 기대, 요구, 필요성은 협력적 실행을 통해 무수히 많은 의사결정을 하는 다수의 리더들을 위한 것이다. 필연적으로 리더십은 널리 분산된다. Kempster, Cope와 Parry(2010)는 큰 조직의 맥락에서 묘사된 긴장은 매우 사실적이라고 하였다. 이는 그러한 긴장이 리더–구성원 간의 구조, 경험, 기대를 통제하는 효과를 갖기 때문이다. 분산적 리더십이 있는 학교 상황에서 이러한 긴장이 가지는 영향력은 두고 보아야 한다.

분산적 리더십의 검증

앞서 쓴 대로, 분산적 리더십에 관한 연구는 학생들의 성취 문제를 깊이 있게 다루지 않았다. 교육적 리더십에 대한 공식적 연구 중, 30개가 채 안 되는 연구만이 리더십과 학생의 학업 성취와 비학업적 성취 간의 관계를 검증하였다(Robinson, 2008). 분산적 리더십 이론이 다른 리더십 유형에 비하여 출현한 지 얼마 되지 않았기 때문에 그러한 연구가 적은 것으로도 이해된다.

몇몇 학자들은 학생들의 성취와 분산적 리더십 간의 관계에 대한 연구가 더 많이 이루어져야 한다고 촉구해왔다. 그러나, Camburn 외(2003)와 Harris(2005)는 왜 분산적 형태의 리더십이 있는 학교들이 다른 유형의 리더십에 의한 학교들보다 더 큰 교수적 리더십 비중, 더 많은 혁신, 더 나은 학생 성취가 있어야 하는지에 대하여 의문을 제기하였다. 제기된 주장 중의 하나는 분산적 리더십하에서 학생 성취가 더 잘 이루어질 수 있다는 것이다. 왜냐하면 전통적인 계층적 구조에서보다 분산적 리더십하에서 교직원들의 전문성과 재능을 더 발견하고, 개발하고, 활용할 수 있기 때문이다.

위의 주장은 모든 학생들이 도전적인 교육과정에서 성공하도록 하기 위해 필요한 교육적 전문성의 폭과 깊이를 고려할 때 매우 설득력이 있다(Robinson, 2008). 두 번째 주장은 교수·학습을 개선하는 데 요구되는 노력의 지속가능성과 관련이 있다. 분산적 리더십이 많은 학교는 식견 있는 교사가 훨씬 더 많을 것이고, 그 교사들은 학생들의 실력 향상에 개인적 책임감을 가질 것이다. 따라서 분산적 리더십의 본질은 두 가지 기본 개념을 갖는다. "직무 분산으로서의 분산적 리더십"과 "분산적 영향력 행사 과정으로서의 분산적 리더십"(Robinson, 2008)이다. 각각에 대해서 살펴보자.

직무 분산으로서의 분산적 리더십

분산적 리더십에 관한 최근 연구들은 대부분 이 리더십 유형을 특정한 직무 수행과 연결시킨다. Spillane 외(2004)는 리더십을 다음과 같이 정의한다.

> 특정한 과업의 수행과 관련하여 리더들이 다른 사람들과 상호작용하면서 하는 활동들. … 식별, 습득, 자원배분, 조정, 그리고 교수·학습이 가능한 조건들을 만드는 데 필요한 사회적·물질적·문화적 자원의 활용
>
> (Spillane et al., 2004: 11)

Robinson(2008)은 위의 직무를 리더십의 "무엇"이라고 정의하고, 리더십의 "어떻게"는 학교 교직원들이 궁극적인 변혁을 지원하는 데 필요한 자원을 동원하고 이용할 뿐만 아니라 교수방법을 변화시키는 과업을 기꺼이 찾아내고 맡도록 그들을 움직이는 것을 포함한다고 말한다. 이 설명은 처한 환경에서 변화를 만들어내기 위하여 다른 사람들에게 영향을 미치는 두 번째 차원의 리더십을 소개한다.

Spillane 외(2004)의 분산적 리더십에 대한 이론적 묘사는 특정 직무의 수행과 그 수행 과정에서 나타나는 리더–구성원의 서로 다른 조합 간의 상호작용에 달려있다고 할 수 있다. 그러므로 리더십은 리더, 구성원, 직무의 세 기여 요소에 걸쳐 분산되어 있다.

직무 분산에 관한 좋은 사례연구로는 Spillane, Camburn과 Pareja (2007)에 의한 일련의 분산적 리더십 연구가 있다. 그들은 52개 학교의 전산 기록을 활용하여 분산적 리더십의 특정 패턴을 분석하였다. 교장들은 하루 동안 무작위의 시간 간격으로 전기 경보를 들을 때마다 전산 기록을 작성하였다. 경보를 듣고, 교장들은 그들이 특정 리더십 과업을 수행하고 있는지 아닌지, 그리고 그들이 그 과업을 리드하거나 공동 리드하고 있는지, 또는 다른 사람들이 리드하고 있는지 등을 기록하였다.

연구자들은 교장들이 당초의 의도들을 지식 증가, 교수와 교육과정 모니터링, 공통의 목표 개발, 다른 사람들에게 동기부여하거나 개발하는 것, 교수와 학습을 재구조화하는 것의 의도 목록에서 골라 기록하게 함으로써, 리더십의 "어떻게" 부분을 설명하는 자료를 얻었다. 이렇게 선택하도록 함으로써 연구자들은 교장들이 교직원들에 대하여 직접적이거나 간접적인 영향력을 행사하려는 의도를 포착하였다.

Camburn 외(2003)의 분산적 리더십에 대한 초기 연구 역시 종합적인 학교개혁 프로그램에 참여하고 있는 학교들의 사례에서 과업 수행 접근방식으로 리더십을 살펴보았다. 처음에 그들은 리더십을 다음과 같이 정의하였다.

> 리더가 수행할 것으로 기대되는 일련의 조직적인 기능은 교수적 리더십 기능만이 아니라 자원을 조달하고 외부의 주민과 관계를 형성하고 유지하는 영역 초월적 기능이나 학교의 범위를 넓히고 관리하는 기능을 포함한다.
>
> (Camburn et al., 2003: 349)

두 그룹의 저자들이 분산적 리더십을 평가한 방식은, 공식적으로 지명된 리더들에게, 학교장으로서 그 학년도에 한 다양한 활동의 우선순위나 각 활동에 투입한 시간을 보고하게 한 것이었다. 그러나 이 연구들은 Camburn 외(2003)의 연구가 학교장들의 의도된 영향력이나 실제의 영향력을 탐색하지 않았다는 점에서 차이가 있다.

분산적 리더십을 학생 성취에 대한 영향과 관련 짓는 접근 방식의 결과는 가능한 관계의 논리가 명백해질 때 보다 명확하게 될 것이다. 단순히 말해, 리더십은 특정 기능이나 직무의 수행에서 명백히 드러난다. 분산적 리더십의 관점이 채택될 때, 만약 더 계층적 분산이 있다면, 이러한 직무들에 있어 보다 더 광범위하게 분산하는 리더십이 다른 유형의 리더십보다 학생 성취에 있어서 더욱 가시적인 효과를 나타낸다는 것은 명백해진다(Robinson, 2008).

그러므로 문제는 무엇을 리더십 과업으로 볼 것인지를 어떻게 형성하는가 하는 것이 된다. Camburn 외(2003)는 그러한 결정을 할 때 조직 이론을 참조하였다. 그들은 "조직적 기능에 의해서 리더십을 개념화하고, 누가 조직 내에서 이러한 기능을 수행하는지를 조사한 많은 연구들과 이론들"을 따랐다고 이야기하였다(Camburn et al., 2003: 349).

이러한 접근 방법의 문제는 이러한 목적에 필요한 리더 과업이, 특정 유형의 조직에서 특정 목표의 달성에 필요한 과업과 다를 수 있다는 것이다. 왜냐하면 대부분의 조직 이론에서는 직접적으로 성취에 영향을 미치는 과업과 간접적인 영향만을 미치는 과업을 구분할 수 없기 때문이다(Robinson, 2008).

이러한 선택을 위한 더 좋은 자원은 현재 존재하는 증거 기반인데, 그것은 특정 리더십 유형과 학생 성취를 연결하는 것이다. 연구가 보여주듯이 학생들을 위한 보다 많은 결과를 가져오는 리더십 과업은 교수적 리더십과 관련된 과업들이다. 이것은 학생 성취에 영향을 미치는 교수적 리더십에 관한 27개의 메타분석 연구에서 확인되었다. 연구들은 교수적 리더십의 실질적인 영향력이 변혁적 리더십보다 두세 배 더 컸음을 보여주었다(Robinson, 2008).

5가지 리더십 실행의 상대적 영향력도 서로 다르게 나타났다. 목표 설정, 전략적 자원동원, 그리고 순차적이고 지원적인 환경 조성의 과업들에서는 차이가 거의 없었다. 계획, 조정, 교수와 교육과정 평가에 있어서의 효과는 평균적이었으나, 교사의 학습과 개발을 증진시키고 참여하는 데 있어서는 효과의 상대적 차이가 큰 것으로 나타났다(Robinson, 2008).

명백하게, 증거 기반을 사용하는 것이 조직 이론을 사용하는 것보다는 더 낫다. 그러나 이러한 교수적 리더십 과업을 더 규명하기 위해서는 분산적 리더십과 학생 성취 간의 연계를 보여주어야 한다. 예를 들어, 학생 성취에 가장 강한 영향을 미치는 것이 리더십이라고 판단한다면, 그것은 리더가 교사들의 학습과 개발을 증진시키고 참여하는 것이므로, 우리는 분산적 리더십에의 적용 가능성을 구축할 수 있다(Robinson, 2008).

참여적인 교사들이 맡고 있는 학생들에 대한 학습 기회의 영향에 관한 연구는 학습 기회와 연계된 다양한 측면들, 즉, 맥락, 내용, 학습활동, 학습과정이 교사들의 학생들에 대한 효과성에 상당한 차이를 만든다는 것을 보였다. 따라서 그러한 다양한 측면들을 분산적 리더십과 관련 지을 수 있다(Timperley & Alton-Lee, 2008). 예를 들면, 효과성을 획득하는 데 중요한 것은 교사들이 학습 기회를 확보하기 위하여 자원하는지 여부가 아니라, 교사들이 어떤 시점에 학습 기회를 제공하는 데 몰입하느냐 하는 것이다(Robinson, 2008).

요약하자면, 증거들이 보여주는 것은 연구자들이 분산적 리더십과 학생 성취 간의 관련성을 검증할 때, 리더십 활동의 밀도와 분산을 측정하는 것 이상으로 나아가야 한다는 것이다. 또한 교사에게 전문성을 개발할 수 있는 기회를 제공하는 리더의 역량을 평가하도록 하여, 학생들의 긍정적인 성취와 긴밀하게 연관되는 자질을 갖추도록 해야 한다.

분산적 리더십에 내재하는 리더십 과업 선정 후, 두 번째 단계는 선정된 과업에 필요한 책무성 형태에 맞는 증거들을 수집하는 것이다. 이것은 누가 관련이 있으며, 그 사람들이 과업의 특징을 얼마나 이해하는지에 관한 비판적 분석을 포함한다. 또한 그 사람들이 과업의 특징이 과업의 수행에 영향을 미친다는 것을 확실히 알고 있는 정도를 살펴보는 것도 포함된다.

세 번째 단계는 이들 과업과 학생 성취와의 관계를 조사하는 것이다. 이것은 대개 연구 중 가장 복잡하고 비용이 많이 드는 부분이다. 특히 학생 배경과 관련되는 변수의 선정과 측정이 포함되는데, 그렇게 하지 않으면 분산적 리더십의 효과들을 혼동하게 만들 것이기 때문이다(Leithwood & Levin, 2005; Levacic, 2005). 이러한 이유로 인해 다수의 변수를 사용한 리더십 효과에 관한 연구는 거의 없다.

리더십과 학생 성취 간의 관계를 검증하는 것은 비용이 많이 들고 복잡하기 때문에, 교사의 리더십과 학습활동에 대한 연구, 그 중에서도 학생 성취에 영향을 미친다는 선행 증거가 있는 연구가 귀중한 기여를 할 수 있다. 리더십 실제에 관한 묘사적 연구를 학생 영향과의 연계를 포착할 수 있는 방식으로 측정하여 신중히 분석하면, 학생들을 가장 차이 나게 만드는 리더십 분산의 실제에 관하여 상당히 파악할 수 있다. 묘사적이거나 개입적인 후속 연구들을 통해 리더십과 학생 성취와의 관계를 보다 직접적으로 검증할 수 있을 것이다.

다양한 영향력의 실제를 연구하지 않으면, 리더십의 핵심에 있는 변화하는 과정에 대하여 배우는 것이 없게 된다. 분산적 리더십에 대한 현재의 강조 논리는 실제를 연구하기보다는 광범위하게 분산된 교육적 리더십이 교수 · 학습의 지속적인 개선을 더욱 강화한다는 믿음에 기초하기 때문에 문제가 있다(Elmore, 2004). 이 과정에는 분명히 숙달된 변화 전문가가 필요한데, 그 전문가는 교장일 수도 있고, 교수나 학과장, 교육과정 선도자, 코치, 직업적 개발자, 조력자 또는 심지어 학급 교사일 수도 있다.

영향력의 행사 과정 자체를 살펴보면, 학습과 교수를 지속적으로 개선하는 데 매우 중요한 리더십 과업이 광범위하게 분산되도록 하기 위하여 필요한 학교 안의 변화와 교사 문화에 대하여 더 많이 알게 된다(Harris, 2005). 교사들이 동료교사에게 미치는 영향력을 촉진하거나 억제할 필요성을 다룬 논문은 상당히 많다. 그리고 분산적 리더십이 그 목표를 이행하려면, 상급의 리더 지위에 있는 사람들이 어떻게 더 많은 분산적 리더십 접근에 권위를 부여하고 개발할 것인가가 중요하다.

앞의 예화에서 Amy Paquinette은 두 학생이 복도 끝에서 비디오 게임을 하고 있는 것을 발견하였다. 그 학생들에게 물었을 때 분명해졌듯, 그들은 리더십 구조의 사각지대에 빠진 것이었다. 많은 이해관계자 간에 리더십을 분산하는 것은 교장의 부담을 경감할 뿐만 아니라 더 광범위한 네트워크를 형성한다. 다른 교사나 직원들이 학생들의 복지에 책임감을 느꼈다면, 그들은 Paquinette 교장보다 먼저 그 학생들에게 물었거나, 아니면 직무대리중인 교감이 상담교사나 양호교사 등 누군가를 불러 그 학생들을 맡겼을 것이다.

분산적 영향력 행사 과정으로서의 분산적 리더십

연구자들은 종종 리더십을 다른 사람들의 행동이나 생각이 변화하도록 영향력을 미치는 과정이라고 규정한다(Fay, 1987; Leithwood & Riehl, 2005; Yukl, 1994). 그러므로 리더십을 결정하는 하나의 방법은 그 결과를 조사하는 것이다. 폭력, 강제와 조작 등 리더십으로서의 자질을 갖추지 못하고도 영향력을 행사하는 방법이 많이 있는데, 이것들은 리더십과는 구별되어야 한다. 이 모든 영향력 행사 과정을 구별하는 것은 영향력의 근원이 무엇인지에 기초한다(Robinson, 2008).

영향력의 근원—즉, 직위적인 권위, 개인적인 자질, 합리적 설득—을 통해 종종 리더십과 다른 형태의 권력관계가 구별된다.

Robinson(2008)은 이러한 리더십 관점을 학생 성취와 연결시킬 수 있는 과정을 아래와 같이 개괄적으로 서술한다.

a) 교사들의 생각이나 행동에 변화를 가져오는 영향 요인들 추적하기
b) 그러한 영향 요인들 중에서 조작, 강압, 폭력에 의하기보다는 리더십에 의한 것들 구별하기
c) 교사들의 변화가 학생 성취에 미치는 영향 밝히기

그러나 이러한 종류의 연구에는 개념적, 측정적 측면에서 극복해야 할 몇 가지 도전이 있다. 특정 업무에 종사하는 사람들이 자리를 잡도록 연구하는 방법은 리더십의 방법으로 볼 수 없다. 왜냐하면 영향력을 주려고 하는 것 자체가 곧 리더십의 구성요소로 간주되기 때문이다. Gronn(2000)은 결합적인 리더십 행동이 각 개인의 행동의 집합 그 이상이라는 것을 분명히 하였다. 구성원들이 상호의존적이고 상호간에 영향력을 행사하며 정해진 과업을 수행하는 곳에서 리더십의 분석 단위는, 아마도 특정 구성원에 의한 리더십 행동의 빈번성이 아닌 상호작용 패턴이 된다.

Spillane, Camburn과 Pareja(2007)는 교장들이 영향력을 행사하려는 의도를 기록하게 함으로써 영향력 행사 과정을 포착한다. 그러나 완전한 영향력 행사 과정을 이해하려면 그러한 의도의 결과를 분명히 할 필요가 있다고 한다. Robinson(2008)은 연구자들이 교장의 행동과 교사의 반응을 긴밀하게 연결할 수 있다면, 이는 리더십과 학생 성취 간의 "블랙박스"를 여는 것이 될 것이라고 한다. 비록 그녀는 교사의 반응을 학생 성취와 연결하기 위해서는 아직 상당한 연구가 필요함을 인정하면서도, 주류 연구가 일

관성 있는 결과를 내기 위한 시도로, 고립된 개인의 행동 연구에서 리더와 구성원 간의 상호작용 단위에 대한 연구로 변화한 것에 대하여 찬사를 보낸다.

Robinson(2008)은 나아가 리더십 행사의 결과를 규명하는 또 다른 방법을 추천하였다. 이 방법은 리더보다는 추종자에게 초점을 맞추고, 그에 따라 "그것을 어디서 배웠나요?" 나 "무엇이 당신을 변화시켰습니까?" 와 같은 질문들을 통해 영향력 근원에 대한 보다 많은 정보를 구하는 것이다. 이 방법에 의하면, 분산적 리더십에 대한 연구는 누가 무엇을 했는지를 말해주는 것으로부터 이루어진 행동이 의도된 대상자에게 영향을 미쳤는지 여부로 이동할 것이다.

앞서 언급한 대로, "분산적인 영향력 행사 과정으로서의 분산적 리더십" 의 접근에서 분산적 리더십과 학생 성취 간의 연계를 구축하는 두 번째 단계는, 사용된 특정 영향력 행사 과정이 리더로서의 자격을 부여하는 유형인지를 규명하는 것이다. Robinson(2008)은 우리가 구성원과 그들이 영향력 시도를 받아들이는 이유에 다시 초점을 맞추어야 한다고 제안하였다. 그러나 그녀는 강압적이거나 조작적인 또는 리더십 영향력 과정들을 구별하기 위하여 구성원으로부터 얻은 데이터를 사용할 때는 신중함이 필요하다고 하였다. 이는 구성원의 판단보다는 상호작용 분석에 더 많은 강조가 두어져야 하기 때문이다.

Friedkin과 Slater(1994)에 의한 초기 연구는 20개의 캘리포니아 초등학교의 교사들에게 학교에서 일어나는 사건이나 이슈에 관하여 자문을 구하고 싶은 사람을 지명하도록 함으로써 전문성이 리더십의 자원인지를 평가하였다. 대부분의 교사들이 다른 교사에게 자문을 구하겠다고 했지만, 이것이 곧 그 교사들이 다른 교사들로부터 영향을 받는다는 것을 잘 나타내는 것은 아니다. 그럼에도 불구하고, 그것은 틀림없이 학교에서 리더십 영향력의 근원을 나타내는 지표이다. 저자들은 대부분의 학교 문화가 전문성을 지향하기 때문에 리더의 권력에 정통성을 부여하는 것은 리더의 공식적인 지위가 아니라 리더의 역량이라고 분석한다.

첫 번째와 두 번째 단계는 관심의 상호작용이 리더십이 된다는 논리를 구축한다. 세 번째 단계는 학생 성취에 영향을 미치는 분산적 리더십의 실제가 형성되는 것을 포함한다. 다시 말해, Friedkin과 Slater의 연구는 교사들에게 자문할 사람을 지명하게 하고, 교장 지명, 동료교사 지명과 표준화된 읽기, 언어, 수학 시험의 4년간의 학교 평균 성적 간의 관련성을 검증하였다.

연구자들은 교사들의 자문 네트워크에서 교장이 하는 역할과 학교 성취 간에 강한 연관성이 있음을 발견하였다. 또한 학교의 성취수준과 교사가 다른 교사에게 자문을 구하는 정도 간에는 독립적 관련성이 없었다. 비록 오래된 자료지만(이 연구는 1994년에 완성됨), 이 연구의 중요성은 아무리 강조해도 지나치지 않다. 그들 연구의 리더십 측정은 구성원의 반응에 연유하기 때문에, 이것은 아마도 학교에서 리더십 영향력의 가장 중요한 원천을 조사한 것이라 할 수 있고, 가장 중요한 원천은 리더의 전문성이다. 또한 그들의 연구는 리더십과 학생 성취를 바로 연결하는데, 그것은 분산적 리더십의 영향력 행사 과정 평가에 있어서 독자적인 영역을 이룬다.

영향력 행사 과정으로 분산적 리더십에 접근하는 것은 바람직하다. 왜냐하면 그것은 폭력, 강제, 조작 등의 다른 유형의 영향력과 구별되는 특정한 영향력 행사 과정의 정교화를 통해 리더십의 사회적 차원을 담고 있기 때문이다. 그것은 생각, 추론, 논쟁의 힘을 이용하는 영향력 행사 과정을 활용한다. 이것은 학교에서 특별히 중요하다. 왜냐하면 전문성을 중시하는 대부분의 학교 문화가 지위적 권위에 의존하는 것이라면 모두 제한하기 때문이다(Robinson, 2008).

이 개념에는 몇 가지 부정적인 측면이 있는데, 그것은 교육 상황에 적용할 내용이 부족하여 학생을 변화시키는 방식으로 교사에게 영향을 미치는 등 리더십의 실제 유형에 대하여 가이드라인을 제공하지 못하는 것이다(Robinson, 2008). 또한 이러한 리더십 개념화는 학생 성취를 가장 증진시키는 특정한 리더십은 규명하지 못하고, 리더십의 분산에만 초점을 맞춘다는 비판을 받아왔다. 대부분의 연구는 신뢰할 수 있는 장점들을 갖는 리더십 과업 유형을 규명하고 구체화하는 데 필요한 지식이 리더십 문헌이 아닌 교육학 문헌에 있다는 것을 보여준다(Robinson, 2008).

그러나 분산적 리더십 개념의 또 다른 한계는, 리더십이 간접적으로 행해지는 방법들을 간과한다는 것이다. 왜냐하면 모든 상호작용이 사람 간의 직접적인 의사소통을 통해 이루어지는 것은 아니기 때문이다. 제안된 세 가지 리더십 영향력의 원천—지위적 권위의 수용, 요구되는 개인적 특징에 대한 반응, 요구나 아이디어의 합리성의 수용—은 모든 리더십 영향력이 직접적인 면대면의 상호작용을 통해서 이루어진다는 것을 가정한다. 그러나 이 개념은 사람들이 독립적으로 생각하고 행동할 수 있도록 하는 조건을 창조하는 것과 같이 교육적 리더가 교수와 학습에 공헌하는 보다 간접적인 방법들을 무시한다. 이 리더십 실제는 위임으로 알려져 있고, 영향력 행사 과정에서 큰 역할을 한다. 위임은 예화에 묘사되어 있듯이 Sequoia 중학교에는 결핍되어 있는 중요한 요소이다. 전임 교장은 직무들—모든 교실을 하루에 한 번 방문하고, 모든 보고서와 시험을 승인하며, 모든 훈육적인 경우를 감독하는 것—을 혼자서 수행할 수 있었다. 그러나 그가 떠난 후의 공백상태는 그 학교를 암울한 상황에 남겨놓고 말았다. 어느 누구도 전임 교장의 영역이었던 직무들을 수행하도록 위임받지 않았다.

분산적 리더십이 교수 · 학습 과정을 증진시키는 역할을 한다는 것을 보다 잘 이해하기 위해서는, 그 분석에 있어서 교육적 장점을 평가하기 위한 보다 강력한 규범적 틀이 필요하다. 요약하면, 분산적 영향력 행사 과정으로서의 분산적 리더십 개념은 우리가 리더-구성원 상호작용과 그것들이 어떻게 변화를 가져오는지를 구별하도록 도와주며, 무엇이 리더의 자격인지에 관한 결정적 특성을 말해준다. 분산적 리더십에 대한 최근의 연구는, 분석단위를 리더-구성원 분석으로부터 리더, 구성원, 그리고 교사의 작업을 안내하고 규제하는 수단들을 포함한 상황적 측면 간의 상호작용에 대한 분석을 포함하는 것으로 확장하였다(Robinson, 2008).

분산적 리더십: 기술적인가 아니면 규범적인가?

학교 상황에서 이러한 리더십 유형을 실제 실행하는 데 필요한 리더십 특성을 발견하기 위해서는 그것이 기술적(descriptive)인지 아니면 규범적(normative)인지를 아는 것이 필요하다. Robinson(2008)은 분산적 리더십 연구가 학생 성취와 강한 연결고리를 만들려면, 규범적이어야 하고, 교사들이 학습과 교수를 증진시키기 위하여 리더십 이론에서 얻고자 하는 조건들에 대한 지식에 기반을 두어야 한다고 주장한다.

리더십은 어느 면에서는 분산적 형태를 취하기 때문에, 묘사적 연구는 특정한 상황에서 리더십이 어떻게 분산되었으며, 그 결과가 어떠한지에 관해 연구할 것이 훨씬 더 많다. 연구자들은 우리가 필요한 리더십 분산의 유형에 관해 확실히 알 수 있도록 묘사적 질문들을 제공해왔다(Robinson, 2008). 질문들은 다음과 같은 내용을 포함한다.

- 분산의 패턴은 어느 정도까지 직무관련 전문성을 따라야 하는가?
- 교사들은 직무실행 선택에 영향을 미치는 학교 내의 원인/동기에 관해 무엇을 보고하는가?
- 수단들은 어느 정도까지 특성을 나타낸다고 보고되는가?
- 영향력의 수단이 좋은 수단인가?

학교 리더는 분산적 리더십을 발휘하여 학교 교육과 교수의 실제를 개선하려고 노력한다. 이처럼 개선을 촉진하는 분산적 리더십의 특징이 무엇인지 밝힘으로써 그 효과를 달성할 수 있을 것이다.

실제 상황에서 분산적 리더십의 좋은 예는 문해력 증진 프로그램에 참여하고 있는 7개의 뉴질랜드 초등학교에서 찾을 수 있다. Timperley(2005)

는 성취가 높은 학교와 낮은 학교를 구별하는 분산적 리더십의 자질을 조사하였다. 높은 성취를 보인 두 학교의 경우, 리더들은 국가적 표준과 각 학생의 현재의 읽기 성취수준 간의 간극을 좁히기 위해 함께 일할 교사들과 기대치에 관한 의견교환을 하였다. 반면에, 낮은 성취정도를 보였던 다섯 개의 학교의 학교장은 교사들이 별다른 지침 없이도 문해력 증진 프로그램을 실행할 것이라고 기대하였다.

데이터의 활용에도 차이가 있었다. 성공적인 교장들은 교사들이 교수방법과 학생들의 성취를 연계하는 것을 돕기 위하여 더 세분화된 데이터에 의존하였다. 그러나 낮은 성취수준을 보인 학교들에서는 각 교사의 학급 성적의 비밀을 보장하기 위한 방식으로 데이터가 모아졌다.

교장들이 사용한 문제해결 전략에 있어서도 중요한 차이가 있었는데, 이는 회의기록 평가를 통해 알 수 있었다. 높은 성취수준을 보인 학교의 성공적인 교장들은 보다 기꺼이 문제의 소지가 있는 교수 실제를 규명하여 그 교사들이 대안을 찾아내는 도전을 하도록 하였다. 그에 반해 낮은 성취수준을 보인 학교의 교장들은 교사들이 이끄는 변화를 받아들이기를 꺼렸기 때문에 교수의 효과성에 대한 논의 자체를 회피하였다.

이 연구를 통해서, 우리는 이상적인 리더십 분산의 구조가 어떻게 학생들에게 다양한 결과를 가져올 수 있는지를 알게 되는데, 그 결과는 집단이 채택한 문화적 규범과 리더의 역할로 간주되는 지식과 기술에 따라 다르게 나타난다. Timperley(2005)는 이를 다음과 같이 요약하였다.

> 보다 많은 사람들에게 리더십을 분산하는 것은 위험부담이 있는 일이고, 무능력을 더 크게 분산하는 결과가 될 수도 있다. 리더십의 분산을 증진하는 것이 바람직할 때는 오직 리더십 활동의 질이 교사가 학생에게 보다 효과적인 교수를 제공하도록 돕는 데 기여할 때뿐이다. 우리가 주목해야 하는 것은 이러한 자질이다. 연구자들이 이러한 자질에 초점을 맞추면, 우리는 분산적 리더십이 학생 성취에 어떻게 더욱 큰 영향을 미칠 수 있는지에

관한 강력한 과업 특정적 규범 이론을 갖게 될 것이다.

(p. 417)

분산적 리더십을 위해 만들어진 많은 규범적 주장들이 교수·학습이 아닌 권력 이론에 토대를 두고 있는 것은 불운한 것이다. 그러나 많은 이론가들이 여전히 분산적 리더십을 바람직하다고 보는데, 이는 보통 교장이나 상급 관리팀에 부여된 권력과 권위를 분산하는 것이기 때문이다. 한 교육구에서 교사 상호간의 총괄적 평가를 의무적으로 시행한 데 대한 실증적 연구에서, Goldstein(2003)은 광범위한 권력 분산은 보다 분산적인 교사 평가 체제를 위한 규범적 정의라고 하였다. 그녀는 평가받는 교직원에 대한 최종 판단에 동료교사가 어떻게 학교장들과 협력했는지를 묘사하였으나, 권력을 완전히 동료교사에게 위임하지 못한 것에 대해서는 비판적이다.

Harris(2005)는 권력 균등화에 분산적 리더십을 사용하는 것을 옹호하며, 권력 균등화를 가로막을 수 있는 학교 문화의 특성과 미시정치에 보다 주목하였다. 다른 분산적 리더십 지지자들은 교수 분야에서 교사들이 더 많은 전문가를 활용할 수 있도록 할 잠재력이 있다는 점에서 분산적 리더십을 정당화한다. Robinson(2008)은 분산적 리더십과 학생 성취 간의 관계에 관하여 더 알아내기 위하여 이러한 규범적 논쟁의 함의를 살펴보았다. 그녀는 보다 민주적인 형태의 학교 리더십과 교사 위임을 주장하는 것이, 그 자체로서, 학교에서 리더십의 더 큰 분산을 요구하는 부적절한 토대라고 하였다. 이는 그들이 비윤리적이기 때문이다. 왜냐하면 학교 리더십에 긴요한 것은 교사가 아니라 학생에게 최선의 이익이 되는 일을 하는 것이기 때문이다. 그러므로 민주적인 교무실 또는 교사 간의 협력이나 교사 리더십을 위해 다양한 기회를 제공하는 공간은, 그 자체가 목적이 아니다. 학교의 궁극적 목적은 더 나은 학습과 더 나은 학생 성취를 가져오는 리더십 유형을 개발하고 유지하는 것이다.

이론을 현실에 적용하기

Timperley(2005)는 변혁적 리더십에 반대하고, 분산적 리더십이 학교 상황에서 작동하는 것을 지지하였다. 그녀는 리더십의 서로 다른 효과성을 조사하기 위해 규범적 입장을 사용하였다. 그러나 그녀의 규범적 입장은, 더 많은 분산이 공식적으로 특정된 역할 안에 리더십을 보유하는 것보다 더 바람직하다고 보는, Day와 Harris(2002), Camburn 외(2003)를 포함한 대부분의 연구자들이 취하는 규범적 입장과는 다르다. 그런 연구자들과 반대로 Timperley는 보다 많은 사람들 간에 리더십을 분산하는 것은 위험하며, 무능력을 더 크게 분산하는 결과를 가져올 수도 있다고 하였다. 리더십 분산을 증가시키는 것이 바람직할 때는, 오직 리더십 활동의 질이 교사를 도와 학생들에게 보다 효과적인 교수를 제공하도록 할 때뿐이라는 것이며, Robinson(2008)도 이를 지지하였다.

리더십 활동의 질은 고립적 상황에서가 아니라 오직 리더십이 실제 적용되는 상황에서만 식별된다. 왜냐하면 리더십이란 본래 같은 문화적, 역사적, 교육적 상황에 있는 다른 사람들까지 포함하는 것이기 때문이다 (Spillane et al., 2004). 구성원들의 반응 또한 리더의 생각과 행동에 영향을 미친다. Timperley(2005)는 학교에서 인공물(규정 등)이 만들어져서 구성원에게 제시되는 방식에 따라 서로 다른 사회적 상호작용과 결과를 가져온다고 지적하였으나, 이런 인공물(규정 등)이 영향력 있는 리더십 활동의 한 부분이라는 것을 연구를 통해 규명하지는 못하였다.

Timperley는 또한 리더십의 분산을 조사하는 방법은 그러한 분산이 효과적인지 아닌지를 결정하는 중요한 요소라고 하였다. 그러므로 분산의 정도가 초점인 곳에서는 조사 보고서가 결과를 측정하기 위해서 적절히 사용될 수 있지만, 만약 활동의 질과 그 결과가 요구되면, 벌어진 상황을 이해하기 위해서는 직접적 관찰이 필요하다고 말하였다. 그녀의 연구에서, 관찰된 리더십 활동은 관찰을 목적으로 개최된 팀 회의로 제한되었다.

Timperley는 교사들의 비전과 학생 성취에 대한 교사들의 기대를 형성하는 리더십 활동의 힘과 같은, 다양한 학교에서 가장 관찰 가능한 현상들을 시사하였다. 변화된 활동의 효과는 서로 다른 비전들이 조화를 이루어 학생들의 낮은 성취 문제를 해결하려고 한 것이었다. 학생들의 낮은 성취 문제를 해결하려는 교사들의 신념과 선호는 회의를 통해서 개별 학생의 성취에 관한 관심으로 바뀌었다. 이러한 시각을 통해서 해결방안은 관리가능하게 되었고, 교사들은 그들의 지식과 경험내로 해결방안을 이해하게 되었다(Spillane et al., 2002). 이후 교사들은 개별 학생을 가르치는 것을 배웠고, 학생 성취를 개선하기 위해 필요한 도움을 받았다.

대화를 이끌어내는 형식으로 구조화된 회의에 의해서, 교사들은 문제를 비난하는 것을 멈추고 교실 밖에서 해결책을 찾기 시작하였다. Timperley는 회의에서 증명된 이러한 비전의 실행은 어떤 다른 문장보다 더 강력한 수단이 되었다고 말한다. 그러나 그녀는 또한 분산적 리더십을 실행하는 과정에서 직면한 몇몇 도전들에 주목하였다. 첫 번째 도전은 학생 성취 정보의 사용이었다. 왜냐하면 교사들은 그 정보가 그들이 실제 가르치는 데 활용할 수 있는 형태일 것을 원했기 때문이다. 그 정보들은 너무 세부적이어서 교장의 거시적 기능에 유용하지 않았다.

다른 하나의 도전은 학생의 성취를 증진하는 방법에 있어서 학교 전체적으로 일관성을 갖는 것이었다. Timperley는 비록 일관성이 연구의 초기에 모든 학교에서 성취되었지만, 그것이 꼭 학생의 성취를 증진시킨 것은 아니었다고 설명하였다. 학생 성취를 증진하는 방식으로 교사 리더십을 개발하는 것은 문제점 또한 나타났다. 동료들 사이에서 높이 받아들여지고 있는 교사 리더가 반드시 최고의 전문가는 아니었기 때문이다. 학교 내의 미시적 정치는 대부분의 교사들이 전문성을 갖고 있다는 것을 용인하는 데 있어서 억제 요소였다. 위에 비추어볼 때, Timperley는 교사들 간의 분산적 리더십이 그들의 교수 역량을 개발할 것이라는 단순한 가정 대신, 교사 리더십 및 그들의 해결책과 관련된 문제와 딜레마에 대한 연구가 더 있어야 한다고 주장하였다.

요약

살펴본 바와 같이, 분산적 리더십은 상대적으로 새로운 개념이며, 더 발전해야 하는 것이다. 분산적 리더십은 학업 성취를 위해 필요한 조직구조와 프로그램에 집중하기보다는, 학교 경영과 다른 사람들과의 상호작용에 성공적인 조건들을 증진시키고 유지시키는 경향을 띤다. 또한 학교 환경 내에서 관련된 사람들을 강화하고 위임하는 데 초점을 맞춘다.

분산적 리더십의 현대적 상황에서의 다섯 가지 측면을 살펴보았다. 그것은 다른 사람들이 스스로를 리드하도록 이끌기; 다른 사람들의 역량 개발하기; 사회 과정으로서의 리더십 발전시키기; 실행 공동체를 증대시키고 그 공동체의 학습 역량을 증진시키기; 조직의 권력 구조를 다시 살펴보기; 현재의 전자 상거래와 발전된 IT 환경에서 의사소통 재평가하기이다.

마지막으로 분산적 리더십의 질과 영향력에 관한 Timperley의 조사를 살펴보았다. 많은 연구자들은 리더십이 항상 조직 내에서 어느 정도까지는 분산되어 왔다는 입장이며, 개념적 틀을 발전시키는 데 그토록 오랜 시간이 걸렸음에 놀라움을 표시한다. 지금은 많은 연구자들이 이러한 입장이기 때문에, 가까운 장래에 분산적 리더십이 가장 선호되는 유형이 될 가능성이 있다. 그러나 중요한 것은, 우리가 분산적 리더십의 개념 자체의 제한점과 분산적 리더십과 그 밖의 것을 생각하는 우리 능력의 제한점을 잘 살펴보아야 한다는 것이다.

토의 문제

1. 이 장 맨 앞의 예화에서, 전임 교장은 모든 보고서와 시험문제, 그리고 훈육적 상황들이 그 자신을 거쳐 가도록 했다. 이러한 리더십 유형의 장점은 무엇이고, 단점은 무엇인가?
2. Timperley는 "보다 많은 사람들에게 리더십을 분산하는 것은 위험부담이 있는 일이고, 무능력을 더 크게 분산하는 결과가 될 수도 있다"고 한다. 학교가 "무능력 분산"의 위험을 줄일 수 있는 두 가지 방법을 제시하시오.
3. 위임과 주인의식은 건전한 학교 문화를 만드는 핵심 개념들이다. 분산적 리더십 모형은 어떻게 각 학교가 이러한 개념을 채택하도록 할 수 있는가?
4. 분산적 리더십 체제를 만드는 데 있어서 발전된 정보기술(이메일 등)의 장 · 단점을 각각 한 가지씩 말하시오.
5. 당신이 예화의 새로 부임한 교장 Amy Paquinette이라고 상상해보자. 분산적 리더십 모형을 증진하기 위해서 당신이 취할 수 있는 구체적인 세 가지 조치는 무엇인가?

활동 주제

1. 두 그룹의 수강생들이 다음의 역할을 연출한다: 교장, 교사, 뒤처진 학생. 한 그룹은 모든 권한이 교장에게 집중된 상황을 연출한다. 뒤처진 학생을 어떻게 다루는가? 두 번째 그룹은 다른 것은 같지만, 권한이 위임된 상황을 연출한다. 권한을 위임하는 방법이 한 가지 이상 있는가? 강력하게 집중된 권한이 필요할 때는 언제인가? 이에 대해 토의하시오.
2. 이 장에서 우리는 증거 기반을 만드는 것이 일반 조직이론을 사용하는 것보다 더 낫다는 것을 알게 되었다. 학교를 위한 견고한 증거 기반을 만들 도구를 설계하시오.

추천 문헌

Coldren, A. F. (2007). Spanning the boundary between school leadership and classroom instruction at elementary school. In J. Spillane & J. Diamond (Eds.), *Distributed leadership in practice*. New York: Teachers College Press.

Gronn, P. (2008). The future of distributed leadership. *Journal of Educational Administration, 46*(2), 141-58.

Hallinger, P. & Heck, R. (2010). Collaborative leadership and school improvement: understanding the impact on school capacity and student learning. *School Leadership and Management, 30*(2), 95-110.

Harris, A. & Spillane, J. (2008). Distributed leadership through the looking glass. *Management in Education, 22*(1), 31-34.

Harris, A. (2009). Distributed knowledge and knowledge creation. In K. Leithwood, B. Mascall & T. Strauss (Eds.), *Distributed leadership according to the evidence* (pp. 253-266). New York, NY: Routledge.

Mascall, B., Leithwood, K., Strauss, T., & Sacks, R. (2008). The relationship between distributed leadership and teachers' academic optimism. *Journal of Educational Administration, 46*(2), 214-228.

Sherer, J. Z. (2007). The practice of leadership in mathematics and language arts: The Adams Case. In J. Spillane & J. Diamond (Eds.), *Distributed leadership in practice*. New York: Teachers College Press.

Spillane, J., Camburn, E., & Pareja, A. (2007). Taking a distributed perspective to the school principal's work day. *Leadership and Policy in Schools, 6*(1), 103-125.

제4장

윤리적 리더십

당신의 도덕적 나침반을 사용하여 배를 저어라

Rosston 초등학교의 교사 Fisher는 오랜 세월에 걸쳐 매우 창의적이고 훌륭한 교사로 손꼽혔다. Fisher는 학생과 관련된 일이라면 두발 벗고 나섰고, "문제아"가 학습에 전념할 수 있도록 지도하여 지역 내에서 그의 명성이 자자하였다. 그가 가진 조금 특별한 기술은 학생들과 보다 가깝게 지내고 1대1 수업을 더 자주 실시하는 것이었는데, 이 방법은 효과가 있었다.

그런데, 지금 이 학교의 교장선생님 Allen에게 한 여학생이 다녀갔다. 그녀는 어느 날 저녁 Fisher가 집 근처로 찾아와 자신을 부적절하게 만진 사실을 알렸다. Gretchen이라는 그 여학생은 평소 거짓말쟁이, 좀도둑으로 알려져 있고, 올해만 해도 벌써 두 번이나 정학을 당한 적이 있었다.

Allen은 Fisher를 교장실로 불러 진상을 조사하였다. Fisher는 Gretchen을 그녀 집 근처에서 만난 사실을 인정하였다. 하지만 그가 말하길, 당시 Gretchen이 아버지로부터 폭행을 당했는데 얘기를 들어줄 상대가 필요하다며 괴로워하였고, 그는 그저 불려나간 것이었다. Fisher의 차 안에서 그들은 한 시간 정도 대화를 나누었다. Fisher는 Gretchen을 한 번 안아주었다는 것을 인정하였으나 그 어떤 부적절한 행동은 없었다고 강력히 부인하였다.

Allen은 이 상황을 공정하게 처리해야 한다는 것을 알고 있었다. 하지만, 그가 직감하기에 Fisher의 말이 사실이며 Gretchen은 Fisher의 친절을 이용하려는 것 같았다. Fisher를 잃는 것은 이 학교에 있어 큰 손실이 될 것이다. 그러나 만약 이번 사건이 올바르게 처리되지 않는다면 학교는 훨씬 더 막심한 피해를 입을 것이다.

윤리적 리더십의 여섯 가지 원칙

윤리는 리더십에 있어 가장 우선적인 요건이었으나, 21세기에는 새로운 윤리적 리더십 패러다임에 대한 요구가 생겨났다. 학교 환경 안팎에서 더욱 많은 이해관계자들이 도덕성과 윤리적으로 다져진 미덕에 기반한 형태의 리더십을 요구하고 있다. 다만, 윤리적인 성격을 가진 리더십의 종류, 그것과 관계된 성격적 특성들, 그리고 미국 학교 상황에의 적용가능성을 알아내는 것은 매우 어렵다.

윤리는 공공 행정 분야의 주된 이슈이며, 이 주제에 대한 방대한 정보가 그 중요성을 잘 말해준다. Maesschalck(2004)는 신공공관리론(NPM)의 영향을 검토하는 글에서 신공공관리론의 분석틀이 행정가들의 윤리적 결정에 달려있다는 사실을 밝혔다. 이에 따라 윤리는 공공 행정, 나아가 학교의 주요한 측면으로 남아있다.

Patton(2008)에 따르면, 학교 리더들이 그들의 캠퍼스에서 윤리적 의사결정 과정을 실행할 때 따라야 하는 여섯 가지 원칙이 있다. 이 원칙들은 다음과 같다.

1. 윤리적으로 문제를 인식하고, 조사적인 자세로 접근하여 해결 가능한 대안 도출하기(경험주의; empirics)

2. 도덕규칙을 정하고 지키기(윤리학; ethics)
3. 모든 이해관계자와 소통하기 위해 윤리학 용어를 이해하고 사용하기(기호학; symbolics)
4. 이해를 돕기 위해 과정을 시각적으로 표현하기(미학; aesthetics)
5. 팀에 참여하고 공감하기(시놉틱; synoptic)
6. 평등하고 공정하게 적용, 모니터링, 성찰하기(시놉틱; synoptic)

1. 조사적인 자세로 접근하기

Patton(2008)은 윤리적 문제들이 발생할 때 학교 리더들은 항상 그 문제들에 대해 인식하고 단호하게 대처할 준비를 해야만 한다고 하였다. 학교 행정가들이 직면하는 사안들로는 학부모들의 교사선택 같은 문제에서부터 특수교육에 도움이 되는 환경 제공, 행동과 관련된 문제를 위한 무관용 정책의 집행, 교사 평가에 이르기까지 다양하다. 그러나 이 장 서론의 예화에서처럼, 그 경계가 항상 명확하진 않다. 표면적으로는 상황이 비슷해 보일지는 모르지만, 각각의 상황을 특별하게 만드는 무수한 요소들이 항상 존재한다. 학교 행정가의 과제는 각각의 결정을 다루는 데 있어 통찰력 있는 판단을 내리는 것이다.

Josephson Institute of Ethics(2006)에 의하면, 의사결정에 있어 가장 중요한 단계 중 하나는 앞서 생각하는 것이다. 이를 위해, 우리는 사건의 정황을 밝힐 수 있도록 천천히 상황을 분석해야 한다. 이것은 훈련을 필요로 하지만, 성급한 결정을 방지하고, 학교장이 더욱 신중한 통찰력을 발휘하도록 하기 때문에 잘못된 선택을 줄일 수 있는 좋은 해결책이다.

학교 리더들은 의사결정을 할 때, 해결책이 사실(Patton은 "경험"이라 언급)에 근거하도록 하기 위하여 조사적으로 접근해야 한다. 왜냐하면 우리는 사실을 통해 현재의 정황을 파악할 수 있고, 결론을 어떻게 마무리지어야 할지 알 수 있기 때문이다. 여러 관계자가 의사결정에 관한 논의를 할 때에도 사실을 이용하는 것은 확실한 결정을 내리는 데 도움이 된다. 하지만, 사실을 기록하기 위해서는 구체적인 시스템이 마련되어 있어야 하며, 그래야만 확실하고 상황-특정적인 결과를 도출하는 결정을 내릴 수 있다.

Patton(2008)이 덧붙여 말하길, 조사적으로 접근할 때, 그가 말한 "진부한 접근(Cookie-cutter approach)" 이 사라진다. 결과적으로, 결정은 오로지 윤리적인 가이드라인에 근거하게 된다. 조사적인 접근은 의사결정 과정에 꼭 필요한 부분이며, 또한 교수에서부터 학습, 정규교과, 전략적인 계획 활동에 이르는 학교 계획의 모든 측면에 있어서 필요한 중요한 요소이다.

Josephson Institute of Ethics(2006)에 따르면, 윤리와 관련된 문제와 씨름할 때 첫 번째 단계는 사실과 가정된 사실의 근거를 제공하는 사람의 신뢰도와 신용도를 고려하는 것이다. 정보를 제공하는 사람이 자신이 개인적으로 누가 말한 것을 듣거나 누가 하는 것을 보았다고 증언할 때, 그 사람의 정직함, 정확성, 기억력이 평가되어야 하고 추측이나 가정, 소문은 항상 무시해야 한다. 그러므로 앞의 예화에서 교장 Allen은 우선 Fisher와 Gretchen의 신용도를 저울질해보아야 한다. 하지만 이 상황에서 묘사된 것처럼 복잡한 상황에서는 이런 방법이 의사결정을 하는 데 있어 충분하지 않다.

학교의 리더는 가능한 모든 관점을 고려해야 하는데, 그 당시 자료의 개인적 가치, 또는 그 자료가 사실 판단에 영향을 끼칠 수 있는 사적 이익을 가지는지 고려함에 있어 또한 신중해야 한다. 리더들은 할 수 있다면 판단력 있고 인격적인 사람들에게 의견을 구하고, 사정에 밝은 사람들에게서 근거가 충분한 의견을 구하여 상식적인 억측이나 추측, 어림짐작에서 벗어나야 한다. 마지막으로 최종 결정에 대한 확신을 갖기 위해 현재 주어진 정보의 완전성 및 신뢰성을 평가해야 한다.

2. 도덕 규칙을 확실히 정하기

윤리적 리더십을 연습하는 데 있어, 학교 행정가들과 이해관계자들은 항상 명확한 도덕 규칙(moral code)을 따라야 한다. 도덕(morals)은 단지 옳고 그룹 사이의 통찰에 관한 것이라기보다는 덕(virtues)의 발달과 관련된 것으로 보인다. 덕은 태도 또는 성격적 특성으로, 리더로 하여금 훌륭한 이상을 택하여 자신의 가장 큰 잠재가능성을 발달시키는 방향으로 행동하도록 한다. 덕의 예로 용기, 동정심, 관용, 정직, 정의, 자기통제, 신중함이 포함된다. 적절히 취한 덕은 습관이 되며, 일단 덕을 획득하게 되면, 덕이 사람의 성격을 규정한다. 게다가, 도덕적인 사람은 본성적으로 도덕 원칙과 일치하는 방식으로 행동하는 경향이 있으므로 윤리적인 사람으로 보일 가능성이 더 많다(Santa Clara University, Markkula Center for Applied Ethics, 2006).

그러므로 학교 안에 도덕적 기준을 세우는 것은 중요하다. 일단 그 기준이 만들어지면, 모든 이해관계자들은 그들의 행동과 기대를 그 기준에 맞춰야만 한다(이 맥락에서 "이해관계자들"이란 학교 리더에 의한 의사결정에 영향을 받는 사람을 칭함). 윤리적인 행위는 공평하고 정직하고 공감적인 방법으로 의사결정 과정에서 분명하게 보여야 한다. 윤리적인 행동은 리더의 발언과 일치해야만 한다. 리더는 학교의 모든 구성원을 공평하게 대우하고 존중하는 동시에 자신의 행동에 책임을 져야 한다.

3. 윤리학 용어 사용하기

학교 행정가들과 교육 프로그램의 기획자들이 학교에서 특정 가치를 가르쳐야 한다는 데 모두 동의하는 반면, 교사들은 이런 가치들을 더욱 광범위하고 깊이 있게 실현해야 하는 데 큰 부담을 느끼고 있다(Benninga, 2003). 가치에 대한 요구는 모든 이해관계자들과 관련이 있다. 이것은 왜 학교 리더들이 의사결정을 하는 동안 모든 이해관계자의 관점에서 그들의 선택들을 항상 고려해야만 하는지에 대한 이유이다. 따라서 좋은 결정은 행동과 말로 인해 생길 수 있는 영향을 고려한다. 리더의 역할 중 상당수는 언어에 의해 설명되기 때문에, 윤리적 청렴을 얻기 위해 노력하는 리더는 용어를 주의 깊게 선택하여야 한다. 윤리적 맥락에서 신용, 정직, 신뢰성, 성실, 솔직함, 진실성, 믿음직함, 충성스러움, 충실함, 헌신, 존경, 책임감, 공평, 평등, 공정함, 비례의 원칙, 개방성, 정당한 절차, 배려, 법을 준수하는 시민권과 같은 용어들이 지속적으로 나타나고 있다. The Josephson Institute of Ethics(2006)는 이 용어들을 중요한 특징으로 제시하였으며, 학교 환경 안의 모든 이해관계자들이 이 용어들에 익숙해질 것을 제안하였다.

4. 시각적으로 표현하기

윤리적인 의사결정 과정은 학교 리더들로 하여금 단순히 말을 능숙하게 하는 것뿐만 아니라 다른 정보 전달 수단에도 능숙할 것을 요구한다. 많은 사람들에게 시각적인 요소는 정보를 받아들이는 데 매우 중요하다. 윤리적인 교훈을 전달하기 위해서는 비디오나 업무 절차도와 같은 시각적 표현들을 말과 행동과 함께 사용하여야 한다(Patton, 2008).

5. 학교 공동체에 관여하기

윤리적 의사결정이 널리 적용될 수 있도록 학교 리더들이 모든 이해관계자들을 참여시킬 필요성이 점점 증가하고 있다. 학교 리더들이 학부모의 관심을 진지하게 받아들이기 시작하고, 의사결정 과정에 그들을 초대하는 것은 매우 중요하다. 이것은 부모들, 사업들, 공동체의 관여가 더욱 많아질수록, 현재의 요구에 좀 더 부합하는 결정이 이루어질 수 있기 때문이다. 학교 공동체의 이해관계자들이 대화를 통하여 개방적으로 의견을 교환함으로써 "미래의 방향을 세우고 중요한 일로 나아가는" 생산적인 과정에 참여할 수 있게 된다는 사실 역시 밝혀진 바 있다(Ghere et al., 2006). 그러므로 학교 리더들은 협력적인 의사결정을 추진하기 위해 그들이 할 수 있는 모든 것을 반드시 해야만 한다. 개인의 요구, 성장, 자기발전에 특별한 관심을 기울여야 한다.

6. 평등하고 공정하게 접근하기

리더십을 가진 자의 평등하고 공정한 실천을 학교 상황에 적용하는 것은 윤리적 의사결정에서 매우 중요하다. 학교 리더의 모든 행위들은 공정하고, 평등하고, 인도적으로 보여야 한다. 적용 후에는 성공을 담보하기 위한 철저하고 정직한 모니터링을 실시하는 것이 중요하다.

그 외에도, 학업 성취 향상에 목표를 둔 좋은 의사결정이 이루어지기 위해서는 학교와 그 안의 이해관계자들이 학교 전체의 반성적 실천에 참여해야 한다. Patton은 이를 "시놉틱(synoptic)"이라고 명명하였다. 반성적 조망(hindsight)은 전체적인 상황을 분석하여 더 나은 결정이 이루어지도록 하기 때문에 매우 중요하다. Ghere 외(2006)는 반성적 실천에 있어서 교훈의 핵심을 포착하는 반성적 기억술을 개발하였다. 관계가 첫 번째이다. 대화를 통해 당신의 선택권(옵션)을 확대하라; 학습에 더욱 집중하라; 리더십이 반성적 실천을 가속화시킨다; 에너지는 어떤 시스템을 성장시키는 데 요구되는 필수요소이다; 반성하고 행동하는 데 있어서 용기는 필수적이다; 신뢰를 쌓는 데는 시간이 걸린다; 안에서 밖으로; 밖에서 안으로; 그리고 사람들과 그들의 생각을 키워라. 비록 그들의 연구는 기본적으로 반성적 실천, 그리고 이것이 학교 향상 및 학생 성취에 미치는 영향을 다루고 있지만, 윤리적 의사결정의 특징으로서의 반성을 이상적으로 묘사한다.

2010년 초, 동부 펜실베이니아의 한 작은 학교의 이야기가 국제 뉴스의 헤드라인을 장식하였다. Harriton 고등학교는 재학생 수만큼 개인용 컴퓨터를 지급하였다. 그런데 학생들과 학부모들도 모르는 채 학교는 웹캠을 작동시켜 놓았고 학생들이 가정에 있는 동안 학생들의 행동을 감시하기 위해 웹캠을 이용하였다. 그러던 중 교감이 한 학생을 교무실로 불러 "웹캠에서 찍은 사진을 증거로 제시하며 학생의 부도덕한 행실을 지적하자" 학교의 감시활동이 명백해졌다. 학생들과 학부모들은 그런 감시활동이 불법적이고, 영장 없이 집에 들어가는 것과 마찬가지라며 이 학교를 고소하였다. 8개월 후, 그 사건에서 학생들이 승소하였고, 학교는 610,000달러의 합의금을 지불하였다(Martin, 2010).

그 사건은 흥미로운 윤리 문제를 제기하였다. 한편으로는, 학교 관계자가 그런 일을 저지를 때, 거의 대부분 학생들을 위해 최선의 것을 하고 있다는 확신을 가졌다는 점이다. 그 감시활동은 불법적인 활동들을 근절시키기 위한 순수한 시도였다. 다른 한편으로는, 학생들의 집에서까지 그들을 감시하였으므로 분명히 도를 넘어섰다. 이러한 경우에, 학교 리더가 신뢰 및 관계 형성에 대해 더 많은 강조를 했었더라면 학생을 감시하는 것이 현명하지 못했음을 보여줬을 것이다.

리더의 윤리적 특성

대부분의 윤리학자들과 철학자들은 응용 윤리학에 세 가지 주요 이론적 분야가 있다고 동의한다. 그 이론적 분야는 다음과 같다.

- 성격-기반의 윤리학, 이를테면 Aristotle(340 BC)의 덕의 윤리학
- 규칙-기반의 윤리학, 이를테면 Kant(1785)의 의무론
- 결과-기반의 윤리학, 이를테면 Mill(1863)의 공리주의(Savra, 2007)

최근 Aristotle의 덕의 윤리학에 대한 관심이 다시 많아지고 있다. Aristotle는 성격의 좋은 특징이 우리가 흔히 아는 덕이라고 말하였다. 그러므로 덕의 윤리학은 무엇이 좋은 사람을 만드는가에 관심을 두지 무엇이 좋은 행위를 만드는가에는 관심을 갖지 않는다. 이런 구분은 앞서 언급된 Patton(2008)의 연구와 덕의 윤리학을 분리시킨다.

다른 종류의 윤리학과 비교했을 때 덕의 윤리학의 장점은 직관적이고 개인적이라는 점이다. 그러나 덕의 윤리학의 약점은 개인의 본성 안에 있으며, 이로 인해 합의의 도출이나 윤리적인 갈등의 해소가 종종 어렵다는 점이다. 다음 예시에서 덕의 윤리학이 갖는 약점이 잘 드러난다. 문제가 많

은 사회에서는 거짓말을 하는 것이 오히려 유리하게 작용할 수 있다는 사실에도 불구하고, 선출된 혹은 임명된 공직자가 진실을 덕으로 여겨 거짓말을 하지 않았다는 점이다(Vance & Trani, 2008).

한편, 규칙-기반의 윤리학은 의사결정 행위에 초점을 맞추며 반드시 의사결정자(이 경우에는 학교 리더)에게 초점을 두는 것은 아니다. 이런 종류의 윤리학에서는 옳은 행위로 여겨지는 것은 규칙에 의해 허용되는 것이며 금지된 것은 잘못된 행위이다. Kant(1785)에 따르면, 이런 윤리적 규칙들은 단순한 정책을 따르는 것보다는 더욱 무게를 가진다. 그 규칙들은 보편화될 수 있는 것들이기에 국경을 넘어 사람들에게 적용되며 매우 엄격하기 때문이다.

규칙-기반의 윤리학은 명확하며 학교 리더십에 있어 요구되는 중요한 요소인 조정 행위를 돕는다는 점에서 장점이 있다. 그러나 그것들의 약점은 꽤 복잡해지거나 요구가 많아질 수 있다는 점인데 큰 구역의 리더들에게는 좋지 않을 수 있다. 학교 리더는 규칙에 너무 순종적이어서 고난을 겪는 분명한 상황이나 직원 또는 학생들의 요구에 무관심할지도 모른다. 예컨대, 복도에서 절대 떠들면 안 된다는 규칙을 엄격하게 고수하는 교장은 한 학생이 다른 학생의 어깨에 기대 우는 것조차 처벌할 것이다. 이와 같은 예에서는, 보다 유연한 자세를 갖는다면 왜 그 학생이 속상한지 발견하려고 애쓸 것이며, 결과적으로 더 좋은 관계를 맺게 될 것이다. 유연성의 부족은 오늘날의 매우 복잡한 리더십 현장에서 문제가 될 수 있는데, 오늘날의 리더십 상황에서는 리더가 즉시 문제를 발견해내고 적극적인 자세로 다양한 변화에 적응할 것이 기대된다.

Vance와 Trani(2008)는 결과적인 또는 결과-기반의 윤리학이 어떤 종류의 윤리적 리더십에서든 매우 중요한 부분이라고 지적하였다. 또한 목적론으로도 일컬어지는 결과-기반의 생각은 두 가지 사상의 학파를 가진다. "결과는 수단을 정당화한다"와 공리주의이다. 두 가지 모두, 행위의 결과는 옳은 행위를 결정하는 근거에 영향을 미친다. 고전 공리주의는 Jeremy Bentham과 John Stuart Mill에 의해 소개되었는데, 그들은 결과가 중요하다고 가르치며 도덕적 통찰의 분석틀을 규정하였다. 앞에서 제시된 Harriton 고등학교의 예에서, 학교 행정가들은 분명히 결과-기반의 윤리학의 입장에서 수행하고 있었다. 그들의 관점에서, 결과(비도덕적 행위를 찾아내는 것)는 수단(웹캠을 이용하여 학생들을 감시하는 것)을 정당화하였다.

공리주의의 개념에서, 행위에 의해 만들어진 행복 또는 불행의 양은 어떤 행위를 수행할지 안 할지에 관한 개인의 결정에 영향을 미친다. 이 분석틀에서, 모든 개인의 행복과 복지는 다른 모든 사람의 것과 마찬가지로 똑같이 중요하다. 그러므로 옳은 행위란 불행을 넘어 최고로 균등한 행복을 만드는 것이다(Rachels, 2007).

최대 다수의 최대 행복을 지지하는 "공익의 원리"는 위의 입장에서 나온다. 이것은 항상 한 공동체 내의 모든 이해관계자들의 이익과 비용을 측정할 것을 요구한다. 그러므로, 모든 상황에서 리더는 발생하는 행복에 비추어 가능성이 있는 모든 결과들을 확인해야 하며, 개별적인 결정이 행복에 끼치는 총체적인 영향을 재고, 공익의 원리를 최대로 만족시키는 선택을 골라야 한다. 공리주의의 중요한 한 측면은 포괄의 정도로, 이것은 다른 형태의 목적론적인 추론, "결과는 수단을 정당화한다"와는 구별된다(Vance & Trani, 2008).

"결과는 수단을 정당화한다" 추론에서, "고결한 결과"는 그 수단이 얼마나 비윤리적이고 비이성적인가에 관계없이 그 어떤 수단도 정당화하는 데 쓰일 수 있다. "결과는 수단을 정당화한다"에서, 의사결정자를 가장 큰 수혜자로 보는 측면이 종종 있다. 이것은 심지어 더욱 편협한 윤리를 낳는다.

서두의 예화를 예시로 들면, 하나의 공리주의 해결책은 아마도 더 많은 양의 일을 요구할 것이다. 별도의 조사 패널이 구성되고, 각 집단의 목소리가 상세히 청취될 것이다. 과거의 행동과 진짜 감정이 모두 드러나기 때문에 그 결과는 모든 측면에서 조금은 고통스러울 수 있다. 하지만, 그 최종 결과는 아마 더욱 객관적이며 정의로울 것이다. 반면에, Allen 교장이 "결과는 수단을 정당화한다"를 사용하였다면, 그는 교사와 학생과의 개인적 상호작용에 근거하여, 쉽게 Fisher 씨를 옹호하는 결정을 내렸을 것이다. 빠르게 결론이 나서, 아마도 장기적으로 학교에 더 이익이 될 수 있지만, 상황의 진실을 반영하진 못할 것이다.

결과적으로, "결과는 수단을 정당화한다"는 개념은 자기도취, 만족감, 정당화가 결과 추론의 근본적인 이유인 윤리적 자기중심주의/이기주의/에고이즘(Egoism)의 형태로 쉽게 변질될 수 있다. 공리주의에서, 최대 다수의 최대 행복에 대한 고려 요구가 윤리적 이기주의를 막는다는 것은 주목할 만하다(Hinman, 2003).

하지만, 공리주의는 그것이 너무 부담이 될 수 있다는 약점을 가지고 있다. 예를 들어, 공리주의인 학교의 교장은 완전히 결백함에도 불구하고, 학교 이미지를 위하여 사건의 책임을 지고 사퇴하라는 요구를 받을 수 있다. 반면, 공리주의의 가장 큰 장점은 적어도 모든 방안들이 고려되어야 한다는 조건에 있다. 이것은 리더십의 의사결정에까지 분명히 영향을 끼칠 것이며, 심지어 의무론적 윤리학과 덕의 윤리학이 이로부터 도덕적 추론의 영역을 형성한다(Singer, 2006).

이 장에서, 우리는 성공적인 학교 리더에게 요구되는 윤리적 리더십 자질을 살펴본다. 앞서 얘기했듯이, 최근에 덕의 윤리학이 강조되고 있으며 우리는 이 영역에 중점을 둘 것이다. 윤리학이 학생의 결과에 미치는 영향에 관한 연구는 매우 드물다. 그러나 이 패러다임을 지지하는 연구자와 학자들은 덕이 보통 학교 결과에 직접 영향을 주는 규율을 서서히 주입시키도록 격려하는 고무적인 특성을 지닌다고 지적하였다.

우리가 고려해야 하는 또 다른 요소는 윤리적 리더십이 설령 변혁적 또는 교수적 리더십과 잘 어울린다 할지라도, 그것 자체가 리더십 스타일이며, 학교 리더의 개인적 특성에 중점을 둔다는 것이다. 순수한 덕 그 자체에 근거하거나 인식할 수 없는 리더십이 반드시 실패하리란 것은 말할 나위도 없다.

이 장의 다음 부분에서, 우리는 윤리적 리더십의 두 가지 영향력 있는 모델을 볼 것이다. Alexandre Harvard의 도덕적 리더십 모델, 그리고 George Marshall의 리더십.

Harvard의 도덕적 리더십 모델

윤리적 리더십은 가끔 "도덕적 리더십"으로 언급되며, 특히 덕 윤리학은 도덕적 리더십 패러다임의 근간을 형성한다. Harvard(2010)는 리더십 맥락에서 덕 윤리학의 일상적 적용을 설명하는 리더십 모델을 생각해냈다. Harvard에 의하면, 도덕적 리더십의 방법론은 두 가지 본질적인 특성을 기반으로 한다.

1. 리더십은 성격에 근거하며, 성격은 행위의 덕이다.
2. 모든 사람은 덕을 획득하고 발달시킬 수 있다.

도덕적 리더십의 개념은 효과적인 의사결정을 이끌어낼 능력을 키우고자 하는 모든 리더들을 위해 만들어진 것이다. 도덕적 리더십은 고전적 교수법에 근거하며 인간의 본성에 기초하기 때문에 시간을 초월하여 보편적으로 적용될 수 있다. 그러므로 도덕적 리더십은 전문적인 활동영역에 상관없이 모든 리더와 관계있다. Harvard(2010)는 도덕적 리더십 모델을 열 가지 간단한 요소로 요약하여 다음과 같이 제시하고 있다.

1. 정말 제대로 된 리더십 훈련은 인간 본성을 잘 이해하는 것에 기초하여야만 한다. 인간 본성에 대한 이해나 인류학은 덕에 관한 과학적 근거를 포함하고 있어야만 진실이라고 여겨진다. 덕은 사람의 마음, 의지, 심성 안에 자리 잡고 있는 바른 습관이며 선(good)을 목표로 한다. 리더십이 도덕적이어야 하는 까닭은 도덕성을 통해서 개인의 탁

월성이 신장될 뿐만 아니라 동시에 전문적인 효과성도 보장할 수 있기 때문이다. 리더십에 있어서 덕은 신뢰를 형성하는 필수불가결한 요소이다.

2. 관대와 겸손은 리더십의 주춧을 이루는 핵심적 덕목이다. 관대함은 더욱 공정하게 분배하고자 하는 마음이며 매우 상징적인 호소를 동반한다. 그러므로 리더는 자신의 꿈과 비전에 있어서, 그리고 자신과 동료가 더 큰 미래로 나아가도록 도전의식을 불어넣는 능력에 있어서 관대해야만 한다. 겸손함은 정직한 자기평가 그리고 남들에게 봉사하는 의지로 규정된다. 리더는 겸손으로부터 영감을 받아 밀어내기보다는 끌어당기는 것, 명령하기보다는 가르치는 것, 질책하기보다는 격려하는 것을 배워야 한다.

Harvard는 개인 권력의 과시는 줄이고, 권력 이양은 더 늘려야 한다고 지적하였다. 관대함과 겸손함은 분리될 수 없는데, 이 두 가지가 인간성의 위엄과 위대함과 관련된 유일한 이상을 구성하기 때문이다. 관대함은 개인으로 하여금 개인의 위엄과 위대함의 가능성을 자각하도록 만들며, 겸손함은 다른 사람들의 위엄과 위대함을 알도록 만든다. 관대함과 겸손함은 소심함에 대항하여 인간의 가치를 인정함으로써 얻어낸 결과들이다. 소심함은 자기이해력과 자긍심을 억누르고 타인을 이해하는 데 방해가 된다. 관대와 겸손 두 가지 덕목은 인간의 가치를 잘못 경시하는 것으로부터 파생한 것이다.

3. Harvard는 리더십의 조작적 덕목이 신중, 용기, 자기통제, 정의라고 보았다. 신중한 리더는 실천적 지혜를 가지며, 올바른 결정을 할 수 있는 능력이 있다. 용기 있는 리더는 도중에 포기하지 않고 도전에 직면하며 그 어떤 종류의 압력에도 저항한다. 자기통제와 자기훈련을 할 줄 아는 리더는 정신으로 자신의 정념을 억누르고, 학교의 임무를 완수하는 방향으로 자신을 이끌어간다. 한편 정의로운 리더는 모든 개인에게 공평하게 일을 맡긴다.

4. Harvard는 리더가 타고나기보다는 훈련되는 것이라고 주장하였다. 왜냐하면 우리는 실천을 통해 덕을 획득하며, 리더십이란 타고난 기질의 문제라기보다는 인성(character)의 문제이기 때문이다. 우리의 타고난 기질이 어떠한 덕을 발달시키는 데 있어 도움이 될지는 모르나, 우리는 덕을 실천하여 인성을 연마함으로써 타고난 기질에서 벗어나게 된다. 따라서 기질이 부족하다고 해서 리더십을 얻을 수 없는 게 아니다. 오히려 인성이 부족할 때 리더십을 얻기 힘들다. 인성이 부족하면, 우리는 본능에 휘둘리거나 도덕적 힘을 잃어버려 리더 역할을 할 수 없기 때문이다.
5. Harvard가 강조하듯이, 리더는 직위에 내재된 권력 또는 권한의 실행을 통해서는 효과적으로 지도할 수 없다. 그 대신, 리더들은 그들의 권위를 통하여 효과적인 리더십을 실천하며, 이때 권위는 성품에서 기인한다. Harvard는 덧붙여, 권위가 없는 사람들은 순수한(unalloyed) 힘을 발휘하고 싶은 유혹에 넘어가므로, 오직 이름뿐인 리더라고 하였다. 이 때, 낮은 권위는 권력의 남용으로 이어져 결국은 권위의 붕괴를 초래하는 악순환이 반복되고 진정한 리더십으로 향하는 길은 계속적으로 차단된다.
6. 덕을 쌓기 위한 첫 번째 과정은 덕을 심사숙고하는 것이다. 이로써 덕의 내재적 가치를 인정하고 이를 추구할 수 있다. 두 번째로는 신중함에 각별히 주의를 기울이면서 모든 덕을 동시에 실천하도록 노력하는 것이다.
7. 리더는 꾸준히 덕을 실천하며 모든 측면에서 성숙하게 되는데, 특히 판단, 정서, 행동을 포함하는 측면에서 성숙해진다. 성숙함은 리더의 확실한 자신감, 일관성, 심리적 안정성, 기쁨, 낙관, 자연스러움, 책임감에 기반한 해방감, 내면의 평화를 통하여 확인될 수 있다. 이 성숙함은 또한 현실주의와 연계되어 있어, 좋은 리더는 회의적이거나 냉소적이지 않다. 현실주의는 우리가 개인적인 약점에 발목을 잡히는

순간에도, 가장 고귀한 열망을 유지할 수 있게 하는 힘이라고 할 수 있다. 그러므로 성숙한 리더는 약점에 굴복하지 않으며 덕을 실천함으로써 약점을 극복한다.

8. Harvard가 말하길, 도덕적 리더십에서 리더는 덕의 공리주의적 접근을 피해야만 한다. 공리주의적 접근은 추종자로부터 더 나은 반응을 얻기 위해 덕인 척하는 것이다. 하지만 진정한 리더는 단지 일을 더 잘하기 위해서라거나 자아존중감을 얻기 위해서가 아닌, "소명"에 따라 도덕적 리더십을 발휘한다. 소명을 가지고 있는 리더는 자신을 훌륭한 성취를 할 수 있는 사람으로 인식한다. 다시 말하면, 훌륭한 성과를 거두는 것이 자기향상의 유일한 목적은 아니며 자신의 성장을 통해 얻어지는 많은 좋은 결과들 중의 하나일 뿐이다. 그러므로 탁월성(excellence)에 대한 요구가 성과(effectiveness)를 능가한다.
9. 규칙에 기반한 윤리학이 아닌, 덕의 윤리학은 리더의 진실된 법칙이어야 한다. 왜냐하면 진정한 리더는 정의, 봉사, 존경, 정직과 같은 기본적인 덕을 행하지만, 대부분의 리더는 소위 전문적인 윤리성에 대한 립서비스를 제공하려는 경향이 있기 때문이다. 그러나 덕의 윤리학은 규칙의 타당성(validity)을 부인하지 않는다. 다만 규칙은 윤리학의 기초 원리가 될 수 없으며 덕을 구현하기 위해 존재한다. 따라서 독창적이고 창의적인 리더십을 갖추려면 덕의 윤리학을 강조해야 한다.
10. Harvard가 지적하길, 종종 신앙생활을 열심히 하는 기독교 신자는 신뢰, 희망, 관용의 덕이 신앙생활의 중심부에 있기 때문에 그것이 리더십에 엄청난 영향을 가진다는 것을 발견한다고 한다. 이런 덕목들은 리더십의 토대가 되는 본성적인 덕들을 고양하고 강화하며 변모시킬 수 있는 능력을 가진다. Harvard는 리더가 리더십의 실천에 있어서 이와 같은 "기독교적" 덕목을 무시할 수 없을 거라고 결론지었다.

George Marshall과 윤리적 리더십

George Catlett Marshall은 유명한 미국 영웅으로 공공행정에서의 윤리적 리더십을 보여주는 훌륭한 예다. Marshall의 리더십 철학과 경영 스타일은 학교 리더들에게 윤리적 리더십의 본성과 그것의 학교 효과성 및 성취의 연관성에 대하여 많은 점을 시사한다.

Marshall은 협상가, 주전론자(war preparedness advocate), 교육 혁신가, 정부 재편성자로서 일하였지만, "Marshall 플랜"으로 잘 알려진 유럽 재건 프로그램의 입안과 시행을 통해서 매우 유명해졌다.

Marshall의 윤리적 리더십 특징

Gerald Pops(2006)는 George Marshall의 전기를 다룬 작품에서 Marshall의 다양한 특징들을 제시하였는데, 이는 학교 리더가 배울 수 있는 윤리적 리더십과 관련이 깊다.

- 대담한 용기
- 사익보다 공익을 우선시하는 태도
- 진실성, 자기통제성, 자기훈련성
- 과업중심주의 및 직원중심주의
- 다른 사람의 재능 인정
- 구성원들에 대한 높은 윤리적 기준 부과
- 정치적/사회적/경제적 환경에 대한 이해와 대처능력
- 포용

위에 제시된 특징들은 학교 리더를 위한 모델 개발 시 유용하다. 왜냐하면 이와 같은 윤리적인 특징들이 논리적으로 그리고 인과적으로 조직의 효과성과 이어질 수 있기 때문이다. 우리는 이 특징들을 순서대로 각각 살펴보고 학교 리더와는 어떻게 관련되는지 살펴볼 것이다.

1. 대담한 용기: 오늘날 미국 학교 대부분이 처한 상황은 학교 리더십이 날마다 더욱 큰 도전에 직면하고 있음을 보여준다. 교육, 문화 다양성의 확대, 윤리의 붕괴에 관하여 정부가 만든 정책 변화는 대담하고 용기 있는 리더십을 필요로 한다. George Marshall이 그의 상관에게 맞섰던 것처럼, 학교장들은 변화하는 국가와 지역구 정책의 관점과 반대하는 의견들을 내세우는 것을 두려워해서는 안 된다.
2. 사익보다 공익을 우선시하는 태도: 학교를 공동체로 보는 맥락에서 공익은 학생, 교직원, 그 외의 이해관계자들을 위해 최선의 활동을 수행하는 것을 말한다. 학교의 리더는 항상 자신의 욕심을 내세우기보다 먼저 구성원들의 의견을 존중하고, 그들에게 호의적인 정책을 시행해야만 한다.
3. 진실성, 자기통제성, 자기훈련성: 진실성과 자기훈련성은 학교 리더십만이 아니라 그 어떤 종류의 리더십과도 분리될 수 없다. 이것은 구성원과 지역공동체가 리더로 하여금 그의 모든 능력 내에서 가장 고귀한 윤리적 기준을 유지하기를 기대하는 데에서 기인한다. 또 다른 이유는 리더십의 성공과 효과가 신뢰에 상당히 많이 의존하고, 신뢰는 리더의 진실성과 자기훈련 없이는 형성될 수 없기 때문이다.
4. 과업중심주의 및 직원중심주의: Robinson과 Harvey(2008)와 같은 연구에서 보듯이, 효과적인 학교 리더십은 학생의 성취를 끌어올리기 위하여 교사들의 요구에 기반을 둬야 함을 보여준다. 성공적인 학교 리더는 어떤 사항을 결정할 때 학생들과 교사들의 요구에 주목한다. 학교 목표의 통합을 강화함으로써 현재의 과업에 집중하는 것은 학교가 성공할 수 있는 비결이다.
5. 다른 사람의 재능 인정: 이것은 잘하는 학생들과 직원에게 보상하는 학교 리더의 능력을 포함한다. 이런 식으로 리더는 교사와 학생이 의

욕을 잃지 않도록 동기를 부여한다. 학교 리더는 그런 학생들과 교사들을 모범적인 기술들과 동일시하고 그들의 잠재력이 가장 극대화될 수 있는 위치에 그들을 배치시키는 것을 중요시한다(예를 들어, 지속적으로 좋은 성과를 보여준 수학교사를 수학부장으로 승진시키는 것).

6. 구성원들에 대한 높은 윤리적 기준 부과: 학교장들은 교사들이 항상 서면으로 된 윤리 규칙을 따르도록 요청해야 한다. 윤리적 실천들을 반영하는 학교 규칙들은 또한 학생들로 하여금 윤리에 대한 높은 책무감을 불러일으키도록 만들어져야 한다. 동시에, 학교 리더들은 학생들과 교사들이 따르도록 독려하는 윤리적 행동의 높은 기준을 유지시켜야 한다.
7. 정치적/사회적/경제적 환경에 대한 이해와 대처능력: 학교 리더는 교육 정책을 이해함으로써 정치적/사회적/경제적 환경을 학교 상황에 적용시킨다. 또한 이는 교수 역량의 발달을 뜻하는 것으로 의미가 확장될 수 있다. 예컨대, 리더는 데이터를 활용함으로써 더 나은 성과를 도출하는 데 필요한 실제적 요건에 대해 더욱 잘 파악할 수 있게 된다.
8. 포용: 이것은 분산적 리더십의 특징이 될 수도 있고, 리더가 윤리적 요구조건으로서 받아들일 수도 있다. 이런 의미에서 모두를 포괄한다는 것은 모든 이해관계자들을 의사결정 과정과 집행 과정에 참여시키는 것을 의미한다. 구성원들의 사기를 진작시키고 그들로 하여금 더 높은 수준의 성과를 내도록 동기를 유발시키기 위하여 리더는 그들을 배려할 필요가 있으며, 이것은 더 나은 학교 효과성을 만들 수 있다(Hallinger & Heck, 2005).

위의 모델을 따르는 학교 리더들은 더욱 성공적으로 학교를 운영할 가능성이 높다. 왜냐하면 윤리를 통하여 구성원들이 리더의 모범을 따르고 교수적 권위를 존경하게 되기 때문이다.

리더십 실천을 위한 윤리적 분석틀

여기에 언급되는 분석틀은 Shapiro와 Stefkovich(2005)에 의해 개발된 것이다. 이 틀은 학교장들이 학교에서 낯설거나 복잡한 상황에 직면하였을 때 어떤 의사결정을 내려야 하는지 안내하기 위한 것으로 교육적 리더십에서의 윤리적 추론에 근거한다. 그들은 윤리적 분석을 위한 네 가지 접근법을 제시하였는데, 이러한 접근법은 학교 리더의 실천에 영향을 주는 것으로 알려져 있다. 정의, 배려, 비평, 전문성에 관한 윤리적 관점을 포함하는 이 네 가지 관점은 행정가들이 의사결정을 할 때 고려하는 사항들을 반영하고 있다. 이러한 관점을 설명하기 위하여, 우리는 각각의 윤리적 입장과 공립학교의 행정가들이 교육하면서 부딪히게 되는 문제들을 설명할 것이다.

첫 번째 윤리인 정의는 개인의 권리와 법에 관련된 것이다. 이 관점에 기초한 의사결정에서, 행정가들은 다음과 같은 질문을 제기한다. 지금 벌어진 사건과 관련된 법, 권리 또는 정책이 존재하는가? 존재한다면 그것은 반드시 집행되어야 하는가? 마지막으로, 만약 관련된 법, 권리, 또는 정책이 없다면, 그것이 필요한가?(Shapiro & Stefkovich, 2005)

이 장의 도입부에서 소개된 예화는 윤리적 결정에 내재하는 회색지대의 좋은 예를 보여준다. 그 교장은 분명히 성희롱 고발을 다루는 법과 정책이 있다는 것을 인식하고 있다. 그러나 그는 엄밀하게 합법적 방책을 추구하는 것이 상책이 아닐 수도 있는 이 특정 상황에서 다른 요소들에 대해서도 인식하고 있다.

비평 윤리는 학교 공동체에서 발생하는 사회 계층, 인종, 장애, 성별, 그리고 다른 종류의 차별성을 둘러싼 불평등에 대해 교육자들이 주의를 기울이도록 일깨운다. 학교 행정가들은 이런 관점에 기초하여 의사결정을 내릴 때, 다음을 고려해야 한다. 누가 규칙, 법 또는 정책을 만드는가? 그것으로 누가 혜택을 받는가? 누가 강제할 수 있는 힘을 가지는가? 마지막으로, 소외된 사람들이 누구인지 찾아내야 한다.

배려의 윤리는 학교 의사결정자들이 충성심과 신뢰와 같은 특정 덕목을 다룰 것을 요구한다. 학교 리더들은 도덕적 딜레마를 해결함에 있어 이해관계자들에 대한 배려, 걱정, 관계를 보여줄 것으로 요구받는다. 이런 관점에서 물을 수 있는 문제는 다음과 같다. 내가 결정한 것으로부터 누가 이득을 얻을 것 같은가? 나의 행동으로 인해 타격을 받는 사람은 누구인가? 내가 오늘 내린 결정의 전체적이고 장기적인 효과들은 무엇인가? 끝으로, 만약 지금 누군가 나를 돕는다면, 이 사람에게 또는 전반적으로 사회에 다시 되돌려주기 위해 미래에 나는 무엇을 해야 하는가?

Shapiro와 Stefkovich(2005)가 말하길, 전문성 윤리는 "전문성 특유의 도덕적 측면과 교육 리더들이 자신들의 개인적, 전문적인 윤리 규칙을 점점 더 인식하게 되는 것으로부터 유발되는 문제"를 고려하는 것이다. 이 관점을 바탕으로 한 학교 리더의 의사결정에서, 그들은 다음의 질문들을 물어야 한다. 그 전문성은 내가 무엇을 하길 기대하는가? 내가 속한 공동체는 내가 무엇을 하길 기대하는가? 구성과 요구가 다양한 학생들에게 최선의 이익을 제공하려면 내가 무엇을 해야 하는가? 이런 전문성 윤리의 관점을 활용하는 것은 학교 리더로 하여금 실용적인 결과와 그들이 내린 결정의 효과를 앞서 고려하는 비판적인 실용주의자가 될 수 있게 한다.

위에 제기된 문제들은 학교 리더들이 사회 정의, 특수 교육, 학교 성과 및 자원 불평등과 관련된 문제를 처리하는 것과 관련이 있다.

교장의 리더십에 윤리적 틀 적용

이 부분에서는 교장이 학교를 운영함에 있어서 전형적으로 직면하는 두 가지 상황의 의사결정에 대하여 Shapiro와 Stefkovich(2005)의 분석틀을 적용하여 살펴볼 것이다. 첫 번째 상황은 특수교육개선법(Individuals with Disabilities Education Improvement Act[IDEA], 2004)에 의해 시작되는 개별적 교육 프로그램(IEP; Individualized Education Program)의 팀 회의를 지휘하는 것이다. 그리고 두 번째 상황은 NCLB 법의 연간적정개선율(AYP; Adequate Yearly Progress) 조항을 위한 학교의 발전을 모니터링하기 위하여 학생의 성적 정보를 분석하는 것이다.

그런 다음 각각의 윤리적 관점에서 생겨난 근본적인 질문들을 다시 살펴보고 행정적 실천에 적용하는 것을 고려한다. 이 질문들은 학교가 연방법을 준수하는 것과 모든 학생들을 높은 수준으로 교육시키기 위해 필요한 자원을 분배하는 것과 관련 있기 때문에 지역구 수준에 있는 리더에게 매우 중요하다. 그러나, 이런 질문들은 학교에 다니는 모든 학생들의 학업 수행에 직접적으로 책임을 지는 학교장들에 의한 윤리적 리더십의 실천과 더 많이 관련되어 있다. 우리는 그러고 나서 IDEA와 NCLB 조항에 비추어 그들을 질문별로 분석한다.

1. 정의의 윤리

이 윤리에서, 우리는 첫째로 이런 질문을 던졌다. "특수한 경우와 관련된 법, 권리, 또는 정책이 존재하는가?" (Shapiro & Stefkovich, 2005). 우리는 특수 교육의 분야에서 자세히 살펴볼 것이다. 여기서 우리는 IDEA가 IEP 팀 회의의 수행, 특히 반드시 검토되어야 하는 정보 및 출석과 같은 문제에 관하여 꽤 구체적임을 발견하였다(Crockett, 2005). 학교장은 팀 회의를 진행하는 절차를 반드시 알고 있어야 한다. 특수교육법에 포함되어 있는 민주주의와 자유의 문제를 이해하는 것 역시 중요하다. Lashley(2007)가 밝히길, 자유롭고 적합한 교육을 받을 학생들의 권리가 학교에 의해 제공되는 것을 IEP 팀 회의가 보장한다 해도, 만일 지역구의 대표로 활동하는 교장이 IDEA에 내재하는 권리와 그것들이 존재하는 이유를 이해하지 못한다면, 이런 문제를 시행하는 절차는 학생들의 이익을 확실히 보호하는 데 불충분하거나 효과적이지 못할 수도 있다.

또한 교장은 그 법률의 법적, 정책적 요건을 알아야 하며, 그런 요건을 야기한 역사적, 교육적 맥락을 제대로 인식해야 한다. 그러므로 IEP 팀 회의를 지휘하는 것에는 그 안에 놓인 권리와 요건에 대한 이해와 그것을 특수 학생의 요구를 만족시키는 교육적 프로그램으로 바꾸는 능력이 요구된다.

NCLB 법령에는 학교 성적을 매년 공개하고 AYP 조건을 충족하지 못한 학교들에게는 제재가 가해지는 규정이 있다. 그 제재는 주로 재정지원 삭감의 형태이다. 우리가 제2장에서 배웠듯이, 교장들은 지금 그 어느 때보다 학교에서의 수업을 향상시키기 위하여 학생의 성적 정보를 사용하는 것에 능통해야 한다. 여기서 제기되는 문제는 학생의 IEP가 주 전체의 NCLB 평가에서 사용되고 있는 일반 교육과정의 부분을 형성하는가이다(McLaughlin & Nolet, 2004). 이것은 교장들에게 도전적인 윤리적 문제인데, 왜냐하면 그들은 NCLB의 목표를 여전히 달성시키는 동시에 특수 학생이 표준화된 접근으로부터 어떻게 이익을 얻을지 비판적으로 분석해야 하기 때문이다.

2. 비평의 윤리

여기서 우리는 본질적인 질문을 생각한다. "법, 규칙, 정책으로부터 이익을 얻는 자가 누구인가?" (Shapiro & Stefkovich, 2005). IDEA로부터 팀 회의에서 고안된 IEP가 특수학생들에게 유리하도록 의도되었다. 따라서 그 학생들의 교육 복지에 상당히 유익한 IEP를 개발하는 것이 중요한 도전 과제이다(Board of Education vs. Rowley, 1982). 이를 성취하려면, 교장은 IEP 의 법적 맥락에 익숙해져야 하며, 또한 학생의 교육적 요구를 이해해야 한다. 하지만, 그렇게 이해하는 것은 장애를 가진 학생이 일반 교육과정으로 접근할 수 있도록 해야 한다는 조건에 의해 훨씬 더 복잡해졌다.

이런 요구조건에 비추어, 많은 교육자들은 장애 학생을 위한 일반 교육 제공의 조건이 순환논법의 한 형태라고 생각한다. 일반 교육과정에서 어려움을 느껴 맨 처음으로 장애아라고 불리게 된 학생에게 일반 교육과정으로의 접근기회를 제공하는 프로그램을 만들어야 하기 때문이다. IEP 팀은 장애아 및 그들을 위한 특수교육에 대한 부정적인 시선으로 인해 임무를 수행하지 못한다. 교장은 학교의 대표자이고 교수적 리더이기 때문에, NCLB와 IDEA에서 발생되는 다양한 모순들과 불일치에 직면할 준비가 되어 있어야 한다.

NCLB를 통하여, 교장들은 학교 성과 향상을 위해 어떤 학생들이 노력의 주 대상이 되어야 하는지, 교수적 자원의 분배는 어떻게 하여야 하는지 하는 문제에 직면해있다. 장애를 가진 학생들은 종종 AYP 기대에 충족하기 어려운 하위그룹의 구성원들이기 때문에, 그들의 혜택을 위해 더 많은 자원을 할당하는 것이 합당한 듯 보일 것이다. 하지만, 사실은 AYP 목표를 충족시키지 못한 대부분의 학교는 이미 IEP를 통해 부가적인 지원을 받고 있는 장애 학생들뿐만 아니라 학업적으로 어려움을 겪고 있는 몇몇의 하위그룹으로 구성되어 있다.

그러므로, 학교 행정가들은 성취수준이 낮은 학생들을 파악함에 있어서, 개개인의 학생들이 한 개 이상의 집단에 속한다는 것을 필시 발견할 것이다. Lashley(2007)는 장애를 가지고 있고 빈곤 수준에도 못 미치는 가정에서 살고 있는 흑인 남자 학생의 예를 들었다. 그런 학생이 전체 학교의 하위그룹으로 계산되고 있기 때문에 그가 만약 성취기준에 미달할 시, 학교가 성취목표를 달성하는 데 5배의 영향을 미친다. 몇몇의 교장은 이런 상황을 해결할 수 없는 문제로 바라볼지도 모르지만, 다른 교장들은 이것을 5배 이상 성장할 수 있는 기회로 볼 것이다. 왜냐하면 그 학생의 성과를 향상시키는 것은 5개의 그룹에서 AYP를 증가시키기 때문이다. 결과적으로 교장들은 활용 가능한 한정된 자원으로부터 누가 혜택을 받도록 할 것인지를 결정해야만 하는 입장에 놓여있으며, 가장 혜택을 볼 만한 학생에게 자원을 재분배해야 하는 입장에 놓여있다.

Shapiro와 Stefkovich(2005)는 다음의 질문을 제기하였다. “참여에서 소외된 집단은 누구인가?” IEP 팀은 무엇보다도 장애 학생들을 대표하고 있는 학부모와 전문가의 의견을 종합하기 위하여 고안되었기 때문에, 교장은 학부모가 교육적 파트너임을 보장할 의무가 있다. 지금까지, IEP 팀 회의에 학부모가 참석하는 것은 대개 문제가 있으며 그들의 참여도 대부분은 수동적이라고 연구가 밝혀냈는데, 그 이유는 학부모들이 자신을 전문적 정보를 제공받는 사람이라고 알고 있기 때문이다(McLaughlin & Nolet, 2004).

Lashley(2007)는 학부모의 능동적 개입이 부족한 것에 대해 그리 놀라지 않았다. 왜냐하면 그들 역시 학교에서의 경험이 부정적이거나 달갑지 않은 가정 출신일 것이기 때문이다. 그러므로 교장이 IEP 팀 회의를 통하여 학부모의 의견을 반영하여 운영할 수 있는 방식을 검토할 필요가 있으며, 이는 윤리적 리더십의 중요한 부분이다.

NCLB 조건하에 있는 학교 성적 분석에 대하여 쟁점이 제기되었는데, 특히 학교 의사결정에서 고려되지 못하고 있는 학생들에 관한 문제들이 제기되었다. 왜냐하면 이것은 교장의 결정이 이미 학교 안에서 다양한 성취의 차이들을 선행시킨다는 것을 데이터를 통해 알 수 있기 때문이다. 이런 차이들을 다루는 것은 교장으로 하여금 향상된 성과에 관심을 가질 만한 많은 이해관계자들을 관여시킬 것을 요구한다. 이런 식으로, 교장은 학생의 학업성취를 향상시키는 문제뿐만 아니라 교육적이고 사회적인 불평등의 영향과 관계된 다른 문제들까지도 해결해야 하는 새로운 도전에 직면해 있다.

3. 배려의 윤리

앞에서 언급한 질문: "오늘 내가 내릴 결정의 장기적인 효과들은 무엇인가?"는 이 윤리에 본질적이다(Shapiro & Stefkovich, 2005). 이 질문에 답하는 데 있어, 우리는 IEP 팀이 아이들과 그들의 가족의 삶에 영향을 끼치는 중요한 결정을 하고 있다는 것을 알아냈다. 자격(eligibility)과 교육 프로그램 편성에 관한 결정들이 교육자에게는 일상적일 수 있는 반면, 학생들과 학부모들에게는 전혀 일상적이지 않다. 미래에 대해 고려할 책무성은 교장에게 속하는데, 왜냐하면 다른 IEP 팀 구성원들은 학생들의 즉각적인 문제들에 주의를 기울이기 때문이다. 그러므로 심의 기간 동안 장기적인 효과

에 대해 논의하는 것은 IEP 팀의 의무이다.

게다가, AYP 목표 성취를 위해 자원을 조직하는 교장들은 그 자원들이 어떻게 모든 학생들의 전체적인 교육에 영향을 끼치는지에 관해 생각할 필요가 있는데, 단지 학생들의 학업에 관해서뿐만 아니라 학생들의 사회적 성장과 독립적인 삶에 관한 문제에 대해서도 생각해봐야 한다.

그들은 또한 커리큘럼에서 그들이 심어주지 못할 수도 있는 배려, 관심, 그리고 관계의 측면에 어떤 것이 있는지 고려해야 한다. Lashley(2007)는 학업 성취에만 주목하여 학생들이 사회적으로, 정서적으로 발달하고 좋은 시민들이 될 수 있도록 하는 교장의 다른 역할들이 간과되어서는 안 된다고 지적하였다.

전문적인 윤리학

이 절에서는 다음의 질문을 살펴볼 것이다. "다양하게 구성되어 있고 이질적인 욕구를 가진 학생들에게 최선의 이익을 제공하려면 나는 무엇을 해야 하는가?" Lashley(2007)는 IEP 팀은 항상 학생 교육의 최고 관심사에 있는 구체적이고 강도 높은 교육적 실천을 계획하고 제공해야 한다고 제안한다. IDEA와 NCLB 정책들은 장애를 가진 아이들과 학업적으로 문제를 겪고 있는 아이들을 포함하는 개별 학생들의 학업적 성취에 관심을 맞추고 있다.

학생들의 학업성취 자료를 분석한 결과, 미국 흑인계와 라틴계 학생들, 특히 빈곤가정의 남학생들은 종종 학교에서 보통 수준에도 미치지 못하고 있었다. 많은 경우, 이런 학생들은 특수교육 프로그램의 대다수를 이루는데, 주로 이런 프로그램이 학업성취도가 저조한 학생들과 관련이 있기 때문이다. Lashley는 이런 특정한 그룹의 학생들이 특수 서비스를 받기에 적당함을 찾아낸다는 것은 가장 소수의 학생들인 빈곤층 아이들에게 학교 재정지원, 사회적 기대, 교사의 질이 불평등하게 제공되고 있음을 나타낸다고 덧붙였다.

IDEA와 NCLB는 이런 문제들을 우선시하였지만, 직접적인 해결책을 제공하진 않았다. 이것은 현재 학교 리더가 다양한 학생들에게 최선의 이익이 되는 것이 무엇인지 고려할 부가적인 책임을 가진다는 것을 의미한다. 모든 학생들에게, 특히 장애를 가진 학생들에게 똑같은 수준을 기대할 것인지 아닌지에 관한 질문이 생겨난다. 또한 성과의 비교에 관한 문제도 있다. 장애를 가진 학생들의 성과가 일반적으로 성장하고 있는 급우와 비교되어야만 하는가? 학생들에게 최선의 이익을 제공하기 위한 이와 같은 종류의 의사결정은 효과적인 교육의 제공과 돈, 시간, 인사의 공평한 분배에 관한 문제를 제기시킨다. 이에 관한 좋은 예시는 교장이 많은 학생들에게 혜택을 주는 데 쓰일 수도 있는 돈을 추가적인 인사를 고용함으로써 단지 소수의 학생들 또는 단 한 명의 학생에게 도움이 되도록 돈을 쓰고자 결정하는 경우이다.

Lashley는 특별대우에 대한 이런 저런 고민, 특히 장애학생들에 대한 고민들이 미국의 많은 학교 교장에게 계속적으로 일어나고 있다고 말한다. 하지만, 모든 학생들을 위한 최선의 이익은 오직 학교 리더가 그들의 책무성의 윤리적 요구에 부합할 때 제공될 수 있다. 이것은 모든 학생들의 교육을 위하는 학교 리더의 책무성에 대한 새로운 이해에 따른다. 그런 이해는 특수교육과 일반 교육의 지식 전통과 IDEA와 NCLB의 법적 조항, 실천을 통해 얻은 지혜에서 나온다. 오직 그런 이해를 통해서만, 학교 리더는 학교 안의 민주주의, 사회 정의, 평등의 필수적인 요소를 고려하면서 학교 개선에 적절하게 초점을 맞출 수 있다.

윤리적 리더십의 반성

미국의 언론은 교사, 교수, 학교 행정가, 이사들의 윤리적 부패를 포함하여 초중고교와 대학교 교직원, 이해관계자들의 일부에 대한 “윤리적 부패”를 판단하는 사건들로 도배되고 있다. 그런 타락은 교직원과 학생들 간의 부적절한 관계에서부터 시험 성적 조작에 이르기까지 다양하다(Reilly, 2006). Reinhartz와 Beach(2004)는 리더의 행위에 대한 정밀 조사, 특히 대중의 신임을 받는 리더들을 다룬 사례에서 윤리적 행동의 문제는 큰 주목을 받아 왔음을 연구에서 밝혔다.

우리 사회에 이러한 비윤리적이고 불법적인 행동들이 발생하는 동안, Reilly(2006)는 우리가 학생들이 받을 부정적 영향에 대해서만 초점을 맞추는 것이 더 큰 문제점이라고 지적한다. 즉 개인의 도덕성과 전문가적인 의지를 통합할 수 있는 학교 리더들을 길러내는 것과 같은 문제에 집중하는 것 역시도 중요한 사항임을 강조하였다. Bolman과 Deal(2003)은 윤리가 개인들 또는 기관의 핵심 가치들과 신념들을 규정 짓는 정체성이 있는 "영혼"에 자리 잡아야 한다는 의견을 보였다.

Reilly(2006)는 윤리적 리더들의 영혼 안에 무엇이 들어있는지 찾아내려고 시도하였다. 그녀는 첫 번째로 지혜를 들었는데, 지혜는 내면의 도덕적 나침반과 과거에 리더의 용기를 시험했던 인생경험들의 종합에서 나온다고 말하였다. Reilly(2006)는 그 다음 "영혼 속에 깃든 것"은 비전을 포용하고 고수하는 것이라고 말하였다. 그녀는 다음의 질문을 던졌다. "당신은 일을 잘 하는 게 중요한가요, 아니면 정말 옳은 일을 하는 게 중요한가요?" 그녀는 이에 대한 대답으로 저항이 가장 적은 길 또는 가장 빈번하게 이용되는 길이 종종 기관의 비전과는 맞지 않다고 하였다. Beckner(2004)에 따르면, 우리는 "전체를 볼 때", 중요한 것은 풍경의 구성요소가 아니라는 점을 알아챈다. 교육에서, 학교교육의 목표로서의 높은 시험 점수는 기업의 목표로서의 향상된 수입과 똑같다: 그것들은 진심과 영혼이 부족하며, 학교교육의 본질적인 목적이 아니다. 지혜를 통해, 그리고 학교 비전을 포용하고 고수함으로써, 학교 리더들은 그들에게 주어진 각각의 도전과 성공을 가늠하는 데 윤리를 적용할 수 있다.

Reilly는 학교 리더들이 우리 사회에서 가장 민감한 문제들을 해결하는 데 놓여있는 윤리적 리더십의 도덕적 당위를 유념하고 깊이 고심할 것을 요구하였다. 그것은 자유, 정의, 평등의 기본적인 인간의 원리에 대한 접근을 포함한다(Becker, 2004). 두 번째, 그녀는 학교 리더들이 다양한 영향권 내에서의 고통의 경감과 치유 과정의 시작을 행동에 옮김으로써 교육자로서 그들에게 맡겨진 책무성을 이행하고 있음을 인식해야 한다고 말한다.

Fullan(2003)은 개인이 단지 그 자신 안에서나 자신이 속한 공동체 안에서 도덕적이거나 윤리적인 리더가 되는 것만으로는 충분하지 않으며, 그 의무가 개인으로부터 지역, 그리고 더 큰 지역사회, 마침내 사회적 수준으로까지 옮겨가야 한다고 생각하였다. Reilly는 도덕적 의무의 모델은 항상 지혜롭고 비전에 충실해야 한다고 하였다.

요약

윤리적 리더십에 대한 위와 같은 평가로부터 우리는 공통적인 흐름을 본다. 윤리적 리더십에는 사람들의 도덕적 나침반을 형성하는 원리들, 특히 정의와 평등을 포함하는 원리들에 대한 호소가 깔려있다. 비록 다양한 모델들이 너무 차이가 날 수도 있지만, 그들은 학교 리더의 내적 측면 또는 받아들일 수 있는 행동방식에 호소를 한다. 이것은 윤리적 리더십의 기초이다.

또한 우리는 학교 리더십에 미치는 윤리적 리더십의 영향을 살펴보았다. NCLB 법과 IDEA 법을 엄수하는 것은 교장으로 하여금 일상적인 학교 운영 시 도전에 직면하거나 의사결정을 하게 되는 순간 높은 도덕적 행동을 유지하도록 만든다. 이러한 도전들은 K-12체계뿐만 아니라 고등교육기관까지도 확장된다.

Pops(2006)는 공공 행정 분야와 리더십 분야의 학자와 연구자들이 진행하는 윤리적 리더십에 관한 조사와 이론구성이 그것의 본성을 더 정확하게 파악하는 것을 도울 것이라고 말하였다. 또한 우리가 살펴보았듯이 연구 모델은 George Marshall과 같은 공공 분야의 특정한 리더의 모범적인 리더십에 기초하고 있다. 우리는 또한 현대의 리더십 문제들에 비추어 윤리적 리더십의 실천적인 결과들을 평가할 필요가 있다.

윤리적 리더십은 학교를 포함하여 모든 기관에 필요한 기초 요건이다. 비록 윤리적 리더십을 학교 성취와 연계한 연구는 빈약한 실정이지만, 윤리는 논리적으로 그 어떤 종류의 리더십일지라도 성공적이려면 반드시 필요한 결속력의 발달, 특히 리더와 추종자 사이의 신뢰와 연관되어 있다. 결론적으로 우리는 윤리적 리더십이 그것 자체로는 빈약하고 입증되기 어려워 보일 수 있지만, 근본적으로 이것 없이는 결함이 생길 수밖에 없기에 모든 리더십 패러다임에 있어 필수적인 요소라고 말할 수 있다.

토의 문제

1. 리더는 진실을 알아내려고 할 때 "정직, 정확성, 기억"을 위해 목격자를 평가해야 한다. 당신의 학교 환경에서 발견한 것이든 공공 분야에서 발생한 것이든, 개인의 윤리를 포함하는 최근의 한 사건을 생각해보자. 그 목격자들은 어떻게 평가되었는가? 누가 그 평가를 내렸는가? 당신은 그 결론에 동의했는가?
2. Harvard는 공리주의 덕을 "자신의 추종자들로부터 더 나은 반응을 얻기 위한 가짜 덕"이라고 정의한 바 있다. 덕을 가장하는 것은 정당한가? 리더는 어떻게 자신의 덕이 진짜라는 것을 보장할 수 있는가?
3. Shapiro와 Stefkovich의 "비평 윤리학"에서, 리더들은 다음의 질문들을 묻도록 장려되었다. 누가 규칙, 법, 정책을 만드는가? 그것으로부터 누가 혜택을 받는가? 강제할 힘을 갖는 것은 누구인가? 참여에서 소외된 집단은 누구인가? 당신의 학교 환경과 관련하여 생각한 뒤 이 질문들에 답하시오.
4. 당신이 교장이라고 가정해보자. 당신은 3만 달러의 돈을 한 번에 받았다. 당신은 이 돈을 장애를 가진 두 명의 학생들을 위해 보조금으로 쓰거나 학교 안에 450명의 모든 학생들이 사용하게 될 학습센터를 강화하는 데 사용할 것인지 선택할 수 있다. 당신을 어떻게 하기로 선택할 것인가? 당신이 결정을 내리는 데 어떤 요인이 작용했는가?
5. Harriton 고등학교의 경우, 학교 임원들은 학생들을 감시하는 것이 그들 자신의 도덕적 선을 위한 것이라고 거의 확실히 믿고 있다. 그러나 법원은 학교 임원들이 잘못됐다고 판결하였다. 당신은 "도덕적으로 옳은" 관점이 결국은 잘못된 것이라고 볼 수 있는 또 다른 예를 생각해낼 수 있는가?

활동 주제

1. 예화 속 상황에서 규칙 기반의 윤리를 사용하여 어떻게 다루어질 수 있을지 연기하시오. 결과 기반의 윤리를 사용했을 때는 어떻게 다루어지겠는가? 어떤 것이 이 예에서 더 나은 선택인가?
2. George Marshall은 건전한 윤리적 리더십의 전형적인 예가 되었다. 소그룹으로, 그의 어떤 세 가지 리더십이 학교 리더십에 최고로 관계되어 있는지 결정하시오. 어떻게 그것들이 학교 환경에서 실천되었을지 설명하시오.

추천 문헌

Bogotch, I., Beachum, F., Blount, J., Brooks, J. S., & English, F. W. (2008). *Radicalizing educational leadershp: Toward a theory of social justice,* Netherlands: Sense.

Brookfield, S., & Preskill, S. (2009). *Learning as a way of leading: Lessons from the struggle for social justice.* San Franisco: Jossey-Bass.

Chaleff, I. (2009). *The courageous follower: Standing up to & for our leaders.* San Francisco: Berrett-Koehler.

Easley, J. (2008). Moral school building leadership. *Journal of Educational Administration.*

Mendonca, M. & Kanungo, R. N. (2007). *Ethical leadership.* New York: Open University Press.

Mendonca, J. P., & Gross, S. J. (2007). *Ethical leadership in turbulent times: (Re) solving moral dilemmas.* Mahwah, NJ: Lawrence Erlbaum.

제5장

감성적 리더십

마음을 다해 이끌어라

Jeremy Raffles는 Elton Park 고등학교의 물리학과 화학 교사였다. 그는 나라의 가장 명성 있는 대학 중에 한 대학에서 1등으로 졸업하였다. 그리고 Laura Cho 교장은 Jeremy가 Elton Park 고등학교를 선택한 것을 자랑스럽게 생각하였다. 그는 처음 2년 동안, 과학 실험실을 개조하고 새로운 장비를 마련하여 실험을 정교화시켰으며, 화학수업에 있어서 새로운 장비를 활용하여 즉흥적인 강의로 교직원들을 놀라게 하였다.

Cho 교장은 항상 교사들의 첫해에는 여유를 두고 그냥 지켜보았다. 첫 부임한 교사들이 학교에 적응하고 자신들의 스타일을 찾는 데 적어도 일 년이 걸릴 것이라고 생각하였기 때문에 교장은 2년이 지나서야 교사들의 수행을 평가하였다. Elton Park에 Raffles 교사가 부임한 지 2년이 되던 해 Cho 교장은 고학년의 과학 성적을 통해 Raffles 교사를 평가하였다. 교장은 Raffles 교사가 가르친 이후로, 재능이 뛰어난 극소수의 학생을 제외하고는 거의 모든 학년에서 학생들의 성적이 떨어졌음을 발견하고 실망을 금치 못하였다.

Cho 교장은 교장실로 몇몇 학생을 불러 Raffles 교사에게서 배운 학습경험에 대해 물어보았다. 학생들은 Raffles 교사가 지식적인 면에 있어서는 매우 훌륭하지만, 학생들을 대하는 감정적인 면에 있어서는 부족한 것 같다고 답하였다. 그는 학생들이 이미 수업에서 다룬 적이 있는 내용에 대해 질문하면, 대꾸조차 하지 않았다. 한 학생은 방과 후에 Raffles 교사의 실험실에 찾아가 그를 도와주려다가 도리어 실험에 몰두하는 데 방해가 된다며 쫓겨난 적이 있다고 불평하였다. Raffles 교사와 유일하게 소통하는 학생들은 반석차 일이등 학생들뿐이었다.

학생들로부터 Raffles 교사에 대해 전해들은 Cho 교장은 Raffles 교사를 직접 만나 학생들과 정서적으로 유대감을 쌓는 것의 중요성을 말해주어야 했음을 뒤늦게 깨달았다. 뛰어난 학력과 지성도 중요하지만, 학습이 제대로 이루어지기 위해서는 학생들과 공감하고 그들을 배려하는 태도가 반드시 필요하였다.

감성적 리더십은 앞으로 더욱더 관심을 가져야 할 리더십으로 설명된다. Beatty(2007)는 어떤 사실을 지적으로 아는 것만으로는 충분하지 않고, 미래 가능성을 내다보아야 한다고 주장하였다. 그녀는 지구 온난화에 대한 메시지를 전파하며 전 세계를 다닌 미국 전 대통령 후보자인 Al Gore의 예를 든다. 처음에 Al Gore는 모든 사람들이 지구 온난화의 심각성을 알면, 그들이 곧바로 문제해결을 위해 무언가 행동할 것으로 생각하였다. 하지만 놀랍게도, 그는 사실에 대해 단지 지적으로 알고 있는 것은 충분하지 않다는 것을 알게 되었다. 그러한 지식이 행동으로 바뀌기 위해서는 감성적인 참여와 관계 및 유대감이 증가될 필요가 있다는 것이었다.

Beatty는 우리가 이미 알고 있는 것에 대해서 단순하게 말해주고 있다. 즉, 우리가 행동에 옮기기 위해서는 감동을 받아야 한다는 것이다. 사실, "감정(emotion)"이란 단어는 밖으로 표출하다(move out), 제거하다(remove), 불안하게 만들다(agitate), 또는 감동시키다(move)라는 의미의 라틴어 "emovere"에서 유래되었다. Beatty는 사람들이 사회적인 결속력의 증가와 학습 행위를 통해 교훈을 얻을 수 있음을 강조한다. 또한 리더의 선택에 의해서 사회와 전 세계의 사회적 자본이 증대될 수 있다는 가능성을 제시한다. 앞의 예화에서 보았듯이, Raffles는 학업적인 영향력과 도구를 충분히 가졌지만, 그의 수업을 효과적으로 전달하기 위한 감성지능(emotional intelligence)은 갖추지 못하였다. 이런 부족함 때문에, 그는 교사라는 직업의 핵심 목표인 학생들의 학습을 돕는 데 실패하고 있었다.

학교 리더들은 감성적인 요인들을 다루기가 다소 불편하고 어렵다고 인식하기 때문에, 감성적인 요인들을 무시하는 경향이 있다. 하지만 이에 Beatty는 감성적인 요인을 무시할 경우 학생들과 소원해질 뿐만 아니라 사회 집단의 미래를 위태롭게 한다고 경고한다. 그녀는 리더십을 개발하기 위한 접근방법이 감정을 직접적으로 전문적 의제에 올려 놓고 인식하는 내면 리더십(inner leadership)에 기초하여야 한다고 덧붙였다. 이러한 접근방법은 모든 연령층의 평생학습자와 관계된 정신적 · 감성적 역량의 통합을 조장한다. 이러한 종류의 학습자들은 호기심과 열정을 가지고 다른 사람들과의 협동 속에서 미래의 도전을 해결할 준비가 되어 있다. 그들은 추종자들을 안심시키는 확실한 존재로서 역할을 한다(Friedman, 1985). Beatty는 리더십에서 감정의 가치에 대해 인식하는 것은 리더십의 어려운 현실에 처음 직면하기 위한 좋은 시작점이고, 이렇게 하여 리더와 추종자들이 함께 성장할 수 있게 한다고 진술한다. 기존의 조사 연구에서는 한 가지 기술인 감성지능이 특히 자기내부(intrapersonal)와 대인관계(interpersonal) 기술을 포함하는 다양한 리더십 스타일에서 중요하다고 인용하고 있다(Downey, Papageorgiou, & Stough, 2006; Dulewicz & Higgs, 2003; Rosete & Ciarrochi, 2005). 몇몇 연구들(Coetzee & Schaap, 2004; Kerr, Garvin, Heaton, & Boyle, 2006; Leban & Zulauf, 2004; Srivastava & Bharamanaikar, 2004; Wong & Law, 2002)은 감성지능이 리더십 효과에 긍정적인 영향을 미친다는 실증적 증거를 제공한다. 반면에 또 다른 연구들은 감성지능이 리더십 효과에 통계적으로 유의미하지 않다는 것을 발견해낸 바 있다(Barbuto & Burbach, 2006; Barchard, 2003; Brown, 2005; Brown, Bryant, & Reilly, 2006; Schulte, 2002; Weinberger, 2003).

하지만, Mills(2009)는 감성지능이 리더십 효과의 필수적인 요소이고, 따라서 약간의 변화들은 교육적 리더십의 실천과 준비과정에서 고려될 필요가 있다는 의견을 제시한다. 리더십 훈련을 전문적으로 하는 사람들은 리더들이 단지 "부드러운 기술"로서가 아니라, 실천적인 리더십 스타일로서 감성지능과 연결된 기술을 개발하도록 도와주어야 한다.

미래에는 점점 더 많은 교육적 리더십 개발에 있어 수업활동과 훈련지침에 감정과 감성지능의 역할이 포함될 것이다. Ashkanasy와 Dasborough(2003)는 감정이 조직에 대한 이해와 리더십 훈련에 필수적이라는 관점에 동의한다. 뿐만 아니라 리더는 직장에서 직면하는 도전적인 상황을 해결하고 사람들을 능숙하게 다루려면 감성지능을 알아야 한다. 리더의 감성지능은 예산, 재정 관리, 운용 기술과 같은 전통적인 리더십 업무와 마찬가지로 주목받을 필요가 있다. 이러한 발견으로 인해 예상할 수 있는 또 다른 결과는 현재 교육적 리더십에 감성지능에 대한 측정을 포함시키는 것이다.

연구자들에 의해 입안된 감성지능의 여러 가지 모형들의 연구 결과, 교육적 리더십의 효과성과 영향에 대한 철저한 조사는 입증되었다. 우리는 다양한 모형들의 구체적이고 독특한 구성요소들이 리더십 효과성에 대한 영향의 다른 수준을 제공하는지에 대해서도 알아볼 필요가 있다. Mills(2009)에 의한 연구는 오로지 감성지능과 리더십 효과성의 상관연구들에만 초점을 맞췄기 때문에, 향후 다른 방법론적 절차를 포함하는 메타분석적 연구가 필요하다.

감성지능

감성지능(EI)의 개념은 Salovey와 Mayer(1990)에 의해 처음으로 소개되었다. EI는 일반적이고 공통의 지능으로부터 분리될 수 있는 사회적 지능의 한 종류로 나타난다. 그들의 분석에서, 연구자들은 EI를 "자기 자신과 다른 사람의 감정을 모니터하고, 그들 사이를 구별하며, 자신의 생각과 행동을 끌어내기 위한 정보를 사용하는 능력"으로 묘사하였다. 그들은 이후에 모형을 확장시켰는데, EI는 "감정을 정확히 인지 · 평가 · 표현하기 위한 개인의 능력, 사고를 촉진하는 데 있어서 감정에 접근하고 만들어내는 능력, 감정과 정서지식을 이해하는 능력, 감정과 지능의 성장을 촉진시키기 위해 감정을 조절하는 능력"이라는 정의를 포함하였다.

Raffles의 사례에서 보았듯이, EI는 "단지 뛰어난" 사람과 뛰어난 관리자와 교사 사이에는 차이가 있고, 사람들이 서로를 다루고 감정을 이해하는 방법에 영향을 준다는 것을 보여주었다. 따라서 EI는 리더에게 있어서 중요한 요소이다(Mills, 2009).

Turner(2004)는 EI가 사람들의 직업적인 삶과 개인적인 삶 모두에 직접적으로 도움이 되는 "좀더 유연한" 형태의 지능이라고 말한다. 지능지수(IQ)는 전통적으로 학습, 이해, 사고하는 능력으로 정의되며, 현재 IQ는 개인의 성공에 있어 오직 20%만 기여한다고 여겨진다. 반면에 자신을 이해하고 사람과 상호작용하는 능력으로 정의되는 감성지수(EQ)는 80%의 중대한 기여를 한다. EQ는 효과적인 리더십에 필수적이지만, IQ는 직무수행을 위해 필수적인 것으로 여겨져 채용 시 합격여부를 당락 짓는 요인은 IQ이다. 그럼에도 불구하고, EQ는 리더가 지위를 유지하고, 직무에서 성공하는 데 없어서는 안 될 중대한 요소라는 것은 명백하다. 대부분의 회사들은 IQ를 보고 직원들을 고용하지만 EQ의 부족함 때문에 그들을 해고한다.

Barling, Slater, Kelloway(2000)는 EI를 다섯 가지 특징으로 구성한다.

- 자기 감정 이해
- 자기 감정 관리 방법 인지
- 만족감 지연 능력을 포함하는 자기 감정 조절

- 감정 이입(공감)
- 대인관계 기술

Lubit(2004)은 EI를 개인적이고 사회적인 능력의 두 가지 기본 요소로 나눈다. 개인적 능력(personal competence)은 자기인식과 자기관리(자신의 감정을 효과적으로 다루는 능력) 능력이다. 자기인식(self-awareness)은 기본적으로 각자의 강점과 약점에 대한 개인의 인식과 결합한 감정과 그것들의 영향에 대한 지식이다. 자기관리(self-management)는 감정의 자제, 융통성(상황과 장애물들에 따라서 변화하는 유연성), 정직함, 신뢰성, 성장과 성취를 위해 자신이 직접 이끌어가는 것, 성취지향, 지속적인 학습, 진취적인 태도, 낙천주의로 구성된다.

반면에, 사회적 능력(social competence)은 다른 사람이 무엇을 느끼는지를 이해하는 능력인 사회적 인식(social awareness)과 팀에서 효과적으로 일하기 위해 요구되는 기술로써 정의되는 대인관계 관리로 이루어진다. 그러므로 다른 사람들의 감정, 신념(persuasion), 동기(motivation), 갈등해결 메커니즘, 협력의 이유를 이해하는 능력은 아마도 리더와 성공적인 관리자에게 가장 필요한 기술일 것이다.

사회적 인식은 공감, 통찰력(insight), 타자의 관점과 감정 이해, 사람들의 강점과 약점에 대한 이해, 정치적 인식, 타자의 의견 존중, 갈등 관리 기술, 공동/협력적 접근, 유머감각, 설득력 있고 좋은 협상 기술, 신중하게 다양성을 다루는 능력을 포함한다. 사회적 능력은 다른 사람의 감정과 행위에 주의를 기울이고, 깊은 성찰과 제3자와의 논의를 통해 다른 사람을 이해하려고 노력하며, 도전적인 상황을 다루는 다양한 방법에 대하여 더 깊게 생각하고, 자기 행동의 결과를 관찰함으로써 발전될 수 있다. 또한, 사회적 능력은 다른 사람을 관찰하고, 왜 사람들이 그렇게 행동하고 반응하는지에 대해 깊게 생각하며, 그 결과 도전적인 상황에 도움이 되는 듯한 행동들을 배움으로써 길러질 수 있다(Lubit, 2004).

Goleman(2002)은 EI의 18가지 필요조건들을 네 개의 주요 영역으로 나누었는데, 네 개 영역은 자기인식, 자기관리, 사회적 인식, 대인관계 관리이다. EI는 팀의 역동성 속에서 작동할 때 개인의 집단적 EI뿐만 아니라 그들의 집단적인 능력 위에서 만들어진다. 감성지능이 형성되어 있는 팀에서 사람들에게 요구되고 방법론을 훈련하는 것에 초점을 맞춘 사회적 기술은 여섯 개의 하위영역으로 나눌 수 있다. 이 여섯 개 영역은 영향력, 공감(empathy), 융통성(adaptability), 자기주장(assertiveness), 감정이입(empathy), 포용성(inclusiveness)이다.

이러한 네 개의 그룹은 앞의 예화에서의 Cho 교장이 Jeremy Raffles 교사에게 그의 학생들과 감성적으로 연결할 수 있도록 도움이 되는 틀을 제공할 수 있다. Cho 교장은 Raffles 교사에게 부족한 기술인 자기인식, 사회적 인식, 대인관계 관리인 세 가지 영역뿐만 아니라, 그에게 뛰어난 부분인 학문적 기술과 실험실 구성을 포함하는 개선을 위한 영역의 리스트를 만들어볼 수 있다. 그 리스트에 대한 Raffles 교사의 반응을 고려하면서, 그녀는 그의 지적 능력과 연구 기술을 강조하는 것으로 시작하여 사회적 인식이 수반하는 것이 무엇인지 자세하고 간략하게 요점만 짚어 설명할 것이다. 이러한 방법은 그의 엄격한 과학적인 본질에 호소하고 문제들을 통해서 그가 지적으로 일할 수 있도록 할 것이다.

Caruso, Mayer, Salovey(2002)의 연구에서 그들은 EI의 두 가지 대안적인 개념화가 있다고 주장하는데, 그것은 능력모형(ability model)과 혼합모형(mixed model)이다. 능력모형은 EI를 지능과 같은 영역에 두는데, 그 영역은 의미 있고 창의적인 방법으로 상호작용하는 감정과 생각과 같은 측면이다. 이 개념에서 EI는 감성적 맥락에서 운용되는 것을 제외하고 언어적 또는 공간적 지능과 같다.

혼합모형에서 성격의 다양한 측면들은 이론적인 방식, 그룹 능력의 결과, 수용력, 특성, 기질, 능력, 역량이 섞여서 하나로 만들어지는 것이다. 이러한 다양한 모형들은 EI를 측정하는 다른 방법들을 가져왔다. EI는 사람들이 균형과 성숙함을 가지고 어떠한 상황에도 직면하는 능력을 갖추게 한다. 이것이 감성적으로 지능적인 사람들이 주로 다른 사람들을 이해하고, 균형을 갖고 대응하며, 무엇이 중요한지에 대한 초점을 유지할 수 있게 하는 뿌리 깊은 자긍심을 갖는 이유이다. 이러한 사람들은 또한 거의 항상 상황에 대한 긍정적인 관점을 갖고 있고, 무엇이든 일반적으로 그들이 착수하기 위해 선택하는 것에서의 성공을 즐기고, 높은 수준의 직무수행과 개인의 생산성을 가지며, 보다 큰 직무만족감을 누린다.

Bardzill과 Slaski(2003)는 감성적으로 지능적인 행위의 중요성을 인식하고 그것을 보상하기 위해서 조직적인 리더가 필요하다고 언급하였다. 그 이유는 감성적으로 지적인 환경에 대한 긍정적인 강화가 주로 서비스 지향적인 분위기의 발달을 향상시키기 때문이다. 결과적으로, 감성적인 요소는 현대 조직의 여러 가지 중요한 측면들이 갖는 역동성의 기저를 이루고 있으며, 정책, 과정, 절차를 형성할 때 EI의 역할이 고려되어야 한다.

Welch(2003)의 연구에서, EI는 팀의 성과를 신장시키는 것으로 나타났고, 무엇이 성공적인 팀 업무를 만드는지 알아내는 것은 필수적이라는 것이 명백해졌다. 이 연구에서, 개인이 감성적으로 지능적이게 되는 필수요건은 팀으로 확대된다. 똑같은 값으로 팀을 비교한 이 연구에 따르면, 높은 수준의 EI를 가진 팀은 낮은 수준의 EI를 가진 팀보다 2배 이상 더 나은 성과를 보인 것으로 나타났다. 팀에서의 EI는 중요한 요소이고 개발될 수 있는 요소이다. 성공을 위한 필수적인 팀 역량의 다섯 가지 EI는 포용성(inclusiveness), 자기주장(assertiveness), 융통성(adaptability), 공감(empathy), 영향력(influence)이다. 그러나 이러한 역량들은 그 자체로 충분하지 않다. 신뢰 역시 필수요건으로 증명되었는데, 그것은 팀 구성원들이 어느 부분에서 자기 비판적이거나 방어적이지 않고 향상될 수 있는지 조사하도록 하기 때문이다.

Vakola, Tsaousis, Nikolaou(2004)는 EI가 조직의 정책변화의 영향에 대한 더 나은 이해에 기여한다고 제시하였다. 연구자들은 감정을 제어할 수 있는 능력이 낮은 직원들은 제안된 변화에 대해 부정적으로 반응하는데, 그것은 그들이 "감정적으로 많은 스트레스를 유발하는 많은 절차들의 요구와 그에 따른 결과"라고 일컫는 것을 효과적으로 다루지 못하기 때문이라고 주장하였다. 반면에, 감정의 제어가 가능한 직원들은 낙천적이고 진취적이며, 새롭게 제시된 변화에 대한 그들의 인식을 흥미 있는 도전으로 재구성할 수 있다. 조직의 변화에 대한 이러한 태도들은 문제 해결을 위한 감정의 사용과 반응의 제어 사이의 긍정적인 관계를 반영한다.

변혁적 리더십과 감성적 리더십의 관계

1장에서 우리는 변혁적 리더십(TL)이 다른 사람들로 하여금 그들을 둘러싼 세계와 어떻게 그들이 서로 연관되어 있는지에 대한 인식의 전환을 통하여 목적적 활동을 촉진하는 패러다임이라는 사실을 살펴보았다. TL은 사람들의 가슴과 마음을 감동시킴으로써 사람들 개인의 신념에 영향을 주는 리더십 스타일이다. Gardner와 Stough(2002)에 따르면, 효과적인 리더십의 가장 중요한 두 가지 능력은 자신과 다른 사람의 감정을 모니터하는 능력이다. 그들의 연구에서 TL과 EI 사이의 매우 강한 관계를 발견하였는데, EI는 TL의 모든 구성 요소와 상관관계가 있기 때문이었다. 실제, 감정을 이해하고 관리하는 것의 구성요소는 TL의 가장 좋은 예측 변수로 보였다. 그 이유는 자신이 거래적이지 않고 변혁적이라고 생각하는 리더들은 자신의 느낌과 감정을 알 수 있고, 다른 사람들에게 그러한 느낌들을 표현할 수 있다고 말했기 때문이다. 또한, 위와 같은 리더들은 문제를 해결할 때, 감성적 지식을 사용하고, 직장에서 다른 사람들의 감정을 이해하며, 우선 그들 자신의 긍정적이고 부정적인 감정들을 관리한 후에 다른 사람들의 감정을 관리하고, 효과적으로 그들의 감정을 제어할 수 있다고 말한다.

Barling 외(2000)는 그들의 연구에서 EI가 주로 TL과 관련이 있고, 적극적/소극적 관리와 자유방임적 관리 스타일은 EI와 가장 적게 관련이 있다는 것을 발견하였다. Sivanathan과 Fekken(2002)은 또한 추종자들이 주로 높은 EI를 가진 리더들을 좀 더 효과적이고 변혁적이라고 인식하였다는 것을 알아냈다. 게다가, EI는 개념적이고 실증적으로 TL 행위와 연결될 수 있다고 하며, 높은 EI를 갖는 것은 리더의 TL 행위를 증가시킨다고 결론 내렸다.

Barling 외(2000)는 같은 연구에서 EI는 이상적 영향, 영감적 동기부여, 개별적 배려인 TL의 세 가지 양상들과 관련이 있다는 것을 발견하였다. 또한, 귀인성향(attribution style)을 통제할 때, TL의 세 가지 양상은 EI의 수준에 따라서 서로 달라졌다. 이상적 영향에서 리더들은 추종자들의 롤 모델이 되고, 따라서 추종자들의 신뢰와 존경을 얻는다. 이러한 리더들은 자신의 감정을 확인 및 관리하고, 자제심을 보이며, 자기만족을 지연시킨다.

영감적인 동기부여에서 Gardner와 Stough(2002)는 감정을 이해하는 EI의 요소를 가진 리더들은 추종자들의 기대가 어느 정도 높아질 수 있는지를 정확한 방식으로 인지할 수 있다는 것을 발견하였다. 또한 Gardner와 Stough(2002)는 개별적 배려인 TL 행위의 필수적인 요소는 추종자들의 요구를 이해하고 그들과 상호작용하는 능력이라고 하였다. 높은 EI를 가진 리더들의 특성인 공감과 긍정적으로 관계를 관리하는 능력은 개별적 배려를 위한 주요 필수요건이다. 이러한 관점은 Palmer 외(2001)에 의해 지지되는데, 그들은 영감적 동기부여와 개별적 배려가 주로 사람들 감정을 관리하고 모니터하는 리더의 능력과 연관되어 있다는 것을 발견하였다. 마지막으로, Barling 외(2000)는 높은 EI를 가진 개인들은 자주 변혁적 행동에 관여한다는 것을 알아내었다. 우리는 모든 이러한 사실들을 종합해볼 때, 변혁적 리더십과 감성지능이 밀접하게 관련되어 있다는 것을 알게 된다.

효과성에 미치는 감성적 리더십의 영향력

Modassir와 Singh(2008)에 따르면, EI는 리더들에게 있어서 추종자들의 양심과 이타심을 향상시킨다. 결과적으로, 자신과 다른 사람들의 감정을 확인하고 관리하는 것이 가능한 리더들은 추종자들 사이에 성실성과 유익함을 발달시키는 것이다. 이 연구는 또한 직장에서 리더가 가지는 EI가 추종자들의 행동에 영향을 준다는 것을 증명하였다. 리더십 효과성을 성취함에 있어서 감성적이고 사회적인 기술은 중요한 역할을 하는데, Riggio와 Reichard(2008)는 비록 그러한 역할을 이해하는 것에 대한 예비조사연구는 전도유망하지만, 여전히 많은 것이 변혁적 또는 교수적 리더십의 등급(ranks)의 패러다임으로써 감성적 리더십을 개발하기 위해 필요하다고 진술한다. 그들은 감성적이고 사회적인 기술들의 대부분의 모형은 효과적인 대인간 의사소통을 이해하는 것에 관심이 있는 사회 · 임상 심리학자들에 의해 거의 독점적인 방식으로 사용되어 왔음을 알아낸다. 그러나 학교 리더십 영역으로의 감성적이고 사회적인 기술 연구의 확대는 리더들이 사용하는 구체적인 과정들에 대한 더 깊은 이해가 추종자들에게 영향을 미치게 할 수 있도록 할 것이다.

앞서 살펴본 것처럼, 감정표현은 카리스마적 리더십에 있어서 필수적인 요소이고, 감성적인 확산 과정을 통해 추종자들에게 영감을 주고 동기를 부여하는 리더들의 능력과 연관된다(Groves, 2006; Reichard & Riggio, 2008). 이것은 또한 긍정적인 감정의 표현은 그룹에 긍정적인 영향을 끼친다는 것을 보여준다(Bono & Ilies, 2006). 하지만, 여기에는 리더들이 어떻게 반감(disapproval), 분노(anger), 실망(disappointment)과 같은 부정적인 감정들을 표현하고, 이러한 표현은 어떻게 그룹 성과에 영향을 미치는가에 대한 연구가 부족하다. 한 가지 현실적인 제안은 "의욕을 잃은(demotivating)" 근로자 또는 분개(resentment)와 저항이 만들어지는 것을 피하기 위해서 이른바 부정적인 감정에 대한 숙련되고 통제된 표현은 리더들에게 중요하다는 것이다.

숙련된 감정적인 표현력은 필수적이기 때문에, 추종자들이 어떻게 이러한 부정적인 성향의 영향을 받았는지 판단하는 것이 필요하다. 이를 위해서는 리더가 부정적인 감정을 효과적으로 표현해야 하며, 표현, 감정적 제어, 감성적 민감성의 기술이 필요하다. Rubin 외(2005)는 최근에 감성적인 민감성의 역할에 상당한 관심을 가져왔는데, 감성적인 민감성은 직업 환경에서 감정을 "해석"하기 위한 능력이다. 몇 가지 조사 연구에서, 감정해석 기술의 척도는 감성지능을 대신하는 것으로 사용되어 왔다. 다른 연구들은 심지어 추종자들이 리더들에게 직접적으로 전달하려는 생각이 없을 때, 리더들이 추종자들의 감정을 해석하는 감성적인 "엿듣기(eavesdropping)"의 관념을 조사해왔다(Elfenbein & Ambady, 2002).

감정의 해석에 많은 관심이 있는 이유는 연구 가능한 다수의 척도들이 있기 때문이며, 직장에서 다른 사람들의 감정을 "읽는" 능력을 연구하는 것은 합리적이다. 비록 효과적인 리더들은 특히 위기에서 감정 제어의 좋은 기술을 반드시 지녀야 하지만, Riggio와 Reichard(2008)의 연구에서, 자신의 감성적인 표현을 제어하고 가리는 것을 특히 잘하는 개인들은 주로 멀리 떨어져 있고 냉담한 것처럼 보인다고 한다. 그들은 감성적이고 사회적 기술의 소유에서 감정을 너무 표현하는 것이나 너무 표현하지 않는 식의 어떠한 불균형은 팀에서 더 나쁜 심리사회적 적응과 연관되고, 결과적으로 좋지 않은 리더십과 연관된다고 덧붙인다. 요약하자면, 우리는 대부분의 연구를 통해서 감성지능은 효과성을 향상시킨다는 것을 알게 된다(Riggio & Reichard, 2008).

리더의 감성적 · 사회적 기술 향상

앞서 살펴본 것처럼, 감성적이고 사회적인 기술들 모두는 학습될 수 있다. 하지만, 리더들의 감성적이고 사회적인 기술들을 향상하기 위한 첫 번째 단계는 그들의 현재 기술 수준을 평가하는 것이다. Riggio와 Reichard는 감성적이고 사회적인 기술들을 측정하기 위한 성과기반(performance-based) 평가와 자기보고 측정(self-report measure), 이 두 가지의 광범위한 접근이 있다고 주장한다. 성과기반 측정에는 Rosenthal 외(1979)에 의한 PONS(Profile of Nonverbal Sensitivity), Ekman과 Friesen(1974)에 의한 BART(Brief Affect Recognition Test), Nowicki와 Duke(1994, 2001)에 의한 DANVA(Diagnostic Analysis of Nonverbal Accuracy)가 있다. 이러한 척도들은 감성적인 내용인 비디오 또는 사진을 포함하는데, 이것들을 개인에게 보여주고 그들이 하는 반응이나 표정을 살핀다. 그 다음 판단가는 그들의 반응을 해석한다. 정서표현의 측정은 표현된 감정들을 올바르게 확인하는 판단가의 비율에 따라 정의된다.

정서표현과 감정제어의 표준화된 수행 척도는 없으며, 따라서 대부분 연구자들은 리뷰를 위해 자기보고 도구에 의존한다(Riggio, 2008; Riggio & Riggio, 2005). 그러므로 감성지능의 측정은 사실상 자기보고가 되는 경향이 있으며, 성과기반 평가인 MSCEIT(Mayer-Salovey-Caruso Emotional Intelligence Test)는 예외이다.

사회적 기술과 사회적 지능의 평가는 성과기반 평가와 자기보고 척도에 의존한다. 여기서 사용된 성과기반 척도는 O'Sullivan과 Guilford(1976), Costanzo와 Archer(1989)에 의한 사회적 상황과 감성적(비언어적) 신호를 읽는 능력을 측정하는 대인지각측정(Interpersonal Perception Task; IPT)을 포함한다. 반면에, 사회적 기술은 훈련된 관찰자들을 통해 측정되는데, 관찰자들은 사회적 환경에서 개인이 상호작용하는 것을 관찰함으로써 기술들을 주로 평가한다. Riggio와 Carney(2003)가 고안한 사회적 기술 조사항목(Social Skills Inventory; SSI) 방법은 90가지 항목의 자기보고 평가로, 사회적 기술의 일치와 함께, 표현력, 민감성, 통제력의 기본적인 세 가지 감성적인 기술들을 측정한다. 이것은 기본적인 감성적이고 사회적인 기술들, 특히 리더들의 기술들을 측정하기 위한 연구에 광범위하게 사용되는 연구이다.

SSI는 또한 효과적인 리더십의 지능과 리더의 효과성과 관련되는 감성적이고 사회적인 기술들의 소유 정도를 측정하는 유용한 도구이다. SSI는 규범과 비교하여 6가지 기술들(감성적이고 사회적인) 각각의 가장 기초적인 평가로써 연구에 사용된다(Riggio & Reichard, 2008). 이 비교를 통해, 어떤 사람은 리더 기술의 강점과 개선이 필요한 영역들(예를 들어, 낮은 표현력과 높은 민감성은 수줍음이 많고 다른 사람들의 감정에 과민하다는 것을 보여줄 것임)을 알아낼 수 있다. 같은 수용력을 두고서, 높은 감정 표현력과 낮은 감정통제는 감정적으로 "통제 불가능" 인 사람을 나타낼 것이다.

앞선 분석을 통해, 우리는 다양한 기술들의 균형이 중요하다는 것을 알 수 있다(Perez et al., 2007). 또 다른 사용가능한 평가(evaluation)는 감성적, 비언어적, 사회적 신호에 대한 민감성을 측정하기 위해 고안된 IPT와 같은 성과기반 측정 도구를 사용하는 자기보고 평가를 강화하는 것이다. 참여자들은 옳거나 옳지 않은 응답에 대한 피드백을 제공한다. 참여자들은 또한 그들이 어떤 부분에 노력을 해야 하는지에 대한 것과 사회적 상황에 대한 정확한 분석에서 생기는 공통된 편견 및 고정관념의 역할에 대한 지도를 받는다. IPT를 사용하는 사람들은 감성적이고 사회적인 민감성에 대한 향상을 보여준다(Costanzo, 1992). 이러한 결과는 IPT가 평가 척도일 뿐만 아니라 향상기법이 될 수 있음을 의미한다.

피드백은 감성적 기술이 발전하기 위해 필수적이다. 이는 언어적 신호와 달리, 감정의 비언어적인 신호는 감지하기 힘들고 인식의 일반 범위 밖에서 발생하기 때문이다. 그러므로 Riggio와 Reichard는 감성적이고 사회적인 기술들을 개발하기 위한 워크숍에서 그들의 행동을 녹화하고 역할극 세션을 활용하며, 다른 훈련에 개입하라고 주장한다. 이러한 방법들은 리더들이 최적 수준의 감성적 · 사회적 기술을 성취하도록 돕는다.

사회적 기술 훈련은 보통 사회적 상호작용에서 문제들을 극복하고, 사회적으로 과묵함과 수줍음을 극복하는 것에는 효과적인 반면에, 감성적인 기술들(특히 표현력)은 몇 주에 걸친 훈련 세션을 통해 향상될 수 있다(Taylor, 2002). 결론적으로, 우리는 정확한 평가를 사용하는 대상 집단 훈련과 피드백을 체계적이고 효과적으로 사용하는 것은 리더들의 감성적이고 사회적인 기술들을 향상시키는 데 이용될 수 있다는 것을 알아낸다.

감정과 교직

Leithwood와 Beatty(2007)는 우리에게 대부분의 학교 리더들은 "감성적으로 열정적인 분위기" 속에 산다고 말하는데, 그들의 교사들이 일에 대한 강한 헌신을 가지고 있기 때문이다. 교사들의 대부분은 가르치는 것에 대해 열정적으로 느끼고 "소명"으로 생각한다. 교사들이 겪는 감정들은 학생들에 대한 사랑, 서류에 대한 증오, "지쳐버린" 느낌을 포함한다. 교사들은 이러한 감정을 학생들이 마침내 개념을 이해하고, 성적표를 작성하는 것이 두렵고, 학기말에 극도의 피로를 느끼며, 매년 학기 첫 날에 경험하는 "속의 뒤틀림"의 느낌을 알았을 때 겪는다. 이러한 감정들은 경험과 관계없이 전반에 걸쳐 교사들에게 영향을 미친다.

감정을 관리하는 능력은 학생의 학습에 엄청난 영향력을 미친다. 우리는 이 사실을 2학년인 아들을 둔 Angelika Rinderle-Tessa의 이야기에서 확인할 수 있다. 그녀의 아들은 이전에 수학을 좋아했음에도 불구하고, 갑자기 쉬운 수학 문제도 풀 수 없게 되었다. 아들과의 이야기를 통해, 그녀는 선생님이 어느 날 불만스러워하면서 아들에게 "어느 누구도 네가 하는 것보다 수학을 못할 수는 없어"라고 말하였다는 것을 알게 되었다. Rinderle-Tessa의 아들은 그 말에 상처를 받았고, 그 문제의 상황이 다뤄질 때까지 전혀 수학을 하지 못하였다(Rinderle-Tessa, 1999).

대부분의 사람들이 카메라 기능이 있는 핸드폰을 가지고 있으며 CCTV가 보편화되어 있는 시대에서, 교사들은 감정적으로 폭발하는 것을 잘 대처할 수 없다. 특히, 한 공포스러운 상황의 예를 보면, Nashville에 있는 McGavock 고등학교의 대수학(algebra) 교사인 Donald Wood는 매우 격분하여 학생들이 교실에서 달아나려고 하는 사이 책상들을 던지고 창문을 부셨다. 하지만 그 모습이 카메라에 포착되었고, 이후 그 교사는 그러한 행동으로 인해 정직되었다(Daily Mail, 2010). 이러한 종류의 행동은 일반적인 기준에서 볼 때 극도에 달하여 있지만, 도입부 예화에서처럼 감정적으로 "경직됨(woodenness)"을 보인 Raffles와 거리가 멀지 않다. 사실상, 결과는 꽤 비슷하다. 학생들은 선생님이 강의를 효과적으로 전달하기 위한 감성지능이 부족하기 때문에 효과적인 학습을 할 수 없다.

대개, 학교장들은 직무의 일부분으로서 신중하게 고려해야 하는 감정에 대해 가르치는 것을 암암리에 포기한다. 실제로 학교에서는 교사들의 감정을 장기목표, 예산, 일정 등과 같은 '합리적' 고려사항들보다 귀찮은 것으로 여긴다. Leithwood와 Beatty는 학교에서 나타나는 감정들은 업무에 대한 학교 리더들의 관점에서 현저하게 중요해야 한다고 주장한다. 그들은 리더와 모두의 감성적인 측면들을 고려하는 현실과의 세심한 상호작용이 합리적으로 보이는 결정들의 성공적 실행을 이끌어낸다고 주장한다.

Leithwood와 Beatty는 또한 교사들의 감정들은 주로 교육 연구자, 정책 입안자, 다른 개혁가에 의해 무시되고 있다고 주장한다. 하지만, 최근에 학교 리더십에 대한 연구를 재조명하기 위해 노력을 기울이고 있다. 그 노력은 특히, 교장의 교육학적 지식과 변화하는 교사의 교수법 사용에 대한 중요한 역할을 재조명하려고 한다(Stein & Spillane, 2005). 리더들이 그러한 노력에 영향을 주기 위해 어떠한 시도를 함에 있어서 교사들 업무의 감성적인 양상을 무시한다면 결과는 실망스러울 수 있다. Oatley, Keltner와 Jenkins(2006)는 감정이 인식과 인간의 상호작용에 미치는 효과에 대하여 잘 설명하고 있다. 그들은 감정들이 인지과정에 있어 체계적인 효과를 미치며, 세계에 대하여 사람들로부터 합리적인 판단력을 야기한다고 주장한다. 학생들과의 효과적인 의사소통을 할 수 없는 Jeremy Raffles 또는 Donald Wood와 같은 교사가 직면할 첫 번째 단계는 감성적인 상호작용의 중요성을 설명하는 것이다. 앞서 언급한 감성적인 상호작용을 무시함으로 인해, 많은 교사들은 어떻게 학생들을 마주할 것인지에 대해 전혀 알지 못한다. 만약 앞선 예화에서의 교장 Cho가 Raffles와 함께 교실에서 감성지능을 사용할 것을 입증해 보이는 것에 시간을 보냈다면, 이는 그의 가르치는 스타일을 바꾸는 데 큰 깨달음을 주기에 충분하였을 것이다.

Leithwood와 Beatty는 감정이 인식과 관심을 형성하고, 특정한 기억들에 대한 특별한 접근을 제공하며, 그(그녀)가 환경에 적응하는 데 도움이 되는 방법으로 개인적 판단을 치우치게 하는 성향이 있다고 진술한다. 최근 뇌 연구는 감정이 사람들이 내리는 의사결정과 그들의 판단 뒤에 있는 도덕성에 지대한 영향을 끼친다는 것을 보여준다.

교수-학습에 영향을 미치는 감정

Leithwood와 Beatty(2007)는 초등학교의 상황에서 본질적이고 실증적인 상당수의 연구들에서 그들 연구에 대한 증거를 찾는다. 그들은 학교에서 교수 및 학습에 중요한 영향을 미치는 교사의 감정들에 8가지 구성이 있음을 발견하는데, 그 구성은 개인적이고 집단적인 교사 효능감, 스트레스/과로, 조직몰입, 직무 만족도, 사기, 신뢰, 교직에의 참여이다. 그들은 이러한 여덟 가지 구성이 단지 교사의 감정에만 국한된 것이 아니라, 학교의 리더가 의사결정, 행동, 교사와 함께 의사소통하는 데 있어서 고려해야 할 추천 가치로 충분한 증거가 된다고 주장한다. 두 연구자는 감정의 여덟 가지를 세 개의 증거로 요약하였는데, 그것은 교사들의 감정과 학교에서 교수-학습의 질 사이의 관계를 보여주기 위한 개인적 효능감, 몰입, 스트레스/과로이다.

개인적 자기효능감

자기효능감(self-efficacy)은 "교사가 자신이 학생 성과에 영향을 미치는 능력을 가진다고 믿는 정도"로 정의될 것이다(Leithwood & Beatty, 2008). 이것은 업무를 수행하거나 목표를 성취하기 위한 교사 자신의 능력에 대한 믿음이다. 자기효능감은 모든 아이들과 교육과정을 다룰 때 자신의 교수역량에 대한 교사의 믿음을 나타낼 때, 또는 구체적으로, 특별한 타입의 학생에게 어떤 확실한 개념을 가르치는 능력에 대한 것일 때 일반적일 것이다. 이러한 믿음은 종종 다른 생각, 느낌과 연관된다. 예를 들어, 낮은 수준의 교사 효능감은 불안한 감정과 높은 수준의 스트레스와 연결되며(Parkay et al., 1988), 높은 수준의 자기효능감은 교사의 낙관주의적 감정, 신뢰, 문제를 해결하는 능력과 연결된다.

이러한 교사의 감정들은 종종 교사들과 학생들 사이의 상호작용에 직접적인 영향을 끼친다. 예를 들어, 높은 수준의 교사 효능감은 학생들이 틀린 답을 제시했을 때에 비판을 잘 하지 않고, 맞는 답을 찾기 위해 노력하는 학생들을 지속적으로 도우며, 교실에서 더 따뜻하게 대인관계를 발달시키는 것과 같은 교사의 긍정적인 행동들을 이끌어낸다는 것이다(Goddard & Goddard, 2001). 또한, 이러한 높은 수준의 교사 효능감은 더 나은 학생의 성적, 특히 수학, 초등학년에서의 읽기, 다양한 학생집단과 관련되며, 동시에 학교, 과목, 교사들에 대한 긍정적인 학생의 태도를 불러일으킨다(Anderson, Greene, & Loewen, 1988; Ross, 1992). 결국, 이것은 정학, 퇴학, 중퇴율을 낮추게 된다(Esselman & Moore, 1992).

교사의 스트레스와 탈진

과로는 치열한 직업에서 일하는 사람들이 경험하는 극도의 스트레스를 나타내며, 특히 만성적인 긴장 수준이 되기 쉬운 서비스를 제공하는 직업에서 나타난다. 탈진은 주로 이러한 직업들과 관련된 장기간의 스트레스 때문에 자신의 직업에서 완전한 기능을 하지 못하는 것을 의미한다(Byrne, 1991). 스트레스와 탈진 둘 다 개인의 정신 상태와 밀접하게 관련이 있다. Dworkin(1997)은 스트레스 수준이 증대될수록, 탈진 수준도 더 증대된다고 주장한다.

Maslach와 Jackson(1981)에 따르면, 탈진은 3차원적이고, 감정적인 소진 또는 피로감과 줄어든 성취감 및 자부심을 포함한다. 이것들은 학생들, 학부모들, 동료들에게 부정적이고, 냉소적인 태도로 변하게 되는 교사들의

"자아상실감(depersonalization)"과 같다. 이것은 또한 잦은 결석률의 증가, 학급 성적의 하락, 동료들과 학생들과의 좋지 않은 대인관계와 같은 다른 부정적인 결과들을 초래한다. 탈진한 교사들은 주로 학생들이 힘들어하는 것에 대하여 쉽게 공감하지 못하고, 그들의 직업에 상대적으로 헌신적이지 않다. 그러한 교사들은 교실이 산만한 것에 대해 인내심을 갖지 못하고, 수업준비에 더 많은 신경을 쓰지 않으며, 일반적으로 생산적이지 못하다(Farber & Miller, 1981; Blasé & Greenfield, 1985). 결과적으로, 탈진한 교사들은 새로운 교사들의 사기에 부정적인 영향을 끼칠 수 있다.

더 많은 연구는 탈진한 교사들이 그들의 업무에 대해 좀 더 독단적이고, 그러한 업무들이 변화하는 것에 대해 저항한다는 사실을 보여준다. 탈진한 교사들은 낮은 달성도 또는 실패에 대하여 다른 사람들을 비난하려고 한다. Dworkin(1987)에 따르면, 탈진한 교사들이 가르치는 높은 성취도의 학생들은 다른 교사들의 학생들보다 20% 더 적은 성취도를 보인다. 탈진은 또한 학생의 높은 중퇴율과 관련이 있다. 게다가, Donald Wood의 사례처럼 탈진은 비합리적이고, 심지어 위험한 행동으로 이어질 수 있다.

교사의 감정에 간접적으로 영향을 미치는 리더의 방법

Leithwood와 Beatty(2008)는 교실과 학교에서 교사들의 근무환경과 밀접한 관계가 있는 교사의 감정에 대한 리더들의 간접적인 영향력을 요약한다. 그들은 리더들이 자신의 노력으로 교사들의 감정에 영향을 미치는 간접적인 형태를 가질 만큼 중요한 방법으로 많은 근무환경들에 영향을 미치는 입장에 있다고 말한다.

학급 환경

이 수준에서, 교사의 업무량과 복잡성은 그들의 감정에 상당한 영향을 미친다. Leithwood와 Beatty는 그들의 업무량에 대한 전체적인 태도는 그들의 환경에서 인식의 다섯 가지 특성에 의존한다고 말한다. 학교에 대한 헌신(commitment)과 사기는 무너졌고, 교사들이 학교 또는 지역수준에서 다른 교사들과의 업무량을 비교하여 그들의 업무량이 불공평하다고 인지될 때, 스트레스와 탈진은 고조된다.

복도 모니터링, 등 · 하교 관리, 학교식당 감독과 같은 지나친 문서업무와 교육과 관계없는 다른 부담스러운 요구들은 교사들의 스트레스, 학교에 대한 낮아지는 사기와 헌신, 이직할 가능성이 증가하는 것의 원인이 된다.

업무량 외에도, 교사들의 업무량의 복잡성/강도(intensity)는 같은 부정적인 인식을 만들어낸다. 복잡성은 특히, 교사들이 확실하지 않은 분야에 대해 가르치기를 요구받았을 때, 또는 그들이 준비가 안 되었거나 학생들이 비협조적이고 나쁜 결과를 야기했을 때 직무 만족감을 무너지게 한다. 그러나 복잡성은 교사들이 교실을 넘는 결정들의 자율권이 주어졌을 때 관리할 수 있게 되고, 그래서 그들은 알고 있는 최고의 방법으로 그들의 직업에 임할 수 있다. 관리능력은 또한 학교 도처에 학습을 북돋우고 교육용 자원들을 손쉽게 구할 수 있는 환경 구축을 통해 증가될 수 있다.

교사들의 관점에서 나타나는 증거는 준비시간이 불충분하고, 학급이 크며, 학급을 구성할 때 교수법의 복잡성과 어려움은 현저하게 증가된다는 것을 보여준다. 예를 들어, 수행능력이 우수한 학생들이 모여 있는 학급에서는 그들이 원하는 특별한 요구사항들도 존재하게 되는데, 이를 충족시키기에 어려움이 있다(Harvey & Spinney, 2000; Naylor & Schaefer, 2003; Dibbon, 2004). 또한 지장을 주거나 충족되지 않는 학생들의 요구는 업무량의 복잡성을 더욱 증가시킨다.

문제가 있는 가정환경은 학생들의 열망, 행동 그리고 학습에 대한 준비에 부정적인 영향을 준다. 이것은 또한 교사들의 감정에 영향을 준다. 마치 분반되거나 다양한 수준의 학급들이 초등학교 교사들에게 영향을 미치는 것처럼, 불충분한 학습자원들과 불필요한 과제들은 일부 교사들에게 부정적인 감정을 유발할 수 있다. 교사가 어떻게 시간을 활용하는지에 대한 요구의 패턴이 불규칙할 때 복잡성은 증가한다. Leithwood와 Beatty는 이 상황을 다음과 같이 요약한다.

> 교사들이 시간을 보내는 방식은 두 개의 극단으로 구분된다. 먼저, 교사들이 가장 한가한 방학기간 중에는 동시다발적인 업무에서 벗어나 수업을 계획하거나 준비하는 데 충분한 시간을 보낼 수 있다. 반면, 가장 바쁜 시기에는 교사들이 주기적으로 수행해야 하는 업무 외에도 추가 업무를 수행하느라 24~28시간을 더 필요로 한다. 가령, 2~3주 간격으로 학부모에게 보고할 자료를 준비해야 한다.
>
> 한편 교사들이 통상적으로 시간을 보내는 방식은 이 양 극단 상황 사이에 위치하여, 일주일에 약 50시간 정도를 할애한다. 그 가운데 절반 정도는 다양한 학생들과 더불어 교실 안에서 강도 높은 상호작용을 하면서 보낸다.

요약하자면, 가르치는 것(시간 포함)의 주요 기능은 어쩌면 교사의 스트레스를 유발하는 것일지 모른다. 이는 순전히 효과적인 교수의 적절한 성과에 포함되는 구체적인 업무의 수 때문이다(Harvey & Spinney, 2000).

학교 환경

Leithwood와 Beatty(2007)에 따르면, 교사와 학교 문화, 구조, 더 넓은 공동체와의 관계, 운영 절차에 대한 감정에 중요한 영향을 미치는 네 가지 근무 조건이 있다.

학교 문화는 모든 교사의 감정에 중요한 영향을 끼친다. 학교 문화는 교사 업무에 영향을 미치며, 교사의 업무에 대한 목표와 기대가 분명하고, 명쾌하며, 공유되고, 의미 있는 학교에서 긍정적인 결과로 나타난다. 즉, 그 뜻은 그들의 역할에 대해 교사들이 갈등을 하지 않거나 의심의 여지가 거의 없다는 것이다. 이러한 문화 속에서, 교사들 사이에서의 협동은 매우 힘을 얻고 지지받는다. 업무에 대한 교사들의 긍정적인 감정들은 진정으로 협력의 문화를 불러일으킨다.

학생의 행동을 관리하는 것은 교사의 지도 업무에 있어서 교사는 각자 개인 시간을 투자하여 긍정적인 결과를 도출해내기 때문에 중요한 요소이다. 이것은 또한 지도에 더 많은 시간을 전념하는 것이 더 나은 학생 성과로 이어지기 때문에 학생의 성과에 영향을 미친다. 그 대신에, 학생들의 옳지 않은 행동을 바로잡기 위해 소비되는 시간과 이에 따른 노력은 교사의 직무 만족감, 스트레스, 잦은 결근, 교사의 감소에 직접적인 영향을 끼친다. 하지만, 이러한 부정적인 결과는 학교에서 학생의 행동에 대해 학교 리더들과 교사들이 함께 협력하여 대처하고 지속적으로 규칙을 적용할 때 개선된다. 이 평가는 학교의 규율적인 분위기가 효과적인 학생 학습의 네 가지 강력한 예측변수라는 것을 나타낸, 미국을 포함한 다수 선진국들의 2003년 PISA 데이터에 의해 뒷받침된다.

교사들은 또한 그들의 리더들이 교사들의 안전과 학생들의 안전을 소중하게 여기고 지원할 때와 학생들에게 요구되는 높은 기준이 있는 곳에 좀 더 긍정적으로 반응할 개연성이 있다.

학교 구조에 관한 한, 주된 목적은 교수와 학습을 지지하는 문화의 발달과 유지를 향상시키는 것이다. 하지만, 모든 학교 구조가 쉽게 또는 짧은 시간 안에 변화될 수 있는 것은 아니다. 이러한 변화들은 학교의 규모 또는 위치에 달려있다. 예를 들어, 교사의 감정은 도시에 있는 학교보다 교외의 작은 규모의 학교에 상대적으로 더 강하게 연관된다. 그러나 학교 리더들은, 비록 대규모 학교에서 호응을 얻고 있는 "학교 안의 학교" 프로그램이 현재 실행되고 있다 해도, 학교의 규모 또는 위치에 대해 할 수 있는 것이 많지 않다. 게이츠 재단과 같은 조직들은 큰 규모의 고등학교 수를 줄이기 위해서 막대한 자원을 들이고 있다.

하지만 교사의 감정에 영향을 미치는 학교의 다른 구조적인 측면들은 상당히 잘 변하고 큰 학교 규모와 도시적인 위치의 부정적 측면들보다 더 쉽게 확대될 수 있다. 다른 구조적인 측면에는 공동의 계획하는 시간과 같은 함께 작업하기 위한 기회를 교사들에게 제공하는 다른 명시적인 실천들과 교사의 효능감, 만족감, 몰입, 감소된 스트레스/탈진, 사기, 참여(engagement)와 같은 내적 상태에 대한 긍정적인 기여가 있다. 이러한 긍정적인 효과들은 또한 교실 수업을 준비하기 위한 적절한 시간과 관련이 있다.

교사는 또한 가르치는 것에 대한 그들의 긍정적인 감정들을 전문성의 질적 수준 발달에의 접근과 관련시켜 생각한다(Hirsch 2004a; 2004b). 교사의 학습 기회는 학교 환경 밖에서 발견될 수 있지만, 학교는 여전히 학교의 구조와 문화에 의존하는 전문적인 학습의 풍부한 원천이다. 게다가, 학교의 목표는 교사의 전문적인 학습을 위한 방향을 제시해주는 타당한 원천이다. 학생들은 교사에게 학습을 자극하는 도전을 제공하고, 학교의 자원들은 학습을 표현할 수 있는 조건으로서 그 역할을 한다. 지속적인 교사 학습에 기여하는 것으로 알려진 전문성 신장의 형태는 스터디 그룹, 개인 교습, 멘토링 방식, 공동 관심의 도전을 탐구하기 위한 다른 교사들과 연결된 네트워크, 학생들과 탐구활동에 참여하는 것이다(Loucks-Horsley, Hewson, Love, & Stiles, 1998).

학교 의사결정에의 권한부여과 실질적인 참여 또한 교사들에게 중요하다. Hackman과 Oldham(1975), Gecas와 Schwalbe(1983)의 직장 성과와 관련한 이론들에 따르면, 자율성과 재량권은 그들을 자신의 성과의 주요한 동인으로 만듦으로써 직원의 헌신을 향상시킨다.

교사가 보다 더 전념하고, 교직을 떠나지 않고 남아있게 하기 위해서는 교사가 가장 효과적이라고 생각하는 교수법을 사용하도록 해주는 학교시설 또한 필요하다(Hirsch 2004a; 2004b). 교사 참여와 유지는 학교가 새로운 도전에 직면했을 때, 안정되고 지속가능한 프로그램이 있는 학교에서 이루어진다.

지역사회의 관계는 교사의 직무 만족도와 학교의 가능성과 전문적 몰입에 영향을 주는 학교 환경의 한 부분으로 형성된다. 하지만, 지역사회 관계의 긍정적인 기여는 오로지 지역사회에서 학교의 평판이 좋고, 학부모들과 확장된 지역사회의 지지를 얻을 때 일어난다(Naylor & Schaefer, 2003).

학교 운영 절차는 교사의 개인적 효능감, 직무 만족감, 조직 몰입도에 영향을 미치는 마지막 조건이다. 이러한 절차들 아래에는 세 가지의 하위 조건들이 있다. 첫째는 학교에서 의사소통의 질(quality)이고, 둘째는 학교 개선방안의 이슈에 대한 교사들의 인식과 고려되고 있는 우선사항이 들어맞는가이다. 마지막으로, 학교 진척상황(progress)의 초점과 질(quality)에 대한 정기적인 피드백을 제공하는 것의 긍정적인 영향이 증거로 나타나는 것이다.

교사의 감정에 직접적으로 영향을 미치는 리더십의 실천

최근 연구에서, 우리는 감성적으로 중대한(consequential) 리더십 실천은 효과적인 리더십을 위한 "핵심적인 실천"의 네 가지로 나타난다는 것을 알아냈다(Leithwood & Jantzi, 2005; Leithwood & Riehl, 2005). 이러한 실천들은 가장 성공한 학교 리더들이 다른 조직적 · 문화적 맥락에서 무엇을 수행했는지에 대한 중요한 부분을 형성한다. 리더십에 대한 편견이 변화하기 위해서는 다음과 같은 핵심적인 실천들이 수행되어야 한다.

- *방향 설정*(Direction-setting): 만약 성공할 가능성이 있고, 더 광범위한 학교 목적이 달성된다면, 학교 리더들이 학교에서의 폭넓은 목적의식과 구체적인 목표에 대한 공감대를 형성할 수 있게 해줄 필요가 있다. 가장 성공한 학교 리더들은 그들의 교사진과 학생들의 성과뿐만 아니라, 그들의 성과에 대한 높은 기대를 설정한다.
- *전문성 향상을 위해 교사를 지원하는 것에 중점*(Focusing on assisting teachers to improve professionalism): 교사의 역량 개발은 교사

들의 내적 상태에 영향을 미치는 주요한 실천의 대부분을 포함한다. 이러한 실천들은 진정으로 협력적이고, 사려 깊고, 도와주고, 교사들의 아이디어를 경청하며, 교사들의 복지에 유념하게 되는 것을 포함한다. 개별적인 배려와 지적인 자극을 제공하는 학교 리더들은 그들의 목표뿐만 아니라 학교의 목표들을 달성하기 위해 교사들의 요구를 받아들인다. 역량 구축에서 성공은 또한 교사들의 핵심적인 목표에 맞춘 가치와 실천들을 구축하는 것뿐만 아니라 수업에서 나타나는 교사들이 산만함(distractions)까지 교사들을 보호함으로써 달성된다.

- *조직의 재설계*(Redesigning the organization): 이것은 교수와 학습에서 지원하고, 공동의 문화를 세우며, 이런 문화와 일치하는 학교 구조를 만들고 지탱하는 것이다. 이러한 맥락에서, 성공적인 교장들은 학부모들과 전체 지역사회와의 생산적인 관계를 고양하며, 학교에 영향을 끼칠 상황들을 미연에 방지하고, 향후 정책에 영향을 줄 수 있는 더 넓은 환경과의 관련성을 높인다.
- *교육 프로그램 관리*(Managing the instructional program): 리더십의 이러한 측면은 기본적으로 교육적 지식을 요구한다. 이는 그들의 학교가 매우 능숙한 직원을 보유한다는 것을 보장하고, 학생들과 학교를 개선함에 있어 진전되는 사항들을 관찰하고, 교사들의 교육 실습을 모니터하며, 직원들에게 지원되고 도움이 되는 피드백을 제공하기 위한 학교 리더들의 노력을 포함한다.

위의 핵심적인 실천사항들은 효과적인 리더들을 발전시키기 위해 필요한 사항들을 대부분 포함하고 있으며, 이러한 실천사항들은 맥락상 민감한 형태로 나타난다. 학교에서 시행된 연구뿐만 아니라 학교 외의 맥락에서 수행한 광범위한 연구에 근거하여, 감성적으로 반응하는 실천들이 사회적 평가 기술, 능력과 밀접한 연관이 있다는 것은 분명하다. 이런 능력들은 다른 사람들의 감정 상태를 인식할 수 있게 하고, 복잡한 사회적 상황에서 이러한 상태가 수반하는 것을 알아내고, 도움이 되는 방법에 반응하며, 자신의 감정을 관리한다.

사회적이고 감성적인 지능은 주로 사회적 평가 기술과 연결된다. Mayer와 Salovey(1990)는 감성지능을 넘어서 우리는 감성적 "의미 만들기(meaning-making)"를 발견한다고 한다. '의미 만들기'는 공동성찰에 익숙한 리더들이 그들의 동료들 및 교사들과의 상호작용을 통해 나타나는 활동이다.

Beatty(2007a)에 따르면, 감성적 능력을 지닌 변혁적 리더들은 교직 문화와 규범의 전통이 깨진다는 사실을 알고 있지만, 관계를 유지하고 바로잡기 위해 그들의 교직 인생에서 그 전통을 깨뜨릴 준비가 되어 있다. 이는 그들이 신뢰관계를 형성하는 것은 협동적인 문화에 필수적이라는 것을 깨달았기 때문이다(Beatty & Brew, 2004).

최근 성공적인 학교 리더십에 대한 국제적인 조사 연구에서, Day와 Leithwood(2007)는 9개의 연구들 중 5개에서 성공한 교장들은 좋은 청취자라고 밝혀낸 것을 발견하였다. 한 연구에서, 좋은 유머감각을 가지는 것은 중요하다고 하였다(Moos et al., 2007). 이는 갈등을 제거하고 긴장을 줄이는 것과 같은 상황에서 좋은 사회적 평가 기술을 나타낸다. 하지만, Day와 Leithwood가 보고한 것처럼, 성공적인 학교장 리더십에 대한 증거는 광범위한 리더십 연구에서 발견한 사회적 평가 기술(social appraisal skills)을 반영하지 않았다. 그럼에도 불구하고, 이 연구는 광범위한 사회적 평가 기술이 학교장 리더십에 주입된다는 간접적인 증거를 추측할 수 있도록 유도하고 있다.

감성지능과 사회적 평가 기술에서의 한 가지 공통적인 요소는 다른 사람들의 감정적 경험을 인지할 수 있는 안목(discernment)이다. 이것은 "사람들이 느끼는 것, 그들의 관점을 취할 수 있는 것, 폭넓고 다양한 사람들과의 조율과 관계를 형성하는 것"을 감지하기 위해 공감을 사용하도록 한다(Goleman, 1998). 하지만, 리더가 자신의 추종자들이 무엇을 느끼는지를 안다고 추정할 때에 위험 또한 뒤따른다. Denzin(1984)의 이전 연구에 따르면, 다른 사람들의 감정은 잘못 해석되기 쉽기 때문에, 이러한 믿음은 종종 틀릴 수 있다. 이것은 전이(transference) 현상에 기인하며, 이는 우리가 때때로 다른 사람들의 상황을 어떻게 받아들일 것인지 상상하려고 노력하기 때문이다.

다른 사람들의 감정에 대해 알고 있다고 추정함에 있어서 그 중 잘못 인지하는 경우가 발생할 때에는 잠재적인 위험이 발생한다. 따라서 다른 사람들의 감정에 대해 감지한 것이 정확하다면, 그것이 무엇인지를 알아내기 위해 진지하고 사색적인 대화에 참여하는 것은 중요할 것이다. 제공된 증거에 비추어, 감성적 지식(wisdom)을 가진 리더들은 다른 사람들이 무엇을 느끼는지에 대해 추정을 피한다. 대신에 그들은 관련된 당사자들과 감성적 의미 만들기에 전념하는 것을 선호한다. 이러한 성향의 리더들은 또한 전문적인 담론(discourse), 개인의 성찰, 상황에 대한 전략적 분석에서 감정의 중요성을 깨닫는다. 감정에 대해 공통적으로 고려해야 하는 사항은 감성적 리더십이라는 점에서 학습 공동체를 육성하기 위한 중요한 요소로 나타나고 있다. 그러나 이것은 현재의 리더십 실천에 비해 다소 앞서간 것이기는 하다(Beatty, 2007b).

감성적 리더십은 리더들의 성공과 그들의 사회적 평가 기술 사이의 특정한 관련성을 조사하는 학교들에 대한 연구는 아직 초기 단계에 있기 때문에 "미래의" 리더십이라고 말한다. 하지만, 학교 외의 환경에서 나타난 증거는 이러한 기술이 리더십 성공에 중요한 기여를 한다는 것을 보여준다. 그럼에도 불구하고, 기여의 규모는 직무 내용에 근거하여 영향력이 다르다. 이것의 예는 감정 관리가 노동에 있어 감성적 요인을 덜 요구하는 일에서보다 감정적으로 힘든 일에서의 성과와 좀 더 밀접한 관련이 있다고 말한 Wong과 Law(2002)에 의해 나타낸다. 감성적 노동은 누군가 느끼거나 또는 그들의 직무에서 발생하는 감정들과 관련된다. 그들은 감정적으로 힘든 것에 대해 10점 척도로 점수를 매긴다면, 가르치는 것과 학교 리더십은 의심할 여지 없이 10점일 것이라고 말한다.

감성적 리더십 준비

우리는 교사와 리더에 대한 연구와 결과(예를 들어 Beatty(2002a, 2005)의 연구)에서, 그리고 학교 목표에 대한 학생의 유대감을 보여준 연구(Beatty & Brew, 2008)로부터 감정을 관리하는 것은 리더십 준비에 있어서 가장 높은 의제가 되어야 한다는 것을 살펴보았다. 그녀의 연구에서, Beatty는 학교장들이 다른 사람들로부터 감정적으로 고립되고 연결되지 않았을 때 고갈됨을 느꼈다고 말한다. 즉 이것은 감정이 일종의 "지식"을 제공하게 되는 상황의 예로서, 이는 리더에게 계속해서 영향을 미친다.

우리가 리더십의 인지적이고, 지적이며, 인식론적인 관점의 모든 데이터와 다른 틀(framework)과의 통합을 전체론적으로 살펴보았을 때, 감정의 인식론적인 힘을 보게 된다. 간단히 말해서, 감정은 지식을 만들어내고, 감성적으로 얻어진 지식은 교사들과 리더들의 이해와 그들 감정의 오해에 의해 강하게 영향을 받는다. Beatty는 정서적 침묵에서 정서적 참여로 학교문화를 변화시킬 수 있다는 희망이 있다고 말한다. 그녀는 이러한 변화는 아마도 리더의 자신감(confidence), 중심성(centeredness), 안녕(wellbeing), 효율성(effectiveness)에 영향을 주고 그들 학교를 "재문화화"하기 위해 리더들에게 도전하는 것일지도 모른다고 주장한다.

감정의 인식론적 틀은 네 가지 수준의 진행을 보여준다. 첫째, 감정과 리더들의 중요성이 무시된 기본적이고 비유적인 "정서적 침묵"이다. 다음 단계는 Beatty가 "정서적 절대주의(emotional absolutism)" 관점이라고 부르는 것으로부터 자기평가와 다른 사람들을 평가하는 것이다. 여기에서는 감정이 맞거나 틀린 것으로 구분되며, 규칙이라고 외적으로 정의된 것에 따라서 상을 받거나 처벌을 받는다. 하지만 이 단계에서는 내면의 감정적 지식은 부인된다. 세 번째 단계는 "과도기의 정서적 상대주의(emotional relativism)" 로, 이 단계에서는 리더십이 필요한 안건에 대해 주기적으로 감정이 나타나기 시작한다. 하지만 이 단계는 자신과 다른 사람들과의 더 깊은 감정적 유대감이 있을 때 경험된다.

네 번째의 태도는 일상생활에서 정기적으로 다른 사람들과 통합하고 개인적으로 의미 만들기와 감성적으로 얻어진 지식의 깊고 통합적인 사용을 보여주는 "유연한 정서적 상대성(resilient emotional relativity)" 이다. 이 단계에서, 문제 해결과 관계 형성은 사람들이 감정 해석하는 것을 배우고 불안하지 않은 상태로 남아있을 동안에 일어난다(Beatty, 2002a, 2002b).

미국에서 Beatty의 연구에 참여한 학생들은 감정의 인식론적 틀이 그들의 전문적인 모습을 "재개념화" 하고 리더십 업무에 강력한 영향을 미친다는 것을 재차 말하였다(Beatty & Brew, 2004). 호주에서, Beatty는 인간적, 문화적, 기술적, 교육적, 상징적 리더십을 포함하는 Sergiovanni의 리더십 틀의 핵심 요소에 기초하여 새로운 학교 리더십 석사과정을 고안하였다. Beatty는 학교 리더의 안녕, 신뢰 형성, 협력적인 문화, 학교 환경의 안과 밖 모두에서 상호 유대감 형성의 근본적인 양상이 되는 감성적 의미 만들기와 협력적 성찰을 중심으로 두면서 이를 통해 석사과정 개발을 이뤄냈다. 또한 Beatty는 감정의 인식론 개념의 네 가지 주요한 측면들에 대해 재차 언급하고, 이것들이 다양한 감정적 관점을 통해 이행된다면 네 가지 측면들은 깊이 자리잡힐 질 것이라고 강조하였다.

Beatty의 연구에 따르면, 감정의 침묵을 깨는 것은 열망을 가지고 있고 리더로 활동하고 있는 학생들이 그들의 멘토들과 함께 대학에서 오리엔테이션에 참석하는 첫날부터 시작한다. Beatty의 학교 리더십 석사과정이 성공하기 위해서는, 협력적이고 사색하는 실천의 역할은 비록 파트타임으로 2년 동안 공부할지라도 그것을 통해 계속되는 것이 필요하다. 시작부터, Beatty는 학생들은 그들의 전문적인 경험에서 "정서적으로 마음이 상함(emotional wounding)" 의 영향력을 고려함으로써 교육학의 불편함을 받아들이는 것을 배운다고 말한다. 직접적으로 공유하거나 온라인의 성찰을 통해 이러한 정서적 경험들을 설명하는 것의 변혁적인 결과는 친구들 사이에 정보를 주고 받음으로써 학생들의 개인적, 전문적, 조직적인 자신의 통합을 돕는다(Beatty, 2000b).

학자들처럼, 학생들은 개인적이고 전문적인 경험에 대해서 평가받을 의무가 있다. 위의 과정을 통해, 학생들은 자신의 환경에 변화를 주기 시작하면서 학교에서 책무성이 증가하게 되고 이와 연관된 긴장감이 형성되는 것을 배우게 된다. 이를 통한 협력적 성찰 기술은 그들을 지켜줄 힘의 원천이 되고 두려움, 방어적임, 무감각, 무심함의 규범적 성향으로부터 그들을 보호한다. 학생들은 친구들과의 협력을 일반적으로 졸업 이후에도 지속시키며, 따라서 그들 학교에 장기적이고 지속적인 변화를 야기한다.

Beatty의 연구에 대한 효과성을 조사한 연구 결과에서 볼 수 있듯이, 협력적인 학교 문화 구축과 리더의 안녕과 탄력성(resilience)을 유지함으로써 리더가 지속가능한 변화를 달성할 수 있도록 촉진시킨다는 맥락에서, Beatty의 연구는 매우 성공적이라고 평가한 종합적인 지표가 있다. Beatty는 미국과 호주의 리더십 준비 프로그램에서 감정의 인식론적 틀의 이용 결과를 지지하며, 그 결과는 신뢰관계를 형성하는 리더의 역량을 포함한 감정적 의미 만들기를 생성하는 힘은 변혁적인 변화를 야기하는 능력을 갖는다는 것을 보여준다. 학교와 학생들의 유대감을 살펴본 Beatty와 Brew(2005)의 모형을 사용함으로써, 교사들과 학생들로 하여금 리더들에 대한 증가된 신뢰의 영향은 교사들에 대한 신뢰의 상응하는 증가, 동료들과의 더 강한 소속감, 보다 큰 자신감, 좀 더 학구적인 낙천주의와 수업 참여, 큰 학문적 성공으로 이어질 수 있다.

요약

주로 초등학교에 기초하여 볼 때, 교장의 리더십이 학생들의 학습에 직접적, 간접적으로 중요한 영향을 미친다는 것은 명백한 증거가 있다. 간접적인 영향은 가르칠 때 긍정적인 감정을 촉진시키고, 교사들의 수업기술을 향상시키고, 그리고 향상된 수업기술을 학생들의 최대 이익을 위해 이용될 수 있도록 학교에서 리더가 근무조건을 만들어내며, 재구조화하고, 개선하는 정도에 크게 의존한다.

반면에, 직접적인 영향은 가르치는 동료교사들과 리더들의 관계의 본질과 질에 기초한다. 그리고 이러한 관계성의 영향은 학교에서 학교 문화와 학교 집단의 감정적 분위기에 대한 소속감과 관계성에 대한 개인적인 감정의 성향에 기초한다. 이러한 분위기를 만들기 위해서, 리더들은 교사의 감정과 생각을 이해하고 존중할 필요가 있다. 그리고 수업 향상을 고려한 진지한 대화를 통해 학교의 공식적인 의제에 사회적인 공간과 구조를 창출할 필요가 있다.

지속 가능한 풍토를 만드는 것은 교사의 행동을 유발하고 동기를 갖게 하는 학교 안의 복잡한 내부 상태를 이해하거나, 학교가 할 수 있는, 학교가 해야만 하는 것에 함께 참여하는 정신적 모형을 발달시키는 리더들의 능력과 마음에 달려있다. 성공적인 성취를 위하여 리더들은 자신의 감정과 교사의 감정을 모두 염두에 두어야 한다(Leithwood & Beatty, 2008). 리더에게 있어 중요한 것은 감정을 진지하게 받아들이는 것이며, 이는 다른 사람들이 그들 자신의 업무에 있어서 감정적인 측면을 돌아볼 수 있게 한다. 왜냐하면, 앞서 본 것처럼, 감정적인 상처를 극복하는 것은 자신을 재발견하게 하고, 새롭게 배우는 것에 대한 풍부한 기회를 제공할 수 있기 때문이다(Ackerman & Maslin-Ostrowski, 2004).

자신의 감정을 열어 보이면, 리더들은 다른 사람들의 감정과 연결될 수 있다. 리더들이 동료들과 교직원들의 영감과 아이디어를 진지하게 경청할 수 있을 때, 그들의 리더십의 노력은 보다 더 쉽게 지시적 리더십에서 권한을 부여하는 방향으로 옮겨질 것이다. 이것은 조직들이 “복잡한 과학(complexity science)”의 렌즈로 운영될 때, 전통적 리더십의 행위에서 리더들이 무엇을 할 것인가에 대한 개념화로 전환된다(Stacey, 1996).

토의 문제

1. Gardner와 Stough는 효과적인 리더십의 가장 중요한 2가지 양상은 자신의 감정과 다른 사람들의 감정을 모니터하는 능력이라고 한다. 당신은 동의하는가? 왜 동의하는가? 혹은 왜 동의하지 않는가?
2. 이 장에서는 교사들을 유지하기 위한 핵심적인 영역들을 언급하였다. 만약 당신이 교사라면, 무엇이 당신을 그 자리에 남아있도록 격려하는가? 무엇이 당신이 떠나는 것을 고려하도록 하는가?
3. Wong과 Law에 의하면, 감정 관리 기술은 감정적 노동을 덜 요구하는 것보다 감정적으로 힘든 일에서의 성과와 좀 더 강하게 관련된다. 당신이 찾은 "감정적으로 힘든" 것에서 학교 리더십의 세 가지 양상을 말해보시오. 당신은 이 노동의 부정적인 영향을 줄이기 위해 무엇을 할 수 있는가?
4. 처음의 예화에서, 교장 Cho는 Raffles의 감성지능의 부족에 대해 그와 반드시 마주해야 한다. 그가 학생들과 좀 더 강한 유대관계가 필요하다는 것을 받아들이도록 교장이 말할 수 있는 세 가지 건설적인 조언은 무엇인가?
5. 이 장에서 언급된 학교 리더가 감성지능을 신장시킬 수 있는 두 가지 방법을 쓰시오. 그 다음 학교 리더가 이 영역에서 개선하고 학급과 공유하기 위해 할 수 있는 것을 두 가지 더 생각하시오.

활동 주제

1. "너는 왜 이해할 수 없니?", "정말 흥미로운 생각이야!", "1분만 조용히 해줄 수 있니?", "너는 사랑스러운 미소를 가지고 있다."와 같은 문장들을 색인카드에 쓴다. 카드를 섞고 사람들에게 나누어준다. 각 사람은 카드가 어떻게 자신을 느끼게 했는지 말하지 않고 행동해야 하고, 그 다음 카드에 쓰여있는 문장을 소리 내어 읽는다. 어떻게 언어가 자신감, 관계, 신뢰에 영향을 주는지 논의한다.
2. 소그룹에서, 당신에게 가장 큰 영향을 준 교사에 대해 설명하시오. 교사는 어떻게 감성지능을 사용하였는가?

추천 문헌

Chopra, D. (2011). *The soul of leadership: Unlocking your potential for greatness*. London: Rider.

George, J. M. (2008). *Emotions and leadership: The role of emotional intelligence*. CA: Sage.

Moore, B. (2009). *Inspire, motivate, collaborate: Leading with emotional intelligence*. Westerville, OH: National Middle School Association.

West, D. L., & Reitzug, U. C. (2008). *"It's like not having a car for a road trip": Principal disempowerment and stress*. University Council for Educational Administration (UCEA) conference, Orlando, FL.

Zembylas, M. (2010). The emotional aspects of leadership for social justice: Implications for leadership preparation programs. *Journal of Educational Asministration*, 48(5), 611-625.

제6장

창업가형 리더십

학교는 기업 리더로부터 무엇을 배우는가

Grover Cleveland 초등학교는 힘든 시기를 보냈다. 학교의 재정 상태는 심각했으며, 어찌할 방도가 없는 것처럼 보였다. 교장 Joe Alheusen은 학교를 원상태로 회복해야 하는 책임이 자신에게 있다는 것을 알았지만, 그에 필요한 환경을 구축하는 데 어려움을 겪었다. 몇몇 교사들이 이따금씩 찾아와 기발한 의견을 제시하였지만, 교장은 이 의견들을 거부할 수밖에 없었다. 그러나 그의 마음 한 구석에는 교사들의 창의적인 아이디어를 억눌러서는 안 된다는 생각이 자리잡고 있었다.

Grover Cleveland 초등학교 학부모 중 한 명인 Oren Milner는 부유한 자본가이자 기술적 창업 자문가이다. 어느 날 금요일 저녁, 사교 모임에서, Alheusen 교장은 Milner가 운영하고 있는 신생 기업의 자유와 에너지가 부럽다고 말하며 그러한 우수성이 Grover Cleveland 초등학교에도 발휘되었으면 좋겠다고 하였다. Milner는 Alheusen 교장에게 몇 가지 질문을 하면서 학교가 회사와 크게 다르지 않음을 깨달았다. 교사들은 나름대로 가치 있는 의견들을 가지고 있었고, 견실한 리더십이 필요했으며, 효과적인 재정 관리가 요구되는 상황이었다. Milner는 Alheusen 교장에게 몇몇 학교 리더들을 만나볼 것을 제안하였다.

한 달이 지난 수요일 오후 회의 때, Milner는 세 가지 제안을 하였다. 첫째, 학교예산 중 정리 가능한 영역을 파악하기 위해 몇 주 동안 자신의 회계사의 도움을 받을 것을 제안하였다. 둘째, 그는 새로운 구조의 직원회의를 제안하였는데, 회의에서 나온 모든 의견들이 아무리 이상할지라도 우선은 경청해야 한다는 것이었다. 그 후 이 의견들은 공적(merit)에 따라 논의되고, 직원 전체에 의해 거부되거나 받아들여질 것이다. 마지막으로, Milner는 불만사항 및 의견을 수렴하기 위해서 "고객"인 학부모와 직원(교원)들 간에 강력한 유대관계를 형성할 것을 추천하였다.

미국의 교육 시스템은 점점 현대화되어 가고 있다. 리더십을 증진시키려는 기업계의 노력은 오랫동안 학교 행정가들에게 무시되어 왔지만, 최근 이에 대한 재인식이 형성되고 있다. 연구자들은 새로운 단계로 교육 분야를 이끄는 모형을 제시하기 위해 재빨리 움직이고 있다. 리더십을 증진시키기 위한 대부분의 노력은 학교 리더들이 정부, 지역사회, 그리고 다양한 고위직의 참관인(observer)들의 압력이 증가하면서 나타났다. 모든 학교 리더들은 미국 교육의 상태에 대해 우려하고 있는데, 특히 다른 선진국들과 비교한 보고서를 살펴보면 그러한 사실들이 잘 나타나고 있다.

리더십 해결책으로 여겨지고 있는 새로운 시도 중 하나는 창업가형 리더십이다. 창업가에게 나타나는 두드러진 한 가지 양상은 이들이 조직의 혁신과 경제적 성장에 긍정적인 영향을 미친다는 것인데, 혁신과 경제적 성장은 세계적 요구에 부응하기 위해 필수적인 것들이다(Gold, Falck, & Heblich, 2010). 전문기업이 설립되고 빠르고 쉽게 전 세계와 소통이 가능한 현대 시대에, 도입부의 예화에서 볼 수 있듯이 학교는 기민한 최신 사업 모형에서 많은 것을 배울 수 있다. 학교 리더들은 혁신적, 의욕적, 목표 지향적인 분야의 창업가들로부터 가치 있는 교훈을 얻을 수 있다. 이 장에서, 우리는 학교 리더들이 활용할 수 있는 창업가들의 기술과 특성을 확인하고 조사하고자 한다.

특히 작은 기업체의 사업적 감각이 있는 창업가형 리더십에 대하여 많은 연구들이 이루어지고 있지만, 학교 리더십과 관련된 연구는 거의 찾아볼 수 없다. 아마도 학교 리더십의 성공은 금전적으로 측정될 수 없어서 창업 리더십과는 전통적으로 분리되어 왔기 때문일 것이다. 그러나 학교와 기업 간에는 많은 공통점이 있으며, 특히 결과에 대한 강조점을 공유하고 있다.

많은 리더십 연구가 창업가의 추진력(drive)에 초점을 두고 있다. Schumpeter(1912)는 이러한 추진력을 "정복하려는 의지", "왕국을 설립하려는 꿈과 의지", "창조와 실행에 대한 기쁨"으로 묘사한다. 이러한 발전은 성공하고자 하는 창업가의 열의를 정확하게 묘사하고 있지만, 이른바 "Schumpeter의 창업가적 재능"이 어디에서 오는지는 설명하고 있지 않다(Lazear, 2005). 이러한 재능을 어떻게 얻을 수 있는가는 우리가 창업가형 리더십에서 가장 먼저 관심을 두게 될 부분이다.

최근, 연구자들은 창업가들의 효과적인 리더십 행동 특성이 새로운 사업을 성공으로 이끈다고 하였다(Bryant, 2004; Cogliser & Brigham, 2004). 효과적인 리더십 행동 특성의 한 좋은 예로는 기업 설립자들이 회사를 위한 비전을 만들어내고, 다른 이들에게 자신의 꿈을 보고 이해할 수 있도록 영감을 주고 영향을 주는 것이다. 이것은 직원을 유인하고, 사업의 성장을 위해 필요한 자원을 획득하기 위한 좋은 특성이다(Baum, Locke, & Kirkpatrick, 1998).

게다가, 창업가들은 직원들에게 보상해주는 방법으로 초기의 목표를 세워야 한다(Williamson, 2000). 창업가는 기업의 설립자로서, 사업을 처음부터 시작할 때 운영 절차 관련 뚜렷한 기준이 없거나 의지할 수 있는 조직 구조가 없기 때문에 리더십이 더욱 요구된다. 이것은 창업가와 기업 경영가 사이의 주된 차이점인데, 왜냐하면 후자는 주로 기업을 이끌 수 있는 더 명확한 목표, 목적, 구조와 근무 절차를 가지고 있기 때문이다(Ensley, Pearce, & Hmieleski, 2006). 하지만 더 크고 인정받은 조직에서는 리더십을 발휘함에 있어 몇몇 구성원들과 문제가 발생할 수 있는데, 새롭게 조직을 운영하는 창업가의 입장에서는 문제가 더 줄어들기 때문에 이것은 이점이 될 수 있다(Kerr & Jermier, 1978).

비록 창업가 정신에서 리더십의 중요성이 확고해지고 있지만, 가장 효과적이라고 입증되는 리더십 행동의 유형에 대한 연구는 부족한 실정이다. 게다가, 이러한 종류의 리더십에 대한 많은 문헌은 리더십 행동에 권한을 주는 것에 주로 초점을 맞추고 있다(Covin & Slevin, 2002, 2004; Gupta, MacMillan, & Surie, 2004; Ireland, Hitt, & Sirmon, 2003; McGrath & MacMillan, 2000). 그러나, Hmieleski와 Ensley(2007)는 지시적 리더십과 같이 다른 행동을 인정하려 하지 않는 것은 창업가에게 불이익을 줄 수 있다는 점을 지적하였다. 우리가 이미 이전 장에서 봤듯이, 학교 리더십에서의 지시적 리더십은 교육적이며, 교수 리더십은 학교 리더십 유형의 핵심으로 남아있다.

두 연구자들은 창업가적인 행동에서 "유일한 최선의 방법" 모형이라고 일컫는 것을 찾았는데, 이것은 창업 시 나타날 수 있는 복잡성을 고려하지 못하였다(Hmieleski & Ensley, 2007). 더욱 정교한 교차 수준의 모델을 만들지 못한다면, 창업가 정신 분야는 조직 행동과 전략적 경영과 같이 확고히 다져진 리더십 연구의 위상을 얻지 못할 것이라고 몇몇 연구자들이 제기해왔기 때문이다(Davidsson & Wiklund, 2001; Low & MacMillan, 1988). 연구자들은 창업가 정신에 대한 선행연구에서, 새로운 기업형 리더십에 해당될 수 있는 교차 수준의 모형을 개발하기 위해서, 조직 행동과 전략적 경영으로부터 몇몇 이론적 측면을 끌어내는 것에 신중해야 한다고 주장하였다.

시간이 지나면서, 창업가는 선천적으로 타고나는 것인지 후천적인 것인지에 대한 논의가 있어왔다. 창업가형 리더십 행동에 대해 계속해서 살펴보기 전에, 우리는 창업가 정신이 천성의 산물인지 아니면 교육을 통해서 발전된 것인지 알아볼 필요가 있다. 이것은 자연스럽게 얻을 수 없고 "학습할 수 없는(unlearnable)" 리더십 유형을 학교 리더에게 제시하는 것이 비현실적이기 때문이다. Gold, Falck과 Heblich(2010)의 연구에서 그들은 창업가적 재능은 타고난 유전자와 교육의 조합으로부터 얻어진다고 주장하였다.

그래서 연구자들은 사회화와 대학 진학 준비를 위한 학교교육의 역할에 초점을 맞추기로 하였다(예를 들어, 넓은 의미에서의 청소년 교육, 그리고 창업가적 재능의 초기 형성을 위한 청소년 교육). 그러나, 초기 창업가적 재능을 측정할 수 있는 방법은 없는데, 이러한 재능은 직접 관찰이 불가능하기 때문이다. 최고의 대안책은 대학생의 창업의지를 들여다보는 것이다. Falck 외(2009)는 청소년기에 나타나는 창업의지는 미래의 실제 창업가 정신의 강한 지표라는 것을 입증할 수 있었다. Gold 외(2010)가 초기의 재능을 예측하곤 했던 것이 바로 이 연구이다.

Gold 외의 창업가 정신에 대한 연구는 가장 중요한 실험 대상이라고 할 수 있는 대학생들을 대상으로 혁신적인 창업가 정신의 주요 요소로 나타나는 것이 무엇인지 조사하였다. 연구자들은 창업가들의 성장을 위해 확인할 수 있는 요소들에 주목하였는데, 이러한 요소들은 처음 대학에 입학한 학생들의 창업가적 재능을 대표한다. 이러한 창업가적 재능은 모든 방면에서 창업가 정신 교육을 위한 기초를 형성하고, 특히 경영 대학원에서 그 인기가 증가하여 사용되고 있다(Katz, 2003).

창업가적 재능의 형성

창업가가 선천적으로 타고나는 것인지 후천적인 것인지 그리고 창업가적 재능을 배우거나 양성하는 것이 가능한지를 확인하는 데 있어서, Gold 외(2010)가 제안한 것처럼, 우리는 우선 이러한 재능의 형성에 초점을 맞추기로 한다. 인지적 기술이나 비인지적 기술의 형성에 대한 연구는 종종 인생 주기적 관점과 관련되어 있다. 예를 들어, 모든 사람은 각자의 재능을 만들어내는 타고난 생물학적인 특성을 가지고 있다. 연구자인 Nicolaou 외(2008), Nicolaou와 Shane(2009)은 창업가 정신의 맥락에서 이러한 관점을 분석하였다. 창업 기회와 한 사람을 창업가로 만드는 전반적인 요인들을 확인하는 능력에 관하여, 그들은 유전적 요인들이 개인차를 설명하는 데 사용될 수 있다는 것을 발견하였다.

다음 측면은 사회화와 학교교육 측면인데, 이는 훗날 밑거름으로서 유전적 요인과 함께 창업가적 재능의 성장에 기여한다. Gold 외(2010)는 사회화 과정에서, 부모의 역할 모형이 창업가적 재능을 발달시키는 데 가장 중요한 역할을 한다고 하였다. 이것은 아이들이 부모님의 회사에서 시간을 보내며 가장 많이 배우기 때문인데, 이는 특정 직업에 대한 선호도에 부모의 영향이 크다는 것을 설명한다. Marshall(1920)은 "시간이 흐르면서, 일하는 부모를 둔 자녀는 그들의 주변에서 보고 들은 것으로부터 많이 배운다."라고 분명하게 명시하고 있다. 후에 Aldrich 외(1998), Dunn과 Holtz-Eakin(2000) 그리고 Hout와 Rosen(2000)의 연구는 기업을 이끄는 부모의 경우 대개 어린 자녀가 일터에 접할 수 있도록 기회를 제공할 수 있기 때문에, 그들의 아이들에게 창업가적 재능 형성에 대한 확연한 특징이 나타난다는 것을 확인하였다. 이 경우, 아이들은 가족의 사업에 지속적 노출을 받게 되고, 거의 무의식적으로 성공적인 기업 운영을 위한 실용적 지식을 익히게 된다(Lentz & Laband, 1990). Fairlie와 Robb(2007)은 또한 청소년들이 가족사업을 도우며 직업 경험을 쌓을 때, 그들에게 미치는 직접적인 "창업가적" 효과 덕분에 위와 같은 지식을 습득하게 된다고 보았다.

사회화 과정에서 아이들이 친구에게 받는 영향력과 관련된 속성도 있는데(Banduras, 1977), 이것은 창업가적 재능 형성에 큰 영향을 미칠 수 있다(Falck et al., 2009). Gold 외(2010)는 사회화 과정에서 아이들과 그 친구들은 그들 자신이 미래의 창업가가 되기를 바란다는 한 사례를 보여주었다.

이러한 아이들은 다른 곳에서부터 명령을 받는 것이 아니라, 직접 사장이 되거나 자신의 사업체를 운영하는 것이 "멋지다"고 믿는다. 그래서 그들은 친구들로부터 애정과 경쟁을 불러일으키면서, 꽤 모험적이고, 인맥을 형성하는 것을 즐기며, "한 집단의 리더"로서 행동한다(Akerlof & Kranton, 2002). Baumol(1968)의 초기 연구는 아이를 창업가로 발달시키는 주된 영향력 중 하나가 친구라고 밝혔는데, 친구를 통해 재미있게 창업가적 재능을 강화할지도 모른다고 하였다. 따라서 아이들은 Schumpeter가 언급한 "정복하려는 의지" 및 "왕국을 설립하려는 꿈과 의지"를 달성하게 된다. 이상의 연구를 통해서 우리는 사회화와 학교교육이 인지적 · 비인지적 기술과 그 밖에 일반적으로 창업가적 재능에 속하는 능력들을 발전시키는 데 영향을 미친다는 것을 확인하였다.

독일의 실험

Gold 외(2010)의 연구는 사회주의인 동독과 서독이 재통일했던 1990년 전후로 창업가적 기량의 차이점을 살펴봄으로써 대학 진학 준비 교육의 영향력을 분석하였다. 이 연구는 사회화 내에서의 차이점과 얼마나 그 차이점이 창업가적 기량과 리더십에 영향을 줄 수 있는지를 입증하였다. 명백하게, 창업가 정신은 주로 자본주의 자원이라는 사실에 근거하였기 때문에 이 사례는 가장 적합하다. 그러므로 다양한 제도하에서 공부한 학생들에게 관찰 가능한 결과가 있을 것이라 기대한다.

Gold 외는 이 연구를 위해 실증적인 전략을 사용하였고, 많은 독일 대학생들을 표본 집단으로 삼았다. 이 학생들은 사회화의 효과와 각자의 창업가적 재능을 위한 학교교육을 분석하는 데 충분한 자료를 제공해주었다. 연구자들은 창업가가 되고자 하는 학생들의 바람과 사회주의 교육의 영향력을 주의 깊게 살펴보았다. 연구 결과는 사회화와 학교교육은 창업가적 재능의 성장과 발달에 기여하여, 이는 결국 창업가가 되고자 하는 학생들의 의도에 영향을 미쳤다는 것을 밝혀냈다.

사회화와 학교교육의 상대적 중요성을 더 잘 이해하기 위해서, Gold 외는 학생의 창업의지에 대한 대학 진학 준비 교육의 영향력을 확인하는 데 연구 결과를 사용하였다. 그 연구는 독일의 대학생들을 대상으로 설문 조사를 실시한 연구로, 연구 대상은 사회주의 체제하에서 고등학교 교육을 일부 경험한 학생들과 시장 경제의 가치를 가르친 교육 체제하에서 공부한 서독의 학생들이었다.

연구자들은 학문적 전통이 다른 환경에서 공부한 학생들의 경우 창업의지에도 상당한 차이가 있다는 것을 발견하였다. 가령, 1990년 재통일을 기준으로 이전에 고등학교를 졸업한 동독 학생들의 창업의지는 그 이후에 졸업한 학생에 비해 낮은 것으로 나타났다. 이러한 결과는 서독 소재 대학에 재학 중인 학생들을 대상으로 창업의지에 영향을 미칠 수 있는 타 개인 배경변인을 통제할 경우 일관성을 보였다.

이러한 발견은 창업의지가 사회화와 학교교육 과정 내에서 다소 내생적으로 초래된다는 것을 강조하였다. 그들은 또한 정책 입안자들이 교육 체제를 통해 창업가적 재능에 영향을 줄 수 있다는 것을 입증하였다. 그러나 이 연구는 교육 체제의 변화가 창업가적 재능에 영향을 미칠지도 모른다는 것만을 입증하였고, 창업가적 재능을 끌어올리는 데 가장 효과적인 모형이 무엇인지에 대한 그 어떤 구체적인 증거도 제시하지 않았다는 점에서 한계가 있다. 이것은 추후 실증적인 연구가 필요한 분야이다.

동독이나 통일된 독일에서 중등 교육을 마친 독일 대학생들의 하위샘플에 대한 또 다른 연구 결과가 있다. 이 연구의 결과는 학교에서 자유 시장 경제의 가치와 이익을 가르치는 것이 창업의지 형성에 영향을 준다는 것이었다. 특화된 창업가 교육이 실제로 창업가적 재능을 향상시킨다는 확신을 주기 때문에, 우리가 가장 관심을 갖는 것이 바로 이 결과인 것이다. 예를 들면, 창업가가 되려고 하는 열망을 증진시키기 위해 필요한 조건 향상과 같은 것이 있다.

이러한 연구 결과는 학교 리더들에게 두 가지의 영향을 미친다. 첫째, 학교 리더들은 학생들에게 창업의지를 가질 수 있도록 최적의 환경을 만들어주어야 한다. 둘째, 학교 리더들 스스로가 학교 환경에서 창업가형 리더십 스타일을 위해 필수적인 창업가적 특성 발달에 특화된 교육을 받아야 한다. 최근 유일한 걸림돌은 학교에서의 창업가 정신을 다루는 과목이 어떻게 개인의 창업의지에 영향을 미치는지에 대한 연구가 부족하다는 것이다. 하지만 이것에 대한 추후 연구의 많은 여지가 있다. 게다가 Gold 외는 대학에서의 창업가 정신을 다루는 과목의 영향력은 더 철저하게 연구될 필요가 있다고 하였다.

창업가 정신은 무엇을 수반하는가?

창업가들은 필연적으로 "선천적"인 것이 아니라 "후천적"이라는 것을 확인했기 때문에, 이제는 창업가 정신 그 자체에 대해 면밀히 살펴볼 것이다. 창업가 정신을 정의함에 있어서, 많은 의미를 포함하기 위해 앞서 진술한 혁신적이고, 창조적이고 위험을 감수하는 슘페터(Schumpeter)적인 창업가에 대한 개념에서부터 출발하고자 한다. Wickham(2001)에 의하면, 창업가는 "… 창조적이고, 시장 혁신을 위한 적소를 찾아내며, 위험을 감수하고, 성장 지향적이고 이윤이나 투자 환급의 최대화에 의해 추진력을 가지게 된다."

또 다른 특징은 "기업을 이끌고 기업의 자원을 할당할 줄 아는 능력"이다. "리더십"의 관점에서 "창업가 정신"이라는 용어를 가장 잘 설명해주는 것이 창업가 정신의 특징이라고 할 수 있다. 그리고 창업가 정신은 창업 성공에 필요한 창업가적 특징과 많은 활동을 포함한다. 그러나 이렇게 정의되는 창업가 정신은 일단 기업이 설립되고 나면 사라진다는 사실에 한계가 있다. 기업 설립 이후에는 경영이 기업을 끌어가는 원동력이 된다. 결과적으로, 이런 의미의 창업가 정신은 대개 새로운 기업의 설립자 또는 소유자인 "창업가형 리더"를 말하는 것이다.

작은 기업의 리더십에 대한 편견도 있다. 업무를 위임하는 큰 기업 소유자와는 달리, 작은 기업의 창업가형 리더들은 매일의 경영 업무에 직접 관여하고, 작은 기업이 주는 부정적인 문제에 끊임없이 노출된다는 것이다. 도입부 예화의 Alheusen 교장처럼 대부분의 학교 리더들은 작은 규모 기업의 창업가와 더 밀접하게 관련되어 있을지도 모른다. 소규모 기업의 창업가들은 위임할 수 없는 임무를 수행함에 있어 매일 도전에 직면한다. 그들이 직면하는 것은 매일 학교를 운영할 때 생기는 곤경과 다르지 않다.

그러므로 창업가들은 그들에게 요구된 다양한 업무를 인지해야 하는 고된 과제를 가지고 있다. 그것들은 다양한 창업가적 능력에 의존하거나 특정한 창업가적 자질을 요구하는 업무들이다. 이는 소규모나 중소규모의 기업들이 시장 지향적이라는 사실에서 잘 나타난다. 그들은 다음과 같은 업무를 충실히 하려고 한다.

- 고객의 요구사항에 적절히 반응하기
- 기존 제품으로 새로운 시장에 진출하기
- 업무의 흐름을 능률적으로 조직하기
- 직원들에게 동기부여하기
- 시장 개발 절차 및 방법을 향상시키기
- 오래된 유통경로(distribution channel)를 현대화하고 새로운 경로를 발견하기
- 오래된 재무자원(source of finance)의 틀을 유지하면서 새로운 재원을 개발하기
- 새로운 상품과 새로운 생산과정을 발견하고 개발하기
- 위험요소를 처리함으로써 불안정성을 직시하기

최근 New Jersey의 Newark에서 시행된 글로벌 빌리지 스쿨존(The

Global Village School Zone)은 새로운 모형을 구상하는 데 상기 언급된 내용을 사용한 학교 시스템의 좋은 예이다. Newark 공립학교 시스템은 미국에서 최악의 졸업률을 보이는 학교 중 하나로 악명 높다. Cory Booker 시장은 글로벌 빌리지 모형을 만들기 위해 자청했는데, 이것은 차터 스쿨(charter school)처럼 많은 공립학교들이 수행할 수 있도록 하였다. 학부모, 교장, 교사, 다양한 리더들로 구성된 위원회는 의사결정권과 함께 학생의 요구에 교육과정을 맞추는 자율권을 가지게 되었다. 학교들은 다양한 지역 대학의 조언자와 밀접한 연계를 맺고 있고, Ford 재단과 Victoria 재단의 보조금을 비롯한 새로운 재정 지원을 받았다. 관련 위험 요소들이 분명 있지만, 이 학교들은 국가 전역에서 성공이 입증된 모형을 시험하고 있는 것이다. 이러한 모형들 중 Harlem Children's Zone에서는 지역 단위 관리로부터 자율권이 주어졌기 때문에, 학교들이 학생들의 요구에 더 민첩하고 더 정확하게 반응할 수 있다(Hu, 2010).

리더십에서 요구되는 창업가적 재능

앞서 살펴본 아홉 가지 업무를 모두 충분히 달성하기 위해, 창업가는 기업을 운영할 때 매우 전문적이고 능숙해야 한다. 마지막 두 가지 요건들(새로운 상품과 생산과정을 발견하고 개발하기, 위험요소 처리하기)은 창업가적 교육과 향후 교육의 범위 내에서 개발된 일정 수준의 전문가적인 자격과 자질을 요구한다. 창업가의 리더십을 필요로 하는 한 가지 주된 분야는 경쟁 우위를 얻기 위해 인적 자원을 개발하는 업무이다. 서비스 전달에서 직원의 역할과 연관성은 중요하다. 그러므로 창업가는 동종업계 경쟁 기업보다 경쟁 우위를 갖추기 원한다면, 인적 자원 관리와 직원 만족도 보장의 능률을 높이기 위해 리더십을 보여야 한다(Heskett et al., 1990; Homburg & Stock, 2001; Lam et al., 2001; Normann, 1996; Sharpley & Forster, 2003). 인적 자원 관리를 하는 리더의 역할에는 직원 채용, 직원 발전, 직원 동기부여가 있다. 우리는 이 역할들을 아래에서 논의할 것이고, 학교 리더십에 어떻게 적용할 수 있는지 살펴볼 것이다.

직원의 채용과 발전

창업가는 시장에서 특정 회사로서 그들의 기업이 자리할 수 있는 노동 시장의 변화를 설명하고 관찰할 수 있어야 한다. 작은 기업에게, 특정한 문제점들이 이러한 요구사항에 포함된다. 우선, 독특한 시장의 위치를 유지하고 개발하기 위해서, 창업가는 직원의 자격 요건을 평가하고 결과적으로 자격을 위한 명료한 기준을 세워야 한다. 둘째, 이러한 직원들이 고용되기 전에 직무 설계와 기업의 의사결정권에 있어서 자유재량권이 결정되어야 한다(Peters, 2005).

의사소통, 동기부여, 인적자원의 조정

연구는 기업체 내의 정보와 의사소통 전략이 서비스의 질과 조직 문화를 결정하는 강력한 요인이라는 것을 보여준다. 그러므로 창업가형 리더들이 의미 있는 결과를 달성하고자 한다면, 그들은 의사소통에 필요한 실질적인 수단과 도구를 신중히 개념화하고 수행해야 한다. 또, 중소기업의 리더들은 끊임없이 다루어야 하는 연고주의(nepotism)와 정보/의사소통 불균형과 관련된 문제들에 직면한다(Peters & Buhalis, 2004; Peters et al., 2004).

직원의 발전과 권한

기업체의 경우, 직원의 만족도가 높을수록 고객의 만족도도 높아진다는 것이 연구를 통해 증명된 바 있다(Heskett et al., 1997; Peters, 2005). 이러한 이유로 리더들은 직원들이 고객 서비스를 개선할 수 있도록 작업장을 조성하거나 보상 및 인센티브를 제공해야 한다. 창업가형 리더들은 일의 복잡성, 직원의 자유재량권을 고려하여, 고객/직원의 요구에 맞는 서비스 제공 과정을 설계해야 한다.

중소기업의 많은 직원들은 회사 내의 태도 문제, 인정받지 못함, 합의 불승낙, 상관의 괴롭힘, 또는 대개 좋지 않은 근무 분위기와 같은 이유로 회사를 떠난다(Langer & Sviokla, 1998). Peters(2005)는 실증적인 자료를 사용하여, 중소기업의 직원들은 공감과 공정성과 같은 리더들의 특성을 평가하고, 회사 내의 상당한 동기부여가 되는 문화를 만들어낸다는 것을 연구에서 보여주었다. 특히 국제적인 직업을 준비할 경우, 창업가가 직원들의 경력 개발을 더 지원할수록, 직원들은 자신의 직업을 좀 더 가치 있게 여긴다. 게다가, Peters는 직업 만족도는 회사 내 리더의 유형에 대한 만족도뿐만 아니라 직업 자율성에 의해서도 강한 영향을 받는다는 사실을 발견하였다.

이상의 결과들을 분석해보면, 성공적인 창업가 정신을 위해 성취되어야 하는 필수 요건들이 있다는 것을 추정할 수 있다. 이 요건들은 적절한 급여 체계, 팀 발전, 만족스러운 내부 의사소통 시스템이다. 놀라운 것은 급여에 대한 문제는 만족요인으로 설명되기는 하지만 꼭 동기요인은 아니라는 점이다. 즉, 적절한 급여가 항상 요구되지 않을 수도 있다. 따라서 직원의 급여 인상이 항상 높은 직업 만족도로 이어지는 것은 아니다(Peters, 2005).

그러나, 전부는 아니지만, 대부분의 동기요인들은 중요한 행동 관련 지표가 된다. 그러므로 중소기업의 창업가들은 경력에 대한 계획, 훈련, 교육, 직업 다양성과 같은 장기간의 인적 자원 개발 수단을 갖추어야 한다. 또한 창업가는 직원과의 대화를 통해 이러한 인적 수단에 대한 관심을 표현해야 한다.

게다가, 창업가는 공정성, 자유, 직원 권한의 실행을 통해 직원의 동기에 상당한 영향을 미친다. Peters(2005)는 창업가들은 두 부류로 나뉜다고 하였다. 즉, 직원들이 보기에 "직원 친화적인" 창업가와 "직원과 거리를 두는" 창업가로 분류하였다. 전자는 회사 내에서 올바른 동기부여 구조와 의사소통 구조를 만드는 데 더 창의적인 창업가로 평가된다. 그들은 공감과 공정성을 제공하면서, "직원과 거리를 두는" 리더들보다 직원들에게 더 높은 동기부여와 직업 만족도를 부여한다. 그렇기는 하지만, 명료한 지시의 수행과 명령 구조가 리더십의 부정적인 측면이라고 할 수는 없다. 그러므로 Peters는 계층적 리더십 모형에 더 흔히 사용되는 명료한 지시와 공감적 의사소통 사이에서 균형을 잘 맞추는 창업가형 리더를 필요로 한다고 하였다. 도입부의 예화에서 만난 Alheusen 교장은 그의 권위와 명료한 지시 능력을 약화시키지 않으면서 의사소통 방안을 펼치는 것에 관해서, Oren Milner의 제안을 일부 포함한 여러 방법을 찾아보아야 할 것이다. Peters에 따르면, 균형을 맞추는 능력은 효과적인 리더들이 갖는 특징이다. 비록 그는 기업 환경을 언급하고 있지만, 우리는 이것을 학교 상황에서도 똑같이 적용할 수 있다는 것을 알 수 있다.

Peters는 결국 창업가들이 훌륭한 직원을 잃을지도 모른다는 두려움 때문에 고민에 빠질 수도 있다는 것을 인정하였다. 창업가가 직원의 경력 개발을 위해 노력하는 것이 직원들의 이직에 활용될 수도 있기 때문이다. 그러나 모름지기 훌륭한 창업가들은 더 좋은 회사로 옮기려는 직원을 잃어버리는 위험을 감수하면서도, 리더로서 직원들이 잠재력을 키우고 성취할 수 있도록 도와주어야 한다.

또한 Peters는 창업가의 권위적 리더십 유형과 낮은 교육 성취 정도가 직원의 동기에 치명적인 결과를 준다는 증거는 거의 없다는 사실을 덧붙였다. 그러나 그럼에도 불구하고 더 비효율적인 인적자원 관리와 리더의 비능률적인 행동이 직원의 동기에 더 큰 변화를 가져다준다는 사실을 알 수 있다. 이미 살펴봤듯이, 단 하나의 효과적인 리더십 유형은 없다. 의사결정 구조나 관련 문화적 배경에 따라 더 독재적이거나 더 참여적인 유형이 필요할지도 모른다(Herzberg, 1974; Kotter & Heskett, 1992; Lok & Crawford, 1999; Pennington et al., 2003). Peters의 연구를 요약하면, 창업가는 직원이 리더의 높은 공정성과 공감 의식에 의해 동기부여를 받는다는 사실을 인식해야만 한다.

임파워링 리더십 행동

임파워링 리더십 행동은 자기보상 체계 권장, 자기 리더십, 기회 인지, 참여적 목표 환경, 그리고 부하 직원 · 직속 부하 · 팀원에 의한 자율적인 행동을 포함한다(Pearce et al., 2003). 이러한 행동은 조직을 통한 의미의 인식, 자기효능감, 팀이 주는 효력, 자기결정권에 긍정적으로 영향을 주는 것으로 나타나고 있다(Spreitzer, 1996).

긍정적이고 감성적으로 지원해주고 격려해주는 것을 특징으로 하는 임파워링 리더들은 개인 및 기업의 목표를 달성할 때, 부하 직원의 동기부여나 자신감을 증진시켜 주는 경향이 있다(Conger, 1989). 그러므로 더 크고, 더 인정받고, 자원이 풍부한 기업과 경쟁하기 위해서는, 동료의 헌신을 필요로 하는 창업가들에게 임파워링 리더십이 얼마나 유용한 행동 전략인지 살펴볼 수 있다(Ensley, Pearson, & Pearce, 2003).

게다가, 창업가에게 임파워링 리더십은 역동적인 환경에서 매우 중요할 것으로 생각된다. Nicholls-Nixon(2005)에 따르면, 역동적인 환경에서 기업의 성장을 꾀하는 창업가들은 임파워링 리더십 유형을 채택할 때 더 이득을 얻는 것으로 보인다. 이러한 관점은 리더십의 다른 복잡성 이론과 일치하는데, 이 이론들은 불확실한 환경 속에서 조직의 효과성을 이끌어내는 것이 아니라, 보통 그 환경에서 리더십 행동이 얼마나 가능한지를 고려한다(Marion & Uhl-Bien, 2001).

위에서 언급한 대로, 우리는 임파워링 리더십을 경영관리팀을 통해 리더십을 나누는 효과적인 방법으로 여긴다. 이것은 새로운 전략 형성을 강화시키는데, 전략 형성은 현재의 환경과 가장 관련된 각 팀에 있는 개개인의 재능을 이용하여 가능해진다(Pearce, 2004).

그러나 임파워링 리더십에 뒤따르는 부정적인 영향이 있다. 이에 관심을 가지는 리더십 연구가 비교적 적다는 점과 다양한 팀에 권한을 분산하는 것의 약점들 중 하나는 때때로 역효과를 낳는다는 점이다(Gebert &

Boerner, 1999). Gebert, Boerner와 Lanwehr(2003)는 임파워링 리더십이 혁신적인 결단력을 내리는 데 의견 일치가 되지 않을 수도 있다는 것을 발견하였다.

게다가, 권한을 부여받은 경영관리팀은 시장에서의 기반을 확실히 다지는 데 사용되는 단일의 비즈니스 개념을 개선하지 않은 채, 너무 많은 기회를 가지거나 의사결정을 하기도 전에, 때때로 너무 많은 정보를 얻으려고 할 수 있다. 그러나 이러한 도전 과제들은 여러 다른 종류의 최고 경영관리팀이 있는 회사나 동종업계 기업들보다 더 혁신적인 회사에서 더 자주 나타난다(Bantal & Jackson, 1989; Elenkov, Judge, & Wright, 2005).

권력이 다양한 팀으로 분산되어 있으면 여러 대안을 다루거나 도전적 상황을 이해하는 데에는 꽤 효과적일 수 있지만, 다른 팀들과는 달리 그들은 결정 사항에 대한 합의에 도달하는 데에는 훨씬 오래 걸린다(Pfeffer, 1983). 이것은 최고 경영관리팀 내 관점이 다양하기 때문인데, 이로 인해 갈등을 유발하거나 의사결정 과정이 늦춰질 수 있다(Amason, 1996).

그러므로 경영관리팀에 권한을 부여하는 것은 갈등이 더 커질 수도 있다는 결론을 내릴 수 있다. 팀원 간의 이러한 갈등은 특히 역동적인 환경에서 운영되는 기업에 해로울 수 있다. 역동적인 환경에서는 기회가 빨리 지나가므로 신속한 의사결정이 필요하기 때문이다. 그러므로 창업가들은 경영관리팀에 언제 어디서 권한을 줄지에 대해 신중해야 한다(Hmieleski & Ensley, 2007).

이 두 연구자들은 역동적인 환경에서 권한부여는 신생 기업의 성과를 감소시킨다는 문제를 제기하였다. 그리고 권한부여가 증가할수록, 최고 경영관리팀의 이질성과 기업 성과 사이의 관계는 점점 부정적이게 된다. 그들은 임파워링 리더십 행동은 역동적인 산업 환경보다는 더 안정적인 산업 환경에서 신생 기업의 성과에 더 긍정적인 영향을 줄 것 같다고 덧붙여 말하였다. 안정적인 환경에서는 이용 가능한 정보가 덜 애매모호하고 시간이 절대적으로 중요하지는 않기 때문이다. 그러므로 전략을 세울 시간이 더 많이 주어진다.

합의와 통일된 활동이 시급하지 않기 때문에, 이러한 안정적인 환경은 권한이 부여된 최고 경영관리팀으로 하여금 어떤 대안 전략이 가능한지를 고려하거나, 다양한 혁신적 활동을 위한 가능성을 탐색하는 데 더 많은 시간을 보낼 수 있게 한다. 그 결과, 안정적인 환경에 있는 권한이 부여된 여러 팀들 내에서는 대개 갈등이 덜하다. 게다가, 안정적인 환경에서는 정보의 질이 높아 여러 팀들이 합리적인 전략 기획에 참여하기가 수월하다. 전략 기획에 참여함으로써 권한을 부여받은 리더들은 최고 경영관리팀의 이질성을 활용하고, 자기 팀의 다양한 관점을 기업의 전략적 과정에 포함시킬 수 있게 된다.

역동성이 낮은 환경에서, 권한부여는 신생 기업의 성과에 대한 팀의 이질성을 강화시켜 임파워링 리더십이 증가되면서, 둘 사이의 관계를 점차 긍정적이게 해준다.

이 장의 도입부의 예화에서, 창업가인 Oren Milner는 Grover Cleveland 초등학교의 교사들이 권한을 부여받지 않았다는 사실을 바로 알아차렸다. 교사들은 창의적인 아이디어를 가지고 있었지만, 이러한 아이디어를 받아들여줄 적절한 토론의 장이 없었기 때문에 창의성은 억눌렸다. 효과적인 학교 리더십을 창출하려면 창업가로부터 배운 교훈에 주목해야 하는데, 특히 아주 창의적이고 역동적인 신생 기업에 주목해야 할 필요가 있다. 그들은 긍정적인 아이디어를 권장하고, 이행될 아이디어에 충분한 기회를 주는 환경을 조성하는 데 힘쓴다.

지시적 리더십 행동

지시적 행동은 창업가들이 부하 직원에게 지정된 업무를 수행하도록 가르치고 지시를 하거나, 협상 불가능한 목표를 수행할 수 있도록 임무를 부여하고, Pearce 외(2003)가 명명한 이른바 "조건부 징계(contingent reprimands)"를 통해 부하 직원, 팀원으로부터의 협력을 유발하는 과정이다. 많은 리더십 연구들은 지시적 리더십의 긍정적인 효과보다는 부정적인 효과에 초점을 맞춘다(Cruz, Henningsen, & Smith, 1999; Larson, Foster-Fishman, & Franz, 1998; Moorhead & Montanari, 1986).

그러나 특히 역동적인 산업 환경에서 운영되거나 여러 다른 종류의 최고 경영관리팀을 가지고 있는 신생 기업 내에서는 지시적 리더십 행동의 몇몇 이점에 주목할 필요가 있다. Hmieleski와 Ensley는 지시적 리더십이 여러 다른 종류의 최고 경영관리팀의 공동 비전 공유를 용이하게 해준다는 것을 발견하였다(Mumford, Feldman, Hein, & Nagao, 2001; Shalley & Gilson, 2004). Ensley와 Pearce(2001)는 여러 최고 경영관리팀의 공동 비전 공유는 신생 기업의 지속 가능성과 성장을 결정짓는 중요한 요인들 중 하나라고 하였다.

Hmieleski와 Ensley는 단일 팀들이 더 빠른 결정을 내릴 수 있을 것 같다는 사실에 위에서 나타난 긍정적인 효과들이 부분적으로 기여한다고 하였다. 몇몇 연구는 전략적 의사결정의 속도와 역동적인 산업 환경에서의 확실한 성과가 서로 긍정적인 관계가 있다는 것을 확인하였다(Baum & Wally, 2003). Eisenhardt(1989)는 중요한 것은 의사결정의 속도가 아니라, 종합적인 결정이 이루어지는 속도라는 것을 증명해 보였다. 권한부여에서 살펴보았듯이, 비록 역동적 환경 내에서는 여러 팀들이 다양한 의사결정을 하기 위해 충분한 시간을 갖는 것이 어려울 수 있지만, 그들의 다양성 덕분에 상당히 폭넓은 수준에서 전략적 의사결정을 내릴 수 있다. 게다가, 지시적 리더들은 팀원에게 전략적 의사결정에의 참여를 독려하지는 않지만, 그들은 여전히 중요한 의사결정을 하는 데 필요한 정보를 얻기 위해 여러 최고 경영관리팀원들의 다양한 지식을 요구한다.

이에, Hmieleski와 Ensley는 우수한 창업가형 리더십에 있어서, 권한부여, 직원 채용, 동기부여, 의사소통과 같은 특징을 지시적 리더십에 결합할 것을 제안하였다. 이러한 결합의 결과는 창업가의 직속 부하들 및 다른 직원들의 목표와 조직의 목표 간의 조화를 이끌어낼 것이다.

그러나, 리더십이 경영관리팀으로 하여금 다양한 관점을 고려하지 못하도록 하는 사례들도 있다(Larson et al., 1998; Moorhead & Montanari, 1986). 안정적인 상황에서는 전략적 의사결정에 대한 합의에 빠르게 도달하려는 급박함이 덜하다. 그렇기 때문에 지시적 리더십은 역동적인 환경 내에서 여러 팀들의 다양한 관점을 모두 가져오는 것이 불필요할지도 모른다.

이 단계에서, 리더들은 더 융통성이 있어야 하고, 팀에 계획을 강요하지 않으면서 다양한 의견들이 나올 수 있도록 해야 한다. 사실, 전략적 의사결정은 창업가에 의해서가 아니라 팀에 의해서 이루어져야 한다(Kahai, Sosik, & Avolio, 1997). 그 결과, 지시적 리더십은 안정적인 환경 내 신생기업에서 사용될 경우, 여러 최고 경영관리팀 간에 불필요한 갈등을 야기할지도 모른다. 하지만 그러한 갈등은 유사성을 띤 최고 경영관리팀 내에서는 거의 발생하지 않을 수도 있는데, 그들의 견해가 그들의 리더와 가장 많이 일치하기 때문이다(Larson et al., 1998).

도입부의 예화에서 본 Alheusen 교장은 자신의 실패 중 하나가 교사들의 다양하고 창조적인(때로는 말도 안 되는) 아이디어들을 처리하고 걸러내는 능력이 없다는 것임을 깨달았다. 전통적인 하향식의 엄격한 관리 방식을 지닌 학교 환경은 일반적으로 이러한 아이디어를 수용할 구조를 가지고 있지 않다. 창업가인 Oren Milner는 IBM과 같이 오래된 기술 회사들은 학교와 유사한 답답한 환경 때문에 고통받고 있다고 말하였다. 페이스북이나 구글처럼 더 새롭고 발 빠른 회사들은 창조적인 아이디어가 조직에 활력을 불어넣는다는 사실을 알고 있다. 구글은 직원에게 일주일에 하루는 개인적으로 흥미 있는 프로젝트를 할 수 있게 해준다. 그리고 Milner는 구글 창립자 Larry Page와 Sergey Brin이 구글이 직면한 가장 큰 위험은 혁신의 실패라고 말하였다는 것을 지적하였다. Milner는 교직원 회의를 할 때, 교장이 앞에 나와서 설교를 하는 전통적인 방식에서 벗어날 것을 제안하였다. 그는 아이디어를 수용하고 기록하는 방법으로 원형으로 둘러앉거나 작은 그룹으로 회의하기를 제안하였다. Hmieleski와 Ensley(2007)는 창업가형 리더십 행동, 신생 기업의 최고 경영관리팀의 이질성, 환경의 역동성과 신생 기업의 성과의 상호작용에 대한 실험을 하였다. 그들의 연구는 창업가형 리더십에 초점을 둔 많은 최근 리더십 연구들 중 하나이다(Griffin & Mathieu, 1997; Osborn, Hunt, & Jauch, 2002). 그들의 연구에서의 또 다른 발견은 최고 경영관리팀의 이질성과 환경의 역동성이 성과와 관련하여 긍정적이든 부정적이든, 임파워링 리더십과 지시적 리더십에 의해 나타나는 영향력과 관계가 있다는 사실이다. 이러한 맥락에서, 팀 이질성의 상호관계와 리더십 행동의 환경적 역동성 간 관계를 보여주었다는 점에서, 이 연구는 다른 연구와의 차별성을 가진다. 이것은 학교 리더십에 관련 지을 수 있는 창업가형 리더십의 완벽한 모형을 우리에게 제공한다.

그러나 이 연구는 제한점도 가지고 있다. 우선, 창업가는 직원에게 의존하는 것보다 기업의 최고 경영관리팀에 더 많이 의존하고 있다는 것을 알 수 있다. 왜냐하면 이 연구는 직원에 대한 창업가형 리더십의 영향을 고려하지 않기 때문이다. 또한, 이 연구는 변수들 간 관찰된 관련성이 발생하는 근본적인 과정이나 방법을 직접적으로 측정하지 않고 있다. 그러나, 이것은 많은 창업가형 리더십 연구가 가지는 흔한 결점인데, 창업가형 리더십 행동이 집단 과정에 영향을 미치는 근본적인 방법을 고려하고 있지 않다(Yukl, 2002). 그럼에도 불구하고, Hmieleski와 Ensley(2007)의 연구는 창업가 정신과 학교 리더십 사이의 유사점을 도출할 수 있게 해줄 것이다.

창업가적 특징과 학교 리더십의 유사점

창업가형 리더십과 학교 리더십 간의 공통점을 이해하기 위해, 우리는 우선 몇몇 변수를 만들어야 한다. 이전에 살펴본 중소기업에 대한 분석과 어떻게 그들이 하루하루의 리더십 도전과제들에 직면하는지부터 시작할 수 있다. 이러한 양상은 학교장 리더십과 관련이 있는데, 학교장은 동기부여되지 않은 교사, 저조한 학업성취도, 저예산, 규율 부족의 경우와 같은 문제점들을 다루어야 한다.

다음 비교는 Hmieleski와 Ensley(2007)의 최근 연구로, 이 연구에서는 창업가 정신으로 최고 경영관리팀, 산업 환경, 지시적 리더십의 개념을 고려하고 있다. 최고 경영관리팀의 개념은 학교 환경에 완전히 맞을 수는 없지만, 대부분의 교장들은 그들 스스로 전략적 의사결정을 최대한 활용하기 때문에, 학교 리더들은 다양한 관련 당사자들이 의사결정 과정에 참여할 수 있는 널리 분포되고, 널리 사용되고 있는 리더십 유형과 관계가 있다. 학교 상황 내 역동적 환경은 정책이 계속해서 변화하고, 학교 리더들이 정해진 기한을 맞춰야만 하는 곳이다. 학교에서 안정적인 환경이라 함은 학교 리더가 학교를 거의 완벽하게 통제할 수 있는 환경을 뜻한다. 어떤 면에서 역동적 환경은 공립학교라고 할 수 있는 반면, 안정적 환경은 사립학교와 아마 가장 관련이 깊을 것이다. 마지막으로, 지시적 리더십은 학교 환경 내에서 교수 리더십과 관련이 있다고 할 수 있다.

다음으로 우리는 Peters(2005)가 설명한 중소기업의 창업가적 특징을 비교하고, 어떻게 그러한 창업가적 재능이 학교 리더십에 영향을 미치는지 살펴볼 것이다.

교원의 채용과 발전

대부분의 학교 리더들은 교원 채용에 관여하지 않지만, 교원 능력 개발에는 책임을 지고 있다. 교사들의 경력 개발은 학교의 문화와 환경에 달려있다(Robinson, 2008; Spillane et al., 2004). 창업가들처럼 학교 리더들에게는 교사의 전문성과 교수 능력이 성장할 수 있는 학교 시스템을 조성해줄 의무가 있다.

게다가, 학교 리더들은 교원들이 사실상 교사 본연의 업무 이외의 직무와 책임을 맡게 함으로써 다른 기술들을 습득하도록 하고 있다. 예를 들면,

등하교시 스쿨버스 관리, 스포츠 활동 감독, 학습 활동 코치가 여기에 해당된다. 또한 학교 리더들은 교사들의 성장을 억누르지 않으면서 가장 생산적인 교사들을 유지하기 위해 최선을 다해야 한다. 이것은 중소기업의 창업가에게 닥치는 곤경과 유사한 것이다. 요약하면, 창업가형 학교 리더는 학교가 가장 경쟁력 있고 생산적인 교원을 유지하도록 노력해야 하는데, 이것은 학생의 학업 성취도를 향상시키는 확실한 비결이기도 하다.

교원과의 의사소통, 교원의 동기부여 및 조정

Peters(2005)는 좋은 창업가들은 의미 있는 결과를 얻기 위해 의사소통을 실현하는 수단과 도구를 개념화하고 실행한다고 말하였다. 학교 리더들은 학생들뿐만 아니라 교원들을 다루는 데도 이 특성을 직접 사용할 수 있다. 의사소통은 항상 리더십의 중요한 부분으로 고려된다. 성공적인 창업가들은 훌륭한 의사소통가이기 때문에, 학교 리더들은 의사소통 수단을 확보하여 잘 경청하고 협상 기술을 발전시킬 필요가 있다.

학교 리더들은 의사소통 수단을 보장해야 할 뿐만 아니라, 교원들이 계속 동기부여 받도록 할 필요가 있다. 앞서 살펴봤듯이, 만족도가 높은 직원들이 더 좋은 결과를 낳는다는 것을 알 수 있다(Heskett et al., 1997). 그러므로 교원들을 만족시킬 수 있는 혁신적인 동기부여 기술을 제시하는 것은 학교 리더에게 달려있다. 비록 학교 리더들은 창업가들처럼 교사의 급여를 올려주기는 힘들지만, 스트레스와 피로가 적은 안락한 일터와 우호적인 학교 문화 창조와 같은 비금전적인 동기부여 기술을 제시해야 한다(Leithwood & Beatty, 2008).

대부분의 교사들은 리더들의 인색한 칭찬, 합의 불이행, 상관의 괴롭힘, 좋지 않은 근무 환경 등 기업 직원들과 비슷한 이유로 일을 그만두기 때문에(Langer & Sviokla, 1998), 창업가형 학교 리더들은 위와 같은 상황을 피해야 한다. Peters(2005)가 말한 대로, 직원들은 기업 내에서 상당한 동기부여가 되는 문화를 지닌 공감과 공정성과 같은 리더의 특성과 관련되어 있다. 그러므로 학교 리더들은 이러한 특성을 발전시키도록 노력해야 한다. 게다가, Peters는 직업 만족도가 리더의 리더십 유형에 대한 만족도뿐만 아니라 직업 자율성에 의해서도 강한 영향을 받는다는 것을 발견한다.

Peters(2005)가 요약한 성공적인 창업가 정신의 필수 요건들은 적절한 급여 체계, 팀 발전, 만족스러운 내부 의사소통 시스템이다. 그러나 급여가 반드시 동기요인은 아니다. 적절한 급여가 항상 기대한 만큼 충족되지 않을 수도 있기 때문에 직원의 급여 인상이 항상 높은 직업 만족도로 이어지는 것은 아니다. 결국 팀 발전과 내부 의사소통 시스템이 학교 환경에 가장 잘 적용될 수 있는 요건이라고 할 수 있다.

Peters(2005)가 "직원 친화적인" 창업가와 "직원과 거리를 두는" 창업가로 분류하여 사용한 것처럼, 우리는 이 두 종류의 창업가로 분류한 것을 교원의 학교 리더에 대한 인식에 적용할 수 있을 것이다. 앞서 본 대로, "직원 친화적인" 리더들은 조직 내에서 올바른 동기를 주는 의사소통 구조를 만드는 데 더 창조적이고, "직원과 거리를 두는" 리더보다 직원의 높은 동기부여와 직업 만족도를 제공하는 공감과 공정성과 같은 특성을 지니고 있다. 이러한 리더십에 대한 두 가지 인식은 교사들의 동기부여에 영향을 미치는데, 그들은 직원과 거리를 두는 리더보다 직원 친화적인 리더를 분명히 더 선호하기 때문이다.

그러나 감성적 리더십과 같은 다른 리더십 유형과는 달리, 창업가형 리더십은 수단보다는 목표에 더 관심을 가지기 때문에, 직원 친화적인 리더에 대한 선호도는 창업가형 리더십에 영향을 미치지 않는다(Leithwood & Beatty, 2008). 게다가, Peters는 리더가 직원과 거리를 두면서 명료한 지시와 명령을 하는 것이 반드시 부정적인 결과를 가져오는 것은 아니라고 하였다. 사실, 그는 창업가형 리더들은 공감적 의사소통과 리더십 계층 모형에서 보편화된 명료한 지시 전달 간 균형을 맞추어야 한다는 점을 강조하였다.

Peters(2005)는 권위적 리더십 유형과 창업가에 의한 낮은 교육 성취 정도가 직원 동기부여에 치명적인 결과를 준다는 증거는 거의 없다고 덧붙여 말하였다. 하지만 그럼에도 불구하고 비효율적인 인재 관리와 리더의 행동이 이직률을 상승시키는 결과를 가져올 수도 있다. 이를 학교에 맞게 해석하면, 창업가형 학교 리더는 지시 전달을 포함하는 교수적 리더십 유형을 채택하거나, 절대적으로 필요한 곳에 책임을 부과하는 것을 피하면 안 된다고 해석할 수 있다. 학교 환경에서는 효과적인 리더십 유형으로 입증된 것이 없기 때문에, 학교 리더에게 있어서 신중함이 요구된다. 그러나 Peters는 의사결정 구조와 관련 문화적 배경에 따라 독재적이거나 참여적인 유형이 더 적합할 수도 있다고 말한다. Peters는 창업가들은 공정성과 공감을 통한 직원 동기부여에 주로 초점을 두고 있어서, 학교 리더들은 이 두 가지 특성에 신경 쓸 것을 권고하였다.

임파워링 리더십 행동

앞서 언급하였듯이, 임파워링 리더십 행동은 자기보상 체계 권장, 자기 리더십, 기회 인지, 참여적 목표 환경, 그리고 부하 직원 · 직속 부하 · 팀원에 의한 자율적인 행동을 포함하고 있다(Pearce et al., 2003). 학교 환경에서, 교실 수업이 있는 한 자율성이 교사에게 부여되어야 하고, 그들은 또한 의사결정 과정에 참여할 수 있어야 한다.

임파워링 학교 리더들은 또한 학교의 목표를 달성하기 위하여, 긍정적인 격려와 지원을 통해 교원들의 동기부여와 자신감을 증가시킨다(Conger, 1989). 더 크고 더 확실히 자리를 잡고 자원이 풍부한 기업들과 경쟁하기 위하여, 임파워링 리더십은 일에 대한 헌신을 필요로 하는 창업가들에게 유용한 행동 전략이기 때문에, 더 좋은 성과를 내야 하는 학교 리더들에게도 똑같이 중요하다고 할 수 있다.

게다가, 창업가의 임파워링 리더십 행동은 특히 역동적 환경에서 중요하다. 이와 마찬가지로, 교육정책 변화와 학교 리더의 업무 변화로 학교 환경이 역동적이 되면 교직원에 대한 의존도가 높아지는데, 교직원의 협력을 이끌어내려면 리더의 권한부여 기술이 중요하다. Hmieleski와 Ensley (2007)는 각 팀원의 재능을 이용하기 위해, 경영관리팀을 통해 리더십을 나누는 효과적인 방법으로 임파워링 리더십을 간주하였다. 학교 환경에서, 학교 리더는 학생 규율 보장, 체육 활동, 대신할 수 있는 업무 참여와 같은 학교의 특정한 행정적 기능을 돕는 상급 직원들 간에 리더십을 부여해야 한다.

권한을 부여할 때 의사결정의 역효과가 발생하는 것처럼 부정적인 면이 수반될 수 있음을 짚어볼 필요가 있다. 학교 리더들은 합의가 필요한 안건과 직접 개입하여 빠른 결정을 내려야 하는 안건을 구분해야만 한다. Hmieleski와 Ensley(2007)는 경영관리의 이질성에서부터 나오는 차이점을 언급하였다. 학교 환경 내 경력과 이익이 다양하기 때문에, 학교는 분명 여러 다른 종류의 이해관계자들로 구성되어 있다. 그렇기 때문에, 학교 리더들은 의사결정 과정을 늦추는 이질성에서 나타나는 문제점들을 받아들이지 않도록 주의해야 한다(Bantel & Jackson, 1989; Elenkov, Judge, & Wright, 2005). 우리는 또한 여러 종류의 최고 경영관리팀에게 권한을 부여하는 것은 더 큰 갈등을 유발시킬 것이라고 연구를 통해 배웠다. 이러한 갈등은 신속한 의사결정을 해야 하는 역동적 환경 속 기업의 성과에 특히 결정적 요인이라고 할 수 있다(Hmieleski & Ensley, 2007). 그러므로 외부 압력이 존재하는 역동적 환경에서의 창업가형 학교 리더들은 복잡한 의사결정 과정을 피해야 하는 것이 바람직하다.

그러나 사립학교와 같이 리더의 자율권이 어느 정도 보장된 안정적인 환경에서는 권한이 부여된 교원들에게 대안 전략의 현실성 검토와 다양한 혁신적 활동의 가능성 탐구에 많은 시간을 보내도록 허용한다. 왜냐하면 안정적인 환경에서는 합의와 통일된 행동이 시급하지 않기 때문이다. 또한 안정적 상황 내에서는 양질의 정보가 생성되기 때문에 여러 팀들이 합리적인 전략 기획에 참여하기 쉽다는 사실이 나타났다. 이러한 환경에서 창업가형 리더는 전략적 과정에 필요한 다양한 관점을 십분 활용할 수 있다.

지시적 리더십 행동

학교 환경의 맥락에서 지시적 리더십 행동은 본질적으로 교수 리더십의 성격을 띤다. 학교 리더들은 교육과정, 규칙의 공식화에 대한 문제들을 교사들에게 가르치고, 교육 문제에 대한 정책을 명시해야 한다. 창업가들과 마찬가지로, 학교 리더들은 교원들에게 해당 지정 업무를 수행할 수 있도록 가르쳐야 하고, 확고한 목표에 책임감을 부여해주어야 하며, 학생과 교사 모두로부터의 협력을 야기하는 상황에 맞는 제재수단을 사용해야 한다. Hmieleski와 Ensley(2007)는 지시적 리더십이 여러 최고 경영관리팀 내 집단적 비전 형성을 용이하게 해준다는 것을 밝혔다. 이와 비슷하게, 학교 리더들은 규칙 설정 및 설명을 통해 규칙들이 시행되게 함으로써 학교 내 공통된 비전을 만들어낼 수 있다. 이러한 유형의 리더십은 종종 더 빠른 의사결정과 목표의 명료성을 가져온다.

Hmieleski와 Ensley(2007)는 우수한 창업가형 리더십은 지시적 리더십과 권한부여, 직원 채용, 동기부여, 의사소통과 같은 이전에 언급된 특성들의 조합으로 달성할 수 있다고 제안한다. 이것은 또한 학교를 운영할 때, 창업가형 관점을 추구하고자 하는 학교 리더들에 의해 채택된 접근방법이 되어야 한다. 그러나 비지시적인 측면은 교사의 동기부여에 매우 효과적이기 때문에, 특히 안정적 환경에서는 비지시적 측면이 더 강조되어야 한다.

이러한 환경에서 학교 리더들은 더 융통성을 발휘해야 하고, 팀에게 행동 계획을 강요하지 않으면서 다양한 견해가 나올 수 있도록 해야 한다. 가능하다면, 대부분의 중요한 전략적 결정은 학교의 이해관계자들과의 협의를 통해 내려져야 한다. 그러므로 도입부 예화의 Alheusen 교장은 사소한 불평거리 환기뿐만 아니라 주요 결정 사항을 제시하고 토의하기 위해서 교직원 회의와 학부모-교사 토론회를 열어야 할 것이다. 결론적으로, Peters (2005) 및 Hmieleski와 Ensley(2007)가 제시한 바와 같이, 매일매일의 학교 행정 업무를 할 때, 창업가형 리더십은 다양한 창업가적 특성을 이해하여 그 내용을 업무에 포함한다는 것을 알 수 있다. 게다가, 포괄적이고, 참여적이고, 동기를 부여하고, 지시적인 창업가형 리더십 유형은 기업 환경뿐만 아니라 더 나아가 학교 환경에서 가장 적합할 것으로 보인다.

요약

리더십의 다양한 상황 이론 모형에 많은 비판이 가해졌다(Ashour, 1973; Schriesheim & Kerr, 1997; Vecchio, 1983). 리더십의 상황 이론 모형과 관련된 선행연구에서 두 가지 미흡한 점이 나타난다. 첫째, 이러한 선행연구들은 다양한 맥락적 또는 상황적 리더십 모형을 충분히 확인하고 측정하지 못하였다(House & Aditya, 1997). 주로 이러한 방법론적인 문제점들은 과거 상황적 리더십 연구에 가해진 학문적인 맹비난에서부터 온 것들이다(House & Aditya, 1997). 그러나 이 장에서 살펴본 창업가형 리더십 모형에서는 이러한 우려사항들을 간과하지 않았음을 확인하였다.

둘째, 과거 연구들은 리더십이 발생하는 상황 구조를 지나치게 단순화하였다. 이러한 비판의 좋은 사례는 한 가지 동인을 명시하고 행동(performance) 변화량의 수준을 제대로 설명하지 못한 상황적 리더십에 관한 Schriesheim과 Kerr(1977) 및 Vecchio(2003)의 연구에서 확인할 수 있다. Peters 및 Hmieleski와 Ensley의 연구에서, 표본의 내·외적 두 상황적 요인들이 함께 고려될 때, 행동(수행)의 변화량 수준을 상당 부분 확인할 수 있다.

최근, 이러한 상황적 리더십 모형에 대한 연구가 부활하고 있다(Osborn et al., 2002). 이것은 미국의 학교 내에서 리더십에 대한 급작스런 요구 때문일 수도 있지만, Hmieleski와 Ensley(2007)와 같은 연구자들은 이 유형이 조직에 직접적으로 적용되기 전에 이 분야에 대한 심도 있는 연구가 필요하다고 주장하였다. 그들은 다양한 내·외적 변수들을 사용하면서 상황적 리더십 유형을 더 발전시키기 위해 다른 연구자들에게 도전 의식을 북돋운다.

창업가형 리더십에 있어서, 학교 환경에 이 리더십 유형을 적용하는 연구는 거의 없다고 해도 과언이 아니다. 그러나 창업가형 리더십 유형은 기업 분야에서 성공적으로 사용되고 있기 때문에, 우리가 이 장을 끝낼 때면 양자를 비교함으로써 학교 환경에서의 성공을 향상시킬 수 있는 요소들과 관련 지을 수 있을 것이다. 대부분의 학교 리더들은 사적인 일을 수행함에 있어서 창업가일 것이며, 그러므로 그들이 이미 가지고 있을지도 모르는 재능을 사용하여 창업가형 리더십 스타일을 수용했을 것이다.

토의 문제

1. Akerlof와 Kranton에 따르면, 창업가 정신을 가진 아이들은 모험심이 있고, 타인과 상호작용하는 것을 즐기며, "한 집단의 리더"로서 행동한다. 어떻게 이러한 정신이 교실 환경에서 아이들에게 전달될 수 있는가? 세 가지 실질적인 활동을 말해보시오.
2. 직원들이 회사를 떠나는 이유는–인색한 칭찬, 합의 불이행, 상관의 괴롭힘 등–교사가 학교를 떠나는 이유와 매우 유사하다. 기업 분석가들에 따르면, 인력의 자연 감소율을 낮추기 위해 창업가는 무엇을 할 수 있는가? 세 가지를 말해보시오.
3. 성공적인 창업가형 리더십의 네 가지 특성을 말해보시오. 그리고 각 특성들이 학교 리더십에서는 얼마나 유용한지 설명하시오.
4. 효과적인 리더십은 효과적인 자산 관리를 요구한다. 학교는 자산 관리에 대해 기업에서 무엇을 배울 수 있는가?
5. 이 장의 도입부의 예화에서, 창업가 Oren Milner는 학교에 세 가지 제안을 하였다. 이 장의 내용에 근거하여 두 가지 제안을 더 한다면 어떠한 제안을 하겠는가?

활동 주제

1. 성공적인 회사(예를 들어, 구글, 애플, 페이스북)에 대해 생각해보시오. 리더십 구조, 직원, 제품, 고객이 회사의 결과 및 실적과 어떤 관계를 가지는지 그림으로 표현해보시오. 이제 학교 환경에 대해서 생각하여 비슷한 그림을 그려보시오. 제품과 고객에 해당하는 것은 무엇인가? 이 차트를 출발점으로 삼아 어떻게 학교 시스템을 능률화하고 개선할 수 있는지 토의하시오.
2. 작은 그룹으로 나누어서 학교와 기업을 비교하여 찬반토론을 해보시오. 둘 사이의 중요한 차이점은 무엇인가? 다른 그룹들과 의견을 공유하시오.

추천 문헌

Ball, S. J. (2007). *Education Plc: Understanding private sector participation in public sector education.* Routledge: London.

Christopher, G., & Gregg, V. (2008). Talent development: Looking outside the education sector. In F. Hess(Ed), *The future of educational entrepreneurship*(pp. 23-44). Cambridge, MA: Harvard Education Press.

Hentschke, G. C. (2009). Entrepreneurial leadership. In Daviers, B. (ed), *The essentials of school leadership.* London: Sage.

Kempster, S. & Cope, J. (2010). Learning to lead in the entrepreneurial context. *International Journal of Entrepreneurial Behavior and Research*, 16(1), 6-35.

Woods, P. A., Woods, G. J., & Gunter, H. (2009). Academies schools: Sponsors, specialism and varieties of entrepreneurial leadership. *Journal of Education Policy*, 23(3), 100-103.

Xaba, M. & Macala, M. (2010). Entrepreneurial orientation and practice: three case examples of historically disadvantaged primary schools. *South African Journal of Education*, 30(1), 75-89.

제7장

전략적 리더십

계획을 세우지 않으면 실패한다

전통적인 교육과 지도체제를 중시하던 Elm Circle Highschool 고등학교의 65세 교장이 은퇴하였다. 그 후 7년 동안 이 학교는 교장이 세 번이나 바뀌면서 최악의 상황으로 치달았다. 마지막으로, 학교 이사회는 젊고 새로운 사고방식을 지닌 Connie Johns 교장을 선임하였다.

학교 직원들과의 면담 후, Johns 교장은 전의 세 교장들이 전부 "소방수"와 같았다는 결론을 내렸다. 이들은 30년 묵은 학교 구조는 바꾸지 못하고, 그날 그날의 문제를 해결하는 데만 바빴던 것이다. 그러니 학교에 문제가 많은 게 당연하였다.

Johns 교장은 일상적인 행정직무를 여러 부하직원에게 맡겨버리고, 임기 첫 6개월을 직원과 인근 주민과 대화하면서 보냈다. 그 결과 학교를 완전히 바꿀 5개년 계획을 내놓았다. 이 계획은 인터넷을 통한 타 학교와의 교류, 학생 의견 수렴절차 확충, 주민과 함께하는 월례회의를 통한 계획실행 모니터링 등을 골자로 하고 있었다.

이 계획의 성과가 임기 첫해에도, 그 이듬해에도 잘 드러나지 않자, 학교 이사회는 점점 신임 교장을 불신하기 시작하였다. 그러나 셋째 해가 반쯤 지났을 때, 학생 시험성적이 오르고 교사 이직이 줄어들면서 학교가 개선되기 시작하였다.

전 장에서도 살펴보았듯이, 오늘날 여러 가지 요소 때문에 교육계 리더에게 어렵고 복잡한 역할들이 요구되고 있다. Cheng은 2010년 논문에서 발표한 3물결 전략 리더십 모델(Three Wave Model of Strategic Leadership)에서, 교육계 리더에게 요구되는 거시적인 역할로 새로운 교육정책에 발맞추기, 새로운 학교교육 목표 설정, 교육시스템 재조정, 민영화, 학교교육 다각화 등이 있다고 설명하였다.

중기적 역할로는 학교 운영에 학부모와 주민을 참여시키는 것이 새로운 과제로 떠올랐다. 또한 교육 현장에서는 교육의 품질과 윤리 수준 유지, 교육기관의 책임성 강화, 분권화, 학교 중심 경영, 교사수준 제고, 교사능력 개발 등의 책임이 리더에게 요구된다. 또한 학교 운영에 있어서는, 교수-학습에 정보통신기술 접목, 새로운 학교 경영방식 도입, 교수-학습 평가의 전면적 수정 등이 요구된다. Cheng은 이를 교육계의 아홉 가지 변화 트렌드라고 정의하였다.

이 같은 환경 변화로 인해, 기존의 교육 리더의 개념이 위기를 맞게 되었고, 새로운 전략과 리더십이 대두되었다(Cheng, 2002a, 2002b). 이제 학교 운영자들은 더욱 전략적으로 경영에 임해야 하며, 여러 전략을 통해 환경 변화에 한발 앞서 대처해야 하는 것이다. Cheng(2010)은 아직 전략 리더십의 개념이 제대로 정립돼있지 않으며, 관련 연구들도 비교적 넓게 분산돼있고, 잘 알려져 있지도 않다고 지적하였다. 그는 전략 리더십이란 다음과 같은 리더십이라고 말하였다.

- 환경 변화에 선제적으로 대처하는 리더십
- 내적, 외적 환경에 대한 SWOT 분석을 하고, 변화하는 환경에서 기관의 현 위치를 파악하여, 앞으로의 포지셔닝에 참고하는 리더십
- 변화에 대비하여 학교의 효율성과 수준을 높이기 위해 여러 행동 계획(key action program)을 세우고 관리하는 리더십
- 교내에서 전략을 실행하고 결과를 평가하여 앞으로의 기획에 반영하

는 리더십

이 장에서는 위에서 나열한 환경 변화가 교육계에서 요구되는 전략 리더십의 변화와 어떤 연관이 있는지 살펴볼 것이며, 현재 소개된 전략 리더십 모델을 분석할 것이다. 이 전략 리더십 모델은 교사, 학교 운영자, 정책입안자, 학자들이 전략 리더십을 이해할 수 있도록 돕고, 변화하는 환경, 특히 여러 교육 개혁이 진행되는 환경에서 전략 리더십을 발휘하는 방법을 보여준다.

미국 등 세계의 학교가 겪고 있는 이 교육 환경의 변화는 교육계와 교육계 리더들의 업무와 상황을 완전히 바꿔놓았다. 정부 또는 지역 학교이 사회에서 내놓는 정책은 교육 비전은 학교 간 경쟁을 심화하고, 지역주민 참여를 늘리고, 이해관계자들의 기대에 부응하고, 학교 외부와의 협력을 권장하며, 다층적 발전을 요구하고 있다. 또한 기술적, 문화적 상황이 변하면서, 학교 운영자는 전략적인 자세로 변화에 민감하게 대응해야 한다.

Cheng(2010)은 교육계 리더들이 넓은 안목을 가지고 미래를 예측하는 자세로, 혁신적인 관점과 강력한 지인 네트워크, 선제적인 전략을 가지고 전략 리더십을 발휘할 것을 요구받고 있다고 기술하였다. Cheng의 3물결 전략 리더십 모델은 세 개 모델로 구성되어 있으며, 각 모델은 계속되는 교육 개혁에서 살아남기 위한 전략 리더십이 어떤 패러다임에서 규정되는지 보여준다. 이 세 개 모델을 통해서 각 전략 리더십에 적용되는 패러다임을 이해하고 분석할 수 있다.

이 3물결 교육 모델을 통해 전략 리더십은 내적 리더십, 인터페이스 리더십, 미래 리더십으로 개념화된다. 학교의 리더가 전략 리더십을 이용해 전략을 세우면, 그 학교는 변화에 잘 대처하고, 좋은 성적을 내며, 경쟁에서 살아남고, 학생 · 교사 · 지역주민을 위한 밝은 미래를 이룩하는 지속가능한 모델을 만들어낼 수 있게 된다. Cheng의 3물결 전략 리더십 모델에 따르면 교육 개혁, 기관 포지셔닝, 학습의 개념, 효율성 목표, 학교 간 경쟁의 특성, 지속가능성의 필요성 등과 같은 환경적 요소에 따라 요구되는 전략 리더십이 달라진다. 그러므로, 각 물결의 모델에서 요구되는 전략 리더십은 행동 계획, 리더십 역할, 전략적인 우려가 다르게 나타난다는 것을 짐작할 수 있다.

제1물결 모델: 내부 전략 리더십

Cheng은 1980년대부터 학교에 변화 움직임이 시작됐다고 말하였다(Townsend, Avalos, Caldwell et al., 2007). 보통 교육계는 안정적이고 변화가 뜸하며, 경쟁이 제한돼있다고 생각된다. 이러한 환경에서 교육의 역할은 산업사회에 필요한 인재를 제공하는 것으로 인식된다(Blackledge & Hunt, 1985). 교육의 내용 또한 중앙으로부터의 계획에 의해 결정되고, 학교 운영은 중앙의 관료조직에 철저히 통제되며, 자율성이 거의 없다고 전제된다. 교육은 지식의 전달과 학습의 과정으로, 여기서 학생은 지식, 기술, 문화적 가치를 교사와 교과과정을 통해서 전달받게 된다.

교육 개혁의 제1물결 모델은 학습, 수업, 리더십과 같은 내부 프로세스를 개선하여 미리 정의된 교육 목표에 도달하는 것을 목적으로 한다. 여기서 내부 프로세스는 학교 경영, 교사의 질, 교과과정 체계, 수업방법, 평가기준, 자원 확보, 학습/교수 환경 등을 포함한다(Gopinathan & Ho, 2000; Kim, 2000; Tang & Wu, 2000; Abdullah, 2001; Cheng, 2001; Rajput, 2001; MacBeath, 2007).

제1물결 모델에서 학교의 입지는 비교적 안정적인 환경에서 학교가 미리 계획된 지식, 기술, 문화 가치를 교사와 커리큘럼을 통해 학생에게 전달하는 것을 뜻한다. 이 모델에서 학교의 효율성은 "내부 효율성"에 가까우며, 효율성 목표는 학습, 교수, 학교 운영에서의 계획된 목표를 이루는 것, 그리고 지식, 기술, 가치의 전달을 성공적으로 수행하는 것이다. 중앙에서 인재배출 계획을 세우기 때문에, 경쟁도 비교적 관리가 잘 돼있고, 중앙 관료조직과, 거기서 제시하는 규제, 기준에 의해 통제된다.

또한 이 모델에서는 교육 환경이 안정적이기 때문에, 학교 운영자들이 학교의 지속가능성을 걱정하지 않아도 된다. 리더는 내부 개선에 초점을 맞춰 전략을 개발하게 되고, SWOT 분석과 미래에 대한 계획에 따라 전략을 개발한다. 이 전략은 교수, 학습, 학교 운영의 내부 절차를 기술적으로 개선하여, 주어진 목표를 이룩하는 데 초점이 맞춰져 있다. 주로 단기적인 계획을 수립하게 되고, 중앙으로부터의 규제 때문에 전략 운용의 폭이 좁다(Eacott, 2008a).

제1물결 모델에서 전략 리더십은 "내부 리더십"이라 불릴 만하다. 여기서의 전략들은 학교의 전반적인 성과를 높이고, 교수-학습 내용, 방법, 절차를 개선함으로써 학교의 내부 효율성을 높이는 것에 초점을 맞추고 있다. 내적 전략 리더십은 구조적 리더십, 인간 리더십, 강습 리더십, 커리큘럼 리더십, 미시정치적(micro-political) 리더십을 바탕으로 한다(Cheng, 2003, 2005a). 또한 내적 전략 리더십은 다음과 같은 질문을 던지게 한다.

1. 주어진 지식, 기술, 가치를 효과적으로 전달하려면 학습, 교수, 학교 운영과 같은 교육 절차를 어떻게 설계해야 하는가?
2. 교사를 통한 지식과 기술의 전달은 유지하면서 학교 운영, 교수, 학습 방법을 실질적으로 개선하려면 어떻게 해야 하는가?
3. 주어진 시간과 자원 안에서 어떻게 교사의 교수능력을 실질적으로 증진시킬 것인가?
4. 학생들이 어떻게 하면 주어진 교과과정과 시험 체계 안에서 더 좋은 성적을 낼 수 있을 것인가?
5. 주어진 자원의 활용도를 최대화하려면 내부 프로세스를 어떻게 바꿔야 하는가?

사실 제1물결 모델에는 한계가 있다. 이 모델은 너무 내부로 치우쳐 있고, 행동 계획을 세울 때, 복잡한 외부 환경과, 외부인들의 기대, 환경에서 오는 영향력은 모두 무시되고 있다. 학교의 의의도 교육의 기술적, 기능적인 측면에만 한정되어 있다. 중앙 관료조직의 지시와 지도에만 초점을 맞추고 있으며, 변화하는 환경이나 이해관계자들의 기대는 생각지 않고 있다. 제1 모델에서 제시하는 리더십이 너무 근시안적이고, 내향적이며, 기술 쪽에만 중점을 두고 있기 때문에, 이 리더십은 종종 전략적이지 못하다는 평가를 받는다.

1980년대 후반부터 제1물결을 바꾸려는 움직임이 있었다. 하지만 이 개혁 움직임은 현재 늘어난 교육 수요를 충족시키는 데에는 불충분했던 것이 사실이다. 이 개혁 운동과, 내적 리더십 자체에 대한 불신이 커져서, 이로써는 부모, 학생을 비롯한 여타 관계자의 다양한 수요와 기대를 충족시킬 수 없다는 의견이 커졌다. 교육이 대중을 위한 책임을 다해야 한다는 생각, 그리고 교육이 인근 지역에서 필요로 하는 인재를 키워야 한다는 생각도 늘어났다. 이러한 제1물결에 대한 도전들은 거의 학교와 인근 지역 사이의 접점(interface)과 관련되어 있다. 다시 말해 전략 리더십은 학교의 내부 프로세스뿐 아니라 학교 간 인터페이스, 이해관계자의 만족, 인근 지역에 대한 책임도 모두 생각해야 한다는 것이다.

제2물결 모델: 인터페이스 전략 리더십

내부 리더십이 인근 지역을 간과하고, 교육의 질에 대한 이해관계자들의 기대에 미치지 못한다는 공격을 받으면서 1990년대에 제2의 물결이 생겨났다. 제2의 교육 개혁 물결은 학교 교육의 질과 운영의 책임을 내·외부 관계자들에게 납득시키는 것을 목표로 하였다(Coulson, 1999; Evans, 1999; Headington, 2000; Mahony & Hextall, 2000; Goertz & Duffy, 2001; Heller, 2001)

미국에서는 교육 품질에 관한 담론과 학교 간 경쟁이 필요하다는 생각이 확산되고 있었다. 이들은 모두 품질관리, 학교 모니터링과 평가, 학부모 및 지역주민의 학교 운영 참여, 학교 헌장, 학부모의 선택과, 학생 쿠폰, 성과에 따른 자금지원 등을 옹호하였다(Cheng & Townsend, 2000; Mukhopadhyay, 2001; Mok, Gurr, Izawa et al., 2003; Mohandas, Meng, & Keeves, 2003; Pang, Isawa, Kim et al., 2003).

이 물결의 배경은 상업적이며, 고객이 중심인 사회로, 교육은 여러 이해관계자들에게 서비스를 제공하는 것으로 정의된다. 그러므로 학습은 학생이 서비스를 받는 과정인 것이다. 학교는 교육 서비스의 제공자로서, 주요 이해관계자의 기준과 필요에 맞는 품질을 유지할 필요가 있는 것이다. 그러므로 이 물결은 학교와 인근 지역 간의 인터페이스 효율성을 중시하며, 이 물결은 이해관계자들, 시장 경쟁, 지역사회에 대한 책임으로 정의된다.

이러한 개혁의 결과 생겨난 교육 환경은 경쟁이 심하고 불확실성이 높기 때문에 불안정하고 유동적이라는 것이 Cheng의 설명이다. 게다가, 교육의 내용이 시장의 수요와 여러 주주들의 기대에 따라 결정되는 구조이다. 이런 환경에서 살아남으려면 학교 운영 감시 체제(accountability framework)를 수립하고, 여기에 학부모, 교사, 졸업생, 인근 지역 리더 등을 참여시켜야 한다.

이 환경에서의 학교들은 자율성이 제한되어 있고, 중앙으로부터의 감시와 외부의 평가를 받게 된다. 미국에서는 특히 학생수가 감소하면서 자원확보 경쟁과 생존 경쟁이 심화되고 있으며, 그 결과 장기적 지속가능성보다는 단기적 생존가능성을 높이는 데에 더 많은 노력이 기울여진다(Cheng & Walker, 2008; Cheng, 2009).

이 모델에서 교육 리더들은 인터페이스 만족을 위한 전략을 세운다. 이 전략은 시장 분석, SWOT 분석, 전략적 기획을 바탕으로 만들어지며, 경쟁에서 이기는 것, 생존, 자원 확보, 이해관계자의 만족, 비용 대비 효과를 높이는 데 초점을 둔다. 이 전략하의 행동 계획은 주로 단기 혹은 중기적 성공을 목표로 한다.

그러나 경쟁이 심하고 유동적인 환경에서 타 학교 및 인근 지역과의 인터페이스를 잘 관리하는 것은 학교 운영자에게 매우 어려운 일이다. 제2물결에서 요구되는 전략 리더십은 제1물결에서 요구되는 리더십과 전혀 다르다. 제2물결의 리더십은 주위 환경 파악, 대외 홍보, 브랜드 강화에 노력해야 한다(Aaker & Joachimsthaler, 2000; Cheng, 2003, 2005a). 이 환경에서는 다음과 같은 전략적 질문을 던지게 된다.

- 어떻게 하면 교육 시장에서 경쟁력 있는 서비스를 제공할 수 있을 것인가?
- 수업의 질과 학생 수준을 이해관계자의 기대에 맞게 끌어올리려면 어떻게 해야 할 것인가?
- 교육을 브랜딩(packaging), 모니터링, 보고를 통해 대중과 이해관계자들에게 투명하게 보여주려면, 교육 서비스를 어떻게 재구조화해야 할 것인가?
- 이해관계자들이 학교의 생존과 발전을 지원하도록 하려면, 어떻게 마케팅, 브랜딩, 홍보를 해야 하며, 어떤 파트너십을 맺어야 할 것인가?
- 외부 자원을 어떻게 활용할 것이며, 충성스런 지원자를 어떻게 확보할 것인가?

제2물결의 허점은 SWOT 분석, 전략 기획, 활동 계획을 짜는 데 있어 시장의 관점을 너무 중시하기 때문에 교육의 본질을 간과할 수 있다는 점이다. 이 전략의 활동 계획 또한 시장에서의 생존, 홍보에 너무 치우쳐서 정작 교육 활동에는 소홀할 수 있다. 가끔은 이해관계자들의 단기적 수요에만 정신이 팔려, 학생 · 직원 등 학교 관계자 전체의 장기적인 이득은 보지 못할 수 있는 맹점이 있다.

제3물결 모델: 미래 전략 리더십

새로운 천 년이 시작될 무렵, 급격한 세계화와 혁신적인 정보기술의 발달, 그리고 경제적 사회적 발달에 대한 강력한 요구가 생기면서 교육 개혁에도 국제적인 면모가 더욱 강화되었다. 또한 세계화와 기술 발달로 사회가 빠르게 변화하면서 평생 교육의 필요성이 커지고, 다중 발전 사회(multiple-development society)가 도래하였다. 이러한 변화에 대응하고, 젊은 세대가 미래의 문제에 맞설 수 있도록 돕기 위해서는, 학습과 교수의 패러다임이 모두 바뀌어야 한다는 것이 학자, 정책 입안자, 학교 관계자들의 공통된 의견이다. 이 패러다임 전환은 교육의 목표, 내용, 형식, 행정을 모두 바꿔 교육이 미래에 초점을 맞추도록 만드는 것을 골자로 한다(Burbules & Torres, 2000; Cheng, 2000a, 2000b; Stromquist & Monkman, 2000; Daun, 2002; Cheng, 2003; Ramirez & Chan-Tiberghein, 2003).

이에 따라 세 번째 교육 혁신 물결이 시작되었고, 이번엔 미래 효율성의 성취가 그 목적이 되었다. 다시 말해, 개인 · 사회가 미래에 대비할 수 있도록 교육을 실시하는 것이 목표가 된 것이다. 이제 21세기 교육에 주어진 과제는 교육 목적과 기능에 대한 변화하는 기대에 부응하고, 다중 지능(multiple intelligences)에 바탕을 둔 새로운 사상을 받아들이며, 새롭게 부상하는 세계화, 개인화, 지역화를 받아들이는 것이다(Baker & Begg, 2003; Maclean, 2003; Cheng, 2005a).

제3물결이 전 물결들과 가장 다른 점은 학습의 목적을 학생들의 다중 지능 개발로 본다는 점이다. 다중적 지능이 필요한 이유는 앞으로도 기술, 사회, 정치, 경제, 학습, 문화 분야에서 지역적, 세계적인 변화가 다각도에서 지속될 것이기 때문이다(Cheng, 2005b). 제3물결은 '세계적 수준의 교육'이란 개념이 대두되면서 발생한 것으로, 세계적 수준에 도달하는 것이 교육의 효율성 목표가 되었다.

제3물결에서 학교는 인근 지역 혹은 외국 학교의 교육 현장을 벤치마킹

할 수 있으며, 이에 따라 자신의 미래 비전을 지향할 충분한 자율성을 누릴 수 있다. 학생과 사회가 세계화 등 변화의 조류에서 살아남을 수 있도록, 다중 · 지속적인 발전을 이룰 수 있게 도와주는 세계적 기관이 되는 것이 학교의 새로운 목표(positioning)이다. 타 학교와의 경쟁이 심하다는 것은 제2물결과 비슷하지만, 국내 학교들과의 단기목표에 대한 경쟁이 아닌, 국내, 지역, 전 세계 학교와 장기적으로 경쟁해야 한다는 점은 제2물결과 다르다.

이 물결에서의 전략 리더십은 지속가능성 확보를 주목표로 한다. 학교 자체의 지속가능성뿐 아니라 교사, 학생, 주변 지역의 지속가능성도 생각하는 것이다. 여기서 쓰이는 전략은 "미래 발전 전략"이라 부를 만한 것으로, 미래 대비성, SWOT 분석 결과, 전략 기획에 바탕을 두며, 학생 · 직원 · 학교의 지속적 발전, 교육의 지속적인 세계화 · 지역화 · 개인화, 무한한 평생교육 기회 제공 등에 중점을 둔다.

California주 Emeryville의 관료들은 재정위기와 학생수 감소에 부딪혀 혁신적인 해결책을 찾아내야 하였다. 이들은 학교 내 상황이 인근 지역의 상황과 가깝게 맞물려있다는 것을 깨달았다. 다른 많은 미국의 도시에서와 마찬가지로, 에머리빌도 학교가 인근 지역과 분리돼 있다고 생각하고 있었다. 그러나 도시 관리사인 John Flores는 앞장서서 주민생활센터(Center for Community Life)를 설립하였다. 이 센터는 기업, 관료, 교육계가 힘을 합쳐 학교를 지역의 구심점으로 만들고, 주민의 평생 교육을 위한 장소를 마련하는 단체였다. 이 센터의 활동 중에는 빈부가 함께 사는 마을(mixed-income village), 공용 레저시설, 보건시설 만들기 등이 있었다. 이 운동을 함께 했던 Josh Simon은 "하부 프로그램 간 상호작용이 많았고 … 엄청나게 많은 대화가 필요하였다"고 말하였다.

이 장 예화에서 소개한 Johns 교장은 "소방수"로 전락하지 않기 위해 노력하였다. Johns 교장은 당장은 그 효과가 나타나기 힘든 (그리고 학교 이사회로부터 불신을 살 수도 있는) 구조 개혁에 임기 첫 해를 썼다. 이 노력은 결국 교사 이직률 감소와 학생 성적 향상이라는 바람직한 장기적인 결과를 가져왔다.

제3물결에서 요구되는 전략 리더십은 미래 리더십이라 할 만한 것으로, 교육의 새로운 비전과 목표; 새로운 학습, 교육, 커리큘럼 설립; 평생 학습; 국제적인 안목; 지속가능한 발전, 글로벌 네트워크, 정보기술 활용 등을 지향하는 리더십이다(Cheng, 2001; Pefianco, Curtis & Keeves, 2003; Peterson, 2003). 학생들의 학습 기회는 교육의 삼중화(triplication of education)—교육의 세계화, 지역화, 개인화—로 극대화된다. 또한 Emeryville 예화에서 나왔던 것처럼 이 리더십은 모든 관련 집단을 아우르는 것을 목표로 한다.

Cheng(2005a)은 이 제3의 물결에 맞는 새로운 교육 리더십을 고안하는 것이 중요한 과제라고 기술하였다. 그러나 이 물결에서 이미 삼중화, 다층적 학습(multi-level learning), 지속가능한 개발, 다중 사고 리더십(multiple-thinking leadership) 등 새로운 학교 리더십이 생겨나고 있다. 이러한 리더십에서는 다음과 같은 전략적인 질문을 던진다.

- 학교의 학습 · 수업 · 운영 방식을 어떻게 실천적 · 문화적 차원에서 세계화, 지역화, 개인화시킬 것인가?
- 학생의 학습 기회를 최대화하려면 수업과 학습방식에 어떻게 정보기술과 네트워킹을 도입해야 할 것인가?
- 학생이 자율적 학습과 평생 교육을 통해 지속가능한 발전을 이루도록 도우려면 어떻게 해야 할 것인가?
- 학생이 자기 학습 결과를 삼중화할 수 있는 능력을 어떻게 계발해줄 것인가?
- 학생의 컴퓨터 활용 수업(Computer Managed Instruction; CMI)[1)]을

---

1) 역주: CMI(Computer Managed Instruction)는 개인에게 맞는 학습을 위하여 학생 개개인의 정보를 컴퓨터로 관리하여 활용하는 수업을 말한다.

지속적으로 발전시킬 방법은 무엇인가?

- 수업과 학습을 세계수준으로 끌어올리기 위해선 지적 자원(intellectual resources)을 어떻게 사용할 것인가?

이전 모델들과 마찬가지로 제3물결 모델도 개념화와 실천 시 드러나는 한계가 있다. 우선 SWOT 분석, 전략 기획, 활동 계획을 세울 때 너무 미래에 초점이 맞춰져 비실용적이거나 비현실적인 전략이 될 수 있고, 실행에서 문제가 생길 수 있다. 또한 이 리더십을 발휘하려면, 패러다임 전환이 필수적이며, 시스템 차원의 변화를 위해 문화적 상황과 기술적 지원이 필요하다는 조건이 있다.

또한 이 전략 리더십 모델은 현재의 시장 요구와 주주들의 기대를 경시하는 경향이 있으므로, 이 전략에서 나오는 활동 계획이 반발에 부딪칠 수 있으며, 실행이 어려워질 수 있다. Cheng(2010)은 이 전략 리더십 모델은 비효율적이라거나 현 시장 상황에 맞지 않는다는 비판을 받을 수 있으며, 특히 기획 초기에 이런 비판이 나오기 쉽다고 지적하였다.

전략 리더십의 요소

Davies, Davies와 Ellison이 고안한 전략 리더십 모델을 사용하여, 단기적으로 효율성이 높고 장기적으로는 성공적이며 지속가능성이 높은 학교들의 특징을 살펴볼 것이다. 이들의 모델은 전략 리더십이 전략적 프로세스(strategic process)와 전략적 접근법(strategic approach)으로 구성된다고 본다.

전략적 프로세스는 전략을 현실화하고 전략으로부터 학교 변화의 동력을 끌어내기 위해 매우 중요한 요소이다. 프로세스의 중요성은 많은 리더십과 경영의 격언에도 나타나있다. 그 중 하나는 다음과 같다. 장기적 성공을 위해서는 무엇을 하느냐만큼 어떻게 하느냐가 중요하다(How we undertake an activity is as important as what we do to build long-term success). "프로세스가 곧 정책(process is policy)"이라는 격언에도 나와있듯이, 전략적 능력을 계발하는 절차에도 관심과 애정을 기울여야 한다. 이는 정책이 단순히 수립 후 시행되는 것이 아니라, 여러 프로세스들이 상호작용을 일으켜 결국 하나의 정책을 완성한다는 것이다. "어떻게"를 담당하는 프로세스는 개념화(conceptualization), 참여 유도(involving people), 명확화(articulation), 시행(implementation)의 네 가지로 나눠질 수 있다.

개념화에서는 주로 반성, 전략적 사고, 분석, 새로운 현실에 대한 사고모델 창조를 통한 새로운 이해방식 창조 등이 이루어진다. 참여 유도에서는 더 많은 직원을 동참하게 만듦으로써, 더 강력한 동기를 부여하고, 학교의 전략적인 역량을 강화한다. 명확화에서는 구두, 서면 또는 구조적인 소통방식을 개발하며, 전략적 목표 설정을 꾀한다. 마지막으로 정책 시행에서는 전략이 행동 계획으로 구체화되며, 과제 배분이 이뤄지고, 전략적 타이밍과 전략적 포기 등의 개념이 사용된다.

전략적 접근법은 전략적 프로세스를 통해 개발된 전략을 배치하는 도구이다. Davies(2005)의 모델은 네 가지 접근법을 제시한다. 첫째가 전략 기획에 대한 선제적 접근법(proactive approach)이다. 선제적 접근법은 가장 전통적인 접근법으로, 학교의 목표가 이미 설정돼있고, 그 목표에 도달할 방법도 알고 있다는 것을 전제로 한다. 이 접근법은 학교 설립운동, 학교 개선운동과 닮아 있다. 그러나 신흥 전략(emergent strategy)의 후발적 접근법(reactive approach)과는 대조된다. 이 후발적 접근법은 현재 경험에서 배운 것을 이용하여 미래 전략을 짜는 방법이다. 학교가 실천을 통해 배울 때 흔히 사용하는 접근법이다.

학교가 실제로 과거를 되돌아보고 학습할 때, 성공과 실패의 패턴이 생긴다. 학교는 성공했던 활동은 반복하고, 실패했던 활동은 피하면서 전략을 만들어내게 된다. 그 결과, 특정 활동이 반복되고 서로 조화롭게 배치됐을 때, 더욱 치밀한 전략적 틀이 생산된다. 이런 식으로, 신흥 전략은 과거에 대한 반성과 궤도 수정을 거치는, 경험을 통해 미래의 행동방식을 계획, 개선하는 전략이다.

그 다음 전략 접근법은 분권화 전략이다. 이는 학교의 가치와 방향은 학교의 고위 관리가 설정하지만, 정책의 시행은 다른 직원에게 위임하는 전략이다. 분권화 접근법에서는 학교의 가치와, 구성원 간의 신뢰가 중요한 변수이다. 마지막은 전략적 의도 접근법으로 역량 개발을 통해 전략적 변화를 이끌어내는 전략이다. 이 접근법은, 도달하고자 하는 목표(의도)를 명확하게 제시하되, 그 목표에 어떻게 그리고 언제 도달할 수 있을지 알아내기 위해서는 먼저 학교의 역량 계발에 힘써야 한다는 접근법이다.

전략과 전략 리더십의 이해

전략에는 기관이 나아갈 방향을 결정하는 여러 의사결정이 포함된다. 학교에서 전략의 수립은 3~5년이 걸리는 중장기적 활동이다. 또한 전략은 매일매일의 의무보다는, 학교의 발전을 위해 필요한 더 넓은 범위의 이슈와 테마를 다룬다. Davies 등이 쓴 논문(2005)에서는 전략을 기계적인 계획서로 보는 전통적인 시각을 버리고, 전략적 사고, 전략적 관점으로 봐야 한다고 지적한다. 게다가 학교의 모든 이해관계자들이 이 전략적 관점으로 볼 수 있어야 한다. 이 장 도입부에 소개된 Johns 교장은 결과가 나오는 데 2년이나 걸릴 전략을 실행하였다. 당연히 학교 이사회는 불신이 생겼다. Johns 교장이 모든 학교 관계자들에게 자신의 입장과 전략을 더 적극적으로 설명했으면 어땠을까 하는 대목이다.

이 모델에서는 전략과 전략 기획을 명확히 구분하고 있다. 그리고 전략 프로세스를 개발하여 효율적인 전략을 짜고, 전략적 접근법으로 이를 효과적으로 배치해야 한다는 새로운 주장을 폈다. 이전에도 언급한 이 두 가지 요소는 효과적인 학교 리더십을 통해 개발될 수 있다. 전략 기획은 여러 전략적 접근법의 하나로 소개된다. 전략은 미래 방향, 행동 계획을 설정하는 틀이 될 수도 있지만, 현재 행위를 판단할 수 있는 잣대도 될 수 있는 것이다.

Davies 등의 논문(2005)에서는 성공적인 전략을 갖춘 학교는, 단기적으로 효율적인 교육 성과를 낼 수 있을 뿐 아니라, 장기적으로는 기관의 목적과 비전을 훌륭한 교육으로 만들어낼 수 있는 명확한 틀과 프로세스를 지니게 된다고 설명하였다. 이런 학교의 리더들은 단기적인 목표 도달에도 힘쓰지만, 장기적인 관점에서 학교 역량 개발에도 힘쓴다.

전략적 리더십은 그 정의에서도 나타나듯이 전략적인 기능과 리더십 기능을 연결시킨다. 학교의 운영자는 "왜 우리가 이 일을 하는가?"로 압축되는 기관의 도덕적 목표를 정의하는 역할을 한다. 이 도덕적 목표의 바탕이 되는 가치관과 믿음은 그 기관의 비전, 즉 "미래에 있고 싶은 곳, 미래에 되고 싶은 기관의 모습"과 연결되어 있다.

전략 리더십을 통해서, 넓은 범위의 행위가 단기적 운영 계획, 현재 상황에 대한 대응, 장기적인 전략 기획과 연결된다. 단순하게 얘기하면, 전략 리더십은 학교의 비전과 도덕적 목표를 정의하고 이를 행동으로 바꾼다. 기관이 변화를 이루려면, 방향을 설정하고, 역량을 기르는 것이 필요하다. 이렇게 비전과 가치를 행동으로 바꾸기 위해서는 능동적이며 혁신적인 사고방식, 현 상황 유지를 바라는 업무적 리더십(transactional leadership)보다는 더 나은 결과를 원하는 자세가 있어야 한다. Johns 교장의 사례를 보면, 교장은 학교의 오래된 패턴을 청소할 새로운 사고방식을 창조해야 하였다. Emeryville의 주민생활센터 또한 능동적이고 장기적인 전략으로, 학생 성적 향상에만 집중한 것이 아니라, 주민 전체의 안녕을 목표로 하였다.

이러한 전략 리더십의 면면을 보면, 전략 리더십이 기관의 비전과 긴밀하게 연결돼있다는 것을 알 수 있다. Beare, Caldwell과 Millikan은 1989년 "뛰어난 학교 리더들은 비전, 다시 말해 학교가 미래에 되길 바라는 모습을 머릿속에 가지고 있으며, 이 비전을 모든 학교 관계자들과 공유한다"고 썼다. 이 논문에서는 또한 다음을 기술하고 있다.

- 뛰어난 학교 리더들은 자기 조직의 비전을 가지고 있어야 한다.
- 이 비전을 다른 조직원과 공유하여, 이 비전을 실현하겠다는 의지를 갖게 해야 한다.
- 다른 조직원도 그 비전을 공유하게 하려면, 그 비전이 뜻하는 바를 납득시켜야 한다.
- 성공적인 리더가 되려면, 전 조직원이 같은 비전을 공유하는 것을 목표로 해야 한다.

교육 리더십을 다룬 여타 많은 서적에서도 비전을 강조하는 부분이 나온다. 그러나 전략 리더십은 비전뿐 아니라 다른 많은 요소가 필요하다. 그러므로 우리에게 주어진 문제는 전략 리더십의 구성요소를 잘 보여주는 논리적 모델을 만들어내야 한다는 것이다.

전략 리더십: 관련 연구 결과

Davies, Davies와 Ellison(2005)은 훌륭한 전략적 기술을 지닌 리더들과의 인터뷰를 분석하여, 전략적 리더들의 행동과 성격 리스트를 만들었다. 이 각각의 리스트에서 다섯 개의 주요문항을 실천하는 리더가 전략적인 리더인 것으로 이 논문은 정의하고 있다.

1. 학교의 방향을 설정한다

이 행동은 전략을 기관의 방향을 결정하는 반복적인 의사결정으로 정의하는 전통적인 시각과 맞닿아있다. Freedman은 2003년 논문에서, 전략은 기관의 성격과 방향을 결정할 때 사용되는 선택의 틀이라고 정의하였다. 일전에 우리는 전략에는 향후 3~5년 또는 그 이상에 대한 계획이 있어야 하고, 학교의 전반적인 활동을 다 다뤄야 한다는 것을 알아보았다. 이는 단기 계획을 연장하는 것으로는 만들어낼 수 없다. 오히려 이는 중기적 계획의 개발과 더 가깝다. 전략 리더십에는 능력 개발을 위한 기획적 접근법들이 필요하다. 그래야만 여러 미래상의 실현가능성을 유추할 수 있다.

전략적 방향을 설정하기 위해서는 그저 현재에서 미래를 바라보는 것을 넘어서서, 학교의 미래 모습을 그려보고, 그 모습으로 성장하기 위한 가이드라인과 틀을 설계하는 것이 필요하다. 인터뷰에서도 나타났듯이, 성공적인 리더들은 학교의 미래 방향에 대한 확실한 그림을 가지고 있다. Davies 등은 이 인터뷰를 바탕으로 전략적인 리더들이 하는 행동을 다음과 같이 정리하였다.

- 학교의 방향을 설정한다.
- 도전하고 질문을 던진다—현재에 만족하지 못한다.
- 전략을 행동으로 옮긴다.
- 전략적 사고와 배움의 시간을 적극적으로 확보한다. 사고 모델을 만들어 자신과 다른 사람의 이해를 돕는다.
- 조직과 조직원에 맞는 전략을 세운다.
- 명확한 가치체계를 가지고 전략적 지혜를 발휘한다.
- 전략적으로 개입할 최적의 타이밍을 찾는다.
- 끈끈한 개인적, 직업적 인맥을 가지고 있다.
- 학교의 전략적 역량을 개발한다.
- 뛰어난 개인적 능력과 대인 기술을 가지고 있다.

2. 전략을 행동으로 옮긴다

대부분의 학교가 계획을 세우지만, 이를 행동으로 옮기는 학교는 얼마 되지 않는다. Davies 등의 논문(2005)을 보면, 전략적인 리더는 "끝내기 선수(completer-finishers)"이다. Mintzberg의 1995년 논문에 따르면 전략적 리더는 앞날을 내다보는 것뿐 아니라, 앞을 꿰뚫어보는 능력도 있다고 한다. 이러한 능력은 전략적 리더들이 일부 안건을 선택하여 집중하는 습성에서 비롯된다.

사업계에서는 전통적인 전략 기획이 과연 어디까지 시행되느냐가 논쟁이 되고 있다. 대부분의 연구 결과가 전체 기획의 10~30%만이 실행된다고 분석한다. 나머지 70~90%는 먼지만 쌓인다는 것이다. Davies와 Davies의 2005년 논문에서는 학교의 계획이 외부 감사를 위한 평가잣대로만 쓰이고 있는지, 아니면 실제로 시행되는지를 묻고 있다. 인터뷰에 응한 한 리더는 "그저 생각하고 반성만 하는 걸로는 부족하다. 사람들은 실질적인 결과를 원한다." 고 말하였다.

리더가 학교의 목표와 방향을 설정할 뿐 아니라, 그 목표를 현실화할 능력도 있다는 것을 보여주는 것이 중요하다. 이 논문에서 인터뷰한 한 리더도 이런 이미지의 중요성을 역설하였다. "우선 두, 세 가지 일에서 성공하는 모습을 보여주어라. 그러면 직원들도 당신을 믿게 되어, 앞으로 더 큰 변화를 시행할 때에도, 당신을 따라올 것이다."

Davies와 Davies의 2005년 논문에서는, 전략 설립 자체를 너무 중시해서 전략적 틀과 계획을 세우는 데에 너무 많은 시간을 쓰면 안 된다고 경고하고 있다. 그러므로 우리가 생각해야 할 문제는 "이 전략적 틀을 역량으로 바꿀 수 있는 방법"을 찾는 것이다. 이 역량을 이끌어내기 위해 전략적 리더들은 전략적 비전을 행동으로 이끌어내는 전략적 기술을 사용한다. Fullan은 2004년 논문에서 이런 능력을 지닌 전략적 리더들을 "꿈이 큰 실천가 (doers with big minds)" 라고 불렀다. 결론은 전략적 리더는 전략적 계획을 명확히 표현함과 동시에, 효율적으로 전략을 설계해야 하고, 실행도 그만큼 효율적으로 해야 한다는 것이다.

3. 조직원과 조직에 맞는 전략을 세운다

학교의 리더는 학교가 전략을 실행할 수 있도록 역량을 개발해줘야 한다. Davies는 2003년 논문에서 이를 위한 제4의 물결 방법을 제시하였다. 1물결은 구두, 서면 혹은 구조적인 방법으로 전략을 명확하게 밝히는 것이고,

제2의 물결은 경험의 공유를 통해서 공통된 인식을 형성하는 것이다. 세 번째는 대화를 통해 미래상을 공유하는 것이고, 네 번째는 원하는 결과를 정의하는 것이다. 이러한 과정을 통해 교사들은 그 전략을 깊이 이해하게 되고, 전략 실행을 적극적으로 돕게 된다. Novak은 2002년 논문에서, 전략적 변화를 이끌 때 교직원을 배려하면 훨씬 더 좋은 결과가 나오고, 결국 교직원의 동참으로 이어진다고 썼다. 그는 전략 실행의 장기적 의지를 이끌어내기 위해, 교직원과 '함께'하는 것이 필요하다고 역설한다.

우리는 전략적 리더들이 학교의 모든 직원을 아우르는 지속가능한 전략을 세우기 위해 많은 노력을 한다는 것을 알아보았다. 기존에는 직원을 전략에 맞추는 것이 정설이었지만, 이제는 직원과 조직에 맞춰 전략을 조정하는 것도 고려해야 할 것이다.

4. 전략적으로 개입할 최적의 타이밍을 찾는다

전략 리더십의 중요한 포인트 중 하나는 변화 도입의 시점을 결정하는 것이다. 변화의 시점은 변화의 내용만큼이나 중요하다(Davies & Davies, 2005). 개입 시점은 이성적인 분석으로도 결정되지만, 리더의 직감으로 결정되기도 한다(Parikh, 1994). Bartunek과 Necochea의 2000년 논문에 의하면, 크로노스 타임(Chronos time)과 카이로스 타임(Kairos time)을 구분하는 것이 전략적인 타이밍을 찾는 데 아주 중요하다. 크로노스 타임은 보통의 시간의 흐름을 나타내지만, 카이로스 타임은 중요한 행동이나 의사결정이 일어나는 결정적인 시점을 의미한다. 전략적 리더들은 바로 이러한 때에 개입해서 성공을 이끌어낸다.

Davies, Davies와 Ellison의 논문(2005)에서 인터뷰한 리더들은 전략적 타이밍의 중요성을 알고 있었다. 이들은 모든 조직원들이 동참할 때까지 기다리면 변화의 시기를 놓쳐버릴 수 있고, 직원의 동의를 얻기 전에 너무 서두르면 좌초될 수 있다고 말하였다. 그러므로 효율적인 리더십을 위해서는 외부 상황과 내부의 조건이 잘 통제되어 성공적인 변화를 이끌어낼 수 있는 타이밍을 찾는 것이 매우 중요하다.

전략적 타이밍은 전략적 포기와 맞닿아있다. Davies와 Davies의 2005년 논문에서는 전략적 포기를 새로운 활동을 위해서 이미 진행 중인 활동을 포기할 수 있는 능력으로 정의하고 있다. 여기서 중요한 것은 제대로 결과가 나오지 않는 활동과, 만족스러운 진행과정을 보여준 활동이 잘 구분돼야 한다는 것이다.

전략적 리더는 변화의 시점을 잘 결정해야 할 뿐 아니라, 새로운 전략을 위한 공간을 만들기 위해 기존 자원을 버릴 줄도 알아야 한다.

5. 학교의 전략적 역량을 개발한다

전략적 역량 개발이라는 개념은 Prahalad와 Hamel(1990)의 논문에서 "핵심 능력"으로 언급됐고, Stalk 등이 쓴 1992년 논문에서는 "전략적 역량"으로 언급됐다. 둘 다 학교의 본질을 반영하고 있다. 학교가 개발하면 좋은 장기적 역량으로는 학습의 본질적 의미 이해하기, 학생들의 다양한 요구 이해하기 등을 들 수 있을 것이다. 이는 정부에서 새로운 과목의 수업을 요구했을 때, 그에 필요한 최신 지식을 피상적으로 이해하는 것과 좋은 대조가 된다. 대부분의 전략적 리더들은 장기적 역량 개발에 더 많은 노력이 기울여져야 한다는 데 동의한다. Davies와 Davies의 2005년 논문에서는 나무의 비유가 사용되는데, 땅 위에 있는 줄기와 가지가 나무의 전부인 듯 보이지만, 사실 모든 것을 지탱하는 것은 땅속에 묻힌 뿌리라는 것이다.

리더들이 학교의 전략적 역량을 개발하면, 교사들 사이에 경험에서 배우는 문화와, 비난 없이 문제 해결법을 찾는 문화가 생기고, 학습에 대한 깊은 이해가 형성될 것이다. 그 결과 학교가 새로운 도전에 직면했을 때, 그 시점의 최신 기술에 의존하지 않고, 장기적, 전략적 역량을 바탕으로 극복할 수 있을 것이다. 요약해서 말하자면, 뛰어난 전략적 리더들은 학교의 현재를 관리하고 통제하는 한편, 학교의 전략적 역량 개발을 위한 시간과 자원도 배정하여, 학교가 지속가능성을 확보하고 장기적으로 발전 가능하게 만든다.

전략 리더의 특성

Davies, Davies와 Ellison의 2005년 논문은 학교 운영에서 전략적 리더십을 발휘한 리더들에게 특정한 특성이 드러난다는 것을 보여준다. 이들은 전략적 리더가 보여주는 다섯 가지 특성을 나열하였다.

1. 도전하고 질문을 던진다. 현재에 만족하지 않는다

전략적 리더들의 주요 특성 중 하나는 기관의 다양한 미래를 그려볼 수 있는 능력이다. 이들은 항상 현 상태를 바꿔서 더 발전된 미래로 향하고 싶은 욕구를 가지고 있다. 다시 말해 전략적 리더들은 현재에 대한 자신의 불만을 계속 다스려야 하며, 자기가 원하는 만큼 빨리 변화할 수 없다는 사실을 받아들여야 한다.

변화의 전도사 역할을 하는 리더들은 계속해서 다음의 질문을 던진다.

- 학교에서 가르친 과목/수업 중 성공한 것은 무엇이었고, 실패한 것은 무엇이었나?
- 그 성공/실패의 원인은 무엇이었나?
- 앞으로 바꿔야 할 것은 무엇인가?
- 학교가 학생, 부모, 지역주민과 가졌던 관계 중 성공한 것과 실패한 관계가 무엇이었는가, 그 이유는 무엇인가?
- 상황을 개선하기 위해선 어떻게 해야 할 것인가?
- 현재의 사고, 운영방식에 자극을 주려면, 어떤 방식으로 현재를 평가해야 하는가?
- 우리 학교는 그저 떠도는 중인가, 아니면 도전과 창조 중인가?

Collins는 2001년 논문에서 리더십을 다섯 단계로 나누었다. 가장 높은 단계인 5단계 리더십을 지닌 리더는 성격은 겸손하나, 기관에 대해서는 원대한 비전을 품고, 항상 보통의 성과를 넘어 훌륭한 성과를 내려고 노력한다. Collins는 이 5단계 리더들의 고유 특징이 장기적으로 최선의 결과를 내기 위해서는 아무리 어려운 과정이라도 서슴지 않고 시행하려는 태도를 가져야 한다.

2. 전략적 사고와 배움의 시간을 적극적으로 확보하고, 사고 모델을 만들어 자신과 다른 사람의 이해를 돕는다

Davies 등은 2005년 논문에서 이 특성을 전략 리더십의 가장 의미심장한 특성이라고 말하였다. 리더가 미래를 내다보고 새로운 접근방식을 개발하기 위해서는 지식과 경험이 있어야 한다는 것이다. Davies의 연구에 따르면 전략적 리더들은 무엇을 배우고 싶은지 알고 있으며, 배움을 위한 시간을 따로 마련한다. 이 리더들은 또한 자신의 능력을 증진시키기 위해 계속 노력한다. 새로운 도전은 새로운 능력을 필요로 하기 때문에 직업적으로 계속 발전하려면 새로운 능력을 계발해야 하는 것이다. 전략적 리더는 자신이 새로 배운 것을 사고 모델로 만든다. 이 모델을 통해 다른 직원들에게 자신의 지식을 공유하는 것이다. 이를 보면 리더들이 자기의 기존 능력을 더욱 강화하고 계발하기 위해 능동적인 학습자가 되어야 한다는 것이 명확해진다. Davies 등도 "교장"이란 칭호가 이제는 "최고 학습자(lead learner)"로 바뀌어야 한다는 데 동의한다. 리더 자신이 배워야 하고, 다른 이들의 모범이 돼야 한다는 것이 더 드러나야 할 필요가 있다는 것이다.

하지만 학교 리더들은 너무 바쁘다. 다른 업무를 제쳐두고 배움의 시간을 마련한다는 것이 어려울 수 있다. Schön은 1987년 논문에서 "행위에 대한 성찰(reflection on action)"과 "행위 중 성찰(reflection in action)"을 구분하였다. 리더가 행위 중에도 성찰할 수 있는 능력을 갖게 되면 자신의 학습 욕구를 쉽게 인식할 수 있게 되고, 그 배움을 위한 틀, 즉 사고 모델

(mental model)을 만들 수 있다고 썼다.

이 사고 모델은 복잡하고 역동적인 현실을 반영하는 그림이나 표로 만들 수 있다. 리더가 이러한 모델을 만들면, 자신과 직원들이 현실을 더 쉽게 이해할 수 있게 되고 세계를 더 명확하게 해석할 수 있게 된다. 이 성찰의 프로세스를 거침으로써, 학교 관계자들 사이에 자신과 타인의 역할에 대한 합의가 생기면, 이들은 모두 같은 목표를 공유하게 된다.

3. 명확한 가치체계를 가지고 전략적 지혜를 발휘한다

전략적 리더십의 초기 정의를 통해, 전략적 리더십은 가치, 비전, 학교 운영을 연결한다는 것을 알 수 있다. 리더는 윤리를 바탕으로 한 명확한 가치관을 바탕으로 모든 활동을 설계한다. 왜냐하면 최선의 결정을 도출하는 지혜는 가능한 변화 시나리오의 분석뿐 아니라 학생의 필요를 인식하는 데에서 나오기 때문이다. Davies의 연구에서 인터뷰의 대상이 됐던 사람들은 동료들과의 상호작용과, 전략적 결정의 틀을 설정할 때 자기 가치관을 따랐다고 말하였다.

여기서 말하는 지혜는 적절한 때에 적절한 행동을 취할 수 있는 능력을 말한다. 2002년 세계 사고 기술 컨퍼런스에서 Robert Sternberg는 다음과 같은 이유 때문에 리더에게는 지혜가 필요하다고 발표하였다.

- 새로운 발상을 제시할 창의력이 필요하기 때문
- 그 발상의 실현가능성을 판단할 분석적인 능력이 필요하기 때문
- 그 발상을 잘 기능할 수 있도록 만들고, 부하직원에게 그 발상의 가치를 납득시킬 실용적인 능력이 필요하기 때문
- 그 발상이 자기 자신, 타인, 조직 전체에 장 · 단기적으로 미칠 영향의 균형을 잘 잡아야 하기 때문

또한 Stenberg는 지혜가 다음과 같은 특성을 지닌다고 말한다.

- 지능을 이용하여 성공적 결과를 만들어냄
- 이해관계의 균형을 찾아냄
- 균형 잡힌 시간 계획을 만들어냄
- 가치관을 투입함
- (조직의) 반응을 환경에 맞게 조절함
- 지식을 공동선을 위해 활용함

4. 끈끈한 개인적, 직업적 인맥을 가지고 있다

이미 살펴봤듯이, 지식은 전략적 의사결정에서 매우 중요한 역할을 한다. 전략적 리더는 비슷한 일을 하는 사람들이나 인근, 국내 혹은 국외 기관에서 지식을 얻는다. 같은 분야의 사람, 기관을 벤치마킹하고, 더 잘 이해하며, 최근 지식을 얻기 위해서다.

Davies 등이 쓴 2005년 논문에서 보면, 전략적인 리더들은 많은 시간과 노력을 자기 인맥을 늘리거나 강화하는 데 쏟는다고 답하였다. 인맥의 중요성은 Fullan의 2004년 논문에도 나와있다. "체계를 바꾸고 싶다면, 그 의도를 가지고 사람들과의 상호작용을 양적으로 늘리고, 그 후에 시스템을 전반적으로 바꿔야 한다."

그러므로 복잡한 리더로서의 업무에 필요한 통찰력을 기르기 위해서는 넓은 인맥을 유지해야 한다. 보통 기관에 소속되면 여러 인맥을 쌓게 되지만, 이 공식적인 인맥을 개인적이고 업무에 도움 되는 인맥으로 바꾸려면, 리더 자신의 의지와 흥미가 있어야 한다.

5. 뛰어난 개인적 능력과 대인 기술을 가지고 있다

Davies와 Davies는 학교 내 전략적 리더십을 연구한 2005년 논문에서, 인터뷰 대상이었던 전략적 리더들이 모두 "사람을 통해 일을 하는 것"을 몸소 보여줬다고 기술하였다. 리더들은 자기의 자신감과 태도를 강화하는 법을 나름대로 터득하고 있었고, 부하직원들을 꿰뚫어보는 방법도 가지고 있었다. 대부분의 리더가 정직한 관계를 유지하고 시간을 내서 직원의 이야기를 들어주는 것이야말로 자기 전략적 행동의 초석이라고 답하였다. 한 리더는 "나는 직원들의 입장을 이해하기 위해 항상 그들의 이야기를 듣고, 지지해주기 위해 노력한다. 직원들이 나를 신뢰하고, 내가 그들 편이라고 느끼게 해주어야 한다."라고 말하였다.

지혜에 대한 얘기로 다시 돌아가보면, 개인적 능력이 뛰어난 리더들이 좋은 리더십을 발휘한다. Davies와 Davies는 이에 덧붙여, 리더들은 열정적이고, 자기 가치관에 충실하며, 타인에게 영감과 자극을 주고, 사회성이 좋아야 한다고 기술하였다. 물론 리더가 학습하는 방식과 변화를 이끌어내는 능력은 리더 개인적 능력에 많이 좌우되지만, Boal과 Hooijberg의 2001년 논문에도 나왔듯이, 대부분의 리더십 연구가, 리더들이 공감, 동기부여, 의사소통과 같은 주요 대인 기술도 익혀야 한다고 지적한다. Bennett은 2000년 논문에서, 리더가 도덕적 리더십을 발휘하고, 교육 형태를 성공적으로 개혁하려면, 사람을 중시하는 가치관을 지니고 있어야 한다고 썼다.

많은 리더들이 중요하다고 여기는 나름의 가치들이 있을 것이다. 그러나 청렴, 사회 정의, 충성심, 인간애, 존중, 옳고 그름의 명확한 구분은 필수적으로 존중해야 할 가치이다. 이러한 가치관이 규칙적, 계속적으로 보호, 실행되지 않으면, 이미 형성된 전략적 관계도 무너져버리기 쉽다.

Bennett이 만든 방대한 가치 목록에는 들지 않았지만, 뛰어난 사회적 지능(social intelligence)을 갖는 것도 전략적 리더십에 있어서 매우 중요하다. 왜냐하면 의사결정, 해결책 시행, 조직적 개선 프로세스에는 어쩔 수 없이 감정적인 요소가 들어가기 때문이다. 대인 지능은 대인관계에 대한 철저한 이해가 있고, Gardner의 1985년 논문에도 나와 있듯이, 다른 이들의 기분, 주요 동기, 기질, 의도 등 중요한 면면을 느끼고 구별해내는 능력이다. 요약하자면, 대인 지능의 주요 특질은 자신과 타인의 감정을 볼 줄 아는 안목인 것이다.

리더가 부하직원과 교감하고 분쟁을 해결할 수 있어야, 전략적 관계를 형성할 수 있고, 창조적인 해결책을 찾을 수 있다. Bennett은 2000년 논문에서 힘과 용기야말로 사람에게 가장 중요한 특성이라고 썼다. Bennett은 열정이 담긴 원대한 프로젝트라도, 리더가 부정적 상황을 타개하고 끝까지 자신감을 유지하지 않으면 실패할 수 있다고 결론을 내렸다.

도입부 예화의 Connie Johns 교장처럼, 강력하고 자신감 있는 리더가 있어야만 현실적이고 지속적인 변화를 이룩할 수 있다. 혁신적이고 체계적인 변화는 그 진행이 느릴 수밖에 없으며, 엄청난 양의 대화를 통해 모든 이해관계자와 가깝고 활발한 관계를 유지하는 것이 필요하다. Johns 교장은 임기 첫 6개월을 대화에 할애하면서 결국 모든 이를 납득시킬 수 있었고 그 결과 변화를 이룩해냈다. 그러나 이 이야기는 또한 지속적인 변화를 위해서는 조직원의 반대를 무릅쓰고 뜻을 유지하는 집요함도 필요하다는 것을 보여주었다.

주 전체 이니셔티브 프로그램에서 배울 점

주 전체 이니셔티브 프로그램(Statewide Systemic Initiatives Program; SSI)은 1990년 미 국립과학재단(National Science Foundation)에 의해 시작되었다. 미국 과학기술교육부서의 지원을 받는 이 프로젝트는 초 · 중 · 고등학교와 대학교 이상에서 과학, 수학, 공학 과목을 개선하고, 개선의 효과를 강화하고, 속도를 높이고, 그 효과를 넓게 반영하는 것을 목표로 한다(Heck & Weiss, 2005).

이 프로그램의 하위 프로젝트들은 여러 주에 흩어져있는 교육기관들을 연결시켜, 포괄적이고 잘 조정된, 지속가능한 변화를 이끌어내는 것이 목표이다. 이 이니셔티브를 통해 소속 교육기관들의 교육과정 목표, 교재의 내용, 교수 방식과 평가, 교사 임용, 교사 오리엔테이션, 교사와 교직원의 전문성 개발이 주(state) 전체적 개혁의 방향에 맞춰 조화롭게 설정되었다.

SSI는 조직 체계, 조직 내에서 메시지 전달, 의사결정, 자원배분, 책임배정 등 학교의 운영방식을 바꾸는 것을 목표로 한다. 또한 과학자, 수학자, 지방 교육관리, 학부모 대표, 지역근거 조직, 기업, 지역 대표들 등 여러 관계자를 개혁운동에 동참시키는 것도 꾀한다.

이 SSI의 결과를 살펴보면 교육개혁의 전략적 리더십에 대해 귀중한 지식을 얻을 수 있다. 1991년에서 1998년까지 국립과학재단은 26개의 SSI 프로젝트를 지원하였다. 1년에 2백만 달러씩 5년까지 지원한 것이다. 이렇게 지원을 받은 프로젝트 중 4개는 조기 종료되고, 8개는 1차의 마무리 후 2차까지 5년 동안 재정지원을 받았다. Heck과 Weiss의 2005년 연구를 통해서 우리는 SSI 기저에 있는 사상을 분석할 수 있다. 이 논문은 SSI에 참여한 대표들과, 이들이 제출한 문서를 주 자료로 삼아, SSI의 설계, 시행, 평가 방법과 이유를 분석하고 있는 것이다.

Heck과 Weiss는 이 연구를 통해 전략적 리더십의 콘셉트를 탐구하고자 하였다. 콘셉트 탐구의 틀은 지속가능한 발전을 위한 전략적 리더십을 다룬 많은 연구논문을 참고해서 만들었다. 대부분의 논문에서 조사할 면을 고르는 데 도움이 되는 관점들과, SSI의 데이터 해석 방법론을 찾을 수 있었다(예: Farrell & Hart, 1998; Goldsmith, 1996; Hickson, Butler, Cray, Mallory & Wilson, 1989; Koteen, 1989).

Heck과 Weiss는 전략적 리더십의 세 가지 요소에 집중하였다고 말하였다.

- 리더가 갖고 있는 SSI 성공가능성에 대한 인식, SSI를 이용하여 교내에 변화를 가져올 수 있을 것인가에 대한 인식
- SSI가 제대로 시행된 상황 개념화
- SSI 리더들이 지향하는 방향과, 개선이 필요한 현재 상황 사이의 변화 포인트

이 연구자들은 지속적인 변화를 이끌어내려는 전략적 사고방식의 이론

적 개념화를 바탕으로 상황을 해석하였다. SSI 리더들이 방향성을 제공하고, 자원배분의 순위를 매기고, 불확실성에 대비·대처하고, 품질 유지와 중간 평가의 기준점을 어떻게 유지하느냐 등의 이론적 개념화를 바탕으로 하였다(Goldsmith, 1996; Koteen, 1989; Shrivastava, 1985).

연구에서 얻은 교훈

요약해서 말하면, Heck과 Weiss는 학교 개혁에서 전략 리더십의 역할이 다음과 같다고 결론을 내렸다.

- 전략적 리더들은 개혁 후의 학교 모습과, 그 실현 방안에 대한 비전을 가지고 있다.
- 전략적 리더들은 학교의 개혁 비전을 이해하고 지지해줄 최고위층 인사들을 결집시킨다.
- 전략적 리더들은 학교와 지역의 운영진이 학교 개혁과 그 실행에 의지를 갖게 만든다.
- 전략적 리더들은 적절한 개입과 조치를 통해 비전을 실천으로 이끈다.
- 전략적 리더들은 개혁이 성공하려면 우선 조치가 필요한 소규모의 개입부터 성공시켜서, 개입이 좋은 결과를 가져올 수 있다는 인식을 조직원에게 심어줘야 한다는 것을 안다.
- 전략적 리더들은 개혁의 질을 높이기 위해 조직의 역량을 개발한다.
- 전략적 리더들은 개혁의 가이드라인과 인센티브를 제공하는 공식적 정책을 개발한다.
- 전략적 리더들은 논란(controversy)의 발생을 피한다.
- 전략적 리더들은 다음 세대 개혁 리더들을 위해 역량 개발을 실시한다.

요약

많은 학자들이 단일 리더의 역할로 전략적 리더십을 고려하였다. 우리는 다양한 모델의 분석을 통해, 리더에게 필수적으로 요구되는 활동과 특성을 볼 수 있었다. 이 모델들을 통해서, 독자들이 학교 내의 전략 리더십 시나리오가 무엇으로 구성되고 그 장단점은 무엇인지, Cheng(2010)의 제3의 물결 모델을 통해 명확하게 이해하게 되기를 바란다. 전체적으로, Cheng이 (2010) 말한 "모든 전략적 리더"는 교육 세계의 종합적 교육 개혁과 학자들에 의해 제시되어야 한다. 좋은 출발점은 교육의 전략적 리더십에 비추어 교육 개혁의 물결을 더 잘 이해해야 하며, 이후 각종 도전에 대처하기 위해 교육 개혁을 합리화하고 학교에서 전략적 리더의 능력을 개발하기 위해 노력할 수 있는 정책적 시사점을 만들어내야 한다.

토의 문제

1. Fullan은 효율적인 리더를 "꿈이 큰 실천가"로 묘사하였다. 비전과 실현의 관계는 무엇인가? 각각에 얼마나 많은 시간이 할애되어야 하는가? 비전의 성공적인 시행을 위해서는 무엇이 필요한가?
2. 이 장의 도입부에서 Johns 교장은 몇 개의 전략적인 개혁을 단행하였다. Elm Circle 고등학교에 활력을 불어넣기 위해 할 수 있는 개혁 아이디어를 두 가지만 더 낸다면?
3. 전략적 개혁을 시행하는 데 교장, 교사, 부모, 지역주민이 해야 할 역할은 무엇인가? 각 주체당 하나씩 답하시오.
4. Cheng이 제시한 개혁 전략의 3물결 모델은 학습자의 "다중 지능(multiple intelligence)"에 초점을 맞추고 있다. 다중 지능이 무엇인가? 학습 방식이 전혀 다른 세 사람을 말해보시오. 그 사람들이 제3물결 모델에서 무엇을 얻을 수 있겠는가?
5. Cheng의 제3물결 전략 리더십 모델에서 제시된 질문 중 세 개를 선택하시오. 그리고 이 장의 내용을 바탕으로 답하시오.

활동 주제

1. 전혀 다른 "지능"을 지닌 두 학습자(예: 운동선수와 수학자)가 문제에 직면했을 때 어떻게 대처할지 연극을 해보시오. 각각은 문제 해결을 위해 자신의 재능을 어떻게 사용할까? 문제 해결을 위해 어떻게 협동할 수 있을까? 모든 "지능"을 다 아우르는 교육을 하는 것이 왜 중요한가?
2. 여러분이 과거 혹은 현재에 겪고 있는 문제를 하나 고르시오. 그 문제를 해결하기 위한 1주 계획, 1년 계획, 5년 계획을 만드시오. 각 계획의 장점이 무엇인지 토의하시오.

추천 문헌

Burns, J. M. G. (2010). *Leadership*. New York: Harper Perennial.

Davies, B. (2006). *Leading the strategically focused school*. London: Sage.

Davies, B., & Davies, B. J. (2005). Strategic leadership. In B. Davies(Ed.), *The essentials of school leadership* (pp. 10-30). Thousand Oaks, CA: Corwin Press.

Eacott, S. (2008). Strategy in educational leadership: In Search of Unity. *Journal of Educational Administration*, 46(3), 353-375.

Fullan, M. (2003). *Change forces with a vengeance*. London: Routledge Falmer.

Honig, M. I., & Coburn, C. (2008). Evidence-based decision making in school district central office: Toward a policy and research agenda. *Education Policy*, 22(4) 578-607.

Jones, G. (2007) *Organizational theory design, and change*. (5th ed.) Upper Saddle River, N. J.: Pearson

Razik, T. A., & Swanson, A. D. (2009). *Fundamental concepts of educational leadership*. Boston, Mass: Allyn and Bacon.

제8장

지속가능한 리더십

인내하는 자가 경기에서 승리한다

2000년대 말 대불황 기간에 사회경제적 지위가 낮은 가정의 상당수가 도심지역에서 중소도시로 이주하였다. Joseph Gutierrez 교장의 학교는 주로 유럽계 미국인이 거주하는 중산층 구역과 집값이 상대적으로 싼 빈민 구역이 혼재된 지역에 위치해 있다. 도심지역에서 이주가 이루어지는 동안, 하위계층의 아프리카계 미국인과 히스패닉인 대부분은 더욱 가난한 지역으로 이주하였으며, 그 결과, 자신의 학교에 다니는 하위계층의 학생 수는 두 배 가까이 늘었다.

Gutierrez 교장은 시험 성적의 하락, 중산층 학생과 저소득층 학생의 충돌, 중도탈락률의 증가에 직면하면서 학교의 프로그램을 전면 검토해야 함을 깨달았다. 지역사회에 멘토를 초청하여 시험기간 동안 빈곤계층 아이들의 학습을 돕는 즉각적인 조치를 취할 수도 있지만, 이는 장기적인 해결책이 아니었다. 이에 그는 교직원, 학교 운영위원회와의 장시간의 회의를 거친 후에 학부모를 위한 월례 회의를 추진하였다. 참석한 학부모를 위하여 음식을 무료로 제공하고, 학부모들이 회의에 보다 편안하게 오갈 수 있도록 식당과 택시 서비스를 섭외했으며, 교사들은 학생들의 활동을 자원하였다. 학부모들은 서로 협력할 수 있는 구조를 만드는 것에 초점을 맞추어 식단, 취침시간, 과제와 같은 주제들에 대한 토론을 하였다. 그리고, 토론을 통하여 사회경제적 계층을 뛰어넘은 네트워크가 구축되었다. 시간이 지나, 학생들의 시험 성적은 안정되고, 구성원들은 더욱 친밀해졌다.

학교 리더들이 근시안적인 이익과 단기적 정책을 뛰어넘어 지속가능한 시스템을 만드는 것은 쉬운 일이 아니다. 미국 교육제도는 교육과정이 너무 얄팍하고, 장기간 지속가능하지 않다는 비판을 받아 왔다. 실제로, UNICEF의 2007년 보고서에서는 22개국 아이들의 행복에 대해 우려를 표하였다. 그 보고서에서 영국과 미국은 선진국 중 하위권을 차지하였다. Hargreaves(2007)는 경제적 성취와 발전만을 무조건적으로 추구하는 이 두 개의 나라가 "자국의 어린이를 희생시킴"으로써 지구를 파괴하고 있다고 한탄하였다.

대부분의 교육 개혁 전략에서 교사 및 그 외 인적자원들은 소모품으로 취급당해왔다. 이는 다국적 기업들과 정치인들이 천연자원의 지속가능성을 훼손하는 방식과 유사하다. 단기적인 목표를 부과하고, 무의미한 시험을 연속해서 치르고, 단기적인 정치적 목표를 추구한 결과, 학생 전체를 위한 진정한 학습 기회는 사라지고 미국의 지속가능한 교육은 큰 타격을 입게 되었다.

『지식사회에서의 학습(Teaching in the Knowledge Society)』에서 Hargreaves(2003)는 학교에서의 교수와 학습이 아이들로 하여금 지식경제사회에 참여하고, 높은 임금을 보장받으며 고급기술을 창출할 수 있는 일자리를 찾을 수 있도록 바뀌어야 한다고 주장하였다. 그는 많은 국가들이 지식사회가 되는 것을 열망한다고 덧붙였다. 지식사회는 "지식-기반 공동체" 내에서 빠른 속도로 정보와 사고가 형성되고, 사용되고, 순환되고, 흡수되는 과정을 설명해준다. 그의 정의에 따르면, "지식-기반 공동체"는 새로운 정보/지식을 생산하고 순환시키기 위해 열심히 일하는 개개인의 네트워크이다.

지식사회에서 번영, 부, 그리고 경제적 발전은 경쟁자들을 물리치고 새로운 것을 먼저 발명해내고, 소비자 시장의 욕구와 요구를 파악하고, 경제적 호황과 불황을 통하여 요구되었던 새로운 기술을 획득하거나 자신의 업종을 바꾸는 사람들의 역량에 달려있다. 이러한 지식사회의 독특한 특징은 위에 나열한 역량을 개인이 보유할 뿐만 아니라 상호적인 학습과 끊임없는 혁신의 문화 속에서 새로운 지식을 공유하고, 생성하고, 적용하는 조직에도 있다는 것이다.

Hargreaves는 지속가능성을 담보하기 위하여 지식사회의 조직은 개인의 역량 개발에 힘쓴다고 강조하였다. 이것은 개인에게 평생교육 및 재교육을 위한 더 좋은 기회를 제공하고, 학습과 의사소통 장애요인을 제거하고, 개인을 다양하고 유연한 팀에 종사하게 하며, 문제와 실수를 비난하지 않고 학습 기회로 활용하고, 조직의 비전과 업무에 모든 조직원을 수용하고, 사람들에게 추가적인 학습 기회와 지원을 제공하는 "사회적 자본"을 네트워킹과 관계를 통하여 형성하는 활동을 포함한다.

Hargreaves에 따르면 지식사회는 학습사회이며, 경제적 성공 및 지속적인 혁신의 문화는 사람들의 직무 종사기간 동안 학습을 지속할 수 있는 역량에 달려있다. 이것이 바로 지식경제에 대비하여 학생들을 준비시키려는 학교들이 과거의 관행에서 벗어나야 하는 이유이다.

Hargreaves는 기초 문해능력과 산술능력에 초점을 맞추어 학급당 한 명의 교사를 배치하는 현재 모형의 부적절성을 지적하면서, 더 광범위하고 인지적인 도전을 주는, 혁신적인 교육과정으로 대체될 필요가 있다고 제안하였다. 그는 교사들이 혼자 수업하기보다는 협동해야 하고; 전문적 학습이 계속해서 일어나야 하고; 교사는 주관적인 증거와 객관적인 증거를 모두 활용할 뿐만 아니라 직관과 경험을 모두 활용하여 판단을 내려야 하며; 교사라는 직업이 증명된 절차와 편안한 방식에 얽매어 있기보다는 위험을 감수하고, 변화를 수용하는 경향이 있어야 한다고 덧붙였다.

정리하자면, Hargreaves는 지식경제사회에서 학교교육은 시대에 뒤처진 산업 및 농업 교육 모델에서 탈피할 필요가 있으며, 포커스가 좁고 과대평가된 표준화 개혁 안에서 만들어졌던 제도들을 버려야 한다고 주장하였다. 그러한 제도들로 인하여 교육과정이 제한되고, 교사의 사기가 떨어졌으며, 창조적인 학습이 억제되고, 리더 채용의 공급선이 감소하는 결과가 나타났기 때문이다.

Hargreaves와 Fink(2006)는 1987년「브룬트란트 위원회 보고서(the Brundtland Commission Report)」와「UN 지속가능발전교육 10년」에서 정의한 지속가능성 개념에 대하여 논의하였다. 그들은 단기간의 성취 목표를 설정하고, 어린아이들 대상의 "서두르는" 교육과정 설정과 "시험을 준비하기 위한 수업"의 문화를 장려하며, 성취도가 낮은 학교의 교사들에게 속성 개선 전략을 독려하는 "단방약 같은 앵글로-색슨" 교육 개혁 전략을 비판하였다.

현재의 사회정치적 환경

사회정치적 환경은 미국의 교육을 규정짓는 동시대의 이데올로기, 규제, 정책, 지위, 법, 관습, 사건을 보여준다. Nieto(2007)는 교육 분야에서 이러한 이데올로기, 관습, 법, 정책이 구조적 불평등의 원인이 된다고 언급하였다. 그녀는 사회적 이데올로기, 암묵적인 추정과 기대와 관련하여 신분, 인종, 민족, 성, 성적 기호, 사회 계층, 언어 그리고 사회의 다른 요소와 구체적인 조건 전부를 포함하는 다양한 차별을 사회에서 당연하게 여길 때 교육적 진보가 저해된다고 주장하였다.

Nieto의 의견은 의식적이든 무의식적이든, 이러한 사회적 전제와 이데올로기가 사회 전반에 있는 특정 사람들을 대상으로 별거의 사고방식으로 규정지어진다는 것이다. 이러한 인식은 교육, 가정, 건강, 고용 등 여러 요구를 어떻게 접근할지를 결정한다. 이러한 사회정치적 맥락은 언어가 "표준화된" 그리고 생활습관이 "평범한" 사람들을 규정하는 데 사용되기도 한다.

미국의 많은 학생들이 그들의 학습 경험을 무시당해왔다. 하지만, 이러한 현상은 미국 고유의 현상이 아니며 다른 국가들도 국제화와 이민, 전쟁과 같은 요소들로 인해 이러한 상황에 직면하였다. 따라서 어느 지역이든 관계없이, 사회정치적 상황은 민주주의와 공립학교 간 관계로 인해 전반적인 사회에 영향을 준다는 사실이 나타났다. Nieto는 아이들이 공립학교에 다님으로써 전 세대보다 더욱 나은 삶을 누릴 기회를 받는다고 하였다

Nieto에 따르면, 공립학교는 민주주의를 발전시켜 나갈 능력이 있다고 한다. 하지만, 민영화나 시장주의 제도로 인해 공교육과 민주주의 간 중요한 관계는 약해지는 것처럼 보인다. 사회정치적 상황은 학교단위의 교육과정, 부모 보육, 규칙, 직원 고용, 다른 여러 분야의 정책과 수행에 영향을 준다. 교육과정 측면에서, 사회정치적 맥락은 사회적으로 옹호받는 관점의 지식을 전달하는 역할을 한다. 이 경우 사회정치적 환경은 교과과정에서 누가 이득을 보고 누가 손해를 보는지를 결정한다.

개인적인 수준에서, 교사, 학교 리더들과 다른 교육자는 사회의 이데올로기와 신념에 강하게 영향을 받으며, 의식적으로 혹은 무의식적으로, 그에 맞추어 행동한다. 인종주의와 같은 편견들은 학교 정책, 교사와 학교 행정가의 수행과 결정을 통해 드러난다. 예를 들어, 재능 있는 학생과 특수 교육을 필요로 하는 학생들에 대한 결정은 종종 교사의 편견에 영향을 받는다(Harry & Klingner, 2006; Oakes, 2005). 교사의 전망과 기대는 특정한 배경을 가진 사람들에 대한 사회적 태도에 영향을 받기 때문에, 교사와 학생의 관계는 사회정치적 환경에 의해 영향을 받는다(Valenzuela, 1999; Flores-Gonzalez, 2002).

국가 정체성을 재규정한 인구의 증가를 보이기 시작한 때부터 사회적 환경은 인구학적 변화를 반영한다. 특히 미국에서는 30%의 국민이 아프리카계 미국인, 아시아인, 태평양제도인, 라틴 아메리카인, 아메리카 인디언

이다(U.S. Census Bureau, 2000a). 하지만, 현재의 인구통계 조사 결과보다 더욱 극적인 사실은, 인구조사 기구(Census Beruau)에서 낸 미래예측에 따르면, 2050년 유색인종의 수는 미국 전체 인구의 50%를 넘어설 것이며, 최초로 유럽계 미국인이 "소수"가 된다(U.S. Census Bureau, 2006b). 현재 미국에서는 450개의 언어가 사용되며, 미국 국민의 약 1/5은 집에서 영어가 아닌 언어를 사용한다. 그것은 국가를 철학의 개념이 아닌 실제적인 다언어 국가로 만든다(U.S. Census Bureau, 2004).

한편, 통계자료는 교사의 특성이 과거 인구학적 특성에 비해 적게 변화하였다는 것을 보여준다. 대부분의 통계자료는 85~90%의 미국 교사가 영어를 모국어로 사용하지 않는 유색인종 학생들에 대한 경험이 적은 유럽계 미국인, 영어만을 구사하는 사람이라는 사실을 보여준다(National Collaborative on Diversity in the Teaching Force 2004; National Center for Education Statistics 2005).

Neito는 인종의 다양성이 증가한다는 사실과 동시에 유럽계 미국인과 유색인종 간에 "성취도 차이"가 증가하고 있음을 발견하였다. 미국표준교육의 결과에 대한 10년 주기의 보고서인 「Quality Counts 10」의 2006년 통계에서는 학생들의 성취가 전반적으로 증가하였지만, 여전히 아프리카계 흑인, 히스패닉 학생의 성취와 유럽계 미국인 학생의 성취 차이는 1992년과 비슷한 2단계의 성적수준 정도 발생한다고 말한다(Olsen, 2006). 하지만, Nieto는 이 보고서가 학생들의 학습에 영향을 주는 교육의 공공 정책, 수행, 그리고 구조화된 불평등보다는 성취 차이에만 주목하고 있다고 언급하였다.

많은 나라에서 사회정치적 환경을 구성하는 표준화와 관료제의 문화가 성장해왔다. 미국에서 표준화는 최근 「아동낙오방지법(No Child Left Behind Act)」과 같은 엄격한 책임구조를 가진 연방 법률에 의해 큰 영향을 받았다. 이 정책은 시험이 학생 학습을 증가시키기보다 더욱 높은 탈락률과 더 낮은 학교교육 참여로 이끌었다는 것을 보여주는 명백한 증거이다

(Nichols & Berliner, 2007).

또한 이러한 책임 구조는 인종, 민족, 사회계층에 따른 차별에 관한 주제로 이어진다. 이러한 차별은 1954년 'Brown vs. Board of Education' 판결 이후 어느 때보다 더욱 악화되었다. Nieto(2007)는 가난한 유색인종 아이들이 무시를 당하고 차별을 경험하는데, 그 중에서도 가장 무시받는 학생은 저소득층의 라틴계 학생이라고 말하였다(Orfield & Lee, 2005).

Nieto는 사회정치적 환경에서의 가장 중요한 문제는 빈곤, 부족한 주택, 부족한 건강보험, 실업과 같은 장기화된 구조적, 사회적 불평등의 증가라고 시사하였다. 그녀는 비록 교사들이 학생들에게 삶의 변화와 기회의 관점에서 중요한 변화를 만들 수 있다고 하더라도, 가난한 학교, 부족한 인프라, 그리고 불공정한 관료제적 정책과 같은 인종주의와 다른 편견에 의해 만들어진 불평등과 구조적인 장벽에 의해 학생 성취의 전반적인 책임을 홀로 감당할 수 없음이 분명하다고 말하였다.

미국에서 Jean Anyon과 같은 교육자와 Richard Rothstein과 같은 경제학자들은 주로 거시경제적인 정책—예를 들어 최저임금, 가용직장, 세율, 건강 보험, 주거지—이 학교 실패의 주된 책임이라는 의견을 가지고 있다. 또한, 그들은 교육정책이 이러한 정책들을 해결할 수 없다고 보았다. Anyon(2005)은 아래와 같이 썼다.

> 여러 해 동안 국가는 실업, 무직, 빈곤의 문제를 해결하기 위한 교육을 해왔습니다. 하지만, 교육은 문제의 원인이 아니었으며, 이것들을 해결할 수 없었습니다. 이익을 좇으며 사람들을 경시하는(특히 유색인종) 경제 시스템을 비난해야만 합니다.
>
> (p. 3)

워싱턴 D. C.의 경제 정책 기관(the Economic Policy Institute)에 있는 Rothstein(2004)은 교육 개혁이 건강 보험, 주거, 조기 교육, 계속 교육 그리고 하게 프로그램이나 다른 사회적, 경제적 지지 없이 추구된다면, 성취도 차이는 결코 좁혀지지 않을 것이라고 말하였다. 그는 점차 사회가 매우 적은 "가진 자"와 대다수의 "가지지 못한 자"로 굳혀지는 것을 경고하면서 다음과 같이 언급하였다.

> 사회 관점에서 계층 간의 격차를 줄이지 못한다면 우리는 중산층과 저소득층 학생들 간의 학업성취 격차도 인정할 수밖에 없다. 이러한 격차를 줄이는 것은 분명 필요하다. 그러나 이는 학교를 개혁하는 것만으로는 부족하며, 학생들의 학습방식을 결정하는 사회와 경제 제도 또한 개혁할 필요가 있다. 여기에는 많은 비용이 소요될 것이다.
>
> (p. 149)

지속가능한 리더십 규정짓기

Hargreaves와 Fink(2006)는 30년간 8개의 미국 고등학교를 대상으로 교육적 리더십에 대한 조사와 조직의 지속가능성과 관련된 주제의 문헌에 대한 연구를 하였다. 이 연구에서는 지속가능한 리더십을 아래와 같이 정의했다.

> 지속가능한 교육적 리더십을 증진하고, 보존하고, 개발하는 것은 모두를 위한 심층 학습(deep learning)을 누구도 피해보지 않는 방식으로 현재와 미래에 우리와 모두에게 긍정적 이익을 창출하는 방식으로 확산하고 지속시킨다.

두 명의 연구자는 실적이 저조한 학교를 변화시킨 뛰어난 교장을 고용한 지역구와 그 교장이 몇 달간 추진한 직무들을 보았다. 다른 예로 지속불가능한 리더십으로 카리스마적 리더가 근처 학교의 교장이 되기를 받아들이다가, 이를 취소하여 장학사들을 장악하려는 시도를 한 예가 있다. 이와 유사하게, 한 마그넷 스쿨(magnet school) 학교의 여교장은 자신의 평가를 높이기 위해 주변학교에서 유능한 학생들을 끌어들여, 근처 이웃학교의 최고의 인재를 없애고 그 구역의 전반적인 성취도를 떨어뜨렸다. 다른 예에서는, 5년간 네 명의 교장이 바뀌는 것을 본 교사들은 쉽게 후임 교장을 기다리며, 교장이 떠난 후 이전 교장이 세웠던 학교운영계획을 바꾸었다. 또 다른 예는 고도로 노조화된 학교를 약화시키고자 계속해서 권위주의적 교장이라는 평가를 받는 사람들을 보냈지만, 노조의 저항이 더욱 고질적으로 나타났었다.

연구자들이 제시한 위의 지속불가능한 리더십과 개선 노력의 예는 스펜서 재단(Spencer Foundation)의 지원으로 이루어진 30년간 8개의 미국과 캐나다 고등학교를 대상으로 한 연구에서 볼 수 있다. 이 연구는 1970년대, 1980년대, 1990년대에 그 곳에서 일했던 200명의 교사와 학교 행정가의 교육적 변화를 관찰한 결과를 담고 있다(Hargreaves & Goodson, 2004). 그리고, 연구 결과를 통해 연구자들은 오랜 기간 변화나 연속에 영향을 주는 주요소들은 리더십, 지속가능성, 리더십 승계임을 보여주었다. Hargreaves와 Fink(2006)는 그들의 연구에서 학교 리더십 과정과 수행의 대부분은 장기간 지속되지 않고, 확산되지 않는 임시적이고 국한된 변화의 "혼란"을 보여주거나 만들어낸다고 언급하였다.

하지만, 이러한 기준에는 몇 가지 예외가 있다. Hargreaves와 Fink는 임명 첫날부터, 몇 명의 학교장들이 자신의 후임자를 모색하고 양성하는 것과 같은 인수인계 문제에 골몰한다는 점을 발견하였다. 혁신적인 학교장의 경우 이웃 학교의 훌륭한 교사들을 "빼오지 않도록" 조심하여, 이로부터 오는 부정과 질시를 피하고 있다. 다른 학교에서는, 몇몇의 용감한 리더들이 표준화된 시험을 대비하여 결과에 지나치게 집착하는 것보다 학습과정을 개선하는 것이 중요하다는 신념을 가지고 학교를 운영하였다. 두 명의 리더는 변화를 다루는 것이나 개혁을 시행하는 것보다 더욱 많은 것을 해낸 것이다. 그들은 지속적인 리더십을 추구하고 모형을 만들었다.

지속가능한 리더십의 일곱 가지 원칙

모든 교육 리더들의 주된 임무는 학생이 지적, 감성적, 사회적으로 참여할 수 있는 창의적인 학습 제도를 만드는 것이다. 그러므로 지속가능한 리더십은 성취도의 임시적인 증가를 넘어서 오래 지속되고, 의미 있는 학습 과정에서의 발전을 만들어야 한다(Glickman, 2002; Stoll, Fink, & Earl, 2002). Hargreaves와 Fink(2006)는 두 가지 예시를 제시하였다.

첫 번째 예는 Talisman Park High School의 교장으로, 그는 학생들이 졸업하는 데 필요한 10단계의 문해능력(literacy) 시험을 만드는 것과 같은 시간 소모가 큰 정책 및 업무로부터 경험 많고 노련한 교직원들을 보호하기 위해 행동한 것이 있다. 그 교장은 좋은 성취를 달성하기 위한 가장 편리한 방법은 합격 점수 아래로 떨어질 것 같은 학생들의 성취를 높이는 것에 집중하는 데 있다고 판단하였다. 하지만, 이들의 전략은 학교의 성취도를 향상시키는 데는 기여할지라도, 정작 문해능력 향상에 도움이 필요한 학생들을 고려하지는 않았다.

두 번째 사례는 더욱 복잡한 인종구성을 가진 인근의 Wayvern High School 교장의 사례이다. 똑같이 이 교장은 장기간동안 모든 학생의 문학 학습에 집중함으로써 시험에 대비하였다. 이 학교의 교사들은 학부모와 학교의 다른 이해당사자들과 합심하여 1달동안 모든 학생의 문학 학습을 발달시키기 위해 노력하였다. 첫 해의 결과는 놀랍지 않았지만, 두 번째 해부터, 학교는 나아졌으며, 점수는 지역 교육구의 평균을 상회하였다. 세 번째 해에 Wayvern High School은 지역구 내 상위 2위의 성취도를 보였으며, 단기적 전략을 사용한 Talisman Park High School을 앞질렀다.

위의 예시를 명심하고, 지속가능한 리더십을 규정하는 특별한 원칙을 보도록 하자.

1. 지속가능한 리더십은 지속된다

지속가능한 리더십의 특징 중 하나로 학교 임명 첫날부터 계속해서 준비하는 것이 있다. Hargreaves와 Fink(2006)의 연구에 몇 가지 희귀한 효과적인 지속 경영과 지속가능한 리더십의 사례가 있다. 표집된 특정 학교들은 교장이 은퇴하였을 때 대체할 보조 교장을 양성함으로써, 민주주의적인 학교 발전의 계획 속에 열정적이고 이상적인 교장 인계의 토대를 갖추었다.

그러나, 연구에서는 리더십 계승이 좀처럼 성공적이지 않음을 보여준다. 이는 주로 카리스마적인 리더의 뒤를 학교 발전의 추진력을 유지하는 데 어려움을 느끼는 덜 역동적인 리더가 이어나가기 때문이다. 또한, 낮은 수행을 보이는 학교를 바꿔나가는 리더들은 그들의 발전이 지속될 기회를 가졌어도 너무 빨리 전근가거나 승진하였다는 사실을 보여준다.

30여 년간 Stewart Heights High School을 관찰한 결과, 우리는 "회전문 교장직" 이라고 알려진 사례를 보았다(MacMillan, 2000; Hargreaves et al., 2003). 그리고 그것은 주로 오늘날의 개혁-주도 분위기 속에서 발견된다. 1990년대 초기, Stewart Heights 학교는 성취 개선에서 문제를 겪고 있었다. 도시화와 문화적 다양성으로 인해 발생한 도전을 받아본 적이 없는 나이 많은 직원들은 전의 "마을 학교(Village School)" 에 대한 향수를 가지고 있었다. 학교의 교장은 학교가 분명한 목표가 없다는 사실에 혼란스러웠지만, 그의 교사들을 "외부의 압력" 으로부터 보호함으로써 교실 수업에 집중할 수 있도록 하고 싶었다. 교장이 은퇴했을 때, 교육구는 역동적이고 경험 많은, 그리고 마찰을 잘 일으키는 Bill Matthews를 그의 후임으로 임명하였다.

Matthews의 의견은 어찌되었든 학생이 우선되어야 한다는 것이었다. 그는 기대를 분명하게 전달하였으며, 학생과 지역사회를 돕기 위한 그의 결정은 가차없었다. Matthews가 키를 잡은 지 세 번째 해가 끝날 무렵엔, 학교는 몇 가지 교육과정 변화를 만들어냈고, 학교 발전을 위한 계획을 수립했으며, 학생지도 절차를 재구축하였고, 더욱 수용적인 환경을 조성함으로써, 학생과 학부모들의 만족도가 큰 폭으로 증가하였다. 그 이후 교육구가 리더십의 부족에 직면하자 갑작스럽게 Matthews는 교육구의 관리직으로 승진되었고, 그의 부하들 또한 이직하였다.

계속되는 혼란 속에 교육구는 처음 교장이 되는 Jim West를 학교에 부임시켰다. West가 전임 교장의 방식을 조심스럽게 통찰하는 것을 선호할 수도 있지만, 그와 그의 부하들은 새롭게 명령받은 개혁 주제에 초점을 둬야 하였다. 몇 달 만에 학교 발전을 위한 Matthews의 노력은 허사가 되었다. Matthews가 부임하기 전에 목소리를 내던 부장교사 집단과 같은 전통적인 권력집단은 West가 교육구의 개혁안을 시행하기 위한 도움을 필요로 하게 되자 과거 자신들의 권위를 다시 주장하였다. West는 우유부단함을 보여주었으며, 이는 교사들이 그와 그의 부하들을 대하는 것이 비효율적이라 판단하도록 하였다. Hargreaves와 Fink는 언급하였다. "좋은 사람은 문제를 극복할 수 없다." 결국 3년 만에 West는 이직당하였다. 그 학교는 6년간 네 명의 교장이 취임했으며, 직원들은 냉소적으로 바뀌었다.

위에서 보았듯이, 지속가능한 리더십은 리더십 인수인계에 신중한 주의를 요한다. 이것은 개혁을 이어 나갈 후임자를 양성하고, 특히 만약 학교장이 학습을 촉진하는 데 큰 역할을 해낸다면 그 성공적인 리더를 학교에 더 오래 머물게 하며, 학교의 구세주가 될 "대체 불가능한 카리스마적 영웅"을 찾기 위한 노력과 학교 발전계획을 연속선상 계획에 포함시키는 것을 필요로 한다. 또한 교사들이 교장들의 "임기가 끝나기를 기다리기"와 같은 냉소적인 태도를 가지는 것을 피하기 위해 교장 이직률을 감소시켜야 한다. 이와 같은 노력을 통해 리더십 인수인계가 달성될 수 있다(Hargreaves & Fink, 2006).

2. 지속가능한 리더십은 확산된다

리더에게 앞으로도 학교에 지속될 유산을 남기고 가기 위한 적절한 방법은 반드시 다른 학교의 관계자와 시각을 공유하고 개발하는 것이다. 이 경우의 리더십 계승은 한 사람의 계승자를 키우는 것 이상을 의미한다. 실제로 전문적인 지역사회를 통해 학교 전반으로 리더십을 퍼트림으로써, 다른 이가 현 교장이 떠난 후에도 학교 발전의 횃불을 이끌 수 있도록 하는 것이다(Spillane, Halverson, & Drummond, 2001).

한 가지 예로 미국 대안 고등학교의 Durant 교장을 들 수 있다. 그는 교사, 학부모, 학생이 동일한 관점을 공유했을 때 학교 속에서 개개인의 학습이 일상적으로 이루어질 수 있다고 보았다. 그는 대화를 강조하였으며, 학교 이해당사자들과 함께 의사결정 과정을 공유하였고, 직원들이 각자 행정조직의 모든 부분에 속해있다고 믿게 만들었다. 심지어, 교장이 은퇴하고 난 후에도 학교사회의 모든 교사와 직원들은 교육구와 주 경찰의 표준화의 압력으로부터 그들의 관점을 포기하지 않고 저항을 계속하였다.

대조적으로, Durant의 이웃, Sheldon 고등학교는 1980년대 교외로의 "백인 중산층의 이주(White Flight)"와 경쟁 마그넷 스쿨(magnet school)로의 흡수라는 변화를 경험하였다. 그 결과 이 장의 예화에서 보여준 Gutierrez 교장의 학교처럼, Sheldon 고등학교는 인종적 균형에 큰 변화를 경험하고, 특별교육이 필요한 학생의 막대한 유입을 경험하였다. 대부분의 다수를 차지하는 유럽계 미국인 직원들은 이런 변화에 좌절하며, 중대한 학교 결정을 가로막았다.

좌절과 리더십 충격의 분출방법으로, 교사들은 노조로 돌아섰고, 점차 그 노조는 적극적으로 성장하였다. 반면 교육구는 교원노조에 맞설 수 있을 것이란 기대를 받는 몇몇의 독재적인 리더들을 임명함으로써 대응하였다. 이러한 대립의 결과, 학교는 학생 특성의 변화에 대해 완벽하게 대응하지 못하였다. 교사들은 교장으로부터 훈육적 지지가 부족하였다고 주장하며, 전통적인 관습이 변하는 것을 반기지 않았다.

이러한 두 개의 사례 연구들은 지속가능한 리더십이 한 사람의 책임이 아니라는 것을 보여준다. 학교는 완전히 복잡한 기관이고, 그 누구도 도움 없이 모든 것을 통제할 수 없다(Fullan, 2001). 정리하자면, 지속가능한 리더십은 공유된 책임감이어야 한다. 도입부를 본다면, Gutierrez 교장이 그의 학교를 되돌려놓기 위해 학부모들에게 요청하는 것을 볼 수 있다. 매달 부모들과 문제의 근원인 적당한 식단, 취침과 같은 기초적인 주제들에 대해서 이야기했으며, 학교 리더십보다 지역사회를 통해 건강한 학교를 만들고자 노력을 하였다.

3. 지속가능한 리더십은 사회적으로 정의롭다

지속가능한 리더십의 또 다른 특징은 단지 다른 학교에 피해를 줄이는 것뿐 아니라 모든 학생과 학교에 이익을 주는 것을 목적으로 한다는 것이다. 지속가능한 리더십은 소위 마그넷 스쿨(Magnet School), 라이트하우스 스쿨(Lighthouse School), 차터 스쿨(Charter School)과 그들의 리더가 주변 학교에 영향을 줄 수 있다고 의식하는 것이다. 이들은 지역 내 리더십 풀(pool)에서 우수인력을 "따로 선별한" 특권 받은 학교이다. 그러므로 지속가능한 리더십은 학교에서 서로 연결된 상호작용의 거미줄을 통해 한 학교가 다른 학교에 영향을 줄 수 있다는 점에 대해 인식하고 완벽한 책임감을 가져야 한다(Baker & Foote, 인쇄 중인 책에서). 위의 사실을 고려했을 때, 지속가능성은 사회적 정의와 연결되어 있다.

Hargreaves와 Fink(2006)는 Blue Mountain 고등학교의 예를 제시하였다. 그 곳은 오랜 기간 동안 주변 학교에서 최고의 교사, 학생, 리더들을 빼앗지 않은 학교이다. Blue Mountain 학교의 교장은 지역구와 다른 학교 교장들의 협의를 통해서 해당 지역구 소재 학교의 원로 교사 비중이 불균형하지 않도록 할당제를 실시하였다. 이렇게 다른 학교를 배려하는 점을 보여줌에 따라 교장은 사회적 정의를 실현하였고, 또한 주변 학교로부터의 질시와 분개를 피하였다.

극명하게 대조적으로, 연구에서의 한 마그넷 스쿨(magnet school)인 Barrett 고등학교는 주변 학교의 피해를 키웠다. 그 학교는 1980년대 후반 도시 밖으로 나가려는 "백인 중산층의 이주(White Flight)"의 조류 속에 지역구의 다른 학교로부터 "적절한" 학생과 높은 수준의 교사, 선별적 입학을 추구하는 가운데 설립되었다. *U.S. News*에서 미국 상위 150개 고등학교의 특징을 소개하면서, 이런 학교들 내 몇몇 높은 성취를 보이는 학생들은 이웃 학교로부터 전학 온 사실이 발견되었다. 결국, 우수한 교사와 학생을 빼앗긴 학교는 낮은 출석률, 많은 수의 학교폭력, 창조성 약화와 같은 문제로 썩어버린다. 두 명의 연구자는 "몇몇의 특별한 자원에 집중함으로써, 교육구는 특혜를 받는 마그넷 스쿨과 그 학교의 교사를 위한 참 학습과 유연한 학습을 만들어냈지만, 다른 학교는 '영혼 없는' 표준화로 방치된다."고 주장하였다.

그러므로 우리는 지속가능한 리더십이 특정한 학교를 지속적으로 발전시키는 것뿐만 아니라, 지속가능성을 진정으로 생각하는 학교의 리더들은 학교와 학생들에 대한 책임을 받아들이고, 그들의 행동이 광범위한 환경에 미칠 영향에 주의해야 한다.

다양한 사례가 보여주듯, 학교의 문제는 몇몇 혹은 전체 학생의 사회경제적 상황에 직접적이거나 간접적인 원인이 있다. 가난은 거의 항상 빈곤한 식단, 부족한 잠, 부모가 숙제를 도와주지 못하는 것, 가정에서의 짜임새 있는 시간의 부족과 동반된다. 더 나은 학교를 만들기 위한 Gutierrez 교장의 행동은 만약 부모들이 회의에서의 결과를 바탕으로 가정환경을 변화시킬 수 있다면 지대한 결과를 가져올 것이다.

4. 지속가능한 리더십은 풍부하다

지속가능한 리더십 시스템은 특정한 내적 보상을 제공하는 동시에 리더십 풀 속에 있는 가장 최고이고 근사한 것을 끌어오고, 동기부여하고, 보유하는 외적 보상을 제공하는 것이다. 이러한 구조는 학교장에게 다른 사람들과의 교류, 지원, 학습할 수 있는 시간과 기회를 제공하는 동시에, 그들의 후임자를 육성하고 조언할 수 있도록 돕는 것이다. 그러므로 지속가능한 리더십은 "구차해지지 않는 검소함"으로 묘사된다. 이는 교육적 자원을 훌륭한 리더에게 보상의 형태로 아낌없이 주는 것이 아니라, 교육자로서의 재능을 개발하는 데 활용하는 것을 의미한다. 지속가능한 리더십은 리더가 스스로를 관리할 수 있도록 도와줌으로써 리더를 발전시키는 것이다.

하지만 연구에서, 학교의 개혁, 자원 고갈, 그리고 잇단 은퇴에 대한 요구는 교장의 급격한 이직과 교감, 부장교사와 같은 중간 관리자의 심각한 감소를 초래한다는 것을 보여주었다. 또한, 지역구에서는 다른 공직에 비해 학교 컨설턴트와 부교육감에 대한 지원을 눈에 띄게 줄임으로써, 교장의 학교운영에 대한 의지를 꺾고 고립시켰다. 학교 리더를 위한 관리와 지원의 문화는 평가기반 책임의 "객관화된 수요"에 의해 대체되었다.

결과적으로, 교사와 행정가는 지나친 요구와 감소된 자원에 지쳐버렸으며, 전문적 학습 공동체를 만들기 위한 신체적, 정서적 에너지가 부족할 수도 있다(Byrne, 1994). 하지만, 학교 리더의 정서적 건강은 필수적인 자원이다. 그럼에도 불구하고, 교육 개혁자들과 정책 연구자들은 학교 리더십의 전반적인 미래를 저당잡음으로써 단기적인 이득을 취하려 한다.

Hargreaves와 Fink는 Talisman Park 고등학교에 협동적인 학습 공동체를 만드는 데 도움을 주었지만, 3년 후 갑자기 전근을 가게 된 Charmaine Watson 교장의 예를 든다. 그녀는 다음 학교에서도 똑같이 영감을 주는 행보를 걸었지만, 새로운 학교에는 감소된 자원과 비현실적인 수행 시간이 주어졌다는 점을 알게 되었다. 새로운 학교의 시스템은 더 이상 협력적으로 도와주지 않았으며, 결국 낙관적인 모형에 대한 설계를 줄였다(Blackmore, 1996). 그녀는 정신적인 스트레스에 대한 후유증으로 신경질적인 몇 달간을 보낸 후, 조기에 은퇴하였다.

개혁 아래 교장 집단은 장학사나 이른 은퇴 혹은 심한 압박에 놓여있었다. 그런 상황에서, 교장들은 자신의 리더십을 감당할 수 있는 수준만큼 줄였다. 결국, 리더십은 리더 스스로가 견딜 수 있을 때만 지속가능하다.

5. 지속가능한 리더십은 다양함을 장려한다

지속가능성을 장려하는 리더들은 광범위한 수준에서 지속적인 발전을 격려하는 환경을 장려하고 재현한다. 그들은 각자의 다양한 수행을 통해 점점 더 복잡해지는 학습 환경을 채택하고 성공시킬 수 있는 사람이다(Capra, 1997). 대개의 혁신적인 학교는 이러한 다양함을 만들고 격려한다. 본 연구에서, 우리는 불행하게도 표준화된 학교로 회귀하는 세 학교를 보겠다.

우선, Durant 대안 학교가 전의 다양한 배경의 학생들이 참가하는 학교에서 표준화된 학습과 학생 평가의 문화를 가진 학교로 돌아간 일이 있다. 혁신적인 학교의 교장들은 학교 발전을 공유하는 것 대신, 억지로 명령받은 정책을 수행해야 한다. 사랑받던 교장들은 의심스러운 안건들에 대한 토론을 장려하려 시도할지도 모르지만, 많은 교사들은 교장이 그들의 학교와 영혼을 교육구와 주에 판다고 느낄 것이다.

Hargreaves와 Fink(2006)는 표준화를 지속가능성의 "적"이라 주장한다. 지속가능한 리더십은 학교 발전 과정에서 다양한 종류의 수월성을 공유하는 네트워크를 제공함으로써 교수, 학습, 지도에 있어서 많은 종류의 수월성을 기르고 받아들인다(Louis & Kruse, 1995; McLaughlin & Talbert, 2001). 결과적으로, 지속가능한 리더십은 전반적인 사회에 있는 어떠한 방식의 표준화된 양식도 배제하지 않는다.

6. 지속가능한 리더십은 운동가이다

표준화는 전통적인 학교가 가진 문제를 키운다. Hargreaves와 Fink(2006)의 연구에서, 표준화는 학교를 과거의 덜 동기화된 시각을 가진 학교로 돌려놓았다. 더군다나, 예전의 혁신적인 학교는 그들의 고유한 특성을 잃어버렸다. 하지만, Durant 고등학교는 학습사회의 힘과 혁신성이 아닌 학교장의 행동으로서 혁신학교의 특성을 회복시킬 수 있다는 것을 증명하였다(Oakes, Quartz, & Lipton, 2000). 학교는 서로 영향을 주는 방식으로 지역

사회에 참여하였다.

여러 해를 거듭하여, Durant 고등학교의 용감한 새 교장은 적극적으로 학교의 직무를 지켜야 한다는 주장의 헌신적인 사회운동을 벌이고, 인접한 지역사회와의 전략적인 제휴를 위해 그의 개인적, 직업적 네트워크를 활발하게 활용하였다. 그 교장은 지역신문과 주(州)신문 모두에 기사를 투고하였으며, 다양한 라디오와 TV 프로그램에도 출연하였고, 구청 밖에서 상징이 담긴 구속복(straitjacket)을 입고 시위하던 학생, 학부모들과 동참하였다. 또한 그는 높은 기준을 가진 평가의 부작용에 대한 여러 번의 토론회를 개최하였고, 동료들과 함께 주(州)단위의 시험을 위해 몇몇 집단에 전반적인 압력을 가하였다. 그 노력의 결과, 그의 학교는 주 정부로부터 잠깐의 유예조치를 받았다. 이러한 예시를 통해, 우리는 도움이 되지 않는 환경에서의 지속적인 리더십은 몇 가지 종류의 활동성을 가지고 있어야 한다는 사실을 보았다.

7. 제도는 지속가능한 리더십을 지원해야 한다

연구로부터 얻어진 위의 예시에서 대부분의 활동적인 학교장은 경영 변화 그 이상의 것—그들은 적극적으로 지속가능한 리더십의 형태를 추구하고 설계하였다—을 하였다. 특히 카리스마적인 리더가 떠난 후, 지속가능성의 장기적, 단기적 발전은 리더십과 책임의 분배를 통해, 리더십이 이웃 학교와 지역사회에 줄 수 있는 영향력을 고려함으로써, 그들의 비전을 지속적으로 추진하고, 스트레스와 탈진을 피하는 것으로, 교수와 학습에 대한 표준화된 명령 대신 학교 개혁을 통한 다양한 접근방식을 촉진하고 가져오는 지속적으로 추진하고, 그리고 활동주의로, 학교에서의 심도 있는 학습에 대한 보호를 보장한다.

대부분의 학교 리더들은 이러한 목표를 달성하기를 원하며, 이를 지속적인 유산으로 남겨두기 위해, 다른 이들을 보조하고 독려한다. 대부분의 학교에서 발생하는 문제의 잘못은 리더들에게 있지 않으며, 그들을 이끈

제도에 있다. 이것은 왜 지속가능한 리더십이 재능과 헌신과 관계없이 개인에게 달린 일이 아닌지를 말해준다. 그러므로, 문제, 흐름, 결과를 변화시키기 위한 제도로서, 우리는 리더들의 직무가 지속가능성을 우위에 둘 수 있는 제도를 운영하여야 한다.

과거, 현재, 미래의 지속가능한 리더십

과거의 지속가능한 리더십은 더 나은 미래의 학교를 만들기 위한 제안이었다. 이러한 움직임은 과거를 되돌아보지 않는 대부분의 교육변혁 이론에 위배된다. 그리고 이러한 교육변혁 이론들은 변화가 오직 앞으로만 이루어져야 한다는 “변화의 화살”을 가지고 있다. 이로 인해 과거의 문제들은 대개 무시될 수도 있고 극복될 수도 있다(Hargreaves & Goodson, 2004; Goodson, 2011).

Hargreaves에 따르면 변화에 끌리거나 중독된 리더들은 과거에는 방어적이고, 현재에 집착하거나, 오래된 습관과 신념을 고수하는 사람으로 묘사되었다고 한다. 이러한 종류의 리더는 과거를 부정적인 유산, 학습 모형, 혹은 빈약한 리더십 경험이 남아 있는 리더십의 암흑시대라고 간주한다(Fullan, 2003).

Hargreaves(2007)는 현재와 미래에만 기반을 둔 개혁은 지속가능성에 대한 안티테제(정반대)가 된다고 한다. 지속가능한 발전은 과거의 모든 가치 있는 요소를 보호, 보존, 반복하며, 더 나은 미래를 만들기 위해 그런 요소를 학습한다는 특징을 가진다. 과거와 만날 수 있는 한 가지 방법으로 전문가 모임 내에서 볼 수 있는 교사들의 저항(resistance)과 향수를 변화의 장애물이 아닌 지혜의 근원으로 보는 것이 있다. 변화 이론은 과거를 무시하거나 지우려는 노력 대신 그 유산을 바탕으로 계획을 만들도록 노력해야만 한다. 변화를 관찰하다 보면, 지속가능한 리더십은 리더에게 성공 혹은 실패한 정책으로 사용되었을 수 있는 과거의 사례를 찾아보도록 요구한다.

하지만, 위의 제안들은 리더가 과거처럼 살아야 한다는 것이 아니라 과거로부터 가치를 얻고 학습하라는 뜻이다. Abrahamson(2004)은 리더들에게 끝없는 반복, 피로, 불필요한 전문지식과 기업의 낭비가 기다리는 미래가 아닌 과거의 흔적을 지우는 “창조적 파괴”를 주문하였다. 그는 “장인 정신(a craftsman-like manner)”과 같이 유용하고 재차 강조해야 할 과거에 존재하던 장점들을 창조적으로 재조합할 것을 제안하였다.

지속가능한 리더십을 통해 리더들은 학교의 조직적 “기반”에 놓여있는 잘못된 부분을 찾아내고, 재배치하고, 재활용하고, 재조합하는 방법으로 새로운 구조, 기술, 사람을 찾아내야 한다(Abrahamson, 2004). 지속가능한 리더십과 발전은 미래와 과거를 모두 고려하는 것이다. 그것은 사람들의 지식, 직업, 경험을 가치 있고 재활용할 수 있는 자원이 아닌 처분할 수 있는 쓰레기로서 위협하는 것을 거절한다. 정리하자면, 지속가능한 리더십은 과거를 맹목적으로 버리는 것이 아니라 그것을 존중하고 배우는 것이다.

지속가능한 리더십에 영향을 주는 네 가지 형태의 망각

교육 개혁에서의 도전은 과거로의 후퇴가 아닌 과거의 존재를 깨우치고, 그것의 의미를 이해하고, 배우려는 지적인 관계를 만드는 것이다. 하지만, 실제 조직에서는 과거의 요소들을 잊으려 한다. De Holan과 Philips(2004)는 네 가지 종류의 “조직적인 망각”을 찾아내었다. 그들은 이러한 잊어버림을 의도성과 지식의 기반에 따라 분류하였다. De Holan과 Philips는 조직적 잊음과 그것의 산출을 아래와 같이 정리하였다.

> 몇몇의 회사들은 그들이 알아야 할 사실을 잊어버리고, 잃어버린 지식을 대체하는 데 막대한 비용을 지불한다. 또 다른 조직들은 잊어버려야 할 것들을 잊는 데 실패하고, 과거의 경쟁력 없는 기술에 의존하고, 협동적인 문화가 제대로 기능을 하지 못하거나 혹은 그들의 시장에 대한 불안정적

인 예측의 덫에 빠졌다. 성공적인 회사들은 빠르게 움직일 수 있으며 학습 뿐만 아니라 잊는 것을 통해 변화하는 환경에 적응하고 대처할 수 있다.

(De Holan & Philips, 2004b)

1. 낭비

낭비는 조직 안에 새로운 지식을 가져올 때 발생하지만, 사람들의 기억에 남아서 조직을 효율적으로 만들거나 효과적으로 유지하는 선의나 능력은 없다. 낭비는 새로운 지식을 전달하고, 다른 이들과 공유함으로써 쉽게 방지할 수 있다. 대부분의 카리스마적인 리더들은 이것을 어려워한다.

Spencer 재단에 의해 표집된 네 개 중 두 개의 혁신적인 학교에서는 카리스마적인 리더가 학교 설립시기에 임용되었다. 하지만, 카리스마적인 리더들은 인수인계에 따른 심리적 혼란을 잘 다스리는 데 실패한다. 이러한 특성은 인수인계에 직면하거나 이러한 인수인계식이 예정된 마지막 순간을 거부하는 리더들에게서 잘 볼 수 있다.

Hargreaves(2006)는 낭비의 두 가지 예를 주었다. 첫째는 1970년대 "너무 커서 맞지 않는 신발"처럼 남겨진 캐나다의 가장 혁신적인 학교들 중 한 학교의 설립 교장이다. 그 교장은 다루기 힘들고 조각난 학교를 재구축하는 데 도움을 준 차분한 성격을 지닌 리더였지만, 인수자를 양성하기 전에 다른 학교로 전근 가게 되었고, 그녀의 노력은 수포로 돌아가 버렸다. 두 번째 예시는 경찰관 아들 출신의 전임자가 만든 활발하고 상호작용하는 상담실 분위기를 이어받은 상담교사의 예이다. 그는 전임자의 직무에 바탕을 두거나 기초를 두지도 않고, 단순히 방관하는 태도를 가지고 있었다. 두 가지 경우 모두, 지식은 후임자에게 넘어가는 것이 아니며, 계속적으로 낭비가 발생한다.

De Holan과 Philips는 멘토링과 인수인계를 통해서만 새로운 지식이 전해지는 것이 아니라 리더가 사람들이 가지고 있는 흔한 지식들과 연결시키려 노력한다면 전달될 수 있다고 한다. 연구에서의 한 학교는 컴퓨터 기술을 통해 학교의 오래된 경험과 창조적인 과거를 혁신과 연결시켜 나갈 능력이 있었다.

2. 붕괴

이러한 종류의 망각은 잘 구축된 지식이 우연히 사라질 때 발생한다(De Holan & Philips, 2004). 지식 붕괴는 전문가의 존재나 직접적인 감독 없이 성공적인 협동을 할 수 있게 해주는 집합적 지식을 만들 수 없게 되거나, 집합적 지식을 만들기 싫어하는 비판적 사람의 빈번한 이직이 발생할 때 자주 일어난다. 연구에서 볼 수 있는 대부분의 5년 이내의 빈번한 학교장 직위 변경은 그 학교의 조직적 기억이 사라지게 하거나, 새로 부임하는 교장이 이성적인 추론을 이해하거나 끌어낼 수 없게 하는 원인이 된다.

새로운 교사들이 오고 떠날 때마다 특정한 목표, 수행, 구조가 재고되거나 바뀌는 특성을 가진 혁신적인 학교에서, 교직원의 높은 이직률은 비슷한 어려움을 가져온다. Spencer 연구의 사례와 같이, 경영 손실과, 학교 운영에서 교장을 보조하는 중간 관리자의 정원을 줄이는 교육구의 예산 감축으로 인해 발생하는 갑작스러운 중간 관리자 계급의 축소 및 제거는 붕괴를 야기할 수 있다.

3. 포기

대개의 조직적 망각은 우연히 발생하는 반면, 그것들 중 몇몇은 변화와 발전을 가져오기 위한 잘 짜이고 계획적인 전략 중 일부이기도 한다. 이것은 De Holan과 Phillips가 앞서 조직은 학습뿐만 아니라 망각을 통하여 숙련될 필요가 있다고 언급한 것이 반영된 것이다. Collins와 Porras(1994)는 사업을 장기적인 성공으로 이끄는 요소 중 하나는 성공적인 혁신을 유지할 때와 "잊어야 할 때"를 구분할 줄 아는 회사의 능력이라는 점을 찾았다. 이것이 Peter Drucker가 말한 "조직화된 포기"다(Drucker, 2001).

Drucker에 따르면 이러한 포기의 목적은 더 이상 생산적이지 않는 자원을 버리는 것이다. 변화하는 우수한 리더는 그것의 시행가능성을 확인하기 위해 모든 것을 표준의 원리에 둔다. 그러므로 조직화된 포기는 감소된 효율성이나 더욱 우수한 것의 도입을 방해하는 수행을 제거하는 것이 중요하다. 하지만, Drucker는 만약 애매한 의도를 가지고 포기를 한다면 그것은 성공적일 수 없다고 하였다. 조직화된 포기를 자발적으로 하는 것이 어렵기 때문이다. 효과적으로 조직화된 포기를 수행하기 위해서는 계속 남겨둘 것과 포기할 것을 결정함으로써, 차후 혁신을 위한 여유를 가지기 위한 정규 회의를 가질 필요가 있다.

미국 교육정책에 조직화된 포기에 대한 요구가 있었다. 이것은 교과과정을 줄이고, 다른 모형을 사용하는 데 성공한 학교에 대해 예외를 두고, 외적인 책임의 부담을 줄이고, 시험에 대한 영향을 최소화시키고, 학습에 더욱 전념할 수 있게 가난한 지역사회를 돕는 학교의 기반시설을 개선시킴으로써 달성될 수 있다(Teachernet, 2005).

1등을 결코 원하지 않는 자에게 직무와 수행을 포기하는 것은 쉽고 매력 있는 반면, 연구자들은 자신들이 편한 수행을 버리는 것에는 어려움을 느낀다는 사실을 발견하였다. Spencer 재단의 연구에서는 준법 행동과 세류에 흘러가거나 여론에 끌려가는 정책의 삭제를 의제로 둔 회의에 대한 요구와 같은 몇 가지 정책적 명령이 있는 몇 개의 캐나다 학교들을 예시로 제시하였다. 대부분의 교사는 그것들이 어렵고, 불쾌한 수행을 강요하는 정책들이었기 때문에 삭제된다는 사실에 기뻐하였다. 하지만, 어떠한 학교나 교사도 교사가 좋아하고 편안함을 느끼는 정책을 포기하는 것을 쉽다고 생각하지 않았다. Hargreaves(2007)는 이것을 달성하기 위해서는, 더욱 잘 조직되고, 구조적이고, 집중적인 과정이 조직적 포기를 실현가능하고, 계획적이고, 매력적으로 만드는 데 필요하다고 한다.

4. 제거

구조적이고 조직적인 제거를 통해, 변화하는 문화와 시대에 맞지 않는 나쁜 습관과 낡아버린 것을 제거하는 것은 좋은 버릇이다. 하지만, 우리의 현재 능력이 부족할 때 효율적이라고 느끼는 수행을 잊어버리고 새로운 것으로 바꾸는 것은 불편할 수 있다. 과거에 집착하고자 하는 열망은 자연스러운 현상이다.

우연하게 발생한 변화는 분실을 발생시키기도 한다. 만약, 우리가 잃어버린 것들이 우리에게 편리한 것이고 권리일 때, 이러한 분실이 발생하였다는 사실을 슬퍼할 것이며, 아마 그러한 사실에 저항할 것이다(Marris, 1970). Hargreaves는 특히 오래되고 경험적인 것이 무시당할 때 몇 가지 조직적 기억의 제거는 비생산적이라는 점을 찾았다. 그에 따르면, 학습 교양, 평가 과정, 그리고 태도, 학부모나 학교 행정가와의 만남이 담긴 의사소통 과정 같은 것을 제거할 때, 고려해야 할 두 가지 중요한 문제가 있다고 한다. 첫째, 제거될 분야가 적절하게 설정되었는가? 그리고 이러한 제거가 교육적으로 바람직하거나 정치적으로 편리한 것인가에 대한 질문을 해야만 한다. 둘째, 지식 변화의 과정이 지원적으로 관리되었는가를 규명할 필요가 있다.

학교에서는 올바른 방법으로 알맞은 것을 잊어버릴 필요가 있다. 위의 주된 두 가지 주제에는 명시되어 있지 않지만, 학교 리더들은 교사가 현재의 씁쓸함과 배척으로 인해 과거로 돌아가려는 현상인 교사 향수의 무서운 장애물에 직면하였다는 점을 알아낸다.

Hargreaves는 씁쓸함과 향수가 형체화된 캐나다의 한 학교의 교사집단을 예시로 주었다. 수업이 시작되기 전, 나이 많은 교사(대개 부장교사) 집단의 이러한 "커피만담모임(Kaffeeklatsch)"에서는 규칙적으로 직원실 구석에서 학생들의 대다수가 더 적은 문제와 많은 돈을 가지고 있던 유럽계 미국인일 때부터 학교의 변화가 어떻게 이루어졌는가를 회상하며 만난다. 언뜻 보기에도 편안한 집에서 온 이런 학생들은 학습할 준비가 되어있으며, 학교의 가족 문화와 동화되었다. 이와 극도로 대비되게, 나이 많은 교사들은 현재 학생 집단은 더욱 다양하고, 덜 유복하고, 전 세대에 비해 더욱 많은 문제를 다뤄야 한다고 생각한다.

편부모를 둔 새로운 학생들은 간단한 의식주를 구하는 데 문제가 있다. 학교 대부분의 학생들이 제2 언어로서의 영어(ESL: English as a Second Language)에 대한 지원이 필요하고, 학교를 삶의 중심이라고 생각하지 않는다. 다른 교사들도 학생지도 문제의 증가, 불량한 학습 습관, 낮은 집중력이 있는 것에 슬퍼하였다. 나머지 교사들은 권위에 대한 학생들의 태도가 부모의 지도가 부족함으로 인해 부정적으로 영향을 받는다고 생각한다. 33년 교수경험을 가진 한 영어교사는 오늘날 학생들이 셰익스피어와 같은 고전을 학습하는 것을 이해하지 못한다고 한다. 한 동료 감독은 풋볼에 관심 있는 학생들이 충분하지 않아서 학교 역사상 처음으로 풋볼팀을 갖지 못하는 것에 불행해하였다.

이러한 향수는 대개 정부의 개혁이 너무 빠르게 진행되는 것에 대한 교사들의 우려로부터 유발된다(Goodson, Moore, & Hargreaves, 2006). 그리고 교사들은 자신들이 공공 제도의 실패에 대한 희생양으로 사용되고 있다는 느낌을 받는다. 다른 보고된 의견으로는 학교가 학부모의 기대에 부합하지 못해서 학교에 보내고 싶지 않는 것과, 자금이 부족한 교육정책, 학생에 대한 교사의 부족한 통제력, 학생을 돕지 않는 개혁과, "기계적인" 개혁 과정, 그리고 교육 개혁에 대한 응답 없는 문제가 너무 많은 것에 대해 걱정한다.

Hargreaves는 모든 종류의 향수가 불행한 현재의 씁쓸한 경험으로부터 감염되는 과거의 회상이라고 한다. 직업의 전문성와 잃어버린 직무에 대한 교사의 향수는 편협한 학교의 비전, 표준화된 교육, 교사의 자율성에 대한 개혁 요구로 이어진다. 또한 현재 교실의 특징이 되는 인종 다양성의 증가, 빈곤층 학생들의 증가, 특별한 교육적 필요가 있는 학생 수의 증가와 극도로 대비되는 Hargreaves가 "직업적으로 친밀한" 환경이라 부르는 유럽계 미국인 학생에 대한 향수도 있다.

Hargreaves는 큰 규모의 교육 개혁이 실패하는 원인 중 하나가 교사의 직업적 과거에 대한 향수나 훼손을 무시하였기 때문이라는 의견을 가지고 있다. 향수에 대한 무시를 여론이나 편견에 호소하는 동안, 그것은 교사를 교직에 대해 소원케 하고, 직무에서 떠나가게 한다. 교사의 향수를 무시하는 행동은 나이 많은 교사들로 하여금 변화에 대한 저항을 불러일으키고, 이들의 향수를 악화시킨다. 그렇기 때문에 이런 행동은 윤리적인 논쟁과 문제점을 야기시킨다. 이에 대한 반작용으로서, 나이 많은 교사들은 과거의 낭만을 통해 현재에서 도피하려고 한다.

개혁은 나이 많은 교사들의 수행을 발전시키는 것을 중요시해야 한다. 제거와 다른 잊기 위한 행동의 강요는 교육자를 안정적인 향수의 잘못된 기억으로 던져버리고 직업적 연장자로서의 교사의 지혜를 낭비하고, 그들의 사기를 저하시키며, 불만을 가지게 한다.

과거 되풀이하기

앞에서 보았듯이, 자신만만한 개혁가들은 항상 과거를 무시하고, 개혁의 목표가 되는 대상들을 항상 낭만적으로 보는 경향이 있다. 오늘날의 변화가 Hargreaves(2007)에 따르면, 리더가 오늘날의 변화가 과거의 낭만적인 기억만을 생각하는 "마약 같은 비눗방울"에 맞서 더욱 성공적이고 지속가능한 미래를 만들어야 한다고 보았다. 그러므로 리더들은 과거를 인정하고, 보존하며, 가능하면 그것으로부터 배울 필요가 있다. 하지만, 우리가 과거와 관계를 가지는 동안, 그것을 피하여서는 안 된다. 또한, 과거를 기억하는 것은 신중해야 하지만, 향수 혹은 향수에 대한 반대를 통해 그것을 왜곡하는 것을 지양하여야 한다.

과거는 맹목적인 슬픔이 아닌 지적인 주제로 남아있다. 과거는 이해받아야 하고, "분명한 삶의 이야기"를 통해 미래를 변화시키기 위해 연결되어야 한다. 그리고 과거는 박물관이 아닌 촉진자로서 대접을 받아야 한다. 훌륭한 영국 낭만주의 시인 William Wordsworth의 싯구 중에 "과거를 배워서 현재에 도움이 되도록 하고, 현재로부터 더 나은 미래의 삶을 만듭시다."라는 말이 있다. 그러므로 지속가능한 리더십은 백미러와 바람막이 모두가 필요하다. 백미러 없이는, 우리는 추월당할 것이다. 과거가 자신감의 근원과 영광스러운 무언가가 될 수 있는 반면, 그것은 실수를 반복하는 것을 피하고, 치유되어야 하는 갈등, 불만, 학대로 점철된 고통스러운 것일 수도 있다. 이러한 반복되는 변화의 고통은 리더와 그들의 정책의 상당한 실패를 가져왔다.

지속가능한 리더십을 통해 사회는 효율적인 경영 승계와 책임감의 전파로서, 한 세대로부터 다른 세대로 지식을 전달할 수 있다. Hargreaves는 과거가 미래를 구성하는 요소 중 하나라고 말하였다. 번영은 모두에게 선호되는 목표인 것 같지만, 지나친 비용을 들여 목표를 달성해서는 안 된다는 점을 명심해야 한다. 대신 지속가능성과 생존은 우리의 최우선이 되어야 할 것이다. 표준화된 정책과 대상-지향적인 경쟁은 장기적으로 지속가능성에 아무것도 가져오지 못할 것이다. 지식과 정보사회에서는 강력하고 지원적인 복지국가와 공존할 수 있는 방법으로 구성되어야 할 것이다. Hargreaves(2007)는 "사자는 어린 양과 함께 누워있을 수 있다."라고 말하였다. 번영과 안정은 나란히 공존할 수 있는 것일까? Hargreaves가 알맞은 결론을 주었다.

지난 20년간 학교는 다른 사회적 쓰레기만큼이나 가난과 불평등의 만연을 초래한 단순한 표준화, 수치-지향적 발전, 강력한 간섭의 "앵글로-색슨" 전략에 지배당하였다. 하지만, 그 자리를 지속가능한 것들이 차지할 때가 되었으며, 분명 그것은 준비되어 있다.

요약

리더들은 지속가능성을 학교에서의 심층 학습(deep learning)에 접근, 시행, 보호함으로써 발전시켜 나갔다. 그리고 심층 학습을 격려하고 지원하는 것을 지속하기 위해 노력하였다. 리더들은 목표를 고집하고, 소모를 피하기 위한 확실한 방법으로, 리더 자신의 원동력을 유지하려고 노력했으며, 전출 후 그들이 이루고자 하는 발전을 명확히 하였다. 자신의 리더십이 주변학교에 어떠한 영향을 줄지에 대해 심사숙고하고, 표준화된 교수와 학습 대신 다양성을 북돋아주고 보존함으로써, 활동주의를 통해 그들의 환경에 어떻게 참여하는지를 결정하였다.

많은 학교 리더들이 학교의 목표에 다른 사람들이 참여하도록 북돋고, 지속되는 유산으로 남기는 것을 원한다는 것은 공통적인 특징이다. 앞서 말했듯이, 많은 경우 학교를 망치는 것은 리더가 아니라, 그들을 이끈 제도이다. 그러므로 지속가능한 리더십은 학교의 모든 리더들과 이해당사자들의 합치된 노력을 필요로 한다. 또한, 만약 변화가 중요해지고, 확산되고, 지속된다면, 지속가능한 리더십은 학교 리더가 종사하는 교육 제도의 근본적인 중심이 되어야만 한다.

토의 문제

1. Hargreaves에 따르면 미국 교육의 지속가능성에 대한 위협은 단기적인 목표와 끝없이 무의미한 시험, 빠른 정책적 종결로부터 왔다. 만약 당신이 미국의 지속가능한 교육제도를 설계한다면, 이러한 위험에 대응하기 위해 어떤 구조를 두겠는가?
2. 학교에서 나타난 인종, 민족, 사회계층에 따른 분리는 1954년 이후 악화되었다. 이 장의 예화에서 Gutierrez 교장은 그의 학교에서 다양한 계층을 통합하기 위한 회의를 매달 계획하였다. 그가 할 수 있는 두 개 이상의 또 다른 계획에는 무엇이 있을까?
3. 이 장에서는 학교의 "올바른 방법으로 알맞은 것을 잊기"의 필요에 초점을 두었다. 학교가 "잊어야" 하는 것의 세 가지 예시를 들고, 어떠한 방법으로 그것들을 잊을 수 있을까?
4. 85~90%의 미국 교사들은 유럽계 미국인이며, 영어만을 구사한다. 하지만 2050년에는 미국에서 유색인종의 수가 유럽계 미국인의 수를 초월할 것이다. 미래의 갈등을 방지하기 위해 지금 계획할 수 있는 세 개의 지속가능한 발의는 무엇이 있을까?

5. Durant와 Sheldon 고등학교를 포함한 사례연구들을 비교하고 대조해보자. Sheldon 고등학교의 교장이 유럽계 미국인 교사를 변화로부터 고립되는 것을 어떻게 방지할 수 있었는지 두 가지 구체적인 예시를 들어 설명하시오.

활동 주제

1. 소규모로 조를 만들어, 당신의 분야 속에서 학교 제도에 영향을 줄 수 있는 주제들을 결정하시오. 그 주제들을 단기, 중기, 장기의 범주로 나눈 후, 지속가능성에 초점을 맞추어 장기적인 주제를 보여줄 수 있는 구조를 만들어보고, 모두에게 이것을 발표하시오.
2. 당신의 도시나 구역의 지도를 그리고, 학교, 다른 교육기관, 인종, 사회계층, 경제적 다양성에 따라 표시하시오. 무엇이 그 차이를 메울 수 있는 발의가 되는가? 어디가 지역사회 내 모든 구성원의 요구를 충족시킬 수 있는 장소가 될 수 있는가?

추천 문헌

Bolman, L. G. & Deal, T. E. (2008). *Reframing organizations: Artistry, choice, and leadership* (4th ed.) San Fransicso, CA: Jossey-Bass.

Delagardelle, M. L. (2008). The Lighthouse Inquiry: Examining the role of school board leadership in the improvement of student achievement. In T. L. Alsbury (Ed.), *The future of school board governance*, (pp.191-223). Lanham, MD: Rowman & Littlefield.

Hargreaves, A. (2009). Leadership succession and sustainable improvement. *School Administrator*, 66(11), 10-15.

Gargreaves, A. (2009). Sustainable leadership. In B. Davies (ED.), *The essentials of school leadership*. London: Sage.

제9장

초대 리더십

신뢰, 존경, 희망의 학교 문화 형성

Blue Ridge 초등학교의 미술교사인 Angela Murray는 어느 날 Frank Anderson 교장에게 한 가지 문제를 토로하였다. 교무실의 공용 컴퓨터를 사용하다가 다른 두 교사들이 그녀의 버릇과 옷 입는 스타일에 대해 비난하는 내용의 이메일을 주고받은 것을 발견하였다는 것이다. Murray는 상처를 받았지만, 이러한 사적인 문제로 그 교사들과 싸울 수는 없다고 생각하였다.

Anderson 교장은 Murray의 상황이 안타까웠지만, 그녀도 일부 책임이 있다고 생각하였다. Murray는 사회적 기술이 다소 부족했고, 그녀의 특이한 복장은 학생들과 교사들 사이에서 놀림거리가 되기도 하였다. 그는 Murray가 비교적 신규교사이기 때문에, 그녀가 약간만 달라진다면 문제가 해소될 것이라 생각하였다.

Anderson 교장은 딜레마에 빠졌다. Murray 교사의 문제를 단순히 개인적인 이메일 교환으로 처리할 것인가? 아니면 교사들에게 서로를 존중해야 한다는 이야기를 해줄 것인가? 어떤 결정이 학교의 미래에 도움이 될 것인가?

초대 리더십의 포괄적 설계

초대 리더십은 복잡한 시대를 살고 있는 현대 교육 리더들에게 안내자가 될 수 있는 새로운 포괄적 모델이다. Purkey와 Siegel(2003)에 의해 설계된 이 리더십은 초대실천이론에 기반하고 있다. Purkey(1992)는 일찍이 초대 이론을 "사람들이 노력을 기울이는 모든 분야에서 자신이 가진 무한한 가능성을 인지하도록 의도적으로 수단을 제공하고 현상을 설명해주려는 일련의 가정들"이라고 정의하였다. 그는 초대 리더십의 목적을 아래와 같이 제시하였다.

> 초대 리더십의 목적은 구성원들에게 인간 존재와 기회의 전반적인 본성을 보여주고, 삶이 보다 흥미로우며, 만족스럽고 풍요로운 경험이 될 수 있다는 것을 알려주는 것이다. 다른 리더십들과는 달리 초대 리더십은 정책과 장소, 프로그램, 과정 등의 다양한 기본 구성요소를 포괄하는 분석틀을 제공한다.
>
> (p. 5)

초대 리더십 모형은 오늘날 교육현장에서 성공하기 위해 필요한, 다양한 핵심 요소를 포함하는 포괄적인 설계다. 오늘날 학교장은 예산확보와 학사 일정 계획수립, 학생 생활지도 및 학부모의 불만에 대처하는 등 일상적인 업무 그 이상을 수행해야 한다. Bolman과 Deal(2002)은 학교 리더의 필수적인 책무를 모든 문제에 정확한 답을 주거나 모든 결정을 정확히 내리는 것이 아닌, 돌봄, 공평성, 우수성, 신뢰와 같은 가치의 중요성을 환기시키고 직접 모범이 되어 더욱 강력하고 지속적인 역할을 수행하는 것으로 보았다. 이와 같은 가치를 보통 "서번트(servant) 가치"로 설명하는데 이는 초대 리더십 고유의 요소이다.

최근 여러 문헌에 따르면, 오늘날 교육기관의 요구를 충족시키려면 리더십이 변화할 필요가 있다고 한다(Bolman & Deal, 2002; Day, Harris &

Hadfield, 2001; Kouzes & Posner, 2003; Rosener, 1990). Halpern(2004)은 시대가 빠르게 변할수록 새로운 리더십이 요구된다고 말한다. 즉 사회는 목표 달성에 필요한 지식을 보유하여, 계속되는 불확실한 변화 속에 표류하는 학교를 지킬 수 있는 리더를 원한다. 최근 연구에 따르면, 리더십 변화에 대한 요구는 배려 중심의 윤리에 대한 요구와 강한 연관성을 보이고 있다(Bolman & Deal, 1997; Bolman & Deal, 2002; Grogan, 2003; Halpin, 2003; Patton, 1997; Tallon, 1997).

Grogan(2003)은 리더십이란 리더가 봉사하는 사람들을 배려하는 것으로 초대 리더십은 배려가 기초원칙과 기본신념의 필수적인 부분임을 예시한다. Halpin(2003)의 경우 사회적 자원은 사람들이 공통의 목적을 위해 일하는 신뢰의 장으로, 초대 리더십은 다른 사람의 결단과 노력을 지원하고 배려하는 사회적 자원을 기반으로 성장한다고 설명하였다.

초대 리더십은 긍정적이고 건전한 교육적 요소들로 구성되어 있기 때문에 포괄적인 특성을 가진다. 초대 리더십이 채택되고 적절히 배치된다면 현대 교육기관에 필요한 변화와 다양성에 긍정적인 영향을 줄 것이다.

초대교육이론

대개 IET(Invitational Educational Theory)로 표기되는 초대교육이론은 학교 환경에서 실천되고 있는 초대 리더십이다. Barth(1991)에 따르면 교사 간의, 그리고 교사와 학교장 사이의 의사소통을 증진시키는 일은 학교를 개선하는 과정에서 중요한 역할을 한다. Purkey와 Novak(1996)은 IET가 교육 과정에 대한 체계적인 접근 방법과 학교를 더욱 효과적으로 만드는 전략을 제공한다고 주장하였다.

IET는 교육자들에게 연구, 이론과 실천을 창의적이고 윤리적으로 통합할 수 있는 실천적 행동 원리를 제공한다. IET의 목표는 학교의 모든 구성원들이 함께 성공을 경험하는 학교 풍토를 만드는 것이다. Strahan과

Purkey(1992)는 모든 학생과 직원의 흥미와 만족도를 반영하는 학교 풍토가 조성되어야 한다고 말하였다. IET 모델에 대해서 Purkey와 Novak(1984)은 교육자가 신뢰, 존중, 낙관주의, 의도성을 가지고 직무에 종사할 것을 제안하였다. 여러 문헌들은 학교 풍토와 그 영향이 학생의 성취와 학교 내 관계에 효과가 있음을 밝힘으로써 이러한 주장을 뒷받침한다(Anderson, 1982; Brookover et al., 1977; Lezotte, Hathaway, & Miller, 1980; Stronge & Jones, 1991).

리더십의 효과성은 개인 역량에 따라 영향을 받는다. 이에 최근 학교장들은 리더십 유형에 많은 관심을 가지고 의미 있는 상호작용 패턴을 만들거나 구성원들이 조직에 소속감을 느끼도록 독려하고 있다.

초대 리더십의 포괄적 서술

오늘날 학교장들은 교육기관의 효율성을 높이는 데 필요한 지식이나 기술을 습득하고 싶어하나, 탁월한 리더십에 도달하는 간단한 답이나 지름길은 없다. Bolman과 Deal(2002)은 다음과 같이 언급하였다.

> 효과적인 리더십의 예를 보면, 리더십이 특정한 양식, 인성, 성이나 민족성과 관련이 있지 않다는 것이 분명하다. 효과적인 리더십으로 가는 길은 많다. 하지만 효과적인 리더들에게 나타나는 공통적인 자질도 분명 존재한다.
>
> (p. 1)

따라서 리더가 어떤 자질과 특성을 갖추었을 때 성공에 필요한 기술과 지식을 습득할 수 있는지를 밝혀내는 것이 중요하다. Purkey와 Siegel(2003)은 초대 리더십의 기초를 만들기 위해 리더십의 질, 가치, 원칙을 조합하려는 시도를 하였으며, 통제와 지배를 강조하는 리더십에서 유대감,

협력과 의사소통으로 초점을 옮긴 모델을 제시하였다.

그들의 모델은 모든 이해관계자들이 성공하도록 "초대" 하는 것에 목표를 두고 있다(Day, Harris, & Hadfield, 2001; Purkey, 1992; Purkey & Novak, 1996; Purkey & Siegel, 2003; Stillion & Siegel, 2005). Day, Harris와 Hadfield(2001)는 "초대"를 사람들에게 그들이 소중하며, 능력이 있고, 책임을 가지고 있으며, 가치 있는 사람들이라는 것을 알리는 메시지라고 정의하였다. 그 메시지는 때론 사람 간의 행동으로 전해지지만, 대부분 기관정책이나 프로그램, 관행, 물리적 환경으로 전해진다.

이 장의 서두에서 제시된 예화에서 Anderson 교장은 구성원 간의 신뢰가 깨어지고, 의사소통이 부족한 상황에 직면하였다. 초대 모델은 Anderson 교장으로 하여금 Murray와 남의 말을 하는 교사들을 한 자리에 불러 서로 상처를 주지 않는 환경속에서 양쪽의 입장을 모두 들을 수 있는 방법을 찾아볼 것을 권한다.

서두의 예화와 같이 초대 리더십은 모듈식 구성안속에 극히 개인적이고 윤리적인 특성을 가지고 있다. Stillion과 Siegel(2005)은 초대적 리더가 모든 이해관계자들이 그들의 목표를 성취하도록 하고, 잠재적인 그룹의 목표와 임무를 공유하는 환경을 만들기 위해 애쓰고 있음을 발견하였다. 그들은 초대적 리더들이 긍정적인 물리적 환경을 만들고 리더의 낙관주의를 반영한 정책을 수립하며, 이러한 환경과 정책이 학교 구성원 간의 신뢰와 존중을 가져오는 것을 발견하였다. 이러한 핵심가치와 정책은 윤리적 리더십과 Greenleaf의 서번트 리더십 이론의 가치와 유사하다(Stillion & Siegel, 2005).

초대 리더십은 네 가지 기본전제는 초대적 리더의 특성을 잘 보여준다. 그 전제들은 낙관주의, 존중, 신뢰, 의도성이다. Day 외(2001)의 설명에 따르면

낙관주의 – 사람에게 성장과 발전 가능성이 있다는 신념

존중 – 모든 사람에게는 각각의 가치가 있다고 인식하는 것

신뢰 – 우리 자신과 다른 사람의 능력과 진실성, 책임감에 대한 자신감을 보유하는 것(Purkey & Siegel, 2005)

의도성 – 설정한 목표를 수행하고 달성하기 위해 특정 방법을 수행하는 결정(Day et al., 2011). Stillion과 Siegel(2005)은 의도성을 "변화시키려는 대상과 방법에 대한 지식을 가짐으로써 우리가 성취하려는 일의 유형과 방향을 설정하는 것"이라고 정의하였다.

위의 몇 가지 가정들을 예화와 연결시켜 살펴보자. 만약 Anderson 교장이 부정적이고 냉소적인 성격이었다면, Murray의 문제를 가망이 없다고 판단하여 묵살하고, 다른 교사들과 웃어넘겼을 것이다. 그러나 초대 모델은 부정적인 것에서 긍정적인 것으로 초점을 변화시킨다. 위의 전제를 활용한다면 Anderson 교장은 Murray가 업무에 진전을 보이고 있으며, 잠재능력을 가지고 있다는 것을 믿을 것이다. 그는 그녀의 특이하고 별난 행동을 그녀의 단점이 아닌 장점으로 바라보고, 다른 교사들에게 초대적 리더십의 가치를 전하기 위해 노력했을 것이다. 그는 Murray와 같이 일하면서 그녀가 목표를 연마하고, 더 좋은 교사가 될 수 있도록 도왔을 것이다.

사회개혁가 John Gardner(1990)에 따르면 리더의 주된 역할은 희망이 유지되도록 하는 것이다. Stillion과 Siegel(2005) 역시 낙관적 리더는 문제 상황을 기회로, 불가능을 단순한 어려움으로 보도록 변화시킨다고 설명하였다.

현재의 도전과 높은 책임 기준에서 볼 때, 낙관주의는 교육조직의 성공을 보장하는 역동적인 요소가 될 수 있다. Stillion과 Siegel(2005)은 낙관주의적 리더는 도전과 변화를 받아들이고, 긍정적인 성과를 기대한다고 주장하였다. 그러므로 현재 학교 리더들과 이해관계자들은 낙관주의가 가져오는 긍정적인 성과를 경험할 필요가 있다.

존중은 인간 본성의 가장 본질적인 욕구 중의 하나이다(Purkey, 1992). Purkey는 모든 사람은 모두 가치 있고 능력 있으며 책임을 가지고 있기 때문에 타인을 존중해야 한다고 말했다. 이해관계자들에 대한 존중은 기본적으로 동료교사, 학생, 학부모, 학교 리더에 대한 믿음을 뜻한다. 조직 구성원들끼리 서로를 존중하는 일터에서는 초대적, 포용적인 분위기가 형성되어, 다양성이라는 규범이 인정되고 모든 개개인은 마음껏 능력을 펼칠 수 있다(Stillion and Siegel, 2005).

신뢰는 존중과 깊은 관련이 있다. Purkey와 Siegel(2003)은 신뢰란 자신과 타인에 대한 능력, 친밀함, 책임감에 대한 확신이라고 정의하였다. 신뢰는 조직의 성공에 직접적인 기여를 하는 핵심 가치이다. 반대로 신뢰의 부족은 조직의 협력과 노력을 방해한다. Lencioni(2002)는 신뢰가 조직단결의 핵심 기능을 하는 것을 발견하였다. 신뢰가 결핍되어 있다면 협력은 불가능하다. 그러므로 성공적 리더가 되기 위해서는 신뢰라는 중요한 요소를 지녀야 한다.

의도성은 초대 리더십의 또 하나의 중요한 요소이다. Stillion과 Siegel(2005)은 무엇을 어떻게 얻을 것인가를 아는 것이 업무의 방향을 명료하게 한다고 설명하였다. 그러므로 구체적이고 명확한 의도를 개발하고 유지하는 것은 조직의 성장과 성공을 가능하게 한다. Purkey(1992)는 의도성이 교육자를 비롯한 다른 직업의 종사자들에게 큰 이점이 될 수 있다고 하였다. 그들의 업무에서 정말 중요한 게 무엇인지 계속 상기시키기 때문이다. 그러므로 초대적 리더는 그들의 업무를 비롯하여 모든 이해관계자들과 함께하려는 노력에 있어서 일부러 의도성을 가질 필요가 있다.

또한, Purkey와 Siegel(2003)은 성공과 실패를 가르는 다섯 가지 영역(정책, 프로그램, 장소, 과정, 사람)에 초점을 두고, 학교가 보다 "초대적"으로 될 수 있는 분석틀을 제시하였다. 각 요소는 긍정적인 학교 풍토를 만드는 요소들과 연계되어 건강하고 성공적인 학교를 만든다.

관찰자는 장소의 특성을 첫눈에 알 수 있다. 장소는 누가 봐도 알 수 있는 공허하고 무익하고 활기 없는 환경이거나, 반대로 따뜻하고 활기차고 개성으로 가득 차 있을 수 있다. Purkey(1992)는 장소는 가장 가시적인 환경이기 때문에 다른 어떤 환경보다 수월하게 변화할 수 있다고 말한다. 장소는 지극히 가시적이고, 수정이 용이하며, 조직 이미지를 높이기 위해 관리되기 때문에, 즉시, 직접 개선할 수 있는 기회를 제공한다.

정책은 초대 리더십의 성공과 실패를 구성하는 요소이다. 학교 리더들은 그들의 정책이 개인의 개성을 제한하거나, 무시할지 혹은 기관의 이익을 창출하는 기회를 만들어내도록 할지 결정해야만 한다(Fowler, 2004). 학교 정책은 성공적이고 상호이익을 도출하는 긍정적인 학교 문화를 만드는데 영향을 미친다. Stephen Covey(1989)는 윈윈(win-win)을 사람들 간의 상호작용에서 끊임없이 상호간의 이익을 추구하는 사고방식으로 묘사하였다. 학교는 경쟁보다 협력하는 정책을 만들고 발전시켜야 한다.

Purkey와 Siegel(2003)은 긍정적이고 성공적인 조직을 만들기 위한 분석틀의 또 다른 구성요소로서 매력적인 프로그램의 개발을 제안하였다. 학교 리더들은 종종 이해관계자들에게 매우 적은 선택지만을 제공하는 잘못을 범한다. Hansen(1998)은 학생들이 종종 간과되기 때문에 학교에 "초대받지 못하였다"는 느낌을 받는다고 말하였다. 이런 환경에서는 누구도 학생들에게 스포츠나 다른 학교활동에 참가하는 것을 권장하지 않고, 충분히 돌보지 않는다. 학생들은 시험 결과에 대한 부연 설명 없이 성적표를 받는다. 심지어 학생의 결석을 교사가 알아차리지 못하는 경우가 발생하기도 한다. Hansen은 교사들이 학생들을 초대하여 학교생활에 참여하도록 돌보지 않기 때문에 학생들이 고통에 시달리고 있다고 설명한다.

Witcher(1993)는 긍정적인 학교 문화가 정착되어 있는 학교는 다양한 종류의 창의적이고 매력적인 프로그램을 제공하기 위해 많은 노력을 기울인다는 것을 발견하였다. 뛰어난 교사들이 엄격하고 종합적인 교과목을 담당하도록 하면, 학업 성취도를 개선시켜 교육 프로그램의 효과를 증대시킨다(Edmonds, 1979; McCombs & Whisler, 1997).

초대 리더십 모델의 또 하나의 중요한 구성요소는 과정이다. 많은 학교에서 참여과정은 "주어진 것 중에서 선택하거나 포기하라"는 것으로 국한시킨다(Cleveland, 2002). Cleveland에 따르면 어떤 학교 리더들은 자신에게 책임이 부과되는 것이 지당하다고 인식하고 있었다. 그러나 성공적인 학교 문화를 만들기 위해 노력하는 리더들은 이해관계자들을 더욱 많은 의사결정 과정에 참여시키는 것이 필요하다고 인식하였다. 긍정적인 학교 풍토가 조성되어 있는 학교에서는 의사결정 과정에 참여하고 협동하며, 협력하는 것을 권장한다. 이런 풍토아래에서, 학생은 책임감을 가지고 참여하며 자신들의 목소리를 낼 것이다.

Purkey와 Siegel(2003)의 분석틀의 마지막 구성요소는 사람이다. 성공적인 학교를 만들기 위해 무엇보다 중요한 요소는 학교를 구성하고 있는 사람이다. 그들은 사람이야말로 긍정적인 학교 문화를 형성하는 데 있어 가장 중요한 변화를 이끌어내는 확실한 요소라고 하였다. Hansen은 사람에 대한 투자가 긍정적 변화뿐만 아니라 개개인의 우수한 팀의 구성원이 되어 많은 활동에서 협력하는 결과를 가져오며 참여는 보다 긍정적인 업무와 학습을 하는 환경을 개발하는 좋은 시작점이라고 논하였다. Hansen은 사람들에게 이미 그들이 중요한 사람으로 인정되고 있다는 것을 인식하게 하는 것이 중요하다고 본 것이다.

조직원들의 욕구를 충족시키는 또 다른 측면은 관계의 형성이다(Bruffee, 1999; Katzenbach & Smith, 2003; Lencioni, 2002; Tallon, 1997). 긍정적인 관계는 성공적 학교를 만들기 위한 필수적인 요소이다. 선행 연구자들은 다음과 같이 말하였다.

> 모든 학생들은 초대적이고 학문적인 도전을 하며, 안전한 학교에서 배우는 것이 마땅하다. 학교의 학생, 학부모, 교사, 행정가들의 관계가 조화롭게 발전될 때 모든 학교의 환경과 교육의 질이 개선된다.
>
> (Kelly et al., 2008, p.62)

위에서 설명한 분석틀은 종종 초대 리더십의 "5P 모델"으로 불린다. Purkey와 Siegel(2003)은 5P 모델이 리더가 다른 사람들을 전문적으로 "초대하는" 수단이라고 한다. 이 5P 모델은 각각 또는 결합되어 조직 환경에서 발생하는 초대 리더십에 영향을 주고 있다. 두 저자는 5P가 조합되어 초대적 리더들에게 거의 무제한의 기회를 제공하기 때문에 중요하다고 한다. 왜냐하면 5P는 조직의 전체적인 문화나 생태계를 나타내는 것이기 때문이다. 그 5P가 초대 리더십을 유일하고도 종합적인 리더십 모델이 되도록 한다(Stillion & Siegel, 2005). 초대 리더십을 포괄적으로 만드는 것은 네 가지의 기본 가정과 5P 모델 간의 연결이다.

Oregon 주 Portland에 위치한 Whittaker 중학교는 초대 리더십 실천의 좋은 사례를 보여준다(Brewster, 2003). 이 학교는 "긴급 조치"가 필요한 14개의 학교 중 하나로 선발되었었다. 이 학교의 시험점수는 낮았고 매년 직원의 반 정도가 떠났으며, 세 명의 교장이 거쳐 갔다.

Tom Pickett 교장과 Lynn Beudefeldt 교장은 이 늪에서부터 학교를 구제하고 재구조화하도록 임명되었다(Brewster, 2003). Pickett은 학생 경영 전문가 Cottrell White를 학교를 재구조화하는 데 함께 노력할 사람으로 선택하였다. White는 이해관계자들의 신뢰에 주목하였다. 그는 "나는 늘 학생의 학습과 성취 과정에서 신뢰하는 역할에 홍미가 있었다. 나는 교직원의 일원이 된다는 것이 어떤 느낌이며, 신뢰받는다는 것이 어떤 의미인지에 대해 교장과 많은 토의를 하였다."고 적었다. 신뢰 평가 위원회는 교사들이 보복에 대한 두려움 없이 아이디어를 낼 수 있도록 도움을 주었다. 위원회는 교사들의 신뢰 증진을 유도할 두 명의 공동 조력자를 선발하였다. White의 노력 결과 학교는 종합학교개혁 지원금을 받을 자격을 갖추게 되었는데, 직원들이 합의된 목표를 위해 함께 일하는 데 지지하고 동의함에 따른 것이었다. 그 결과 학업 성적이 상승하고, 직원들이 협동하고 높은 사기를 가지게 되었다.

초대 리더십 모델과 기존 리더십 모델의 비교

초대 리더십이 이해관계자들의 참여행동을 촉진시켜야 한다는 신념과 도덕적/윤리적 리더십에 기반하고 있는 점은 참여적/분산적 리더십과 같다. 그러나 세부적으로 살펴보면, 초대 리더십은 보다 포괄적이고 전체적인데, 리더가 활동하는 "전체 환경"을 중요시하기 때문이다. 초대 리더십은 조직 구성원을 적극적으로 참여하도록 이끌어야 한다고 믿으며, 한 조직 내에서 권위와 영향력의 균형 달성을 추구한다(Day, Harris, & Hadfield, 2001; Purkey, 1992; Purkey & Novak, 1996; Purkey & Siegel, 2003; Stillion & Siegel, 2005).

서두의 예화를 초대 리더십의 시각에서 되돌아보면, Anderson 교장이 그 상황을 통합적으로 접근함으로써 학교 환경의 여러 가지 측면에 영향을 미칠 수 있는 기회를 가졌다는 것을 알 수 있다. 그는 Murray와 같이 일하고 대화하면서, 그녀가 가르치고 학생들에게 영향을 미치는 것에 개입할 수 있을 것이다. 이메일을 주고받은 교사를 만남으로써 건전한 직원 환경을 만드는 기회를 가질 수 있을 것이다. 그리고 다른 리더였더라면 별것 아닌 것으로 치부했을 상황에 대한 개입에 동의하는 것만으로도, 리더가 학교 전체를 건강하게 하는 데 관심이 있다는 것을 보여주는 것이 될 것이다.

리더십 중 변혁적 리더십과 서번트 리더십은 지난 몇 십 년간 최고의 지지와 높은 호응을 받아왔다(Davis, 2003; Leithwood & Duke, 1999; Jantzi, & Steinbach, 2000a, 2000b; Spears & Lawrence, 2004; Yukl, 2006). 이 리더십 모델들은 리더들이 모범적인 행동을 하도록 요구하는 유사한 원칙을 가지고 있다. 초대 리더십을 포괄하는 이 리더십 모델들은 리더들이 권한을 위임함으로써 구성원들을 지원하도록 한다(Davis, 2003; Farling, Stone, & Winston, 1999; Hoyle, 2002; Sergiovanni, 2000; Spear & Lawrence, 2004).

Stillion과 Siegel(2005)에 따르면 초대적 리더들은 서번트 리더십이 가지고 있는 '리더는 기꺼이 봉사할 준비를 해야 한다'는 기본 신념을 받아들인다. 하지만 초대적 리더들은 서번트 리더십의 전제를 뛰어넘어 조직을 지원하는 역할과 가치를 만들어야 한다.

초대 리더십은 사실 신념의 많은 부분을 변혁적 리더십과 서번트 리더십과 공유하고 있다. 그 중 유사점은 비전의 형성과 공유이다. Purkey와 Siegel(2003)에 의하면 초대적 리더는 조력자들을 초대하여 위대한 비전을 공유하고, 그들에게 사람이 노력하는 생생하고 강력한 매력적인 모습을 제공한다. 이 세 가지 리더십들은 신뢰와 존중의 요소를 공유한다. Purkey와 Siegel(2003)은 그들의 초대적 리더십 모델에서 사람은 상호의존적이기 때문에 신뢰는 초대 리더십의 핵심이라고 말하였다. 두 저자는 그들의 리더십 모델에서 존중의 중요성을 다음과 같이 기술하였다.

> 초대 리더십에서 사람을 존중하는 것보다 중요한 것은 없다 — 신념은 우리와 우리의 가능성, 가치, 책임과 연결되어서 다루어야 한다.
>
> (p. 7)

초대 리더십과 다른 두 리더십 모델 간의 또 다른 공통점은 도덕과 윤리이다. Purkey와 Sigel은 초대 리더십을 마음속 깊은 곳에서 나타나는 도덕적 행동, 즉 리더와 다른 사람들에 대한 인격과 전문성에 대한 신뢰와 존중의 의도적인 표현으로 묘사하였다. 또한 구성원들의 업무상 목표가 자신의 성공을 위한 조건이 되도록, 권한을 위임해야 한다고 이야기하였다. 다시 말하자면, 자아실현을 위해 타인을 격려하는 것은 초대 리더십에 포함된 특성이다. 두 저자는 초대 리더십을 상의하달식의 명령이 아닌 동료 간의 상호 약속이라고 결론지었다.

초대 리더십 모델과 참여, 변혁적, 서번트 리더십 모델 사이에 공유되는 요소가 있지만, 각각의 리더십에 고유한 요소도 있다. 첫 번째 차이점은 낙관주의와 의도성이다. 성공과 실패를 가르는 요인이 되는 5P는 초대 리더십만이 가진 것이다. 앞에서 살펴보았듯이 낙관주의와 의도성은 성공적인 리더의 중요한 특성이다. 가치와 정책, 프로그램, 장소, 과정, 사람의 다섯 가지 요소에 적용하는 원리에 집중하는 것은 리더십의 효과성을 높이는 데 중요하다. 초대 리더십의 이러한 중요하고도 특별한 자질은 특히 갈수록 책임이 증가하는 현대 학교 리더들에게 탁월한 선택이 될 것이다(Day et al., 2001; Purkey, 1992; Purkey & Novak, 1996; Purkey & Siegel, 2003; Stillion & Siegel, 2005).

초대 리더십 모델의 사례

앞에서 미국의 교육부분에서 나타나고 있는 문제들을 학교 리더의 시각에서 살펴보았다. 우리는 몇몇 선행연구에서 학교 리더십의 방향에 대한 엄청난 요구들을 대체하는 증거들, 그리고 연구자들이 "효과적" 리더십이라고 간주하는 수많은 특성들과 관련된 증거들을 보았다(Caldwell & Hayward, 1998; Davis, 2003; Fullan & Miles, 1992; Furman, 2004; Hallinger & Heck, 1999; Muijs & Harris, 2003; Schein, 2000). 그리고 이전의 리더십 모델과 이론을 초과하는 요구가 증가하고 있음을 확인하였다(Bolman & Deal, 2002; Day et al., 2001; Kouzes & Posner, 2003; Rosener, 1990).

이전보다 발전된 리더십에 대한 요구는 여러 문헌에 다양하게 나타난다. 책무성 기준 향상, 어려움의 증가에 따른 효과적 리더십의 필요성, 조직 건전성 증진, 촉진자로서의 리더의 인식, 긍정적인 학교 문화를 만들어내고 발전시키는 것 등이 제기되고 있다.

많은 연구자들은 이처럼 교육이 어려운 시기에는 리더들의 보다 참여적인 접근이 필요하다고 한다. 몇몇 도전들(예를 들면 교육 억제, 공공 책무, 세계화, 기술의 통합, 학생 성과의 측정 등)은 전보다 더 참여적 리더십을 요구한다. 그리고 Day 외(2001)는 지금의 리더십 이론들이 효과적 리더의 습관을 충분히 반영하거나 이에 반응하지 못하고 있다고 설명하였다.

앞서 언급한 연구자들은 하나같이 높은 교수-학습에 대한 기대가 증대될수록 인간중심 철학을 지원해야 함을 이야기한다. 저자들은 통용되는 리더십 이론들이 현시대의 리더들의 요구를 충족시키기에 부족하다고 단언한다. 따라서 대중의 감시 및 책무성 기준이 높아짐에 따라 리더십 이론도 변화하고 있었다.

위의 도전에 덧붙여, 오늘날의 학교에는 학문적으로 우수할 뿐만 아니라 학교 이해관계자들에게도 봉사하여야 한다는 요구가 증가하고 있다(Boleman & Deal, 2002; Grogan, 2003; Halpin, 2003). Boleman과 Deal(2002)은 학교를 기관으로서의 이익과 다양한 이해관계자들에게 이익에 봉사하는 학교 체제로 만들기 위해 필요한 사항들을 설명하였다. 연구자들은 이러한 발견이, 리더들이 학교 관계자들의 증가하는 우려를 이해하기 위해서는 보다 심오하고 도전적인 책무가 필요함을 나타내는 것이라고 하였다.

위의 도전과 문제에 대한 유일한 답은 초대 리더십 모델이다. 많은 연구자들은 초대 리더십이 그들의 조직에 수많은 긍정적인 영향을 미친다는 것을 발견하였다(Day, Harris, & Hadfield, 2001; Purkey, 1992; Purkey & Novak, 1996; Purkey & Siegel, 2003; Stillion & Siegel, 2005). Ogawa와 Bossert(1995)의 리더십은 개인 행동에 영향을 미칠 뿐만 아니라 그들이 작업을 하는 시스템에도 영향을 준다는 선행연구와도 연결된다.

초대 리더십은 조직 내적인 요구와 외적인 요구 모두를 체계적이고 종합적으로 다루어야 하는 리더십 모델의 조건을 만족시킬 수 있다. 초대적 리더는 사람중심의, 성공지향적인 조직을 만드는 데 초점을 맞추는 동시에 조직에 필요한 다른 모든 면도 다룬다(Purkey, 1992; Purkey & Novak, 1996; Purkey & Siegel, 2003; Stillion & Siegel, 2005). Day 외(2001)에 따르면

초대적 리더는 사람중심의 리더십에 집중하고, 끊임없이 학생, 직원, 학부

모 공동체의 학습과 성취 문화를 만들고, 검토하고, 유지하고, 새롭게 한다.
(p. 26)

저자들에 의하면 초대적 리더는 수많은 상호작용하에 공통의 기준, 관계, 비전, 기대에 기반한 학교 문화를 효과적으로 만들고, 구조화하고, 지원하고 분석한다. 초대 리더십은 요구 지침을 제공하고, 조직의 성장과 학교의 성공을 지원하는 방향을 제시한다.

이상적으로 본다면, 예화의 Anderson 교장은 Murray와 그녀의 험담을 한 교사들이 있는 지금 상황을 이전에 확립한 지침을 개방하고, 준수하도록 하는 기회로 활용할 수 있다. 그는 Murray가 다른 교사로 하여금 그녀에 대한 불만을 말하게 하고, 불만을 해소하는 방법을 강구하도록 그녀를 격려할 수 있다. 더불어 그는 Murray와 다른 교사들 간의 이야기를 듣고 이 일을 종료할 수 있는 구조를 창안할 수도 있을 것이다. 사소한 일처럼 보일 수 있지만 초대적 리더십 모델에서는 사람의 상호작용과 윤리 지침을 강조하고, 지속적이고, 솔직하게 하는 것이 해결책이다.

요약하면 우리는 선행연구를 통해 초대적 실행 이론(ITPO)이 Kouzes와 Posner, Ginsberg와 Plank와 다른 여러 연구자들이 갈구한, 현재 교육 상황의 요구를 충족하는 보다 포괄적인 리더십 모델에 대한 최고의 답이 되었음을 발견하였다. 수많은 연구자들은 초대 리더십의 지원은 현대 교육 상황에 성공적 모델이라고 목소리를 내고 있다.

Stanley, Juhnke와 Purkey(2004)는 ITPO가 안전하면서 동시에 학문적 성과를 산출할 수 있는 학교 시스템을 만들고 유지하는 방법을 보여주고 있다고 서술하였다. 덧붙여 그들은 ITPO를 행정 정책에 적용한 학교들이 긍정적 변화를 보고하였음을 발견하였다. 이런 변화는 학생의 성취도, 교사의 사기, 출석률, 학교의 안전도를 증가시켰다.

Halpin(2003)은 초대 리더십은 다른 사람들의 노력을 지원하고 살피기 때문에 학교를 긍정적으로 만드는 데 기여한다고 보고하였다. 초대 리더십이 오늘날의 학교에 긍정적인 영향을 미치는 뛰어난 모델이라는 확증이 Stoll과 Fink(2003)의 연구로부터 나왔다. 그들은 초대 리더십의 결과는 함께 학습하는 데 열중하고 학습이 그 자신의 이익만이 아니라 다른 사람들의 행복과 발전을 위해서 가치가 부여되어야 한다는 신념을 공유하는 사람들로 구성된 '움직이는 학교'라고 주장하였다.

초대 리더십 유의성의 확립

이 절에서 우리는 Egley(2003)의 미시시피주의 각 교육구의 성과지수 비율이 할당된 149개 교육구 사례에 관한 연구를 중심으로 볼 것이다. 이 보고서는 농업학교와 평가 중에 있는 교육구는 제외하였다. 이 보고서에서 교육구는 성과등급에 따라 다음과 같은 등급이 정해졌다. Level 1과 2는 36개 교육구로 구성되었으며, Level 3은 80개 교육구, Level 4와 5는 33개의 교육구로 구성되었다. 149개 교육구 외의 77개 교육구가 이 연구에 참여하는 것에 대해 동의하여 총 283개의 설문조사 결과를 받았다.

Egley는 Asbill이 개발한 학교장의 특성, 전문성, 초대교육이론과 관련된 초대적 행동에 대한 인식을 측정하는 45항목의 리더십 조사 도구를 활용하였다. 이 조사는 교사들이 학교 개선에 효과적인 리더인 교장을 어떻게 인식하는지 알기 위해 만들어졌다. 또한 설문은 전문성과 인격, 초대하는 행위와 교장이 학교의 교사를 어떻게 여기고 실천하는지 등 초대지수가 반영되는 결과를 내도록 설계되었다.

학교장들은 교육구에서 나눠준 설문조사 정보를 다른 교사들에게 제공하였다. 정보와 설명은 세부적으로 설정된 단계에 따라 제공되고 조심스럽게 필요한 교사의 데이터를 수집하였다. 교장은 교사들이 설문조사를 완료하면 연구자의 주소가 적힌 우편봉투에 넣어 돌려주도록 지시하였다.

이 연구에서는 교사들에게 44개의 항목 가운데 학교장의 행동을 가장 잘 표현했다고 생각하는 것을 선택하게 하였으며, 한 문항은 형식의 제약을 두지 않고 교사가 교장의 리더십 형태, 실천, 행동에 대해 자유롭게 표현하도록 하였다. 1~37번 항목은 초대 리더십의 요소(신뢰, 존중, 낙관주의, 의도성)를 반영하였다. 그 요소들은 교장의 인격과 전문성, 초대 행동으로 정의되었다.

38~40번 항목은 행정가의 초대지수와 효과의 관계에 대해 나타냈다. 41번 항목은 행정가의 초대지수와 학교 개선을 위한 매개 효과로서 교장과의 관계를 보기 위해 설계되었다. 42~44번 항목은 교사의 교장과 그들의 직업 만족도를 측정하기 위해 설계되었다.

수집된 데이터는 다른 요인과 IET와의 관계에 대한 다섯 개의 가설을 확인하는 데 사용되었다. 그 보고서는 다섯 개의 가정에 대하여 각각 하나의 관계가 존재함을 보여주었는데, 가장 실제적으로 중요한 것은 행동과 원리의 실천, 그리고 그들에 대한 교사들의 인식 간에 관계가 있다는 것이었다. 이 보고서의 결과에 따르면 몇 가지 추론을 이끌어낼 수 있다. 첫째, 교사와 교장의 관계는 학교 환경과 매우 밀접하다는 것이다.

연구를 통해 교사의 직업 만족도는 전문성, 개별적 초대 실천, 교장의 행동과 긍정적인 연관성이 있음을 발견하였다. 이미 리더십과 조직 구성의 강한 영향관계는 선행연구들로 증명되었다(Barth, 1991; Louis & Murphy, 1994; Sergiovanni, 1992). 또한 교장의 초대지수와 학교 개선을 중재하는 교장의 효과에 대한 인식에 정적 상관이 나타났다. 이 연구의 결론에서 효과적으로 여겨지는 교장은 전문적이고, 인격적으로 초대하는 행동을 하는 특성을 지니고 있었다.

이 연구를 통해 우리는 IET의 내용은 미래의 행정가들의 리더십 프로그램을 지원하는 데 긍정적인 이론임을 알 수 있다. Daft(1999)의 선행연구에 의하면 과업지향적 행동가들은 중요한 리더십의 변인을 행동으로 보았다. 또한 그는 리더십이 사람들에 대한 관심을 가지고 직원 만족도 높이고, 수많은 상황에서 직원문제를 최소화하는 경향을 가지고 있다고 말하였다.

Egley(2003)의 연구 결과 IET는 교육 환경을 변화시키는 데 이점을 가지고 있었다. 이 결과는 IET가 실행가능한 리더십이라는 것을 이해하는 촉진제가 되었다. 다른 연구자들은 개인의 상호작용 환경에 초점을 맞추고 증진시키는 것이 조직의 질에 중요하게 작용한다는 것을 발견하였다(Ogawa & Bossert, 1995)

Egley의 연구의 제한점은 다음과 같다. 첫째, 이 연구의 응답은 Mississippi 주에서만 이루어져, 다른 미국의 주에 적용하는 데 제한이 있다. 둘째, 이 연구는 초등학교와 중학교에서 IET가 나타나는 것을 알기 위해 실시되었다. 마지막으로 주연합학교장 자격 심사 기준과 IET 사이의 관계를 분석한 연구라는 것이다. 이 연구는 학교 환경에서 IET가 발생하는 다섯 개 영역에 대해 일반 교사들이 느끼는 인식으로 제한을 두었다.

초대 리더십의 효과성

초대 리더십의 효과성을 조사하기 위해서, 이 주제에 대한 포괄적인 검토를 보여주는 조사 연구에 대해 주의 깊게 살펴볼 것이다. 대부분 연구들은 효과적인 리더십의 특성과 어떻게 그 특성들이 초대 리더십과 관계가 있는지에 중점을 두고 있다(Purkey, 1995; Purkey & Siegal, 2003; Bolman & Deal, 1997; Katzenbach & Smith, 2003; Yukl, 2006).

결과 1

연구 문제들 중 하나는 효과적인 학교에서 초대 리더십을 사용하는 것이 덜 효과적인 학교에서 초대 리더십을 사용하는 것과 비교해 유의한 차이가 있는지 여부였다. 분석 결과, 차이는 매우 유의미해서 효과적인 학교 리더들은 긍정적인 결과를 창출하는 리더십 행동을 끊임없이 실천하고 있다고 자신 있게 결론내릴 수 있었다. 교사들이 효과적인 학교에서 리더들에게 점수를 부여하는 방식은 일관된 패턴이 있었다. 교사와 교장이 인터뷰 질문에 숨김 없이 솔직하게 대답했기 때문에, 효과적인 학교의 교사와 교장은 조직의 성공을 이끄는 효과적인 리더십 기술에 대해 인지하고 있는 것이 보다 명백해졌다.

우리는 효과적인 리더십은 의도적이라는 것을 발견하였다. 학교 리더는 다른 사람들에게 도움이 될 수 있도록 상황을 앞서 주도하고 베풀며 자발적이어야 한다. 일관적으로 초대 리더십 원리를 사용하는 것은 성공적이고 건강한 학교를 만드는 데 큰 도움이 된다는 사실이 발견되었다.

결과 2

두 번째 연구 문제는 조직의 성공을 이끄는 효과적인 학교 리더들이 드러내는 초대 리더십 특성을 파악하는 것이다. 인터뷰는 교사들과 교장들은 초대 리더십을 구성하는 네 가지 가치인 신뢰, 존중, 낙관주의, 의도성에 대해 강한 의견을 가지고 있다는 것을 보여주었다. 성공적인 조직을 만들어 낼 때 네 가지 특성은 중요한 기여 요인으로 응답자들에 의해 나타났다. 교사들과 교장들의 인식에 대한 분석에서 다음과 같은 결과가 발견되었다.

1. *신뢰* – 연구를 위해 인터뷰한 응답자들 대부분은 신뢰는 효과적 리더십의 중요한 요소라는 것에 동의하였다. 인터뷰에 응답한 교장들 중 한 명은 “신뢰는 효과적인 리더십을 구성하는 다른 모든 가정을 만들어내기 때문에 리더십에서 가장 중요한 측면이라고 느낀다.”고 말하였다. 한 교사 응답자는 “만약 리더가 직원에 대한 신뢰를 가지고 있지 않으면, 그들은 효과적인 리더가 되지 못할 것이다.”라고 확신을 가지고 말하였다. 이러한 진술은 교사와 교장 간에 일반적으로 일치하는 모습이 나타난다는 것을 요약하고 있었다.
2. *존중* – 리더십 분야에서 존중의 가치는 조직 효과성에 기본적인 것이다. 존중은 사람들은 가치를 가지고 있고 그러므로 그와 같이 대우받아야 한다는 간단한 신념을 나타낸다. Stillion과 Siegel(2005)은 “모든 개인은 가치 있고, 다양성은 규범으로 보이며, ‘모든 개인이 번창

할 기회를 가지고 있는 매력적이고 통합적인 일터를 만들기 위해 개인은 존중받아야 한다'는 사실을 인식하고 있다."고 설명하였다. 존중은 전반적인 리더십 효과성의 중요한 요소로 가장 잘 확인되면서, 교장과 교사의 응답에서 자주 언급된다. 한 응답자는 "나는 교장이 나를 존중한다고 느끼지 않는다. 그래서 나는 교장의 앞에 있을 때마다 마음이 불편하다."고 말하였다. 또 다른 참가자는 다르게 느꼈다. "교장은 항상 긍정적이고 개개인에게 공손히 대한다. 내가 하는 것에 대해 존중받는다는 느낌은 나에게 세상 전부나 마찬가지다." 또 다른 응답자는 단언하였다.

> "나는 존중이 매우 중요하다고 느낀다. 만약 교사나 학생이 존중받는다면, 그들은 긍정적으로 그들의 실력을 제대로 발휘할 수 있고, 강요된 행정 정책 의도를 이해할 수 있다. 만약 존중이 눈에 보이면, 일터는 더 긍정적이게 되고 그렇게 되면 신뢰가 형성될 것이다."

대부분의 응답자들은 학교장이 교직원들에게 존중을 보여줄 때, 학교에 우수성과 만족감을 가져오는 긍정적인 분위기가 만들어진다는 의견을 가지고 있었다. 그러므로 존중에 대한 의도적 리더십 가치는 효과적인 리더십을 성공적으로 얻기 위한 중심 역할을 한다.

3. *낙관주의* – 앞서 살펴봤듯이, 낙관적 리더는 문제가 있는 상황을 또 다른 기회로 재구성하고 불가능을 그저 어려운 일에 불과한 것이라 여길 수 있는 사람이다. 다시 말하면, 조사에 참가한 많은 참가자들은 힘을 북돋아주고 열성적인 리더의 능력이 효과적인 리더십에 필수적이라는 것에 긍정적인 반응을 보였다. 한 응답자는 "교장의 매우 열성적이고 긍정적이며, 그러한 전염성이 있는 정신은 퍼지게 된다."고 말하였다. 효과적인 학교의 한 교장은 다음과 같은 사실을 받아들였다.

> "나는 태도가 전염성이 있다는 것을 믿는다. 나는 항상 긍정적이기 위해 노력하고 긍정적인 관점에서 나의 학교에 대한 미래 비전에 대해 대화하려고 애쓴다. 나는 부정적인 행동에 맞서고, 직원들이 부정적인 행동을 긍정적인 행동으로 바꾸는 데 도움을 주려고 노력한다."

조사 대상 교장들 중 한 명은 "나는 일터에서 부정적인 행동을 다루는 것을 두려워하지 않는다. 부정적인 것을 긍정적인 것으로 바꾸는 일은 미래를 위한 낙관주의를 형성시키는 데 도움이 된다. 나는 항상 다음과 같은 말을 새기며 살아가려고 노력한다. '여러 사람 앞에서는 칭찬하라. 개인적으로는 건설적으로 비판하라.'" 한 교사는 그녀의 교장에 대해서 말했는데, "침착하게 일에 대처하고 긍정적인 그의 능력은 교직원들에게 확산되고 있다. 이것은 그의 일터에 낙관주의를 창출한다. 일하기에 즐거운 장소인 것이다." 그러므로 낙관주의의 초대 리더십 가정은 우수성과 성공을 확신하면서 교직원의 일하고자 하는 바람을 엄청나게 증진시키는 데 기여한다는 것이 명백하다.

4. *의도성* – Hockaday, Purkey와 Davis(2001)는 그들의 행동에 대한 내면의 의식과 지각을 뒤얽히게 하는 개인의 능력으로서 의도성을 정의하였다. 그것은 단순히 끝이 보이는 것이다. 목적의식이 있고 집중하는 능력은 초대 리더십의 매우 중요한 측면이다. 하지만, 인터뷰 과정에서, 인터뷰 대상자는 그들의 리더의 행동에 이러한 측면이 있는지 확신하진 않았다. 하지만, 조사가 진행될수록, 효과적인 학교의 리더들이 덜 효율적인 학교의 리더들보다 그들의 비전과 임무에 더욱 명백한 목적을 가지고 있다는 것이 드러났다. 그러므로 효과적인 학교의 리더들은 덜 효과적인 학교의 리더들보다 더욱 강하게 의도성의 측면을 믿는다고 볼 수 있다. 효과적이라고 고려되는 한 학교의 교장이 진술하였다.

> "당신이 하는 모든 것에는 분명한 의도가 있습니다. 만약 당신이 어디로 가야 할지를 모른다면, 당신은 그 곳에 가면 안 됩니다. 리더로서, 우리가 하는 모든 것에 목적을 가지는 것이 중요합니다."

한 교사는 그녀의 교장에 대해 이렇게 말하였다.

> "그녀는 매번 의도를 분명히 하려고 노력했습니다. 가끔 그녀의 의도가 다수의 의견과 꼭 들어맞지 않은 경우가 있지만, 그녀는 그녀가 정한 길을 따라갑니다. 저는 이것이 학교를 더 나은 장소로 만드는 데 도움을 주었다고 생각합니다."

의도성에 대해 질문을 받았을 때, 덜 효과적인 학교의 교사는 그녀의 교장에 대해 걱정하면서 다음과 같은 말을 하였다.

> "비록 그는 가끔 계획을 잘못 세우고 그가 계획한 대로 무언가를 하려는 것처럼 보여도, 저는 그가 계획을 가지고, 그 계획에 따라 일하고자 하였다고 생각합니다. 다만 하고자 하는 일과 그 이유에는 목적이 거의 없는 것처럼 보입니다."

다른 특성으로, 의도성은 학교 리더가 그들의 학교에 효율성, 오래 지속되는 변화, 수월성을 불러일으키는 요구를 고수해야 하는 중요한 요소이다.

효과적인 조직을 만드는 리더십 특성의 역할을 조사하는 것이 주된 의도인 이상, 그들 리더의 전반적인 효율성에 대한 현재 교육자의 인식을 확립하는 것은 중요하다. 학교의 교장과 교사 모두가 효율성에 대해 비효율적 특성을 가진 상대보다 자신이 효율성을 고려하고 있는지에 대한 네 가지 질문 모두에 "그렇다" 나 "매우 그렇다" 라고 응답한다는 것은 매우 흥미롭다.

분명한 것은, 교사들은 보통 그들의 리더가 효율적인지 아닌지를 잘 안다는 것이다. 인터뷰 결과와 진술서에 따라, 효과적인 리더십이란 무엇인가에 대한 교사들의 의견이 드러났다. 보통 효과적인 리더십 수단은 지속적이며 효과적이고, 남의 탓으로 돌리는 무계획적인 리더십 기술보다 더욱 나은 성과를 산출한다. 효과적인 리더십에 나타나는 가장 가능한 성과는 긍정적인 방향으로 추종자들의 인식을 바꾸도록 도와주는 것이며, 한 교사의 언급은 효율성의 목적을 적절히 더해주었다. "저희 교장은 잘 격려해주고 열정적입니다. 그녀는 학생들의 도전에도 불구하고 저를 학교에 오도록 만들어줍니다." 이것이 명백히 최고의 초대 리더십이다.

결과 3

마지막 연구 문제는 효과적으로 학교나 조직에 공헌하는 영향력 있는 교사와 교장을 대하는 초대 리더십의 방향을 결정하도록 애쓰는 것이다. 교사와 교장이 조직에서 중요한 역할을 하고 있다는 것에 대해서는 대부분 동의한다.

인터뷰 대상자와 질문자들이 장소, 정책, 프로그램, 과정의 다른 요소에 접근하는 동안, 조직에 가장 영향을 주는 사람이 누구인지 묻는 질문에 똑같은 대답이 나왔다는 것은 흥미롭다. 이것은 교사와 교장의 배경, 그들이 효과적이거나 덜 효과적인 학교에서 왔는지를 떠나서 사실이다.

> "조직의 모든 사람은 중요한 사람이 되어야 합니다. 슬프게도, 어떤 리더들은 매우 중요한 기술을 잘 숙달하지 못했습니다. 당신이 사람을 다루는 기술이 부족한 리더 아래서 일할 때, 당신이 생각할 수 있는 모든 것은 '이 부정적 상황에서 어떻게 빠져나올까' 뿐입니다."

같은 방식으로, 한 교장은 다음과 같이 지적하였다.

> "나는 사람들이 직장을 잃는 가장 큰 이유가 사람을 다루는 기술이 부족하기 때문이라고 생각합니다. 그들이 교사이든, 교장이든 혹은 관리자인지를 떠나서 당신은 긍정적인 방식으로 사람을 대해야 합니다."

거의 대부분 참가자들은 학교 안에서 사람에게 높은 우선순위를 두거나 그들을 잘못 대하는 리더들의 이야기를 가지고 있다. 질문은, 글로 쓴 주석, 특정 조직 구성원에 대한 편애가 있던 인터뷰 대상자의 반응 속에 드러나 여러 차례 기대하지 않았던 주제로 이어졌다. 흥미롭게도, 문제는 덜 효과적인 학교 리더들 사이에서 더욱 일반적인 사실로 나타났다는 점이었다. 하지만, 이런 현상을 보여준 소수의 효과적인 학교의 리더들도 있었다. 한 인터뷰 대상자가 말하였다.

> "몇몇의 교사들은 규칙을 따르지 않도록 허락받고, 나머지 교사들은 법조문에 쓰여진 책임을 따르도록 했습니다. 몇몇의 교사들은 교장의 '친구'입니다."

다른 사람은 다음과 같이 진술하였다. "나의 교장선생님은 때때로 '좋아하는 사람'을 가지고 있는 것처럼 보이고, 다른 사람은 빛날 기회가 없었습니다." 거기에 다른 사람이 비슷한 의견을 제시하였다.

> "나는 내가 맡은 직무를 잘하기 위해 노력하는 것을 포기했습니다. 나는 더 이상 '교사'가 아닌 것 같고, 내가 하는 일이 중요치 않기 때문에, 교장선생님은 내가 달성한 것에 관심을 가지지 않았습니다. 가장 최악인 점은 내가 교장선생님이 '좋아하는 사람들' 중 한 명이 아니었기 때문에 결국 내가 가르치는 학생들의 상태는 악화되었습니다."

마지막 설문 수집 정보에서는, 몇몇의 교장에게 만연한 반응에는 특정한 패턴이 있다는 사실이 드러났다. 다른 사람들에게 선호를 받지 않지만, 소수의 교장에게 선호를 받는 교사들이 있다는 사실은 분명하였다. 요컨대, 사람에게 영향을 주는 측면을 고려하는 리더로서, 그들이 기관 속의 각 사람을 그리고 모든 구성원들을 다루는 방법에 대해 조심하는 것은 정말로 중요하다. 이것은 우리가 보았듯이 분명 효과적인 리더십에 필요한 존중과 심사숙고의 문제이다.

요약

Novak(2009)은 교육자는 모든 사람들이 그들의 감정적, 도덕적, 사회적, 지적, 창조적인 잠재력을 깨달을 수 있도록 창조적으로 허용하는 데 집중해야 한다고 주장한다. 이와 같은 사실은 학교의 교육과정과 교수법에 대해서도 해당되지만 리더십과의 상호작용에 대해서도 역시 해당된다고 할 수 있다. Novak은 초대 리더십을 학교 리더십의 도덕적인 의무로써 학교 구성원 간 긍정적인 문화를 구축하여 존중, 보호, 낙관주의, 의도성을 구성원 간에 그리고 학생, 학부모에게 보이도록 유도하는 것이라고 여긴다.

그는 리더들로 하여금 관계 형성에 중점을 둘 것을 강조한다. 특히, 그들이 앞으로 할 것이 아니라 지금 다루고 있는 것을 보고, 리더십에 참여시키며, 독단적인 의사결정을 지양할 것을 권하고 있다. 선의와 신뢰의 발전을 통해, 목표 달성을 위한 협력이 이루어지면 실질적으로 구성원들에게 도움이 되며 상호존중과 자신감을 향상시키는 의미 있는 일이 될 수 있을 것이다.

한 가지 중요한 문제는 리더들은 자신이 가장 좋아하는 일부 동료와 의사소통하려고 한다는 것이다. 이러한 형태의 집단은 의도치 않게 다른 구성원들을 소외시키게 된다. 좋은 리더는 다양성과 문제에 대해 다른 의견을 가지고 있고, 서로 다른 약점과 강점을 지닌 구성원 집단들을 포용할 수 있어야 한다.

또 다른 문제는 초대 리더십 이론을 스스로 적용할 수 있는 것에 대해 최근의 연구들이 다루지 않는다는 것이다. 대부분 리더들은 그들 자신의 성장을 위해 보내는 시간보다는 특정 업무에 집중하려는 성향을 보이기 때문이다.

결론적으로 우리는 우리 자신의 행동도 고려해야 할 뿐만 아니라 다른 사람들의 의지도 고려해야 한다. 학교 리더는 학교에서 함께 성장하는 데 있어서 다른 사람들을 의도적으로 "배척하고" 있지는 않은지 알아보기 위해 그들의 행동과 말을 지속적으로 반성하고 분석할 필요가 있다. 이를 위해서는 주도성과 대응성이 필요하다.

토의 문제

1. 초대 리더십의 네 가지 주요 이론을 적용하시오—긍정, 존중, 신뢰, 의도성. 이를 통해 Anderson 교장의 문제를 어떻게 해결할 것인가?
2. Stoll과 Fink는 초대 리더십이 "움직이는 학교"를 만들어낼 수 있다고 주장한다. "움직이는 학교"의 특징은 무엇인가? 이와 대조적인 고정적인 모형과 비교하여 이러한 학교 환경의 장점은 무엇인가? 단점은 무엇인가?
3. 많은 교사들은 "대인관계 기술"이 성공적인 교장의 중요한 특징이라고 진술하고 있다. 이상적인 리더에 대해 생각해보고 어떻게 리더의 대인관계 기술을 보일 수 있을 것인지 세 가지 예를 드시오.
4. Egley의 미시시피 학교들에 대한 연구는 교사와 교장의 관계가 학교의 기능에 있어서 가장 중요한 요소임을 밝히고 있다. 교장은 어떤 과정을 통해 관계를 더욱 초대적으로 만들 수 있는가?
5. Purkey와 Sigel은 학교는 정책(policies), 프로그램(programs), 장소(places), 과정(processes), 사람(people)이라는 "5P"를 통해 초대적일 수 있다고 주장하고 있다. 각 분야의 변화를 통해 어떻게 당신의 학교를 초대적으로 변화시킬 수 있는지 설명하시오.

활동 주제

1. 벤다이어그램 또는 레이더 차트를 이용해 학교 내의 관계도를 만들고 권력이 어디에 있으며 어디로 흘러가는지 나타내보시오. 어떻게 초대 리더십 모델이 학교 상황에서 관계를 강화시킬 수 있는지 토의하시오.
2. 이번 장 앞에서 다루어진 상황에 나오는 인물들(Anne Murray, Anderson 교장, 두 명의 교사)의 역할을 수행하고, 초대 리더십 모형을 이용하여 관계를 강화시키고 성공적인 미래를 위한 강한 관계를 구축하시오.

추천 문헌

Fullan, M. (2009. Leadership development: The larger context. *Educational Leadership*, 67(2), 45-49.

McGuigan, L., & Hoy, W. K. (2006). Principal leadership: Creating a culture of academic optimism to improve achievement for all students. *Leadership and Policy in Schools*, 5, 203-229.

Novak, J. M. (2009). Invitational leadership. In B. Davies (Ed.), *The essentials of school leadership*. London: Sage.

Novak, J. M., Rocca, W., & DiBiase, A. M. (2006). *Creating inviting school.* San Francisco: Caddo Gap Press.

제10장

구성주의 리더십

지속가능한 학교 개선을 위한 틀

주간 교직원 회의에서, Riley 교장은 크게 좌절하였다. 그녀는 직원들에게 그들이 가지고 있는 문제나 건의사항들에 대해 자신의 뒤에서 불평하기보다는 앞에서 말해달라고 간청하였다. 하지만 학기가 거의 6개월이 지나도록, 어떠한 교사도 나서지 않았다. 교감은 때때로 교장에게 교사들이 만족스러워하지 못한다는 것을 넌지시 알려주었다. 교감은 교사들과 방과후에 비공식적인 장소에서 만나곤 하였는데, 교사들은 Riley 교장의 불만족스러운 학교 운영 방식에 대해 진솔하게 털어놓았다.

"그렇다면 그들은 왜 나서지 않습니까?" 화가 난 교장은 책상을 내리치면서 말하였다. "나는 교직원 회의 때마다 교사들이 겪고 있는 문제에 대해 말해달라고 요청했습니다. 내가 방금 요청(ask)이라고 했습니까? 나는 간곡히 빌었습니다(beg)! 하지만 그들은 아무 말도 하지 않고 아래만 응시하고 있었습니다."

결국, Riley 교장은 자신의 의사소통 문제에 대해 학교 운영 위원에게 털어놓았다.

그는 교장에게 "그들의 입장에서 생각해보시죠."라고 말하였다. "당신은 막대한 영향력과 발언권을 가졌으며 훌륭한 지성을 갖춘 여성

입니다. 당신은 교사들 앞에 서서 그들의 문제를 말하라고 소리치고 있는 것입니다. 명백히 말해, 그들은 그러한 상황이 편하지만은 않을 것입니다."

Riley 교장은 자신이 교사들을 편하게 만드는 데 필요한 기술이 부족함을 깨달았다. 그녀는 학교 운영 위원에게 몇 가지 제안을 해줄 수 있는지 요청하였고, 그는 교장을 만나 교장과 교사들 간에 의사소통을 원활히 할 수 있는 몇 가지 기법을 알려주기로 했다.

우리 아동과 청소년들은 졸업 후 이전 세대와는 매우 다른 미래를 마주하게 될 것이다. 그 이유는 끝없는 기술의 발전과 과학의 발견으로 인해 대중이 사용할 수 있는 지식과 정보의 양이 끊임없이 증가하고 있기 때문이다. 세계는 점점 더 상호 의존적인 국제 공동체로 변모하고 있으며, 이러한 국제 공동체 안에서 한 국가의 성공이나 실패는 다른 나라에 영향을 준다.

변화의 돌풍과 함께, 학교는 청소년들을 21세기에 대비시키는 데 필요한 다양하고 복잡한 도전과제들에 직면한다. 하지만 산업시대에 부합했던 학교장의 역할은 이 복합적인 도전들을 다루기에는 아직 불완전하다는 우려의 목소리가 증가하고 있다. 학교 리더들이 변해야 한다는 기대가 증가함에 따라 학교 리더십 역할이 재정의되고 있다(Trunk, Sirca, & Shapiro, 2007). Riley 교장의 예화에서 본 것처럼, 변화하는 관습과 기대에 부응하지 못하는 학교 리더는 학교 구성원들 간에 의미 있는 상호작용이 발생하도록 촉진제 역할을 하지 못할 것이다.

학교 상황이 변하자 학교 리더십에 관한 정책과 실행의 개선을 요구하는 수많은 이슈가 쏟아졌다. 학교 리더들은 교사들의 동기와 능력, 그리고 근무 환경에 영향을 줌으로써 학교 성과를 향상시키는 주역이다. 이러한 역할을 수행하기 위해서 학교 리더들은 다음과 같은 활동들을 통해 교수적 리더십을 발휘할 수 있다.

- 교사의 수행능력에 대한 모니터링 및 평가
- 멘토링 및 코칭 세션 조직 및 실행
- 교사의 전문성 개발 촉진
- 팀워크 형성 및 협력적 학습

오늘날 교수법이 변화함에 따라, 학생들은 지식사회에서 성공하기 위해 이해심과 독립심이 필요한데 이는 강력하고 능동적인 구성주의 학습을 통해 가능해진다. 개별화와 개인화의 증가는 학생들에게 폭넓고 다양한 학습 기회를 제공한다. 이러한 새로운 형태의 교수법은 교사의 수행을 모니터링하고 평가하는 데 활용될 수 있다. 학습의 리더로서의 학교장과 더불어, 효과적인 실천 공동체는 만들어질 수 있고, 이러한 공동체에서는 더욱 정교하고 일상과 밀접하게 접목된 전문성 개발이 지속적으로 이루어질 수 있다 (Trunk et al., 2007).

교육일선에서 발생한 또 다른 변화는 자율성과 책무성으로 무게 중심이 이동한 것이다. 우리는 이제 학교 리더들이 교육 과정, 교사 선발, 연수와 같은 이슈들을 결정하는 데 충분한 자율권을 가질 때 비로소 학생 성취에 의미 있는 영향을 미칠 수 있다는 것을 발견한다. 다시 말하자면, 학교 리더들의 주요 책무는 학생의 학습을 개선시키는 것을 겨냥한 것이다. 이에, 의사결정은 분권화되어야 하고, 이러한 분권적 경향은 표준화 시험과 같은 책무성 확보 장치와 균형을 이루어야 한다.

분권화는 이점만큼이나 단점도 있다. 이것을 보여주는 좋은 예는 위임된 가용 예산에 대한 학교 수준의 통제이며, 그것은 학교 행정가로 하여금 최우선순위의 발전 영역에 자원을 분배할 수 있는 기회를 준다. 하지만 이로 인하여 재정 관리 비용이 증가할 뿐만 아니라, 리더들이 교수학습 과정에 투여할 수 있는 시간은 줄어든다. 전통적으로 학교 리더들은 학습과정의 투입 요소에 대해서만 책임을 졌다. 그러나 지금은 교사와 학생 모두의 산출에 대해서도 책임져야 한다.

최근 학교 리더십은 정부의 정책과 학교에서의 실행이 잘 부합될 수 있도록 신경 써야 한다. 그 이유는 학교를 변화시키도록 구상된 정부 정책이 학교 수준의 과정과 잘 조율될 때, 그 효과가 잘 나타날 수 있기 때문이다. 또한, 정책의 효과적인 실행은 학교 리더들의 동기 및 주도성과 강하게 연관되어 있다. 이 시대는 정책입안자가 정책 형성과 개발 영역에 필요한 의미 있고 발전적인 조언을 하는 데 있어서 학교 리더들이 참여하도록 요구하고 있다. 왜냐하면, 개혁 과정에 참여한다고 느끼는 학교 리더들이 개혁을 실행에 옮기고 지속하는 과정에 자기 학교 교직원과 학생의 참여를 독려할 수 있기 때문이다(Lambert, 2003).

앞서 언급하였듯이, 이제 학교들은 점점 복잡한 시나리오에 직면하기 시작하였다. 급격하게 변화하는 환경 속에서, 주된 문제는 학교를 위한 목표와 목적, 그리고 그들이 성취한 것의 의미가 항상 명백하고 고정적이지 않다는 것이다. 또 다른 도전은 변화에 대한 외부의 압력으로 나타난다. 학교 리더들은 반드시 그들의 교사들과 학생들이 변화 과정에 효과적으로 대처하도록 유도해야 한다. 또한 그것은 학교 과정에 학부모와 지역사회가 참여하는 것을 필요로 한다. 게다가, 현재 학교 리더들은 학교활동에 있어서 민간부문, 스포츠 클럽, 종교 모임, 지역사회 기반 단체들의 참여를 통해 학생들의 행복을 증진시키도록 노력해야 한다.

광범위한 학습 기회를 제공하기 위해, 학교 리더들이 다른 학교나 학교구 내의 리더들과 자원과 기술을 공유할 필요성이 증대하면서 네트워킹의 필요성도 더욱 절실해졌다. 위의 도전들이 충분히 극복되기 위해서는, 아래 세 가지의 주요 장벽들에 대해 살펴볼 필요가 있다(Lambert et al., 2002).

- *교장 역할의 증대*: 학교 운영이 점차 복잡해지고 확장됨에 따라, 교장에게 주어진 책임은 혼자서 완수하기에는 너무 과하다는 것이 점점 더 명백해지고 있다.

- *교장직의 고령화*: 오늘날 미국의 학교 리더들의 평균 나이는 51세이다. 그리고 그것은 현재 대부분의 학교 리더들이 5~10년 안에 은퇴한다는 것을 의미한다. 그러므로 학교가 현재 리더십의 질을 개선해 나가는 반면, 그들은 리더십 계승을 위한 효과적인 계획을 개발해야 한다.
- *열악한 근무 환경*: 많은 선진국들에서는(미국에만 국한되지 않음) 학교 교장직 지원자가 눈에 띄게 줄어들었다. 이는 과도한 직무와 스트레스, 적합하지 않은 훈련과 양성, 하는 일에 비해 상대적으로 적은 봉급, 열악한 근무 환경 등 부정적인 인식으로 대표되는 직업이기 때문이다. 대부분의 교사들과 교감들은 교장들에게 주는 추가적인 인센티브는 과도한 직무를 보상하기에는 너무 적다고 느낀다.

우리는 학교 리더십이 직면한 도전들을 살펴보았고, 이제 학습에서 구성주의의 역사적 개념과 실제 적용에 대해 검토할 것이다. 구성주의 리더십의 기원을 이해하기 위해서는, 우리는 우선 학습과 리더십 이론이 상호 연관되어 있고, 유사한 주제를 공유한다는 것에 주목해야 한다(Lambert et al., 2002). 이 장에서는 또한 다양한 유형의 구성주의에 대해 검토하고, 이것들이 현재 교육에서 어떻게 사용되는지 볼 것이다.

구성주의의 역사

구성주의는 Immanuel Kant(1724~1804)의 초기 연구를 기반으로 한다. Kant는 선험적 지식은 인간 경험의 파악 또는 이해 전에 선행되어야 한다고 하였다. Kant는 사람들이 모든 데이터를 구축하고, 배열하고, 이해함으로써 모든 사람들의 인식 속에 선천적인 구조화된 원칙이 있을 것이라고 주장하였다. 그러므로 그는 지식은 어떠한 종류의 외부적 현실과 독립된 것이라고 가정하였다. 지식이란 정신의 산물이며, 지식에 수반되는 다양한 해석적 과정이다(Burrell & Morgan, 1979).

Wilhelm Dilthey(1833~1911)는 Kant의 가설을 확장하였고, 자연과학과 인문과학 간의 차이를 설명하고자 하였다. 그는 각각의 과학이 다른 주제를 다룬다고 하였다. 인문과학은 인간 정신의 내면적 과정을 탐구하는 반면에, 자연과학은 물질세계의 외적인 과정을 탐색하였다. 나아가 그는 외재적으로 표출된 인간의 삶은 이해(verstehen)를 통해 내적 경험의 측면에서 이해되고 해석될 필요가 있다고 제안하였다. 여기서 이해(verstehen)란 다른 사람들의 경험을 다시 체험하거나 재연함으로써 인간의 지식을 공부하는 수단이다. Max Weber(1864~1920)는 그의 철학 속에 이해(verstehen)에 대한 개념을 정립하였다. 그는 세상의 객관적 실재가 주된 이슈가 아니라, 개인이 해석하는 방식이 주된 이슈라고 주장하였다(Burrell & Morgan, 1979).

Alfred Schutz(1899-1959)는 Kant, Dilthey, Weber의 연구를 계속 발전시켰다. 그는 사회과학의 필수적 기능은 해석적이라고 한 Weber의 말에 동의하는 반면에, Weber가 이해(verstehen)의 핵심적인 특징을 올바르게 표현해내지 못하였다고 느꼈다. 그리고 나서 Schutz는 의식이란 근본적으로 그 자체는 대개 의미 없는 "삶의 경험 속에서 끊어지지 않는 흐름"이라고 주장하는 의미의 현상학적 분석을 진행하였다. 그 결과, 의미는 의존성과 과거로 거슬러 올라가 자신의 과거를 보기 위해 되돌아보는 행동인 성찰을 통해 발전해왔다. 그는 의미는 현재가 아닌 과거의 경험과 관련이 있다고 주장하였다. 나아가 Schutz는 사람은 다른 사람의 인식의 흐름을 관찰함으로써 진정으로 상대방을 이해할 수 있다고 주장하였다. 이러한 이해는 직접적인 상호작용에 기인한다(Burrell & Morgan, 1979).

시간의 흐름에 따라 구성주의는 하나의 확립된 이론으로 자리잡아가고 있다. 하지만 구성주의의 정의와 활용 영역에 대한 연구는 여전히 진행 중이며, "Constructivism"과 "Constructionism"은 혼용되어 사용되고 있다. 하지만, Constructivism의 주요한 관심사는 개인의 인식 과정을 통해 사회적이거나 심리적인 세계를 구성하고 의미를 만들어나가는 것인 반면에, Constructionism은 사회적 과정과 상호작용을 통해 사회적이고 심리적인 세계가 현실이 된다는 것에 초점을 맞춘다(Bodner, Klobuchar, & Geelan, 2001). 많은 연구자들은 구성주의(Constructivism)를 타당한 이론이라 믿었지만, 이에 대한 비판도 상당수 존재한다. 구성주의 이론에 대한 가장 일반적인 비판은 이것은 너무 복잡하고, 다면적이며, 설명하기 힘들기 때문에 과학적이지 않다는 것이다(Mayer, 2004). 다음 절에서 우리는 학교에서의 학습과 리더십의 관점에서 구성주의에 대해 살펴볼 것이다.

구성주의 리더십

앞에서 말했듯이, 구성주의는 지식이 사실상 학습자의 정신에서 구성된다고 믿는다(Bodner et al., 2001). 그것은 개인들이 적극적이고 지속적으로 그들이 살고 있는 세계와 현실에 대해 그들 자신만의 의미와 이해를 구성한다는 것이다. 지식은 외재적 세계에서 독립된 것으로 수동적인 흡수나 타인과의 상호작용을 통해 전이될 수 있는 성질의 것이 아니라고 가정한다. 간단히 말해서, 지식은 획득되는 것이 아니라 만들어지는 것이다. 우리는 다양한 교육, 문화, 성격 때문에 각자 다른 경험들을 하며, 우리 모두는 세계를 다르게 인식한다(Trunk, Sirca, & Shapiro, 2007). 그런 이유로 구성주의 이론은 지식은 무엇이 "맞는지 틀린지"의 측면이 아니라, 그것이 적용되는지 아닌지의 측면에서 판단되어야 한다는 입장을 고수한다. 중요한 한 가지는 구성된 지식이 그 맥락에 맞게 기능하느냐의 문제이다(Bodner et al., 2001).

구성주의 리더들은 지식이 개인의 내면에서 기원한다고 믿기 때문에 학습 과정을 촉진하기 위한 방법을 항상 고려해야 한다. 이러한 리더들은 자기구성과 상호작용을 북돋는 질문들을 학습자들에게 던짐으로써 학습을 촉진시킨다. 하지만, 구성주의 리더십의 가장 큰 장애물은 자율적인 학습자가 될 수 없거나 되고 싶지 않은 학습자들이다. 촉진의 과정은 의미와 이해를 의도적으로 "집어넣기" 위해서 학습자가 말하는 것을 적극적으로 듣고 반복하는 것을 수반한다(Coe, 2006). Lambert 외(2002)는 학습자들이 다양한 아이디어들을 결합하고 의미를 발견하여 이해할 수 있도록 구성주의 리더들이 질문하기, 바꾸어 말하기, 종합하기 등을 균형 있게 활용해야 한다고 주장한다.

Bouck(2004)는 리더십은 학습에 관한 모든 것이고, 관계의 맥락 안에서 의미를 구성하는 데 리더들을 참여시키는 상호간의 과정이라고 설명하였다. Lambert 외(2002)는 리더들이 역할 또는 구성원을 고정된 독립체로 보지 말고, 상호연결된 관계로 그들을 인식해야 한다고 생각하였다. 그들은 리더십의 상호간 과정들은 조사, 성찰, 대화, 행동과 같은 활동을 포함한다고 덧붙였다. 리더들은 개인의 가치를 존중해야 하고, 이러한 존중은 동료 이해관계자와의 일상적 의사소통에 통합되어야 한다. 하지만, 앞선 예화에서 보았듯이, 의사소통이 쌍방향으로 이루어져야 하는 것은 당연하고, 리더는 이해관계자들이 그들의 생각을 자유롭게 말할 수 있는 구조를 추구해야 한다.

다른 리더십 이론과 구별되는 구성주의 리더십의 한 가지 측면은 조직 내에서 구성원의 성장을 추구한다는 것이다. Lambert 외(2002)는 구성주의 리더십의 원칙들로 다음과 같은 사항을 제시한다.

1. 학습은 수동적이 아니라 능동적인 과정이다.
2. 학습은 당연히 사회적이고, 학습자가 사회적 구조 속에서 아이디어를 공유하고, 탐구를 실천하고 가치 있게 여기며, 도전에 직면할 때 발생할 수 있다.
3. 학습자들이 단순 암기식 학습을 넘어서기 위해서는 새롭게 획득한 지식을 이해하고 스스로 의미를 창출해야 한다. 이는 지식을 응용하고 실생활에 적용하는 과정을 통하여 공통의 경험이 확대될 때 가능

해진다.

4. 성찰과 초인지는 지식 구성과 이해형성 과정에 긍정적으로 기여한다.
5. 새로운 학습은 이전의 경험, 신념, 가치에 의해 영향을 받는다.

구성주의의 종류

1. 심리적 구성주의

피아제 구성주의라고 알려진 심리학적 구성주의에서 추구하는 교육의 목적은 아동의 흥미나 욕구를 지원해주는 것이다. 따라서 연구대상은 아동이며, 아동의 인지 발달에 초점을 맞추고 있다. 학습은 주로 개인의 능력으로 간주된다. 이와 같은 아동중심적 접근은 과학적 연구방법을 통하여 인지 발달의 자연적 경로를 규명하려는 것이다(Vadeboncoeur, 1997).

이를 실제에 적용하면, 이 접근 방식은 다음의 가정을 전제한다. 학생들은 보통 교사의 교정이나 변경이 필요한 선입견, 생각, 의견들을 가진 채 수업에 참여한다. 교사는 이 과정을 촉진시키기 위해 몇 가지 과업이나 질문들을 통해 학생들에게 딜레마를 안겨준다. 딜레마를 해결하는 과정을 통해 학생들의 지식이 구성된다. 구성주의 리더십의 특징으로 볼 수 있는 교육방법에는 "발견 학습" 및 "조작(manipulative)" 기법 활용과 같은 직접 해보는 활동들이 있다. "조작" 기법은 학생들로 하여금 기존의 개념 및 학설에 도전하고, 자신들이 이전에 갖고 있던 신념에 대해 의심해보고 검토해보도록 만든다(Richardson, 1997).

이런 종류의 접근은 우리가 아무리 다른 환경 속에서 배우며 살고 있을지라도 발달은 모든 인간이 똑같이 거치는 본성적, 고질적, 생물학적 과정임을 어느 정도 가정하고 있다. 교수 환경은 내부의 발달에 초점을 맞추며, 학습 환경에서의 사회적 · 역사적 맥락, 권력 및 권위의 문제, 공식적 지식의 영향 따위에는 관심을 두지 않는다(Richardson, 1997). 심리학적 구성주의는 근본적으로 교수와 학습에 있어서 외적 맥락을 제기하는 접근 방식이다.

이러한 접근은 교실 풍토의 영향, 더 넓은 사회적 맥락에 대한 관심의 부족 때문에 종종 비판받아 왔으며, 특히 지식 생산과 관계된 권력 문제를 고려하지 않는다는 점에서 비판을 받고 있다(Richardson, 1997; Vadeboncoeur, 1997).

2. 사회적 구성주의

비고츠키 구성주의라고 알려진 사회적 구성주의는 사회를 변화시키기 위해 교육을 강조하며, 기본적으로 개인을 사회문화적 맥락 안에 두고자 하는 인간 발달 이론이다. 개인은 사회적 상호작용을 통해 집단이 공유하는 문화적인 의미를 내면화함으로써 발달한다(Richardson, 1997). Richardson에 의하면, 개인은 자신의 환경을 인지하여 지식을 구성하는데, 그 과정에서 환경과 개인 둘 다 변화를 겪는다고 하였다. 개인과 사회문화적 환경 사이의 변증법적 관계가 바로 사회적 구성주의의 기본 연구대상이다.

이 경우, 학교는 사회문화적 환경을 반영하는 곳으로서 교수와 학습이 일어나고, 쓰기, 읽기, 수학 및 여러 가지 담론 방식에 있어서 "문화적 도구"가 이용되는 곳이다(Richardson, 1997). 이 접근의 긍정적인 측면은 이론과 실제가 진공상태에서는 발전할 수 없다는 가설에 있다; 이론과 실제는 지배적인 문화의 가설로부터 영향을 받고 설계된다(O'Loughlin, 1995). 공식적 지식, 강의 과목, 설명하는 방식은 역사적·문화적 환경에 영향을 받는다.

사회적 변화 또는 재구조화라는 목적을 달성하기 위하여, 교육적 맥락은 반드시 해체되어야 한다. 게다가, 교육적 맥락을 제한하는 문화 범위, 권력 관계, 역사적 영향력은 비판되고 드러나야 하며, 필요에 따라서는 바뀌어야 한다. 사회적 구성주의 접근의 변형은 사회문화적 구성주의, 사회역사적 구성주의, 상황적 구성주의, 사회적 재구성주의, 해방적 구성주의를 포함하고 있다.

교육에서의 사회적 구성주의

앞에서 이미 살펴봤듯이, 사회적 구성주의는 개인이 사회 · 문화와 상호작용함으로써 사회적 세계를 전개시킨다고 보는 관점이다(Trunk, Sirca, & Shapiro, 2007). Luddeke(1999)도 이와 비슷한 관점이었는데, 그는 지식이 사회적 협의 과정과 개인의 개별 이해력에 의한 평가를 거쳐 진화한다고 주장하였다.

교육 분야에 사회적 구성주의 이론이 적용되려면, 교사와 학교장에 대한 관점이 바뀌어야 한다. 교사와 학교장은 "가르치는 사람"에서 "학습 촉진자"로 변해야 한다. 좋은 구성주의 교사는 학생의 대답이 맞았는지 틀렸는지 여부를 떠나 그들의 대답에 대해 질문함으로써 학생이 개념을 잘 이해했는지 확인한다. 이외에도, 교사는 학생이 자신의 답을 직접 설명하도록 시키고, 설명도 하지 않은 채 단어나 공식만 사용해서는 안 된다. 또한 교사는 학생들이 자신의 대답을 성찰할 수 있도록 격려해야 한다(Bodner et al., 2001).

사회적 구성주의는 모든 지식이 사회적 상호작용과 언어 사용의 결과에 따라 발달한다는 점을 환기시킨다. 지식은 개별적 경험이 아닌 공유된 경험이다. 또한 지식은 세상을 관찰하여 얻어진 하나의 결과가 아니라, 다양한 사회적 과정 및 상호작용에 있는 것이다(Olsen, 1999). 그러므로 우리는 구성주의 학습이 새로운 지식의 습득만큼이나 학습 과정에 많은 의미를 부여한다는 사실을 발견할 수 있다.

Olsen(1999)의 말에 의하면, "학습은 발달의 결과가 아니다; 학습은 발달 그 자체이다." 학습 과정에서 학습자는 창조적 활동에 능동적으로 참여하고 자기조직화(self-organization)를 적극적으로 실행해야 한다. 교사는 학생이 스스로 질문을 구상하여 자기만의 가설을 만들고 실행가능성을 직접 검증할 수 있게 해야 한다. 나아가, 구성주의자는 학습자의 경험과 이해 사이에서 오는 모순, 즉 불균형을 통해서 학습이 조장된다는 사실을 발견하였다. 이를 통해 학습자는 자신의 신념에 대해 의심을 품고 새로운 생각을 해볼 수 있다(Cobern, 1993). 그러므로 교수자는 학습자의 개념에서 비롯된 오류들을 장려해야 하며 최소화하거나 피하지 말아야 한다.

또한 교수자는 학생이 실제적이고 의미 있는 맥락에 대해 정해진 틀이 없이 자유롭게 조사를 수행하도록 도전시켜야 한다. 학습자는 이런 활동을 통해 긍정 또는 모순의 가능성을 생각해낼 수 있다. 특히, 모순에 대해서는 조사하고, 명료화하고, 토론해야 한다. 이렇게 반성적으로 추상화하는 과정을 거쳐 학습은 추진력을 얻는다. 반성적 추상화를 촉진시킬 수 있는 좋은 예로 일기쓰기가 있다(Olsen, 1999).

Olsen은 더 나아가 공동체 내의 대화가 새로운 아이디어를 자극시킨다는 점을 발견하였다. 학교의 모든 이해관계자들은 교실을 담론이나 아이디어 교환의 장으로 보아야 한다. 교실에서 학생들은 자신의 생각을 공동체에 옹호하고, 증명하고, 정당화하고, 의사소통할 책임이 있다. 이러한 생각들은 오직 공동체의 이치와 맞을 때에만 진실로 받아들여질 수 있다. 만약 그렇게 된다면, 그것은 공유된 지식이 된다(Olsen, 1999). 종합하면, 학습은 전수(transmission)를 통해서 일어나는 것이 아니라 주로 해석(interpretation)을 통해 일어난다. 해석은 선행 지식에 의해 형성되며, 담론을 통해 더욱 촉진될 수 있다(Cobern, 1993).

사회적 구성주의와 리더십

현재 대부분의 문헌은 사회적 구성주의를 교육 조직 내에서 활용하는 방향을 제시하였으나, 조직의 리더는 조직의 성장과 활발한 의사소통을 위해 교육적 측면 안팎에서 사회적 구성주의를 사용할 수 있다. 이것의 한 가지 예는 추종자의 이해를 돕기 위하여 메타포를 사용하는 것인데, 이것은 추종자들이 개인학습자로서 자신의 지식 기반을 구축하고 또한 새롭고 확장된 개념에 적응할 수 있도록 한다(Wilson, 1995). Morgan(1998)의 초기 연구에서는 메타포를 "다른 사람을 이해하기 위해 경험의 한 요소를 이용해 의미를 창조하는 힘"이라고 설명하였다. 이와 같은 의미에서 메타포는 상징적인 것 모두가 될 수 있으며, 이해를 더 잘 할 수 있도록 돕거나 새로운 생각이나 개념을 받아들일 수 있도록 돕는 것이다(Tompkins & Lawley, 2000).

리더는 메타포를 적극적으로 활용하여 조직을 사회적 구성주의로 이끌 수 있다. 초기 연구자인 Lakoff와 Johnson(1980)은 다음과 같이 말하였다. "메타포의 본질은 사물을 다른 측면에서 이해하고 경험하도록 촉진시키는 데 있다." 이와 같은 언어의 구성적 사용을 통해 리더는 사회적 상호작용 과정의 의미구조 내 구성원 개인의 역할 및 의사소통 수행을 분석할 수 있다(Jacobs & Heracleous, 2006). Weick(1979)은 이 과정을 "의미부여(sense-making)"라고 칭하였다.

의미부여는 조직 내의 개인들이 의사소통을 할 때 발생한다. 돌이켜보면 우리는 의사소통 속에서 의미가 부여됨을 관찰할 수 있다. 그렇게 부여된 의미는 지식으로 여겨지고 조직의 효과성을 달성하는 데 사용된다. 일반적으로 우리의 뇌는 이미지도식, 원형, 개념적 메타포, 개념적 분석틀, 개념적 혼합을 통해 사고를 형성한다. 결국, 사고 과정은 단지 알고리즘적인 기호의 조작에 그치는 것이 아니다; 그것은 뇌신경의 계산이다.

Weick(1976)이 생각하기에, 사람들은 조직 내부의 합리적 실천에 대한 사례를 거의 찾지 못하며, 오히려 예상한 대로의 수익 결과를 거두는 것을 합리적 실천이라고 생각하며 혹은 그 기존의 합리적 실천이 조직 안에서 무엇이 진행되고 있는지를 설명해준다고 느꼈다. 이런 이유 때문에 그는 조직의 절차를 규정짓기 위하여 협력적 의사구조, 계획, 자연 선택, 실행을 메타포로 사용했을 것이다. Northouse(2007)가 말하길, 조직적 구조와 그 과정을 연결시키는 것은 과정 리더십에 의해 이루어진다. 이러한 종류의 리더십은 조직 구성원 중 누구라도 조직 혹은 조직의 일부분을 성장시키기 위해 획득할 수 있는 것이다.

Gass와 Priest(2006)는 독일 은행 근로자들에 관한 사례 연구에서 어떻게 메타포가 팀빌딩(team-building)을 가능하게 하는지 보여주었다. 팀빌딩 활동에서 메타포의 사용을 "실험"하기 위하여 참가자들은 협동적 모험심 훈련 프로그램을 이용하였다. 각각의 조는 유사한 협동 훈련을 받았다. 네 개 조는 각자의 개별 프로그램에서 서로 다른 종류의 메타포로 훈련받은 반면, 다섯 번째 조는 통제 집단으로서 메타포를 사용하지 않고 훈련을 받았다.

연구 결과, 근무 환경과 유사한 메타포를 사용하여 동일 구조가 만들어졌을 때, 훈련이 더욱 효과적으로 이루어졌다. 자신의 메타포적인 해석을 표현하고 그것을 동일 구조로 강화한 참가자들은 1년 후에도 15%에서 30%로 증가된 협동 정도를 유지하였다(Gass & Priest, 2006). 지식을 보유하고 구성주의 학습에서 결정된 현재 지식을 확장하기 위해 메타포를 사용함으로써, 학교 리더는 독일 은행 연구의 결과를 활용할 수 있다. Jacobs와 Heracleous(2006)는 또한 메타포가 추종자에게 친근한 것이 리더의 비전으로까지 이어지는 매개를 제공함으로써 변화를 가능하게 한다고 제안하였다. 메타포는 조직 내의 개인에 의해 비춰진 현재 조직의 측면을 대변하기 때문에 특히 유용하다.

학교 환경에 구성주의 리더십 적용

Lambert 외(2002)의 연구는 구성주의 리더십이 다양한 상호 과정을 수반한다는 것을 밝혔다. 이 상호 과정은 학교 공동체의 참여자들로 하여금 의미들을 구성하여 공동의 학교교육 목표로 이어질 수 있게 한다. 여기서 상호주의는 자신을 밖으로 움직여 자신의 지각을 다른 사람의 지각과 구별하고, 공감을 실천할 수 있는 능력으로 특징지어진다. 그것은 쌍방의 역동적인 상호작용이며 아이디어와 관심의 교환으로 정의된다. Lambert 외(2002)가 지적하길, 이것은 상당히 성숙해야만 가능하며, 이 성숙함은 지속가능한 사회에서 오랜 시간에 걸쳐 의미생성 과정이 일어났을 때 생겨나는 것이다.

연구자들은 학교 이해당사자들이 상호주의를 위한 능력을 개발하려면, 교육 공동체에서 함께 살고 일하며 의미생성 과정에 계속해서 개입해야 한다고 주장하였다. 초기 연구자 Paulo Freire(1973)가 말하길, "지식은 많이 알고 있는 사람으로부터 잘 모르는 사람에게 확장되는 것이 아니라, 사람들과의 관계 속에서 형성" 되는 것이다.

Judith Warren Little(1982)은 학교에서 다양한 형태의 관계를 관찰하고 친한 관계, 동료관계, 개인주의적 관계 간의 차이점을 구분하였다. 그녀는 이러한 관계들은 보통 시간이 지나면서 전문직에 종사하고 있는 동료의 특성이 변함에 따라 바뀐다는 것을 발견하였다. 그러므로 상호주의는 실천하면 할수록 힘이 더해지는 나선형의 경험이다. Wheatley(1992)는 개인이 다른 사람과의 상호작용을 통해서 정보를 생산해낸다고 설명할 때 관계에서 더 많은 의미를 찾아내었다. 이 정보는 피드백되어, 현재의 정보를 풍부하게 하고 추가적인 정보를 만들어낸다.

이미 살펴보았듯이, 우리는 상호과정을 통하여 관계의 맥락 안에서 생겨나는 의미를 구성할 수 있다. 그러므로, 상호성에 대한 가능성과 수용성의 생성 · 보급은 오직 관계가 풍부한 공동체에서 일어날 수 있다. 따라서 학교 리더는 사람들을 고정된 독립체로 볼 것이 아니라, 오히려 상호연관된 유형의 일부로 생각해야 할 것이다.

대다수의 학교에서 관계의 유형은 지배 구조로 보일 수 있다. 많은 학교와 지역구는 분리적이고 세분화된 지배 과정을 형성하였는데, 예컨대 리더십 팀, 학교 교육과정 위원회, 학부모회(PTAs), 교사연수위원회 등이 있다. 이렇게 세분화된 과정은 서로 겹쳐지지 않고 연결되지 않으려는 자치적인 경향이 있다. 결과적으로, 의사결정 과정은 시간이 많이 걸리고 불필요한 것이 되었으며 다른 중요한 정보 및 피드백 체계와도 동떨어지게 되었다. 또한 이런 과정은 효과적인 학교 공동체의 구축 및 실천의 일관성을 부인한다.

하지만 위의 지배집단은 정보, 사람, 산출물을 매개로 조정하거나 통제하여 서로 연결시킬 수 있다. 이러한 통합된 구조는 관계를 형성하고 연결하는 데 필수적이다. 결국 이러한 연결망을 통해 대화와 의미생성이 가능한 기회가 생길 수 있다(Lambert et al., 2002).

Claremont 대학원의 Education in Transformation 연구기관의 한 연구는 학교에서 가장 중요한 요인은 관계라고 밝혔다(Poplin & Weeres, 1993). 이 연구는 교사에 의해 수행되었고 연속된 대화로 진행된 점에서 독특하였다. 교사는 다음과 같은 글을 썼다.

> 우리의 행동은 앎에 달려있고 우리의 변화는 경청에 달려있다. 우리가 마치 처음인 것처럼 믿게 된 것은 우리 학생들의 발언을 경청하는 데 있었다. 이것이 바로 우리가 들은 것이다. … 학교교육 사안에 대하여 참가자들이 논의를 할 때 그것을 지배하는 힘은 바로 관계에 있다. 학교 안의 어떤 그룹도 충분히 존중받고, 연결되고, 인정받고 있다고 느끼지 못하였다.
>
> (p. 19)

Claremont 연구의 참가자들은 학부모, 학생, 교사, 행정가, 교직원이었는데, 이들은 학교 안에서 신뢰를 받고, 책임이 주어지고, 온화하고 솔직한 방식으로 이야기하고, 위엄과 존경으로 대우를 받는 진정한 관계가 없다고 느꼈다. 하지만, 그룹별로 관심에 대해 서로 다르게 인식하고 있음이 나타났다. 교사는 업무에 헌신하는 것이 관심의 표현이라고 본 반면, 학생은 교사의 직접적이고 사적인 접촉이나 교사가 학생의 이름을 불러주는 것, 사적인 담화를 나누는 것, 함께 웃는 것 등을 관심의 표현으로 생각하였다. 한 교사는 다음과 같이 관찰하였다.

> 이번 자료는 우리 대부분이 학교교육에 관해 전통적으로 생각해오던 방

식-교과과정을 중심으로 학교의 성과를 측정하는 것-과 대조적이다. 여기서는 관계가 우리가 하는 일의 중심축에 있어야 한다고 말하고 있다.

그 연구를 통해서 교사와 학교 행정가는 그들의 관계가 규칙, 규정, 그리고 종종 계약적인 동의서에 의해 지배되고 있음을 깨달았다. 학교 리더들은 그들의 사전 대화가 성급하였기 때문에 변화가 때때로 성공적이지 못하였다는 것을 인정하였다. 의미 있는 관계가 형성되지 않고 무미건조하고 인간미 없는 환경에서 살아남은 참가자들은 그들이 필요한 것을 얻기 위해서는 다른 곳에서 그 해답을 찾아보아야만 하였다. 이것은 다음과 같이 말하는 한 학생의 말에 잘 반영되어 있다.

> 내가 부모님과 대화를 하다 보면 내가 말한 것 때문에 가끔 부모님은 화를 내신다. 혹은 그들은 바빴을지도 모른다. 만약 내가 선생님에게 말한다면, 그는 나를 정학시킬 것이기 때문에 나는 그 어떤 말도 할 수 없었다. 그래서 나는 오직 폭력배만이 나를 이해해줄 수 있을 것이라고 생각하였다. 그들은 항상 나를 이해했고, 그들은 그것을 해결하기 위해 항상 나를 도와주었다.

상호관계는 인간으로서 우리가 세상을 이해하는 것으로부터 그 토대를 형성하는데, 계속해서 우리 자신을 정의내리고 "함께 진화하거나" 함께 성장함으로써 세상을 이해하게 된다. Lambert 외는 상호관계를 맺게 될 때 예측가능성(predictability)은 잠재력(potential)이 된다고 하였다. 잠재력은 우리 안에서 발달하는 가능성으로 정의된다. 잠재력은 우리가 의미와 지식을 형성할 수 있게 해주는 개인적 열정과 토대이다. 잠재력은 예측불가능하고, 무한하며, 상호관계에 의거하고, 역동적이고, 역설적이고, 자체적으로 꾸준히 새롭게 변화한다. 잠재력이 발전되기 위해서는 자극을 받고 불러일으켜져야 한다. 왜냐하면 잠재력은 명령이나 설득, 요청, 모집을 한다고 해서 나타나는 것이 아니기 때문이다(Wheatley, 1992).

상호과정은 다음과 같은 내용을 포함한다.

1. 상호과정은 신뢰하는 환경 속에서 잠재력을 불러일으키는 과정을 포함한다. 이것은 개개인이 의지하거나 그들의 일터에 정보를 제공하는 기억, 지각, 추정을 개개인으로 하여금 이끌어낼 수 있도록 하는 일련의 과정이다. 회상은 토론, 이야기, 브레인스토밍, 쓰기 혹은 심지어 재현의 형태일지도 모른다. 이렇게 아이디어를 불러일으킴으로써, 개개인은 의미와 지식을 형성하는 데 좋은 기반을 마련할 수 있고, 다른 사람들이 어떻게 세상을 이해하는지를 파악할 수 있다.
2. 상호과정은 오래된 가설이나 믿음을 재정립하거나 없애는 과정을 포함하고 이미 용인된 개념이나 전통적인 해석들이 철저하게 제고되도록 한다. 그 과정은 새로운 데이터를 수집하고, 기존의 신념과 새로운 정보 간 불화(dissonance)와 불균형을 초래하는 문제점을 찾아내, 그러한 생각들을 재개념화하거나 재설계하는 과정이라고 할 수 있다.
3. 상호과정은 의미 구성에 초점을 두는 과정을 포함한다. 이는 앞서 언급된 이야기, 토론, 쓰기와 같다고 할 수 있다. 그리고 그것들을 이해하기 위해서, 이 과정은 생각을 결합하거나 재결합하는 과정이 필요하다. "의미 구성하기(constructing meaning)"와 같은 뜻인 "의미가 통합(making sense)"은 해석의 토대를 마련하기 위해, 패턴과 은유 같은 새로운 상징이나 이미지를 형성할 필요가 있다.
4. 상호과정은 행동으로 옮길 틀을 마련하는 과정을 포함한다. 이것은 새로운 종류의 행동과 의도를 담고 있으며, 가장 실용적인 상호작용의 양상을 내포하고 있다. 상호과정은 새로운 기준 설립, 새로운 행동 시행, 접근 계획, 새로운 목적과 목표 확인, 과정 평가, 과정에서 얻은 추가 정보에 대한 행동의 재구성 및 재설계 과정이다.

위의 과정들은 스스로 과거를 되돌아보면서 서로서로 참여하여 증진하는 과정들이다. 새로운 행동을 통해서, 다른 잠재력이 나타나고, 새로운 정보는 끊임없이 생성되며, 더 깊은 의미가 구성된다.

이 장의 예화에서, Lambert 교장은 피드백과 의사소통 시, 그녀의 언성 높고 상의하달적인 훈계식 말투가 주의를 끌지 못했기 때문에 좌절하였다. 앞서 살펴본 네 가지 과정들은 그녀가 목표를 달성하지 못한 이유를 잘 보여주고 있다. 만약 권력이 너무 강해서 한 구성원이 다른 사람에 의해 위협을 받는다는 느낌을 받게 된다면, 상호과정의 우수성을 확보할 수 없게 되어 사람들은 더 이상 의견을 내지 않을 것이다.

리더십 행동

다음의 리더십 행동들은 리더십 역할과는 구분되는 것이며, 행동으로 보여주는 것을 일컫는다. 학교의 참가자들이 신뢰적인 환경에서 잠재력을 불러일으키고, 오래된 가설을 재정립하거나 없애고, 의미를 구성하는 데 집중하고, 새로운 행동과 의도를 토대로 행동의 틀을 마련할 수 있게 해줌으로써 행동으로 실천하여 보여주고 있다. Lambert 외(2002)는 학교의 모든 구성원들은 그들이 누군지에 상관없이 리더십 행동을 수행할 수 있다고 하였다. 왜냐하면 구성주의 리더십에서는 전 영역에 걸친 과정을 중시하기 때문이다.

하지만, Lambert 외는 리더십 행동을 수행하고자 하는 사람은 다음과 같은 사항을 갖추어야 한다고 주장하였다.

- 목적의식과 윤리의식을 가져야 한다. 정직과 신뢰는 관계를 형성하는 데 필수적이기 때문이다.
- 촉진 기술이 필요하다. 교수-학습에 대한 대화의 틀을 마련하는 것이 의미를 구성하는 데 필수적이기 때문이다.
- 인간적인 구성주의 학습에 대해 확실하게 이해해야 한다.

- 변화(change)와 이행(transition)의 과정에 대해 깊이 이해할 필요가 있다. 그러한 과정들은 우리가 생각하는 것과 종종 다르기 때문이다.
- 기억은 의미를 만드는 데 있어서 계속해서 불러일으켜지고 강화될 수 있다는 사실을 적절히 이해해야 한다.
- 용기, 위험을 감수하는 능력을 길러주고 자아욕구를 낮춰주고 가능성을 향상시켜 주는 자기정체성을 가져야 한다.

Claremont 연구에서 보았듯이, 교육자들은 보통 목적의식과 윤리의식을 가지고 그들의 직무를 시작한다. Poplin과 Weeres는 교단에 선 지 3년이 된 Susan이라는 젊은 교사의 한 사례를 소개한다. 인터뷰 때, Susan은 자신의 삶에 변화를 가져오고 싶어서 전문직을 선택하였다고 말하였다. 2년째 되던 해의 절반이 지날 때 쯤, 그녀는 과연 자신의 삶에 변화를 가져올 수 있는 잠재력과 능력이 있는지에 대해 의문을 가지기 시작하였다. 그러나 그녀는 전문적 실천을 위한 학교(professional practice school)를 설계하기 위한 첫 미팅에서 목적의식에 대해 되새기게 되었다고 말했다. 이러한 목적의식은 쉽게 잊혀지기도 하고, 쉽게 상기할 수도 있기 때문에 다소 취약한 느낌이라고 할 수 있다.

Poplin과 Weeres는 아마 어떤 한 부분에 있어서 모든 교육자들은 Susan과 같을 것이라고 말한다. 때문에 리더십을 발휘한 사람들은 그들 자신의 목표가 계속해서 확고했거나 타인과의 관계를 경험한 후에 다시 깨닫게 된다. 사람과의 관계는 그들이 본래 지니고 있던 강력한 목표를 윤리적 행동으로 다시금 떠올리거나 재정립할 수 있게 도와준다. 그러한 사람들에게, 일관성과 확실성은 공동체 관계 내에서 신뢰를 쌓도록 해준다.

관계를 통해 발전된 촉진 기술은 리더십 행동을 하는 데 있어서 필수적이다. Lambert 외는 다음과 같이 주장한 학교 리더의 사례를 보여준다.

> 내가 교장의 직무를 맡은 지 3년째에 접어들었을 때, 나는 나의 새로운 학

교의 모든 교사들과 행정가들이 열린 의사소통, 의사결정 공유, 문제해결, 책무성과 같은 사안에 대한 30시간의 연수에 참여하기를 원한다는 자료를 인터뷰를 통해서 발견하였다. 학교는 네 가지 원칙에 맞추어 설립되었고, 모든 사람이 학교 내 절차를 간소화할 것으로 예상되는 학교의 리더인 것이다. 얼마나 멋진 경험인가! 이는 후에 교장이 되어서도 인상적으로 내게 영향을 주었고, 독특한 시선을 가지고 내가 25년간의 교육적 경험을 성사시킬 수 있도록 도움을 주었던 것이다.

우리는 구성주의 학습을 이해하는 것이 리더로 하여금 문제를 제기하고 행동의 틀을 마련할 수 있게 해준다는 사실을 발견하였다. 그리고 그러한 행동들은 자아구성과 동료 간 상호작용으로 이끄는데, 이것들은 구성주의 교육과정, 평가, 교수법을 고안하는 데 중요하다. 그러므로 구성주의는 행동주의에 기반한 우리의 훈련과 경험으로 자연스럽게 나타나지 않기 때문에 다른 패러다임이라고 할 수 있다. 이는 학교 리더가 학습 환경을 만들도록 도와주는 새로운 문제를 제기할 수 있도록 해주는데, 여기서 학습 환경은 열정, 독특한 학습 재능과 통찰력, 지역사회, 그리고 실제 업무 및 평가에 기초하고 있다(Lambert et al, 2002).

또한 리더들은 변화(change)와 이행(transition)에 대해 잘 이해할 필요가 있는데, 이것은 상호과정에 있어서의 타이밍, 연속적 사건, 지속기간을 설정하는 데 도움을 주기 때문이다. 이러한 리더들은 사실상 구성주의를 추구하며 의미를 만드는 과정에서 나타나는 변화는 예측할 수 없다는 사실을 가장 잘 발견해낼 것 같다. 하지만, 미리 정해진 목표와 전략, 그리고 익숙한 기술을 사용하는 것은 구성주의의 본질을 손상시킨다. 구성주의 리더들은 목표, 결과, 그리고 공동의 목표 달성을 위해 재능과 자원을 목적으로 하는 다양한 변화 전략을 가지고 있지만, 그들의 주된 목적은 예측(prediction)이 아닌 의도(intention)에 의한 현실적인 변화를 이용하는 것이다. Lambert 외는 이러한 변화과정은 너무 복잡해서 학습 공동체에서 동료 리더들과의 대화를 통해 이해될 수 있다고 한다.

변화의 맥락은 "기억의 공동체(communities of memories)"를 통해 이해되는데, 기억의 공동체는 진전되고, 풍부해지고, 재해석되어야만 한다. Bellah(1985)가 밝혔듯이 공동체는 그것의 과거로 이루어진다는 점에서 중요하다. 그리고 그런 이유로 인해 우리는 실제 공동체가 "기억의 공동체"가 되는 것이라고 말한다. 과거를 잊지 않기 위해서, 공동체는 지속적으로 그들의 이야기나 건설적인 대화를 반복해서 할 수 있어야 한다.

이러한 기억들은 공유되었을 때 의미가 있으며, 학교의 의미를 구성하거나 재구성하는 데 중요한 부분을 차지한다. 예를 들어, 새로운 교장이 학교에 부임했을 때, 교장은 어떤 기억에 관해 발견할 수 있게 사람들에게 말을 걸도록 충고받았다. 그 기억은 이전에 공동체의 의미를 포함하여 예시로 들었던 남자와 여자에 관한 내용이다. 또한, 새로운 교장은 학교 업무를 추진하는 데 필요한 가치와 의도를 배우고, 창의성과 혁신을 방해하는 것에 두려워하고 희망을 잃기도 한다. 기억을 공유함으로써, 기억, 가설, 가치, 그리고 대화와 실천의 출발점이 될 수 있는 장을 형성할 약속의 과정을 개념화하는 것이 더 쉬워진다.

또한, 구성주의 리더들은 다른 이해당사자들과 함께 의미와 지식을 만들면서, 그들 스스로를 이해하고 해석하려고 노력한다. 이러한 자기정체성(sense of personal identity)은 용기를 주고, 위험을 감수하는 능력을 길러주고, 자아 욕구를 낮춰주고, 가능성을 향상시키는 데 도움이 된다. 자기정체성은 다른 사람과의 반성적인 상호작용을 통해 형성된다. 구성주의 리더들은 설명을 잘 할 뿐만 아니라, 듣고, 이해하려고 한다. 흔히 그래왔던 것처럼, 이러한 전통적인 리더들은 "승리"하려는 욕구를 키워왔다. 그러나 구성주의 리더들은 공동의 목표를 향해 나아가는 것이 더 중요하다고 여기기 때문에 "승리"보다 상호주의와 개인을 높이 존중하는 것이 더 좋다고 이해하고 있다.

그들의 삶을 안내하는 가치인 명확성과 자신감의 성장으로 인해, 이러한 리더들은 중요한 질문을 할 수 있다. 자기효능감(personal efficacy)은 자신을 신뢰하는 환경 속에서 발전되기 때문에 리더들은 모든 학생과 교사가 가능성을 형성할 수 있도록 돕는 이해관계자들과 함께 일하고 있다. 형성된 가능성은 그들의 관계만큼 다양한데, 우리가 이미 확인해보았듯이 다양성은 다양한 시각과 틀에서 생겨나기 때문이다.

이처럼, 사람들은 교육 리더들이 가진 잠재력에 대해 이상적인 시각을 가지기도 하고 현실 가능한 시각을 가지기도 한다. 그러므로 전에는 선택된 극소수의 사람들만이 성장을 했지만, 구성주의 리더들은 모든 사람이 성장할 수 있도록 해준다. 예전에는 학교 공동체의 다른 모든 사람들은 그저 추종자로만 여겨졌고, 2류 시민으로 밀려났었다. 하지만, 구성주의 리더십에서는 개인이 혼자 성장하는 데에 한계가 있다고 보기 때문에, 동료와의 상호작용을 필요로 한다.

누가 구성주의 리더가 될 수 있는가?

Lambert 외는 리더십이 학교 공동체 안에서 모두를 위해 할 수 있는 행동이라는 것을 보여주기 때문에, 누구나 리더가 될 수 있다고 주장하였다. 구성주의는 완전한 참여를 통한 "추종(followership)"이 아닌 "참여(participation)"를 추구한다. Wheatley(1992)는 "우리는 완전히 참여하는 종전과는 다른 패턴을 가져, 다양한 의미를 이끌어낼 수 있어야 한다. 참여적 분위기 속에서 참여하는 구성원의 수가 많으면 많을수록, 잠재력은 더 커지고, 구성원들은 더 현명해진다"(p.65)라고 말하였다.

주로 의미상 완벽히 참여하는 것은 공동체의 목표 달성을 위해 개인의 추진력(drive)을 활성화시키기 때문에, 리더십 행동이 행해졌다는 것은 완벽한 참여를 통해서만 가능하다고 할 수 있다. 자기 자신과 다른 사람에 대한 책임감은 기본적인 발달 과정에서부터 생겨난다. Friere(1973)는 초기연구에서 "사람은 밑바닥(submersion)에서부터 그 모습이 나타나, 현실에 뛰어들 능력을 가져 그 능력이 발휘된다."라고 주장하였다. 개입(intervention)과 재개입(re-intervention)은 특히 직원들이 리더십 영역에 나타날 때, 현실을 구성하는 데 도움이 된다. 참여 과정이 사람들이 의미와 이해를 구성하는 데 전념할 수 있는 토대를 형성한다는 사실은 중요하다. 이러한 참여의 기회 없이 오직 복종만 존재한다면, 이해당사자들로부터 헌신이나 전념을 얻어내는 것은 불가능하기 때문이다.

"요리사가 너무 많으면 수프를 망친다."라는 속담이 내포한 의미처럼 학생, 교사, 부모, 행정가들이 모두 리더라는 사실이 적합하지는 않을 수도 있지만, 리더십의 새로운 패러다임은 "수프"를 다르게 받아들이고 있다. 새로운 "수프"속 관계는 상승효과가 나타나, 권위, 역할, 기준, 규칙, 정책의 전통적인 면모에서 벗어나서 존재할 수 있다는 충분한 가능성을 제공해준다. 요약하자면, 구성주의 리더십은 함께 행동할 수 있는 의미구성 시스템을 제공한다고 할 수 있다.

리더십으로서의 구성주의

앞서 설명한 교육 공동체의 종류는 매우 적은 반면, 그와 관련된 지식, 이해, 수행의 종류는 많다. 이미 수많은 학습 센터, 네트워크, 프로젝트, 협동조합이 상호성, 공동체, 목적의 관점에서 작용되고 있다. 학교는 점차 학생성취와 또래관계에 중점을 둔다. 하지만, 몇몇 연구자들은 구성주의 리더십에 의구심을 가지고, 그것을 "공동체 활동"을 재구성하거나 재문화화하는 행위로 폄하하였다.

우리는 구성주의 리더십에서 이러한 훌륭한 개념들이 외면당하고 분산되는 것을 볼 수 있다. 이런 일이 일어나는 동안, 우리는 결합, 통합 혹은 정신의 합일로 이룰 수 있는 일들을 놓쳐버리게 된다. 구성주의 리더십은 상호적인 과정이다. 이는 학교 구성원이 학교교육의 공동 목표를 위한 수단을 구성할 수 있게 한다.

구성주의 접근법 사례

이제 남은 문제는 교장, 교사, 연구자들이 개혁 정책을 학교에 효과적으로 적용하기 위해서 어떤 일을 해야 하는가이다. Lambert와 Walker(1995), Lambert(2003)는 교사 개발을 지원하고, 이러한 새로운 도전에 대응하기 위한 수단으로 교육적 리더십의 구성주의 틀을 제안하였다. 교사 리더십에 대한 구성주의적 접근은 교사가 공동 연구를 통해 함께 문제를 해결할 수 있는 능력을 개발하도록 도와줄 필요가 있다고 한다. 이러한 접근은 교사가 사고, 문제해결, 학교에서의 행동 연구를 위해 상호 협력하는 행동의 발달을 촉진한다. Lambert(2003)에 의해 제안된 모형의 목적은 연구 기반 학습에 참여하는 교사의 협동과 연구에 대한 생각을 조사하는 것이다. 이러한 학습 유형은 광범위한 교과과정, 학습에의 철학적, 교육학적 접근으로 표현된다. 그것의 가장 핵심적인 조건은 학습이 학생의 의문에 중점을 두어야 한다는 것이다. 교육에서의 구성주의 리더십은 학생과 교사의 지적인 노력을 내포한다. 협동적 학습은 교육에서의 구성주의 리더십과는 다른 관점이다. 그것은 학습자가 공통의 과제에 참여하고, 연구자들이 지속적으로 커뮤니티 내에서 대화하는 환경과 그 방법론, 그리고 교사의 생각이 영향을 주는 방식과 관련이 있다.

현재 교육 개혁을 이끄는 국가단위 정책은 많은 사람들의 의도를 반영한다. 정책은 교사의 전문성 개발과 교사 중심의 연구를 촉진하는 지역 수준의 연구를 하는 것이 아니라, 정부 규모의 획일적인 방침에 중점을 둠으로써 변화의 과정을 지나치게 간소화시켰다. 이미 Wheatley(1999)와 Senge(2000)의 선행연구에서는 변화가 일방적인 상의하달 과정이 아니라 복잡한 과정으로 구성되어 있다는 더욱 실제적인 결과를 도출하였다.

구성주의는 변화가 이해당사자들이 대화와 협력적 연구에 참여하고, 문제에 대한 변혁적인 해결책 제시 능력을 개발하는 적절한 환경을 조성함으로써 발생한다는 것을 보여준다. Fullan(2001)과 Barth(2001), 그리고 Lambert(2003)는 교육 개혁에서 학교장들이 상의하달적이고, 임시변통적이고 혹은 널리 적용되는 개혁 모형을 넘어설 필요가 있다고 주장하였다. 이들은 의미 있는 개혁이 실현되려면, 변화를 불러일으키기 위해서 효과적 교육 실습 개발이 동반되어야 한다고 주장한다. 이는 지속적인 개발을 달성하려면 학교 안에서의 교사 연구/행동 분석이 체계적이고 지속적이어야 한다는 Dufour와 Eaker(1998)의 선행연구와 일치한다.

Lambert 외는 만약 체계적이고 지속적인 연구가 학교 문화의 일부가 된다면, 구성주의의 전제를 수용한 이론적 접근은 학교 공동체 발전의 틀을 제공하기 위해 교사 리더십에 적용될 필요가 있다는 점을 받아들였다. 학교 공동체 속에서 협력적인 학교 문화를 형성하기 위해, 대화와 협력적 연구는 개인의 생각을 번영시키고 변화시킨다. Lambert 외는 "오늘날, 한 기관의 목표는 갈등과 상충된 이익들로 구성된 상호의존적인 세계에 있다는 사실을 인식할 때 비로소 성취될 수 있습니다."라고 주장하였다. 이 전제는 전문성 개발 과정에 참여하는 교사는 공유된 시각, 대화, 협동, 세밀한 연구 과제를 공유하며, 공동의 목표를 향한 학습을 공유하고, 지속가능한 변화를 위한 성장에 대한 수용과 열정을 개발한다는 것이다.

맥락과 과정

Lambert 외의 연구 대부분은 전문성 개발 프로그램의 계속적인 연구의 한 부분으로 수행되었다. 그 프로그램은 대략 천 명의 교사를 대상으로 하며, 교사의 사고방식과 문제해결 방식, 조사방식에 있어서 상호성과 상호의존성을 촉진하기 위해 설계되었다. 그 프로그램은 교사들이 공유된 비전, 대화, 협동심, 협력을 활용하는 2년 과정으로 설계되었다.

교사가 경험한 것과 전문성을 개발한 것을 관찰하기 위해서, 연구자들은 학습자가 작성한 문서에서 데이터를 수집하였다. 이러한 접근은 신뢰성을 높이기 위해서 사용되곤 한다. 연구에서 수집된 자료들은 여섯 가지 구성주의의 측면이나 연구 기반 대화로 분류되었다.

1. 맥락에 대한 의식과 인식
2. 권한부여와 발언권 제공
3. 공통점 모색 및 이해의 다양성 구축
4. 역동적인 피드백 과정
5. 의사결정을 위한 동일한 구조의 학습과 개발
6. 배려하고 상호의존적인 기관 구성

교사-리더의 사고에서 드러난 특징

위에서 보았듯이, 여섯 가지 틀은 학습자의 상호성 활용과 교사 리더의 생각을 바꾸었다. 이런 접근은 문제해결 활동과 관련된 참여자 생각이 개선되는 변화를 보여준다.

1. 연구의 장으로서 상황에 대한 교사의 의식과 인식

참여 교사들은 그들 스스로 소속감을 느끼는 상황에 대해 광범위하게 말하였다. 2년에 걸쳐, 교사들의 상황에 대한 생각이 변화하였다. 일상 업무 속의 연구와 대화과정을 통해, 교사 리더들은 자극받은 것처럼 보였으며 수집, 관찰, 의미 부여, 공유에의 의도적 행동과 함께 일상에 요구되는 것들을 균형잡을 수 있는 능력이 발달한 것처럼 보였다.

2. 권한부여와 발언권 제공

참여 교사들은 권한부여와 발언권의 주제를 바탕으로 몇 가지 유형화된 특징을 보여주었다. 이런 경우, 2년간 참가한 교사들은 의견을 공유하는 것이 변화를 가져오는 데 주된 역할을 거의 하지 않는다고 생각하였다. 그러나 이후 그들은 협력적인 변화의 기회와 가능성을 가져오기 위해서는 개개인의 의견이 중요한 수단이라는 것을 깨닫게 되었다. 2년간의 지속된 교사 공동체에서, 교사들이 서로 다른 사람의 발언에 가치를 두는 것이 분명해졌다. 이는 행동으로 실천할 생각의 통로로서, "발언의 적법성" 발달의 상호성을 지속적으로 사용하는 성장하는 환경을 제공한다.

3. 공통점을 찾고, 이해의 다양성 구축하기

교사의 회상에서 나타난 세 번째 관점은 교사 리더들이 대화에 참여할 때 공통된 생각을 발견해내고, 개인의 각기 다른 생각을 이해하는 능력의 발달이다. 이는 참여하는 교사들의 직업적 사고를 풍부하게 해주는 유용한 도구이지만, 상호 토론으로의 변화는 더디게 진행되었다. 그 과정이 느리고, 지루하였지만, 2년 동안의 대화에 참여한 후, 교사 리더들의 전문성 개발을 위한 조건을 개선하는 것이 필요하다는 점은 분명해 보였다. 하지만 참가자들은 개인적으로 학습에 대한 관점을 발전시키기 위해 지속적으로 투자했다. 그럼에도 불구하고 대인적인 관점을 참가자들이 수용적으로 받아들일 수 있도록 신뢰관계가 필요하다는 것은 분명했다. 이는 다른 관점을 적대시하는 학교의 풍토가 교사들 사이에 판단과 위험을 회피하려는 비자발성을 유발한다고 말한다.

4. 변화를 유도하는 역동적인 피드백 과정

또 다른 측면은 피드백 과정과, 학습, 계획, 의사결정 과정의 이해에 대한 변화를 내포한다. 2년 후 교사들의 첫 인식에 대한 분석은 피드백을 통한 통합적인 이해로 활용되었다. 학습 과정을 위해 구성된 모든 피드백은 새로운 지식 생산을 위한 도구로 인식되었다. 그 결과, 참가자들은 표준화된 객관식 시험 대신, 중요하고 의미 있는 것을 알아보는 지적 성취 수단으로 규정되는 실제적 평가를 활용하는 능력이 개발됐다. 또한 교사는 교사에 대한 학생들의 인식을 어떻게 파악하는지 배웠다. 교사의 생각은 지식 구성 과정에서 피드백이 어떻게 활용될 수 있는지에 대해 보여준다. 그러므로 피드백은 반복적으로 힘을 부여하는 것처럼 보인다.

5. 의사결정을 안내하는 동일한 구조의 학습과 개발

다섯 번째 측면은 교사 생각을 바탕으로 한다. 2년간의 연구 판독과 행동 연구의 시행을 통해서, 교육 개혁과 관련된 원칙, 표준, 개념의 의미에 대한 교사의 이해는 놀랄 만하게 변화하였다. 이것은 교사들의 신념과 원칙이 정책입안자의 기대와 균형을 이루고 통합하는 능력이 개발되었다는 것을 의미한다. 그것은 구성주의로부터 교사의 개인적 신념을 알아채고, 강화하며, 교육정책의 기대를 분석하는 교육적 연구의 활용을 통해 정책에 대한 표면화와 비난으로부터 벗어났음을 의미한다. 속임수와 기술이라는 가치로부터, 안목이 있는 지원을 바탕으로 교사들의 일관성과 지원을 구성할 능력으로 끌어올렸다는 사실이 연구 문헌에서 명백히 나타난다.

6. 돌보고 상호의존적인 공동체의식 구성하기

마지막 측면은 개인적 성장과 다른 사람과의 멘토링을 위한 디딤돌로서 참여 교사들의 상호성 이해와 학습 관련 대화 시행의 중요성을 보여준다. 2년에 걸쳐, 교사는 학습 공동체를 상호적 확신과 감정적 지지의 자원으로서 이해했던 것에서 다른 사람의 발전을 촉진시키기 위한 생산적 헌신으로 인식을 전환하였다. 학습 공동체의 대화를 통한 참가자들의 성찰은 위험이 적은 새로운 교수방법을 제안하는 데 있어 가치 있는 비판과 기회로서의 역할을 하였다. 이는 참가자가 배려를 위한 "안전한 피난처"로서의 학습 공동체에 강하게 의존하고 있는 모습을 보여준다. 이러한 인식을 통해서, 학습 공동체는 창조적인 직무 발달을 위한 온실이 되는 것이다. 이러한 교사에 대한 사고를 들여다볼 때, 내부에 대한 지향성으로부터 외부 지향성으로의 변화를 감지할 수 있다. 이러한 지향성의 변화는 공동체에 대한 인식 전환을 의미한다. 즉, 공동체란 다양한 전략을 생성하고 공유하고 평가하는 상호의존적인 네트워크로 간주된다.

우리가 볼 수 있듯이, 예화의 Riley 교장은 위에서 아래로, 가혹한 접근을 통해 이 분야의 대부분에서 실패하였다. 특히, 교장의 만족스러운 피드백 달성의 불가능은 학교의 발전을 방해하였다. 학교 운영위원은 자리 배치를 바꾸거나, Riley 교장이 교사들 사이에 앉아서 필기하는 다른 교직원에 의해 주도되는 회의와 같이 다른 회의 방식을 시도해보도록 권고하였다. 운영위원은 Riley 교장에게 덜 공식적인 자리에서 교사와의 더 많은 일대일 면담을 가지고, 그들로부터 듣고 배우려는 진정한 노력을 하라고 권고하였다. 생각과 어조의 변화가 필요하겠지만, 학교 환경에 극적인 효과를 가져올 수 있을 것이다.

요약

본 연구를 통해, 우리는 구성주의 리더십이 지속적이며 협동적인 개발과 연구 기반의 문제해결력 그리고 교사의 인지적 발달을 활성화시키는 조건들을 어떻게 촉진하는지 살펴보았다. 또한, 리더십 활동들을 통한 교수-학습 주제에 창의적인 해결책의 구성은 학교에서 이해당사자들(전에는 추종자로 표현된)을 도움으로써, 그들 자신이 속한 학습 공동체의 수월성에 공헌하는 변화의 대리인으로 이해함으로써 나타난다.

상호적 문제 해결, 시각 공유, 협동 학습, 동료와의 협력, 그리고 공유된 작업에 관한 대화에 초점을 두고 있는 프로세스를 계획적으로 사용할 때 위에 명시된 대화 차원에서 교사 사고의 발달이 촉진된다. 2년간의 프로그램을 통하여 상호적 사고능력은 향후 교사들이 리더십 수행에 따라 직면하는 주제와 요구가 가지고 있는 다양한 관점을 구별하고 균형 잡을 수 있도록 도와줄 것이다.

사고의 변혁은 오늘날 교사가 직면하는 도전을 극복하는 데 필요한 교사 사고의 상당한 발전을 요구한다. 다양한 수준의 대화, 상호의존적 문제해결, 지속적인 탐구를 사용한다는 것은 리더십 행동의 주요 문제에 대한 교사들의 사고능력이 발달했다는 것을 의미한다. 연구에서는 의미 있는 발달은 지속적인 수준으로 유효한 범위의 신중한 상호작용을 필요로 한다는 구성주의의 전제를 일관적으로 보여준다. 연구자들은 교사 연구와 협동적인 문제 해결이 직업적 교사 발달과 공유된 학교 의사결정에서 확장되고 규범적인 역할을 할 만하다고 하였다.

하지만, 여전히 교사들이 리더십을 맥락화하는 방식을 완벽히 이해하기 위해선 많은 연구가 필요하다. 우리는 연구에서 관측된 변혁적인 생각의 전환을 가져오는 데 필요한 시간을 알아낼 필요가 있다. 또 다른 우려는 사고의 변화에 있어서의 개인의 다양성에 관한 문제이다. 이는 가장 효율적으로 교사와 리더의 사고를 촉진하기 위해 학습되어야 할 것이 많이 남음을 말해준다. 그럼에도 불구하고 교사들은 현실문제를 해결하는 데 있어 동료 교사 및 이해관계자들과 끊임없이 상호작용해야 한다. 이 때 탐구 및 연구에 기반한 의사결정 방식은 교육 개혁을 지속하는 데 중요한 역할을 한다.

그러므로 구성주의 리더십은 학교에 진정한 변화를 가져오는 유효한 길처럼 보인다. 이는 학교 환경의 실제적이고 현실적인 것에 초점을 두었기 때문이다. 구성주의는 학교의 지식이나 변화가 밖에서 오는 것이 아니라고 가르쳐준다. 그 대신 학교의 독특한 문제를 아는 이해당사자들에 의해 기관 안에서 싹이 나도록 해야 한다. 또한 구성주의 리더십은 누구도 지식을 독점하지 말아야 한다는 점을 견지하고, 모든 학교의 이해당사자들이 실제적인 지속가능한 변화를 가져오기 위해 힘을 합쳐야만 한다.

토의 문제

1. Bodner 외에 의해 정의된 구성주의는 개인의 "활동적이고, 지속적인 그들 자신의 실제적 의미와 이해를 구성하는 것"을 견지한다. 이 장에서 전개한 논거에 따르면, 구성주의는 교수 방법론과 학교 리더십에 어떠한 영향을 가져올 것인가?
2. 사회적 구성주의, 공식적 지식, 교수 문제, 표현 방식에 따라 생산된 역사적, 문화적 환경이 영향을 받는다고 한다. 문학, 지질학, 음악과 같이 당신이 배운 과목 영역을 고르고, 그것이 가르쳐졌을 때의 역사적, 문화적 환경이 과목에 어떠한 영향을 주었는지 최소 세 가지 방법을 기술하시오.
3. 이 장에 서술된 Claremont 연구에서 어떠한 관계가 소개되었는가? 어떤 관계의 힘이 연구 참가자들 사이에 퍼져있었는가?
4. 피드백 도구들은 구성주의 리더십의 정보 흐름을 유지하는 데 필수적이다. 당신은 어떤 피드백 도구들을 학교 환경에서 경험하였는가? 어떤 것이 가장 효과적이었는가? 어떤 것이 가장 덜 효과적이었는가? 왜 그러한가?
5. 도입부에서, 학교 위원회는 대화의 흐름을 제공하는 몇 개의 효과적인 피드백 도구를 제공해주었다. Riley 교장의 학교 교사가 더욱 편안하게 정보 공유를 할 수 있게 해줄지도 모르는 두 개의 피드백 도구를 개발하시오.

활동 주제

1. 학교 환경에 적용된 구성주의 이론에서, 리더들은 "고정된 독립체"로서 추종자의 역할에 대한 생각을 멈추는 대신, "상호연결된 관계"로서 그들을 인지하여야 한다. 당신의 현재 학교와, 당신이 다녔던 학교의 이해당사자의 지배계급 표를 만드시오. 그리고 그것을 다시 그리고 색이나 다른 시각적 글씨를 사용하여 다양한 집단 사이의 상호 연관성을 표현하시오.
2. Lambert 외에 따르면 지속가능한 변화를 만들기 위해서 교사들은 공통된 목표에 따라 공유된 시각, 대화, 그리고 공유된 학습을 포함한 수행 과정에 참여해야 한다. 한 명 혹은 다른 교실 구성원들과 함께, 지속가능성을 명심하고, 그러한 과정들을 기획해보시오.

추천 문헌

Galloway, C. (2007). *Vygotsky's constructivism.* Retrieved from http://projects.coe.uga.edu/epltt/index.php?title=Vygotsky's_constructivism

Lambert, L. (2009). Constructivist leadership. In B. Davis (Ed.), *The essentials of school leadership.* London: Sage.

Northhouse, P. G. (2007). *Leadership: Theory and practice* (4th ed.). Thousand Oaks: Sage Publication, Inc.

Sergiovanni, T. J. (2009). *The principalship: A reflective practice perspective.* Boston, MA: Allen & Bacon.

참고문헌

제1장 변혁적 리더십: 리더십 전략계의 불변의 리더십

Aarons, G. A. (2006). Transformational and transactional leadership: Association with attitudes toward evidence-based practice. *Psychiatric Services, 57*(8), 1162-1169.

Avey, J. B., Hughes, L. W., Norman, S. M., & Luthans, K. W. (2008). Using positivity, transformational leadership and empowerment to combat employee negativity. *Leadership and Organization Development Journal, 29*(2), 110-126.

Avolio, B. J., Bass, B. M. & Jung, D. I. (1999). Re-examining the components of transformational and transactional leadership using the Multifactor Leadership Questionnaire. *Journal of Occupational and Organizational Psychology, 72*, 441-462.

Barling, J., Weber, T., & Kelloway, E. K. (1996). Effects of transformational leadership training on attitudinal and financial outcomes: A field experiment. *Journal of Applied Psychology, 81*, 827-832.

Bass, B. M. (1985). *Leadership and performance beyond expectations*. New York, NY: Free Press.

Bass, B. M. (2005). *Transformational leadership*. New York, NY: Free Press.

Bass, B. M., & Riggio, J. (2006). *Transformational leadership: Second edition*. New York, NY: Free Press.

Boehnke, K., Bontis, N., DiStefano, J. J., & DiStefano, A. C. (2002). Transformational leadership: An examination of cross-national differences and similarities. *Leadership and Organization Development Journal, 32*, 244-298.

Bono, J. E., &Judge, T. A. (2003). Self-concordance at work: toward understanding the motivational effects of transformational leaders. *Academy of Management Journal, 46*, 554-571.

Clements, C., & Washbush, J. B. (1999). The two faces of leadership: considering the dark side of leader-follower dynamics. *Journal of Workplace Learning, 11*(5), 170-176.

Conger, J. A. (1990). The dark side of leadership, *Organizational Dynamics, 4*, 44-45.

Crossley, C. D., Bennett, R. J., Jex, S. M., & Burnfield, J. L. (2007). Development of a global measure of job embeddedness and integration into a traditional model of voluntary turnover. *Journal of Applied Psychology, 92*, 1031-1042.

Dvir, T., Eden, D., Avolio, J. B., & Shamir, B. (2002). Impact of transformational lead-

ership on follower development and performance: A field experiment. *The Academy of Management Journal, 45*(4), 735-744.
Gramling, J. (2010). African centered education initiative at the Madison Metropolitan School District: Culturally relevant education for all. *Capital City Hues, 5*, 22.
Hackman, J. R., & Oldham, G. R. (1980). *Work redesign*. Reading, MA: Addison-Wesley.
Judge, T. A., & llies, R. (2004). Affect and job satisfaction: a study of their relationship at work and at home. *Journal of Applied Psychology, 89*, 661-673.
Judge, T. A. & Piccolo, R. F. (2004). Transformational and transactional leadership: A metaanalytic test of their relative validity. *Journal of Applied Psychology, 89*, 755-768.
Khunert, K. W., & Lewis, P. (1987). Transactional and transformational leadership: A constructive/developmental analysis. *The Academy of Management Review, 12*, 648-656.
Northouse, P. (2009). *Introduction to leadership: Concepts and practice*. Thousand Oaks, CA: Sage.
Piccolo, R. F., & Colquitt, J. A. (2006). Transformational leadership and job behaviors: The mediating role of core job characteristics. *Academy of Management Journal, 49*, 327-340.
Russell, R. F., & Stone, A. G. (2002). A review of servant leadership attributes: Developing a practical model. *Leadership and Organization Development Journal, 23*, 145.
Sergiovanni, T. (1984). Leadership and excellence in schooling. *Educational Leadership, 7*, 4-3.
Smircich, L., & Morgan, G. (1982). Leadership: The management of meaning. *Journal of Applied Behavioral Science, 18*, 257-273.
Spreitzer, G., & Mishra, A. (2002). To stay or go: Voluntary survivor turnover following an organizational downsizing. *Journal of Organizational Behavior, 23*, 707-729.
Yukl, G. (2009). Leading organizational learning: Reflections on theory and research. *The Leadership Quarterly, 20*, 49-53.

제2장 교수 리더십: 교수-학습 향상을 위한 촉매자

Andrews, R., & Soder, F. (1987). Principal instructional leadership and school achievement. *Instructional Leadership, 44*, 9-11.
Antonakis, J., Cianciolo, A. T., & Steinberg, R. J. (2004). *The nature of leadership*. Thousand Oaks, CA: Sage Publications.
Bayne, R. (2005). *Ideas and evidence: Critical reflections on MBTI theory and practice*. Gainesville, FL: Center for the Applications of Psychological Type.
Beatty, B. (2007, November). Going through the emotions: Leadership that gets to the heart of school renewal. *Australian Journal of Education, 51*, 328-340.
Bernhardt, V. (1998). *Data analysis for comprehensive schoolwide improvement*. Larchmont, NY: Eye on Education.
Blash, J., & Blasé, J. (2004). *Handbook of instructional leadership: How successful principals promote teaching and learning* (2nd ed.). Thousand Oaks, CA: Corwin Press.
Bolman, L. G., & Deal, T. E. (2003). *Refraining organizations: Artistry, choice, and*

leadership. San Francisco, CA: Jossey-Bass.

Brewer, D. J. (1993). Principals and student outcomes: Evidence from U.S. High Schools, *Economics of Education Review, 12*(4), 281-292.

Bryk, A. S., & Schneider, B. (2002). *Trust in schools: A core resource for improvement*. New York: Russell Sage Foundation.

Burch, P. E. (2005). The new educational privatization: Educational contracting and high stakes accountability. *Teachers College Record*. Retrieved from www.tcrecord.org/content.asp?contentid=12259

Burns, J. M. (1978). *Leadership*. New York: Harper & Row.

Copland, M. A. (2003). Leadership of inquiry: Building and sustaining capacity for school improvement. *Educational Evaluation and Policy Analysis, 25*(4), 375-395.

Cuban, L. (1984). Transforming the frog into a prince: Effective schools research, policy, and practice at the district level. *Harvard Educational Review, 54*(2), 129-151.

Cuban, L. (1988). *The managerial imperative and the practice of leadership in schools*. Albany, NY: State University of New York Press.

Drago-Severson, E. (2007). Helping teachers learn: Principals as professional development leaders. *Teachers College Record, 109*(1), 70-125.

Dwyer, D. C. (1986). Understanding the principal's contribution to instruction. *Peabody Journal of Education, 63*(1), 3-18.

Dwyer, D. (2007). Understanding the principal's contribution to instruction. *Peabody Journal of Education, 63*(1), 3-18.

Edmonds, R. (1979). Effective schools for the urban poor. *Educational Leadership, 37*, 15-24.

Etzioni, A. (1988). *The moral dimension: Towards a new economics*. New York: The Free Press.

Firestone, W. A., & Shipps, D. (2005). How do leaders interpret conflicting accountabilities to improve student learning? In W. A. Firestone & C. Riehl (Eds.), *A new agenda for research in educational leadership* (pp. 81-100). New York: Teachers College Press.

Friedkin, N. E., & Slater, M. R. (1994). School leadership and performance: A social network approach. *Sociology of Education, 67*(2), 139-157.

Fullan, M. (2007). *The new meaning of educational change* (4th ed.). New York: Teachers College Press.

Gewertz,. C. (2003, January, 8). N.Y.C. Chancellor Aims to Bolster Instructional Leadership. *Education Week, 22*(7), 12-15.

Hallinger, P. (2003). School leadership development: Global challenges and opportunities. In P. Hallinger (Ed.), *Reshaping the landscape of school leadership development: A global perspective* (pp. 45-78). Lisse, Netherlands: Swets & Zeitlinger.

Hallinger, P. (2005). Instructional leadership and the school principal: A passing fancy that refuses to fade away. *Leadership and Policy in Schools, 4*, 221-239.

Hallinger, P. H., & Heck, R. H. (1996a). Reassessing the principal's role in school effectiveness: A review of the empirical research, 1980-1995. *Educational Administration Quarterly, 32*(1), 5-44.

Hallinger, P., & Heck, R. (1996b). The principal's role in school effectiveness: A review of methodological issues, 1980-95. In K. Leithwood et al. (Eds.), *The international handbook of educational leadership and administration* (pp. 723-784). Dordrecht, Netherlands: Kluwer.

Hallinger, P., & Murphy, J. (1985). What's effective for whom? School context and student achievement. *Planning and Changing, 16*(3), 152-160.

Hallinger, P., & Murphy, J. (1986). The social context of effective schools. *American Journal of Education, 94*(3), 328-355.

Hallinger, P., & Wimpelberg, R. (1992). New settings and changing norms for principal development. *The Urban Review, 67*(4), 1-22.

Halverson, R., Grigg, J., Prichett, R., & Thomas, C. (2006). The new instructional leadership: Creating data-driven instructional systems in schools. *Journal of School Leadership, 64*, 284-98.

Halverson, R., Grigg, J., Prichett, R., & Thomas, C. (2007). The new instructional leadership: Creating data-driven instructional systems in school. *Journal of School Leadership, 17*(2), 159-194.

Heck, R. H., & Hallinger, P. (2005). The study of educational leadership and management: Where does the field stand today? *Educational Management Administration & Leadership, 33*(2), 229-244.

Hogan, R. (2004). Personality Psychology for Organizational Researchers. In B. Schneider & D. B. Smith (Eds.), *Personality and organizations* (pp. 3-23). Mahwah, New-Jersey: Lawrence Erlbaum Associates.

Holcomb, E. L. (1999). *Getting excited about data: How to combine people, passion, and proof.* Thousand Oaks, CA: Corwin Press.

Johnson, J. R. (2002). Research and the MBTI. *Bulletin of Psychological Type, 25*, 28-29.

Kise, J. A. G., & Russell, B. (2008). *Differentiated school leadership: Effective collaboration, communication, and change through personality type*. Thousand Oaks, CA: Corwin Press.

Leithwood, K., & Jantzi, D. (2005, September). A review of transformational school leadership research 1996-2005. *Leadership and Policy in Schools, 4*(3), 177-199.

Leithwood, K., & Montgomery, D. (1982). The role of the elementary principal in program improvement. *Review of Educational Research, 52*(3), 309-339.

Leithwood, K., Begley, P., & Cousins, B. (1990). The nature, causes and consequences of principals' practices: An agenda for future research. *Journal of Educational Administration, 28*(4), 5-31.

Leithwood, K., Harris, A., & Hopkins, D. (2008, February). Seven strong claims about successful school leadership. *School Leadership & Management, 28*(1), 27-174.

Love, N. (2002). *Using data/getting results: A practical guide for school improvement in mathematics and science*. Norwood, MA: Christopher-Gordon.

Macdaid, G. P., McCaulley, M. H., & Kainz, R. I. (2007). *Myers-Briggs type indicator (R) atlas of type tables* (Sixth ed.). Gainesville, FL: Center for Applications of Psychological Type (Original work published 1986) 175.

Marks, H., & Printy, S. (1992). Principal leadership and school performance: An integration of transformation and instructional leadership. *Educational Administration Quarterly, 9*(1), 45-56.

Marsh, D. (1992). School principals as instructional leaders: The impact of the California School Leadership Academy. *Education and Urban Society, 24*(3), 386-410.

Marshall, K. (1996). How I confronted HSPS (Hyperactive Superficial Principal Syndrome). *Phi Delta Kappan, 77*(5), 336-345.

Meier, S. R. (2010). *An investigation into the relationship between instructional leader-*

ship practices prefrrences and personality. New York: University of Rochester Press.

Murphy, J., & Shipman, N. (2003). Developing standards for school leadership development: A process and rationale. In P. Hallinger (Ed.), *Reshaping the landscape of school leadership development: A global perspective* (pp. 23-41). Lisse, Netherlands: Swets & Zeitlinger.

Ozer, D. J., & Benet-Martínez, V. (2006, January). Personality and the prediction of consequential outcomes. *Annual Review of Psychology, 57*, 401-421. doi:10.1146/annurev.psych.57.102904.190127

Purkey, S., & Smith, M. (1983). Effective schools: A review. *Elementary School Journal, 83*, 427-452.

Reeves, D. B. (2006). *The learning leader: How to focus school improvement for better results*. Alexandria, Virginia: Association for Supervision and Curriculum Development.

Reynolds, D. (2006). World class schools: Some methodological and substantive findings and implications of the International School Effectiveness Research Project (ISERP). *Educational Research and Evaluation, 12*(6), 535-560.

Rowe, W. G. (2007). *Cases in leadership*. Thousand Oaks, CA: Sage Publications.

Stein, M. K., & Spillane, J. (2005). What can researchers on educational leadership learn from research on teaching? Building a bridge. In W. A. Firestone & C. Riehl (Eds.), *A new agenda for research in educational leadership*. Columbia University: Teachers College.

Steinberg, R. J. (2002). Successful intelligence: A new approach to leadership. In R. E. Riggio, S. E. Murphy, & F. J. Pirozzolo (Eds.), *Multiple intelligences and leadership* (pp. 9-28). Mahwah, NJ: Lawrence Erlbaum.

Weick, K. (1982). Administering education in loosely coupled schools. *Phi Beta Kappan, 63*(10), 673-676.

Wilson, M. (Ed.). (2004). *Towards coherence between classroom assessment and accountability*. Chicago: University of Chicago Press.

제3장 분산적 리더십: 공유된 지배구조에 대한 인간주의적 접근

Alvesson, M., & Thompson, P. (2005). Post-bureaucracy? In *The Oxford handbook of work and organization*. Oxford: Oxford University Press.

Avolio, B. J., Kahai, S., Dumdum, R., & Sivasubramaniam, N. (2001). Virtual teams: Implications for e-leadership and team development. In M. London (Ed.), *How People Evaluate Others in Organizations* (pp. 337-358). Mahwah, NJ: Erlbaum.

Bennett, N., Wise, C., Woods, P., & Harvey, J. (2003). *Distributed Leadership: full report*. Nottingham: NCSL.

Camburn, E., Rowan, B., & Taylor, J. E. (2003). Distributed leadership in schools: the case of elementary schools adopting comprehensive school reform models. *Educational Evaluation and Policy Analysis, 25*(4), 347-373.

Copland, M. A. (2003). Leadership of inquiry: building and sustaining capacity for school improvement. *Educational Evaluation and Policy Analysis, 25*(4), 375-395.

Day, C. & Harris, A. (2002). Teacher leadership, reflective practice, and school improvement. In K. Leithwood and P. Hallinger (Eds), *Second International Handbook of Educational Leadership and Administration* (pp. 957-977). Dordrecht, The Netherlands: Kluwer.

Dean, D. R. (2006). Thinking globally: The National College of School Leadership. A case study in distributed leadership development, *Journal of Research on Leadership Education, 1*(2).

Elmore, R. F. (2002). *Bridging a new structure for school leadership*. Washington, DC: Albert Shanker Institute. Retrieved from www.shankerinstitute.org/education

Engeström, Y. (2001). Expansive learning at work: Toward an activity theoretical reconcep? tualisation. *Journal of Education and Work, 41*(1), 133-156.

English, F. (2006). The unintended consequences of a standardised knowledge base in advancing educational leadership preparation. *Educational Administration Quarterly, 42*(3), 461-472.

Etzioni, A. (1965). Dual leadership in complex organizations, *American Sociological Review, 30*(5), 688-698.

Fay, B. (1987). *Critical social science: Liberation and its limits*. Cambridge, MA: Polity.

Friedkin, N. E., & Slater, M. S. (1994). School leadership and performance: A social network approach. *Sociology of Education, 67*, 139-157.

Goldstein, J. (2003). Making sense of distributed leadership: The case of peer assistance and review. *Educational Evaluation and Policy Analysis, 25*(4). Retrieved from www.jstor.org/stable/3699584

Gordon, R. D. (2002). Conceptualizing leadership with respect to its historical-contextual antecedents to power. *Leadership Quarterly, 13*(2), 151-167.

Grace, G. (2000). Research and the challenges of contemporary school leadership: the contribution of critical scholarship. *British Journal of Educational Studies, 48*(3), 231-247.

Gronn, P. (2000). Distributed properties: a new architecture for leadership. *Educational Management and Administration, 28*(3), 317-338.

Gronn P, & Rawlings-Sanaei, F. (2003) Principal recruitment in a climate of leadership disengagement. *Australian Journal of Education, 47*(2), 172-184.

Harris, A. (2005). Distributed leadership. In B. Davies(Ed.), *The essentials of school leadership*, London: Paul Chapman.

Hartley, D. (2007). The emergence of distributed leadership in education: Why now? *British Journal of Educational Studies, 55*(2), 202-214.

Hatcher, R. (2005). The distribution of leadership and power in schools. *British Journal of Sociology of Education, 26*(2), 253-267.

Hosking, D. M. (1988). Organizing, leadership and skilful process. *Journal of Management Studies, 25*(2), 147-166.

Hosking, D. M. (1991). Organization and organizing. In M. Smith (Ed.), *Analysing organizational behaviour* (pp. 56-76). Aldershot: Macmillan.

Ingvarson, L., Anderson, M., Gronn, P., & Jackson, A. (2006). *Standards for school leadership: A critical review of literature*. Acton: Australian Institute for Teaching and School Leadership.

Kempster, S. (2009). *How managers have learnt to lead: Exploring the development of leadership practice*. Basingstoke, UK: Palgrave MacMillan.

Kempster, S., Cope, J., & Parry, K. (2010). *Dimensions of distributed leadership in the SME context*. Carlisle: University of Cumbria.

Kouzes, J. M., & Posner, B. Z. (1993). *Credibility: How leaders gain and lose it, why people demand it*. San Francisco: Jossey-Bass.

Leadbeater, C. (2004). *Personalisation through participation: A new script for public service*. London: DEMOS.

Leithwood, K., & Levin, B. (2005). *Assessing school leader and leadership programme effects on pupil learning (Report No. RR662)*. London, UK: Department for Education and Skills.

Leithwood, K., & Riehl, C. (2005). What we know about successful school leadership. In W. Firestone and C. Riehl (Eds.), *A new agenda: Directions for research on educational leadership* (pp. 12-27). New York: Teachers College Press.

Leithwood, K., Day, C., Sammons, P., Harris, A., & Hopkins, D. (2006). *Seven strong claims about successful school leadership*. Nottingham: NCSL/DfES.

Levacic, R. (2005). Educational leadership as a causal factor: Methodological issues in research on leadership "effects." *Educational Management Administ ration and Leadership, 33*(2), 197-210.

MacBeath, J. (2005). Leadership as distributed: a matter of practice, *School Leadership and Management, 25*(4), 349-366.

Manz, C. C., & Sims, H. P., Jr. (1991). Super Leadership: Beyond the myth of heroic leadership. *Organ. Dynamics, 19*(4): 18-35.

Ogawa, R. T. (2005). Leadership as a social construct: the expression of human agency within organizational constraint. *The Sage Handbook of Educational Leadership: Advances in Theory, Research and Practice*. Thousand Oaks: Sage.

O' Hair, M. J., & Bastian, K. (1993, October). Physiological measures of principal vocal stress in urban settings. Paper presented at the University Council of Educational Administration, Houston.

Page, B. (2006). *Issues to Consider: Social Demographic and Organizational Trends*. London: Ipsos MORI Social Research Institute.

Parry, K. W., & Bryman, A. (2006). Leadership in organizations. In S. Clegg, C. Hardy, T. Lawrence and W. Nord (Eds), *Sage handbook of organization studies*. Thousand Oaks, CA: Sage.

Pricewaterhouse-Coopers (2007). *Independent Study into School Leadership*. Available online:www.dfes.gov.uk/research/data/uploadfiles/RR818A.pdf

Robinson, V. M. (2008). Forging the links between distributed leadership and educational outcomes. *Journal of Educational Administration, 46*(2), 241-256.

Sergiovanni, T. J. (1984). Leadership as cultural expression. In T. J. Sergiovanni and J. E. Corbally (Eds.), *Leadership and Organizational Culture: New Perspectives on Educational Theory and Practice* (pp. 105-184). Urbana, IL; University of Illinois Press.

Sergiovanni, T. J. (1993). *Moral leadership*. San Francisco: Jossey-Bass.

Sims Jr., H. P. & Lorenzi, P. (1992). *The new leadership paradigm*. Newbury Park, CA: Sage Publications.

Spillane, J. P. (2006). *Distributed leadership*. San Francisco: Jossey-Bass.

Spillane, J., Camburn, E., & Pareja, A. (2007). Taking a distributed perspective to the school principal's work day. *Leadership and Policy in Schools, 6*(1), 103-125.

Spillane, J. P., Halverson, R., & Diamond, J. B. (2004). Towards a theory of leadership practice: a distributed perspective. *Journal of Curriculum Studies, 36*(1), 3-34.

Spillane, J. P., Reiser, B. J., & Reimer, T. (2002). Policy implementation and cognition: refraining and refocusing implementation research. *Review of Educational Research, 72*(3), 387-431.

Storey, A. (2004). The problem of distributed leadership in schools. *School Leadershzp and Management, 24*(3), 249-265.

Tabberer, R. (2005). People development. Presentation to the TDA Stakeholder 2005 Day, 17 October. London: TDA.

Thorpe, R., Gold, J., Anderson, L, Burgoyne, J. C., Wilkinson, D., & Malby, B. (2008). *Towards 'leaderful' communities in the north of England.* Cork, UK: Oak Tree Press.

Timperley, H. S. (2005). Distributed leadership: Developing theory from practice. *Journal of Curriculum Studies, 37*(4), 395-420.

Timperley, H. & Alton-Lee, A. (2008). Refraining teacher professional learning: An alternative policy approach to strengthening valued outcomes for diverse learners. In G. Kelly, A. Luke & J. Green (Eds), *Disciplines, knowledge and pedagogy. Review of Research in Education* (pp. 32-45). Washington DC: Sage Publications.

Uhl-Bien, M. (2006). Relational leadership theory: Exploring the social processes of leadership and organizing. *The Leadership Quarterly, 17*(6), 654-676.

Woods, P. A. (2004). Democratic leadership: drawing distinctions with distributed leadership. *International Journal of Leadership in Education, 7*(1), 3-26A.

Yukl, G. (1994). *Leadership in organizations* (3rd ed.). Englewood Cliffs, NJ: Prentice-Hall.

제4장 윤리적 리더십: 당신의 도덕적 나침반을 사용하여 배를 저어라

Beckner, W. (2004). *Ethics for educational leaders.* Boston: Pearson Education.

Benninga, J. S. (2003). Moral and ethical issues in teacher education. ERIC Clearinghouse on Teaching and Teacher Education. Retrieved from www.ericdigests.org/2004-4/moral.htm

Board of Education vs. Rowley, 458 U.S. 176 (1982).

Bolman, L. G., & Deal, T. (2003). *Refraining organizations,* 3rd ed. San Francisco: Jossey-Bass.

Crockett, J. B. (2005). IEPs, Least Restrictive Environment, and placement. In Lane, K. E., Connelly, M. J., Mead, J. F., Gooden, M. A., & Eckes, S. (Eds.), *The principal's legal handbook* (pp. 197-223). Dayton, OH: Education Law Association.

Fullan, M. (2003). *The moral imperative of school leadership.* Thousand Oaks, CA.

Ghere, G. S., Montie, J., Sommers, W. A., & York-Barr, J. (2006). *Reflective practice to improve schools: An action guide for educators.* Thousand Oaks, CA: Corwin Press.

Heck, R. H., & Hallinger, P. (2005). The study of educational leadership and management: Where does the field stand today? *Educational Management Administration and Leadership, 33*(2), 229-244.

Harvard, A. (2010). *Virtuous Leadership—An agenda for personal excellence.* New York: Sage.

Hinman, L. M. (2003). *Ethics: A pluralistic approach to moral theory.* Belmont, CA: Wadsworth.

Ilgenfritz, R. (2010). Suit: Lower Merion schools spied on students via laptops. *Delaware County Daily Times.* Retrieved from www.delcotimes.com/articles/2010/02/18/news/doc4b7d83e268b47504369176.txt

Josephson Institute of Ethics (2006). *The seven-step path to better decisions.* Retrieved from www.josephsoninstitute.org/MED/MED-4sevensteppath.htm

Kant, I. (1785). *The groundwork of the metaphysics of morals*. New York: Routledge Classics.

Lashley, C. (2007). Principal leadership for special education: An ethical framework. *Exceptionality, 15*(3), 177-187.

Maesschalck, J. (2004). The impact of new public management reforms on public servants' ethics: Towards a theory. *Public Administration, 82*(2), 465-489.

Martin, J. P. (2010). Lower Merion district's laptop saga ends with $610,000 settlement. *The Philadelphia Inquirer*. Retrieved from http://articles.philly.com/2010-10-12/news/24981536_1_laptop-students-district-several-million-dollars

McLaughlin, M., & Nolet, V. (2004). *What every principal needs to know about special education*. Thousand Oaks, CA: Corwin Press.

Patton, M. C. (2008). Principles for principals: Using the realms of meaning to practice ethical leadership—national recommendations. *National Forum of Applied Educational Research Journal, 21*(3).

Pops, G. (2006). The ethical leadership of George C. Marshall. *Public Integrity, 8*(2), 165-185.

Rachels, J. (2007). *The elements of moral philosophy*. New York: McGraw-Hill.

Reilly, A. (2006). *From the tangible to the intangible: An experiential exercise for learning about organizational culture*. 20th Annual Mid-Atlantic Organizational Behavior Teaching Conference, LaSalle University, Philadelphia, Pennsylvania.

Reinhartz, J., & Beach, D. M. (2004). Educational leadership: Changing school. *Leadership and Policy in Schools, 4*, 177-199.

Robinson, D. A. & Harvey, M. (2008). Global leadership in a culturally diverse world. *Business papers*. Retrieved from: http://works.bepress.com/david_robinson/22

Santa Clara University, Markkula Center for Applied Ethics (2006). *A framework for thinking ethically*. Retrieved from www.scu.edu/ethics/practicing/decision/framework.html

Savra, J. (2007). *The ethi cs primerfor public administrators in government and nonprofit organizations*. Sudbury, MA: Jones and Bartlett Publishers.

Shapiro, J. P., & Stefkovich, J. A. (2005). *Ethical leadership and decision making in education: Applying theoretical perspectives to complex dilemmas* (2nd ed.). Mahwah, NJ: Erlbaum.

Singer, P. (2006). "What Should a Billionaire Give and What Should You?" *New York Times*.

Vance, N. R., & Trani, V. B. (2008). The ethical grounding to 21st Century public leadership. *International Journal of Organizational Theory and Behavior, 11*(3), 371-383.

제5장 감성적 리더십: 마음을 다해 이끌어라

Ackerman, R., & Maslin-Ostrowski, P. (2004). The wounded leader and emotional learning in the schoolhouse. *School Leadership and Management, 24*(3).

Anderson, R., Greene, M., & Loewen, P. (1988). Relationships among teachers' and students' thinking skills, sense of efficacy, and student achievement, *Alberta Journal of Educational Research 34*(2): 145-165.

Ashkanasy, N. M., & Dasborough, M. T. (2003). Emotional awareness and emotional intelligence in leadership teaching. *Journal of Education for Business, 79*, 18-22.

Barbuto, J. E., & Burbach, M. E. (2006). The emotional intelligence of transformational leaders: A field study of elected officials. *The Journal of Social Psychology, 146*(1), 51-64.

Barchard, K. A. (2003). Does emotional intelligence assist in prediction of academic success? *Educational and Psychological Measurement, 63*(5), 840-858.

Bardzill, P., & Slaski, M. (2003). Emotional intelligence: Fundamental competencies for enhanced service provision. *Managing Service Quality, 13*(2), 97-104.

Barling, J., Slater, F., & Kelloway, E. K. (2000). Transformational leadership and emotional intelligence: An exploratory study. *Leadership and Organization Development Journal, 21*(3), 157-161.

Beatty, B. (2000). Teachers leading their own professional growth: Self-directed reflection and collaboration and changes in perception of self and working secondary schoolteachers. *Journal of In-Service Education, 26*(1), 3-97.

Beatty, B. (2002a). *Emotion Matters in Educational Leadership: Examining the unexamined* (Unpublished doctoral dissertation). Ontario Institute for Studies in Education, University of Toronto, Ontario.

Beatty, B. (2002b, April) *Emotional Epistemologies and Educational Leadership: A conceptual framework*. Paper presented at the American Educational Research Association, New Orleans, (ED468293).

Beatty, B. (2005). Emotional leadership, in B. Davies (ed.), *The essentials of school leadership*. Thousand Oaks, CA: Sage, 122-144.

Beatty, B. (2007a). Feeling the future of school leadership: Learning to lead with the emotions in mind. *Leading and Managing, 13*(2): 44-65.

Beatty, B. (2007b). Going through the emotions: Leadership that gets to the heart of school renewal. *Australian Journal of Education, 51*(3): 328-340.

Beatty, B., & Brew, C. (2004). Trusting relationships and emotional epistemologies: A foundational leadership issue. *School Leadership and Management, 24*(3): 329-356.

Beatty, B. & Brew, C. (2005) Measuring student sense of connectedness with school. The development of an instrument for use in secondary schools. *Leading and Managing, 11*(2), 103-118.

Blasé, J. J., & Greenfield, W. (1985). How teachers cope with stress: How administrators can help. *The Canadian Administrator, 25*(2): 1-5.

Bono, J. E., & Ilies, R. (2006). Charisma, positive emotions, and mood contagion. *Leadership Quarterly, 17*, 317-334.

Brown, K. D. (2005). *Relationship between emotional intelligence of leaders and motivational behavior of employees*. D. M. dissertation, University of Phoenix, United States—Arizona. Retrieved from Dissertations & Theses: A & I. (Publication No. AAT 3183509).

Brown, F. W., Bryant, S. E., & Reilly, M. D. (2006). Does emotional intelligence-as measured by the EQI—influence transformational leadership and/or desirable outcomes? *Leadership and Organizational Development Journal, 27*(5), 330-351.

Byrne, B. M. (1991). Burnout: Investigating the impact of background variables for elementary, intermediate, secondary, and university educators. *Teaching and Teacher Education, 7*(2): 197-209.

Caruso, D., Mayer, J., & Salovey, P. (2002). Relation of an ability measure of emotional intelligence to personality. *Journal of Personality Assessment, 79*(2), 306-320.

Coetzee, C., & Schaap, P. (2004). The relationship between leadership styles and emotional intelligence. Paper presented at the 6th Annual Conference of the Society of Industrial and Organizational Psychology.

Costanzo, M. (1992). Training students to decode verbal and nonverbal cues: Effects on confidence and performance. *Journal of Educational Psychology, 84*, 308-313.

Costanzo, M., & Archer, D. (1989). Interpreting the expressive behavior of others: The Interpersonal Perception Task. *Journal of Nonverbal Behavior, 13*, 225-245.

Day, C., & Leithwood, K. (2007). *Successful principal leadership in times of change: An international perspective*. Dordrecht: Springer, 189-203.

Denzin, N. (1984). *On understanding emotion*. San Francisco, CA: Jossey-Bass.

Dibbon, D. (2004). *It's about time: A report on the impact of workload on teachers and students*. St John's: Memorial University of Newfoundland.

Downey, L. A., Papageorgiou, V., & Stough, C. (2006). Examining the relationship between leadership, emotional intelligence and intuition in senior female managers. *Leadership and Organization Development Journal, 27*(4), 250.

Dulewicz, V., & Higgs, M. (2003). Leadership at the top: The need for emotional intelligence in organizations. *The International Journal of Organizational Analysis, 11*(3), 193-210.

Dworkin, A. G. (1987). *Teacher burnout in the public schools: Structural causes and consequences for children*. Albany: State University of New York Press.

Dworkin, A. G. (1997). Coping with reform: The intermix of teacher morale, teacher burnout, and teacher accountability, in B. J. Biddle, T. L. Good, & I. F. Goodson. *International Handbook of Teachers and Teaching*. Dordrecht: Kluwer, 459-498.

Ekman, P., & Friesen, W. V. (1974). Detecting deception from the body or face. *Journal of Personality and Social Psychology, 29*(3), 288-298.

Ekman, P., & O'Sullivan, M. (1991). Facial expression: Methods, means, and modes. In: R. S. Feldman & B. Rime (Eds.), *Fundamentals of nonverbal behavior* (pp. 163-199). Cambridge, NY: Cambridge University Press.

Elfenbein, H. A. & Ambady, N. (2002). Predicting workplace outcomes from the ability to eavesdrop on feelings. *Journal of Applied Psychology, 87*, 963-971.

Esselman, M., & Moore, W. (April, 1992). *In search of organizational variables which can be altered to promote an increased sense of teacher efficacy*. Paper presented at the annual meeting of the American Educational Research Association, San Francisco, CA.

Farber, B., & Miller, J. (1981). Teacher burnout: A psycho-educational perspective. *Teachers College Record, 83*(2): 235-243.

Friedman, E. H. (1985). *Generation to generation*. New York: The Guilford Press.

Gardner, L., & Stough, C. (2002). Examining the relationship between leadership and emotional intelligence in senior level managers. *Leadership and Organizational Development Journal, 23*(2), 68-78.

Gecas, V., & Schwalbe, M. L. (1983). Beyond the looking-glass self: Social structure and selfefficacy based self-esteem. *Social Psychology Quarterly, 46*(2): 77-88.

Goddard, R. D., & Goddard, Y. L. (2001). A multilevel analysis of the relationship between teacher and collective efficacy in urban schools. *Teaching and Teacher Education, 17*(7): 807-818.

Goleman, D. (1998). *Working with emotional intelligence*. New York: Bantam Books.

Goleman, D., Boyatzis, R., & McKee, A. (2002). *Primal leadership: Realizing the power of emotional intelligence*. Boston: Harvard Business School Press.

Groves, K. (2006). Leader emotional expressivity, visionary leadership, and organizational change. *Leadership and Organization Development Journal, 27*(7), 565-582.

Hackman, J., & Oldham, G. (1975). Development of the job satisfaction survey. *Journal of Applied Psychology, 60*(2): 159-170.

Harvey, A., & Spinney, J. (2000), *Life on & off the job: A time study of Nova Scotia teachers*. Halifax, NS: Saint Mary's University Time-Use Research Program.

Hirsch, E. (2004a). *Listening to the experts: A report on the 2004 South Carolina teacher working conditions survey*. Chapel Hill, NC: The Southeast Center for Teaching Quality.

Hirsch, E. (2004b). *Teacher working conditions are student learning conditions: A report to Governor Mike Easley on the 2004 North Carolina teacher working conditions survey*. Chapel Hill, NC: Southeast Center for Teaching Quality.

Kerr, R., Gavin, J., Heaton, N., & Boyle, E. (2005). Emotional intelligence and leadership effectiveness. *Leadership and Organization Development Journal, 27*(4), 265-279.

Leban, W., & Zulauf, C. (2004). Linking emotional intelligence abilities and transformational leadership styles. *The Leadership and Organization Development Journal, 25*(7), 554-564.

Leithwood, K., & Beatty, B. (2007). *Leading with teacher emotions in mind*. Thousand Oaks, CA: Corwin.

Leithwood, K., & Jantzi, D. (2005). A review of transformational school leadership research: 1996-2005, *Leadership and Policy in Schools, 4*(3): 177-199.

Leithwood, K., & Riehl, C. (2005). What we know about successful school leadership, in W. Firestone & C. Riehl (Eds.), *A new agenda: Directions for research on educational leadership*. New York: Teachers College Press.

Loucks-Horsley, S., Hewson, P. W., Love, N., & Stiles, K. E. (1998). *Designing profrssional development for teachers of science and mathematics*. Thousand Oaks, CA: Corwin Press.

Lubit, R. (2004). The tyranny of toxic managers: Applying emotional intelligence to deal with difficult personalities. In J. Osland, D. Kolb, & I. Rubin (Eds.), *The organizational behavior reader* (8th ed.) (pp. 64-77). New Jersey: Prentice Hall.

Maslach, C., & Jackson, S. E. (1981). A scale measure to assess experienced burnout: The Maslach burnout inventory, *Journal of Occupational Behaviour, 2*(2): 99-113.

Mayer, J., & Salovey, P. (1990). Emotional intelligence. *Imagination, Cognition, and Personality*, 9:185-211.

Mills, L. B. (2009). A meta-analysis of the relationship between emotional intelligence and effective leadership. *Journal of Curriculum and Instruction, 3*(2), 22-38.

Modassir, A., & Singh, T. (2008). Relationship of emotional intelligence with transformational leadership and organizational citizenship behavior. *International Journal of Leadership Studies, 4*(1), 3-21.

Moos, L., Krejsler, J., Kofod, K. K., &Jensen, B. B. (2007). Communicative strategies among successful Danish school principals, in C. Day & K. Leithwood (eds.), *Successful principal leadership: An international perspective*. Dordrecht: Springer.

Naylor, C., & Schaeffer, A. (2003). *Worklife of BC teachers: A compilation of BCTF research reports on working and learning conditions in 2001*. Vancouver, BC: Teachers' Federation.

Nowicki, S., & Duke, M. (1994). Individual differences in the nonverbal communication of affect. *Journal of Nonverbal Behavior, 18*, 9-36.

Nowicki, S. & Duke, M. (2001) Nonverbal receptivity. In J. Hall & F. Bernieri (Eds.) *Current perspectives on research on nonverbal communication* (pp. 183-200). Mahwah, NJ: Erlbaum.

O'Sullivan, M., & Cuilford, J. P. (1976). *Fourfactor tests of social intelligence: Manual of instructions and interpretations*. Orange, CA: Sheridan Psychological Services.

Oatley, K., Keltner, D., & Jenkins, J. M. (2006). *Understanding emotions* (2nd ed.). Malden, MA: Blackwell.

Palmer, B., Walls, M., Burgess, Z., & Stough, C. (2001). Emotional intelligence and effective leadership. *Leadership and Organization Development Journal, 22*(1), 5-10.

Parkay, F., Greenwood, G., Olejnik, S., & Proller, N. (1988). A study of the relationship among teacher efficiency, locus of control, and stress. *Journal of Research and Development in Education, 21*(4): 13-22.

Perez, M., Anand, P., Speroni, C., Parrish, T., Esra, P., Socias, M., & Grubbins, P. (2007). *Successful California schools in the context of educational adequacy*. Washington, DC: American Institutes for Research.

Reichard, R. J. & Riggio, R. E. (2008). An interactive, process model of emotions and leadership. In C. Cooper & N. E. Ashkanasy (Eds.), *Research companion to emotion in organizations*. Northampton, MA: Edward Elgar.

Riggio, R. E. (2008). *Introduction to industrial/organizational psychology* (5th ed.). Upper Saddle River, NJ: Prentice-Hall.

Riggio, R. E., & Carney, D. R. (2003). *Social skills inventory manual* (2nd ed.). Redwood City, CA: Mind Garden.

Riggio, R. E., & Reichard, R. J. (2008). The emotional and social intelligences of effective leadership: An emotional and social skill approach. *Journal of Managerial Psychology, 23*(2), 169-185.

Riggio, R. E., & Riggio, H. R. (2005). Self-report measures of emotional and nonverbal expressiveness. In V. Manusov (Ed.), *The sourcebook of nonverbal measures: Going beyond words* (pp. 105-111). Mahwah, NJ: Erlbaum.

Rinderle-Tessa, A. (1999). When angry "teacher-talk" affects the student's performance. Retrieved from www.eftuniverse.com/index.php?option=com_content&view=article&id=318:when-angry-qteacher-talkq-affects-the-students-performance&catid=9:childrenadolescents&Itemid=235

Rosenthal, R., Hall, J. A., DiMatteo, M. R., Rogers, P. L., & Archer, D. (1979). *Sensitivity to nonverbal communications: The PONS test*. Baltimore, MD: The Johns Hopkins University Press.

Rosete, D., & Ciarrochi, J. (2005). Emotional intelligence and its relationship to workplace performance outcomes of leadership effectiveness. *Leadership and Organization Development Journal, 26*(5), 388-399.

Ross, J. A. (1992). Teacher efficacy and the effect of coaching on student achievement. *Canadian Journal of Education, 17*(1), 51-65.

Rubin, R., Munz, D., & Bommer, W. (2005). Leading from within: The effects of emotion recognition and personality on transformational leadership behavior. *Academy of Management Journal, 48*(5), 845-858.

Salovey, P., & Mayer, J. D. (1990). Emotional intelligence. *Imagination, Cognition, and Personality, 9*, 185-211.

Schulte, M. J. (2002). *Emotional intelligence: A predictive or descriptive construct in ascertaining leadership style or a new name for old knowledge?* (Doctoral dissertation). Retrieved from Dissertations & Theses: A&I.

Sivanathan, N., & Fekken, G. C. (2002). Emotional intelligence, moral reasoning, and transformational leadership. *Leadership Organization Development Journal, 23*(4), 198-204.

Srivastava, K. B., & Bharamanaikar, S. R. (2004). Emotional intelligence and effective leadership behaviour. *Psychological Studies, 49*(2-3), 107-113.

Stacey, R. D. (1996). *Complexity and creativity in organizations*. San Francisco: Berrett Koehler.

Stein, M., & Spillane, J. (2005). What can researchers on educational leadership learn from research on teaching: Building a bridge, in W. Firestone & C. Riehl (eds.), *A new agenda for research in educational leadership*. New York: Teachers College Press: 28-45.

Taylor, D. (2002). *The naked leader*. London, Bantam Books.

Teacher removed from classroom on a stretcher after throwing chairs and tables while pupils taunt him. (2010). Daily Mail. Retrieved from www.dailymail.co.uk/news/articlel3l952l/Teacher-suspended-throwing-tables-pupilstauntNashvilleschool.html

Turner, B. (2004). *Servant leadership. Pastoral forum*. Retrieved from www.pilink.org/downloads/billturner.pdf

Vakola, M, Tsaousis, I., & Nikolaou, I. (2004). The role of emotional intelligence and personality variables on attitudes toward organisational change. *Journal of Managerial Psychology, 19*, 88-110.

Weinberger, L. A. (2003). *An examination of the relationship between emotional intelligence, leadership style, and perceived leadership effrctiveness* (Doctoral dissertation). Retrieved from Dissertations & Theses: A&I.

Welch, J. (2003). The best teams are emotionally literate. *Industrial and Commercial Training, 35*(4), 168-170.

Wong, C., & Law, K. S. (2002). The effects of leader and follower emotional intelligence on performance and attitude: An exploratory study. *The Leadership Quarterly, 13*(3), 243-274.

Wong, C. S., Law, KS., & Wong, P. M. (2004). Development and validation of a forced choice emotional intelligence measure for Chinese respondents in Hong Kong. *Asia Pacific Journal of Management, 21*, 535-559.

제6장 창업가형 리더십: 학교는 기업 리더로부터 무엇을 배우는가

Akerlof, G. A., & Kranton, R. E. (2002). Identity and schooling: Some lessons for the economics of education. *Journal of Economic Literature, 40*, 1167-1201.

Aldrich, H., Renzulli, L. A., & Langton, N. (1998). Passing on privilege: Resources provided by self-employed parents to their self-employed children. *Research in Social Stratification and Mobility, 16*, 291-317.

Amason, A. C. (1996). Distinguishing the effects of functional and dysfunctional conflict on strategic decision making: Resolving a paradox for top management teams. *Academy of Management Journal, 39*, 123-148.

Ashour, A. S. (1973). Further discussion of Fiedler's contingency model of leadership effectiveness: An evaluation. *Organizational Behavior and Human Performance,*

9, 339-355.

Bandura, A. (1977). *Social learning theory*. Englewood Cliffs, NJ: Prentice Hall.

Bantel, K. A. & Jackson, S. E. (1989). Top management and innovations in banking: Does the composition of the top team make a difference? *Strategic Management Journal, 10*, 107-124.

Baum, J. R., & Wally, S. (2003). Strategic decision speed and firm performance. *Strategic Management Journal, 24*, 1107-1129.

Baum, J. R., Locke, E. A., & Kirkpatrick, S. A. (1998). A longitudinal study of the relation of vision and vision communication to venture growth in entrepreneurial firms. *Journal of Applied Psychology, 83*, 43-54.

Baumol, W. B. J. (1968). Entrepreneurship in economic theory. *American Economic Review, 58*(2), 64-71.

Bryant, T. A. (2004). Entrepreneurship. In G. R. Goethals, G. J. Sorenson, & J. M. Burns (Eds.), *Encyclopedia of leadership* (Vol. 1, pp. 442-448). Thousand Oaks, CA: Sage.

Cogliser, C. C., & Brigham, K. H. (2004). The intersection of leadership and entrepreneurship: Mutual lessons to be learned. *Leadership Quarterly, 15*, 771-799.

Conger, J. A. (1989). Leadership: The art of empowering others. *Academy of Management Executive, 3*, 471-482.

Covin, J. G., & Slevin, D. P. (2002). The entrepreneurial imperatives of strategic leadership. In M. A. Hitt, R. D. Ireland, S. M. Camp, & D. L. Sexton (Eds.), *Strategic entrepreneurship* (pp. 309-327). Oxford: Blackwell Publishers.

Covin, J. G., & Slevin, D. P. (2004). The concept of entrepreneurial leadership. In M. A. Hitt, & R. D. Ireland (Eds.), *Entrepreneurship encyclopedia*. Malden, MA: Blackwell Publishing.

Cruz, M. G., Henningsen, D. D., & Smith, B. A. (1999). The impact of directive leadership on group information sampling, decisions, and perceptions of the leader. *Communications Research, 26*, 349-369.

Davidsson, P., & Wiklund, J. (2001). Levels of analysis in entrepreneurship research: Current research practice and suggestions for the future. *Entrepreneurship Theory & Practice, 25*, 81-100.

Dunn, T., and D. Holtz-Eakin (2000). Financial capital, human capital, and the transition to self-employment: Evidence from intergenerational links. *Journal of Labor Economics, 15*, 282-305.

Eisenhardt, K. M. (1989). Making fast strategic decisions in high-velocity environments. *Academy of Management Journal, 32*, 543-576.

Elenkov, D. S., Judge, W., & Wright, P. (2005). Strategic leadership and executive innovation influence: An international multi-cluster comparative study. *Strategic Management Journal, 26*, 665-682.

Ensley, M. D., Pearce, C. L., & Hmieleski, K. M. (2006). Environmental dynamism: A moderator of the entrepreneur leadership behavior—new venture performance linkage. *Journal of Business Venturing, 21*, 243-263.

Ensley, M. D., Pearson, A., & Pearce, C. L. (2003). Top management team process, shared leadership, and new venture performance: A theoretical model and research agenda. *Human Resource Management Review, 13*, 329-346.

Fairlie, R. W., & Robb, A. (2007). Families, human capital, and small business: Evidence from the characteristics of business owner's survey. *Industrial and Labor*

Relations Review, 60, 225-245.

Falck, O., S. Heblich, & Luedemann, E. (2009). *Identity and entrepreneurship: Do peers at school shape entrepreneurial intentions?* PEPG 09−05 Working Paper, Program of Education.

Gebert, D., & Boerner, S. (1999). The open and the closed corporation as conflicting forms of organization. *Journal of Applied Behavioral Science, 35*(3), 341-359.

Gebert, D., Boerner, S., & Lanwehr, R. (2003). The risk of autonomy: Empirical evidence for the necessity of a balance management in promoting organizational innovativeness. *Creativity and Innovation Management, 12*, 41-49.

Gold, R., Falck, O., & Heblich, S. (2010). *Entrepreneurship education*. Entrepreneurship, Growth, and Public Policy Group. Jena: Max Planck Institute of Economics.

Griffin, M. A., & Mathieu, J. E. (1997). Modeling organizational processes across hierarchical levels: Climate, leadership, and group process in work groups. *Journal of Organizational Behavior, 18*, 731-744.

Gupta, V., MacMillan, I. C., & Surie, G. (2004). Entrepreneurial leadership: Developing and measuring a cross-cultural construct. *Journal of Business Venturing, 19*, 241-260.

Herzberg, F. (1974). *Work and the nature of man*. Crosby, St Albans: Signet.

Heskett, J. L., Sasser, W. E., Jr., & Hart, C. W. L. (1990). *Service breakthroughs, Changing the rules of the game*. New York: Free Press.

Heskett, J. L., Sasser, W. E., Jr., & Schlesinger, L. A. (1997). *The service profit chain*. New York: The Free Press.

Hmieleski, K. M., & Ensley, M. D. (2007). A contextual examination of new venture performance: entrepreneur leadership behavior, top management team heterogeneity, and environmental dynamism. *Journal of Organizational Behavior, 28*(7), 865-889.

Homburg, C., & Stock, R. (2001). The link between sales people's job satisfaction and customer satisfaction in a business-to-business context: A dyadic analysis. *Journal of the Academy of Marketing Science, 32*(2), 144-158.

House, R. J., & Aditya, R. N. (1997). The social scientific study of leadership: Quo vadis? *Journal of Management, 23*, 409-473.

Hout, M., & Rosen, H. S. (2000). Self-employment, family background, and race, *Journal of Human Resources, 35*(4), 670-692.

Hu, W. (2010). Ambitious new model for 7 Newark schools. *The New York Times*. Retrieved from www.nytimes.com/2010/07/26/education/26newark.html

Ireland, R. D., Hitt, M. A., & Sirmon, D. G. (2003). A model of strategic entrepreneurship: The construct and its dimensions. *Journal of Management, 29*, 963-989.

Kahai, S. S., Sosik, J. J., & Avolio, B. J. (1997). Effects of leadership style and problem structure on work group process and outcomes in an electronic meeting system environment. *Personnel Psychology, 50*, 121-146.

Katz, J. A. (2003). The chronology and intellectual trajectory of American entrepreneurship education. *Journal of Business Venturing, 18*(2), 283-300.

Kerr, S., & Jermier, J. (1978). Substitutes for leadership: Their meaning and measurement. *Organizational Behavior and Human Performance, 22*, 375-403.

Kotter, J. P. & Heskett, J. L. (1992). *Corporate culture and performance*. New York: The Free Press.

Laband, D., & Lentz, B. F.(1990). Entrepreneurial success and occupational inheritance among proprietors. *Canadian Journal of Economics, 23*(3), 101-117.

Lam, T., Zhang, H., & Baum, Th. (2001). An investigation of employee's job satisfaction: the case of hotels in Hong Kong. *Tourism Management, 22*(2) 34-51.

Langer, E. J., & Sviokla, J. (1988). *Charisma from a mindfulness perspective.* Cambridge, MA: Harvard University.

Larson, J. R., Foster-Fishman, P. G., & Franz, T. M. (1998). Leadership style and the discussion of shared and unshared information in decision-making groups. *Personality and Social Psychology Bulletin, 24*, 482-495.

Lazear, E. P. (2005). *Personal economics for managers.* New York: John Wiley & Sons.

Leithwood, K. & Beatty, B. (2008). *Leading with teacher emotions in mind.* Thousand Oaks, CA: Corwin Press.

Lok, P., & Crawford, J. (1999). The relationship between commitment and organizational structure, subculture, leadership style and job satisfaction in organizational change and development. *Leadership and Organizational Development Journal,* 20, 34-65.

Low, M., & MacMillan, I. (1988). Entrepreneurship: Past research and future challenges. *Journal of Management, 14*, 139-161.

Marion, R., & Uhl-Bien, M. (2001). Leadership in complex organizations. *Leadership Quarterly, 14*, 389-418.

Marshall, A. (1920). *Principles of economics* (8th ed.). London: MacMillan.

McGrath, R., & MacMillan, I. (2000). *The entrepreneurial mindset.* Cambridge, MA: Harvard Business School Press.

Montanan, J. R., & Moorhead, G. (1989). Development of the Croupthink Assessment Inventory. *Educational and Psychological Measurement, 49*, 209-219.

Mumford, M. D., Feldman, J. M., Hem, M. B., & Nagao, D. J. (2001). Tradeoffs between ideas and structure: Individual versus group performance in creative problem solving. *Journal of Creative Behavior, 35*, 1-23.

Nicholls-Nixon, C. L. (2005). Rapid growth and high performance: The entrepreneur's "impossible dream?" *Academy of Management Executive, 19*, 77-89.

Nicolaou, N., & Shane, S. (2009). Born Entrepreneurs? The genetic foundations of entrepreneurship. *Journal of Business Venturing, 30*, 45-67.

Nicolaou, N., Shane, S., Cherkas, L., Hunkin, J., & Spector, T. (2008). Is the tendency to engage in entrepreneurship genetic? *Management Science, 54*, 167-179.

Normann, R. (1996). *Service management.* New York, NY: John Wiley & Sons.

Osborn, R. N., Hunt, J. G., & Jauch, L. R. (2002). Toward a contextual theory of leadership. *Leadership Quarterly, 13*, 797-837.

Pearce, C. L. (2004). The future of leadership: Combining vertical and shared leadership to transform knowledge work. *Academy of Management Executive, 18*, 47-57.

Pearce, C. L., Sims, H. P., Cox, J. F., Ball, G., Schnell, E., Smith, K. A., et al. (2003). Transactors, transformers and beyond: A multi-method development of a theoretical typology of leadership. *Journal of Management Development, 22*, 273-307.

Pennigton, P., Townsend, C. & Cummins, R. (2003). The relationship of leadership practices to culture. *Journal of Leadership Education, 2*(1), 1-18.

Peters, M. (2005). Entrepreneurial skills in leadership and human resource management evaluated by apprentices in small tourism businesses. *Education and Training, 47*, 575-591.

Peters, M. & Buhalis, D. (2004). Family hotel businesses: strategic planning and the need for education and training. *Education Training, 46*(9), 6-15.

Peters, M., Weiermair, K. & Leimegger, R. (2004). Employees' evaluation of entrepreneurial leadership in small tourism businesses. In P. Keller, & T. Bieger (Eds.), *The future of small and medium sized enterprises in tourism* (pp. 315-333). London: World Tourism Organisation.

Pfeffer, J. (1983). Organizational demography. *Research in Organizational Behavior, 5*, 299-357.

Robinson, V. M. J. (2008). Fit for purpose: An educationally relevant account of distributed leadership. In A. Harris (Ed.), *Distributed leadership: Different perspectives* (pp. 219-240). Berlin: Springer.

Schniesheim, C. A., & Kerr, S. (1977). Theories and measures of leadership: a critical appraisal of current and future directions. In J. C. Hunt & L. L. Larson (Eds.), *Leadership: the cutting edge* (pp. 9-45). Carbondale: Southern Illinois University Press.

Schumpeter, J. A. (1912). *The theory of economic development*. New York: Oxford University Press.

Shalley, C. E., & Gilson, L. L. (2004). What leaders need to know: A review of social and contextual factors that can foster or hinder creativity? *Leadership Quarterly, 15*, 33-53.

Sharpley, R., & Forster, C. (2003). The implications of hotel employee attitudes for the development of quality tourism: the case of Cyprus. *Tourism Management, 24*(6), 687-697.

Spillane, J. P., Halverson, R. & Diamond, J. B. (2004). Towards a theory of leadership practice: a distributed perspective. *Journal of Curriculum Studies, 36*(1), 3-34.

Spreitzer, G. M. (1996). Social structural characteristics of psychological empowerment. *Academy of Management Journal, 39*, 483-504.

Vecchio, R. (2003). Entrepreneurship and leadership: Common trends and common threads. *Human Resource Management Review, 13*, 303-327.

Wickham, P. A. (2001). *Strategic entrepreneurship: A decision-making approach to new venture creation and management*. Harlow: Prentice Hall.

Williamson, I. O. (2000). Employer legitimacy and recruitment success in small businesses. *Entrepreneurship Theory & Practice, 25*, 27-42.

Yukl, G. (2002). *Leadership in organizations*. Upper Saddle Riven, NJ: Prentice Hall.

제7장 전략적 리더십: 계획을 세우지 않으면 실패한다

Aaker, D. A., & Joachimsthaler, E. (2000). *Brand leadership*. New York: The Free Press.

Abdullah, H. M. (2001). *Policy dialogue on quality improvement in education: A Malaysian experience*. Paper presented at the Second International Forum on Quality Education: Policy, Research and Innovative Practices in Improving Quality of Education, Beijing, China, 12-15 June.

Baker, R., & Begg, A. (2003). Change in the school curriculum: Looking to the future, in J. P. Keeves & R. Watanabe (Eds.), *International handbook of educational research in the AsiaPacfic region*. Dordrecht: Kluwer Academic Publishers, 541-554.

Bartunek, J. M., & Necochea, R. (2000). Old insights and new times. *Journal of Management Inquiry, 9*(2), 103-113.

Beare, H., Caldwell, B. J., & Millikan, R. H. (1989). *Creating an excellent school.* London: Routledge.

Bennett, D. (2000). *The school of the future.* Nottingham: NCSL.

Blackledge, D., & Hunt, B. (1985). *Sociological interpretations of education.* Sydney: Groom Helm.

Boal, K. B., & Hooijberg, R. (2001). Strategic leadership research: Moving on. *Leadership Quarterly, 11*(4), 515-549.

Burbules, N. C., & Tomes, C. A. (Eds.) (2000). *Globalization and education: Critical perspectives.* New York: Routledge.

Cheng, Y. C. (2000a). A CMI-triplization paradigm for reforming education in the new millennium. *International Journal of Educational Management, 14*(4), 156-174.

Cheng, Y. C. (2000b). Educational change and development in Hong Kong: Effectiveness, quality, and relevance. In T. Townsend & Y. C. Cheng (Eds.), *Educational change and development in the Asia-Pacqic region: Challenges for thefuture* (pp. 17-56). The Netherlands: Swets and Zeitlinger Publisher.

Cheng, Y. C. (2001). *Towards the third wave of educational reforms in Hong Kong: Triplization in the new millennium.* Plenary speech presented at the International Forum on Educational reforms in the Asia-Pacific Region "Globalization, Localization, and Individualization for the Future," HKSAR, China.

Cheng, Y. C. (2002a). The changing context of school leadership: Implications for paradigm shift. In K. Leithwood & P. Hallinger (Eds.), *Second international handbook of educational leadership and administration.* Dordrecht: Kluwer Academic Publishers, 103-132.

Cheng, Y. C. (2002b). Leadership and strategy. In T. Bush and L. Bell (Eds.), *The principles and practice of educational management.* London: Paul Chapman, 51-69.

Cheng, Y. C. (2003). School leadership and three waves of education reforms. *Cambridge Journal of Education, 33*(3): 417-439.

Cheng, Y. C. (2005a). *New paradigm for re-engineering education: Globalization, localization and individualization.* Dordrecht: Springer.

Cheng, Y. C. (2005b). Multiple thinking and multiple creativity in action learning. *Journal of Education Research, 134*(June): 76-105.

Cheng, Y. C. (2009). Educational reforms in Hong Kong in the last decade: Reform syndrome and new developments. *International Journal of Educational Management, 23*(1): 65-86.

Cheng, Y. C. (2010). A topology of 3-wave models of strategic leadership in education. *International Studies in Educational Administration, 38*(1), 35-54.

Cheng, Y. C. & Townsend, T. (2000). Educational change and development in the Asia-Pacific region: Trends and issues. In T. Townsend & Y. C. Cheng (Eds.), *Educational change and development in the Asia-Pacylc region: Challenges frr the future* (pp. 317-344). Lisse, The Netherlands: Swets & Zeitlinger.

Cheng, Y. C., & Walker, J. A. (2008). When reform hits reality: The bottle-neck effect in Hong Kong primary schools. *School Leadership and Management, 28*(5): 467-483.

Collins, J. (2001). *Good to great.* London: Random House.

Coulson, A. J. (1999). *Market education: The unknown history.* New Brunswick, NJ: Transaction Publishers.

Daun, H. (2002). *Educational restructuring in the context of globalization and nation-*

al policy. New York: Routledge Falmer.

Davies, B. (2003). Rethinking strategy and strategic leadership in schools. *Education Management & Administration, 31*(3), 295-312.

Davies, B. & Davies, B. J. (2005). Strategic leadership. In B. Davies (Ed.), *The essentials of school leadership* (pp. 10-30). Thousand Oaks, CA: Corwin Press.

Davies, B., Davies, B. J., & Ellison, L. (2005). *Success and sustainability: Developing the strategically focused school*. Nottingham: National College for School Leadership.

Eacott, S. (2008a). An analysis of contemporary literature on strategy in education. *International Journal of Leadership in Education, 11*(3): 257-280.

Evans, G. R. (1999). *Calling academia to account: Rights and responsibilities*. Buckingham: Society for Research in Higher Education and Open University Press.

Farrell, A., & Hart, M (1998). What does sustainability really mean? The search for useful indicators. *Environment, 40*, 26-31.

Freedman, M. (2003). *The art and discipline of strategic leadership*. New York: McGraw-Hill.

Fullan, M. (2004). *Leadership and sustainability: System thinkers in action*. Thousand Oaks, CA: Corwin Press.

Gardner, H. (1985). *The mind's new science*. New York: Basic Books.

Goertz, M. E., & Duffy, M. C. (2001). *Assessment and accountability systems in the 50 states, 1999-2000*. Philadelphia, PA: CPRE Research Report Series.

Goldsmith, M. (1996). *Coaching for behavioral change. Leader to Leader*. San Francisco: Jossey-Bass.

Copinathan, S., & Ho, W. K. (2000). Educational change and development in Singapore. In T. Townsend & Y. C. Cheng (Eds.), *Educational change and development in the Asia-Paajlc region: Challenges for the future*. Lisse: Swets & Zeitlinger: 163-184.

Headington, R. (2000). *Monitoring, assessment, recording, reporting and accountability: Meeting the standards*. London: David Fulton.

Heck, D. J., & Weiss, I. R. (2005). *Strategic leadership frr education reform: Lessons from the statewide systemic initiatives program*. Philadelphia: Consortium for Policy Research in Education.

Heller, D. E. (Ed.) (2001). *The states and public higher education policy: Affordable, access, and accountability*. Baltimore, MD: Johns Hopkins University Press.

Hickson, D. J, Butler, R. J, Cray, D, Mallory, G. R, & Wilson, D. C. (1989). Decision and organization processes of strategic decision making and their explanation. *Public Administration, 67*(4), 373-390.

Kim, Y. H. (2000). Recent changes and developments in Korean school education. In T. Townsend & Y. C. Cheng (Eds.), *Educational change and development in the Asia-Pacific region: Challenges for the future*. Lisse: Swets & Zeitlinger: 83-106.

Koteen, J. (1989). *Strategic management in public and nonprofit organizations*. New York, N.Y: Praeger.

MacBeath, J. (2007). Improving school effectiveness: Retrospective and prospective. In T. Townsend, B. Avalos, B. Caldwell, Y. C. Cheng, B. Fleisch, L. Moos, L. Stoll, S. Stringfield, K. Sundell, W. M. Tam, N. Taylor, & C. Teddlie (Eds.), *International handbook on school effrctiveness and improvement*. Dordrecht: Springer: 57-74.

Maclean, R. (2003). Secondary education reform in the Asia-Pacific region. In J. P. Keeves & R. Watanabe (Eds.), *International handbook of educational research in*

the Asia-Pacific region. Dordrecht: Kluwer Academic Publishers: 73-92.
Mahony, P., & Hextall, I. (2000). *Reconstructing teaching: Standards, performance and accountability*. London: Routledge.
Mintzberg, H. (1995). Strategic thinking as seeing. In B. Garratt (Ed.), *Developing strategic thought*. London: McGraw-Hill.
Mohandas, R., Meng, H. W., & Keeves, J. P. (2003). Evaluation and accountability in Asian and Pacific countries. InJ. P. Keeves & R. Watanabe (Eds.), *International handbook of educational research in the Asia-Pacific region*. Dordrecht: Kluwer Academic Publishers: 107-122.
Mok, M. M. C., Gurr, D., Izawa, E., Knippinath, H., Lee, I., Mel, M. A., Palmer, T., Shan, W., & Zhang, Y. (2003). Quality assurance and school monitoring. In J. P. Keeves & R. Watanabe (Eds.), *International handbook of educational research in the Asia-Pacific region*. Dordmecht: Kluwer Academic Publishers: 945-958.
Mukhopadhyay, M. (2001). *Total quality management in education*. New Delhi: National Institute of Educational Planning and Administration.
Novak, J. (2002). *Inviting educational leadership*. London: Pearson Education.
Pang, I., Isawa, E., Kim, A., Knipprath, H., Mel, M. A., & Palmer, T. (2003). Family and community participation in education. InJ. P. Keeves & R. Watanabe (Eds.), *International handbook of educational research in the Asia-Pacific region*. Dordrecht: Kluwer Academic Publishers: 1063-1080.
Parikh, J. (1994). *Intuition－The new frontier of management*. Oxford: Blackwell.
Pefianco, E. C., Curtis, D., & Keeves, J. P. (2003). Learning across the adult lifespan. In J. P. Keeves & R. Watanabe (Eds.), *International handbook of educational research in the Asia-Pacific region*. Dordrecht: Kluwer Academic Publishers: 305-320.
Peterson, C. C. (2003). Lifespan human development. InJ. P. Keeves & R. Watanabe (Eds.), *International handbook of educational research in the Asia-Pacific region*. Dordrecht: Kluwer Academic Publishers: 379-394.
Prahalad, C. K., & Hamel, G. (1990). The core competencies of the corporation. *Harvard Business Review, 68*, 79-93.
Rajput, J. S. (2001). *Reforms in school education in India*. Plenary speech presented at the International Forum on Educational reforms in the Asia-Pacific Region "Globalization, Localization, and Individualization for the Future," HKSAR, China, 14-16 February.
Ramirez, F. O., & Chan-Tiberghein, J. (2003). Clobalisation and education in Asia. In J. P. Keeves & R. Watanabe (Eds.), *International handbook of educational research in the Asia-Pacific region*. Dordinecht: Kluwer Academic Publishers: 1095-1106.
Schön, D. (1987). *Educating the reflective practitioner*. San Francisco: Jossey-Bass.
Shrivastava, P., & Grant, J. (1985). Empirically derived models of strategic decision-making processes. *Strategic Management Journal, 6*, 97-113.
Stalk, G., Evans, P., & Schulman, L. (1992). Competing on capabilities: The new rules of corporate Strategy. *Harvard Business Review, 70*(2), 54.
Stromquist, N. P., & Monkman, K. (2000). *Globalization and education: Integration and contestation across cultures*. Lanham, MD: Rowman & Littlefield.
Tang, X., & Wu X. (2000). Educational change and development in the People's Republic of China: Challenges for the future. In T. Townsend & Y. C. Cheng (Eds.), *Educational change and development in the Asia-Pacific: Challenges for the*

future (pp. 133-162). Lisse, The Netherlands: Swets & Zeitlinger.
Townsend, T., Avalos, B., Caldwell, B., Cheng, Y. C., Fleisch, B., Moos, L., Stoll, L., Stringfield, S., Sundell, K., Tam, W. M., Taylor, N., & Teddlie, C. (Eds.) (2007). *International handbook on school effectiveness and improvement*. Dordrecht: Springer.

제8장 지속가능한 리더십: 인내하는 자가 경기에서 승리한다

Abrahamson, E. (2004). *Change without pain: How managers can overcome initiative overload, organizational chaos, and employee burnout*. Boston, MA: Harvard Business School Press.
Anyon, J. (2005). *Radical possibilities: Public policy, urban education, and a new social movement*. New York: Routledge.
Blackmore, J. (1996). Doing emotional labour in the education marketplace: stories from the field of women in management. *Discourse: studies in the cultural politics of education, 17*(3), 337-349.
Byrne, B. M. (1994). Burnout testing for the validity, replication, and invariance of causal structure across the elementary, intermediate, and secondary teachers. *American Educational Research Journal, 31*(3), 645-673.
Capra, F. (1997). *The web of life: A new synthesis of mind and matter*. London: Harper Collins.
Collins, J. C., & Pomras, J. I. (1994). *Built to last: Successful habits of visionary companies*. London: Century.
De Holan, P. M., & Philips, N. (2004a). *The dynamics of organizational forgetting. Management Source, 50*, 1603-1613.
De Holan P. M., & Phillips N. (2004b). Remembrance of things past? The dynamics of organizational forgetting. *Management Science, 50*, 1603-1613.
Drucker, P. (2001). *Management challenges for the 21st century*. New York: Harper Collins Baumann.
Flores-Gonzalez, N. (2002). *School kids, street kids: Identity and high school completion among Latinos*. New York: Teachers College Press.
Fullan, M. (2001). *Leading in a culture of change*. San Francisco: Jossey-Bass.
Glickman, C. D. (2002). Leadership for learning: How to help teachers succeed. Alexandria, VA: ASCD. Coodson, I. (2001). Social histories of educational change, *The Journal of Educational Change, 2*, 45-63.
Goodson, I., Moore, S. & Hargreaves, A. (2006). Teacher nostalgia and the sustainability of reform: The generation and degeneration of teachers' missions, memory, and meaning. *Educational Administration Quarterly, 42*, 42-61.
Hargreaves, A. (2003). *Teaching in the knowledge society: Education in the age of insecurity*. New York, NY: Teachers College Press.
Hargreaves, A. (2007). *Sustainable leadership and development in education: Creating the future, conserving the past, 42*, 2.
Hargreaves, A., & Fink, D. (2006). *Sustainable leadership. San Francisco,* CA: Jossey Bass.
Hargreaves, A., & Goodson, I. (2004). *Change over time? A report of educational change over 30 years in eight U.S. and Canadian schools*. Chicago: Spencer Foundation.

Hargreaves, A., Moore, S., Fink, D., Brayman, C., & White, R. (2003). *Succeeding leaders? A study of principal rotation and succession*. Toronto, Ontario, Canada: Ontario Principals' Council.

Harry, B., & Klingner, J. (2006). *Why are so many minority students in special education? Understanding race and disability in schools*. New York: Teachers College Press.

Louis, K. S., & Kruse, S. D. (1995). *Professionalism and community: Perspectives on reforming urban high schools*. Thousand Oaks, CA: Corwin.

MacMillan, R. B. (2000). Leadership succession: Cultures of teaching and educational change. In N. Bascia & A. Hargreaves (Eds.), *The sharp edge of educational change: Teaching, leading, and the realities of reform* (pp. 52-71). New York: Routledge/Falmer.

Marris, R. (1974). *Loss and change*. London: Routledge and Kegan Paul.

McLaughlin, M., & Talbert, J. (2001). *Professional communities and the work of high school teaching*. Chicago: University of Chicago Press.

National Center for Education Statistics (2005). 1999-2000 schools and staffing survey (SASS).

National Collaborative on Diversity in the Teaching Force (2004). *Assessment of diversity in America's teaching force: A call to action*. Washington, D.C.: Author.

Nichols, S. L., & Berliner, D. C. (2007). *Collateral damage: How high-stakes testing corrupts America's schools*. Cambridge, MA: Harvard Education Publishing Group.

Nieto, S. (2007). *The color of innovative and sustainable leadership: Learning from teacher leaders, 8*, 299-309.

Oakes, J. (2005). *Keeping track: How schools structure inequality* (2nd Ed.). New Haven, CT: Yale University Press.

Oakes, J., Quartz, K. H., & Lipton, M. (2000). *Becoming good American schools: The struggle for civic virtue in education reform*. San Francisco: Jossey-Bass.

Olsen, L. (2006). A decade of effort: Quality counts marks its 10th year in print with a comprehensive review of the nation's movement toward higher academic standards and greater accountability. *Education Week. 25*(17), pp. 8-10, 12, 14, 16, 18-21.

Orfield, G., & Lee, C. (2005). *Racial transformation and the changing nature of segregation*. Cambridge, MA: The Civil Rights Project at Harvard University.

Rothstein, R. (2004). *Class and schools: Using social, economic, and educational reform to close the black-white achievement gap*. New York: Teachers College Press, and Washington, D.C.: Economic Policy Institute.

Spillane, J. P., Halverson, R., & Drummond, J. B. (2001). Investigating school leadership practice: A distributed perspective. *Educational Researcher, 30*(3), 23-28.

Stoll, L., Fink, D., & Earl, L. (2002). *It's about learning (and it's about time)*. London: Routledge.

Teachernet (2005) School workforce remodeling. Retrieved from www.teachernet.gov/uk/wholeschool/remodelling/

U.S. Census Bureau (2000a). *Profile of selected social characteristics, 2000*. Washington, D.C.: U.S. Department Of Commerce.

U.S. Census Bureau (2000b). *Statistical abstract of the United States: 2000. Based on population estimates program and population projections program*. Washington, D.C.: U.S. Department of Commerce.

U.S. Census Bureau (2004). *Ability to speak english by languages spoken at home for the population 5 years and over: 2000.* Washington, D.C.: Author.

Valenzuela, A. (1999). *Youth subtractive schooling: U.S—Mexican and the politics of caring.* Albany: State University of New York Press.

제9장 초대 리더십: 신뢰, 존경, 희망의 학교 문화 형성

Anderson, C. S. (1982). The search for school climate: A review of the research. *Review of Educational Research, 52*(3), 368-420.

Barth, R. S. (1991). *Improving schools from within: Teachers, parents, and principals can make the difference.* Hoboken, NJ: Jossey-Bass.

Bolman, L. G., & Deal, T. E. (1997). *Refraining organizations: Artistry, choice, and leadership* (2nd Ed.). San Francisco: Jossey-Bass.

Bolman, L. G., & Deal, T. E. (2002, February). Leading with soul and spirit: Effective leadership in challenging times boils down to qualities such as focus, passion and integrity. *School Administrator, 59,* 21.

Brookover, W., Beady, C., Flood, P., Schweitzer, J. & Wisenbaker, J. (1977). *Schools can make a dfference.* Washington, DC: National Institute of Education.

Bruffee, K. A. (1999). *Collaborative learning: Higher education, interdependence, and the authority of knowledge* (2nd ed.). Baltimore, MA: The John Hopkins University Press.

Caldwell, B. & Hayward, D. (1998). *The future of schools: Lessons from the reform of public education.* London: Falmer Press.

Cleveland, H. (2002). Leadership: The get-it-all-together-profession. *The Futurist, 36*(5), 42-47.

Covey, S. R. (1989). *The 7 habits of highly effective people.* New York: Simon & Schuster.

Daft, R. L. (1999). *Leadership: Theory and practice.* New York: Dryden Press.

Davis, B. (2003). Rethinking Strategy and strategic Leadership in Schools. *Educational Management and Administration, 31*(3), 295-312.

Day, C., Harris, A., & Hadfield, M. (2001). Grounding knowledge of schools in stakeholder realities: A multi-perspective study of effective school leaders. *School Leadership & Management, 21*(1), 19-42.

Edmonds, R. (1979). Effective schools for urban poor. *Educational Leadership, 37,* 15-24.

Egley, R. (2003). Invitational leadership: Does it make a difference? *Journal of Invitational Theory and Practice, 9,* 57-70.

Farling, M. L., Stone, A. G., & Winston, B. E. (1999). *Servant leadership: Setting the stage for empirical research, 49.*

Fowler, F. C. (2004). *Policy studies for educational leaders.* Upper Saddle River, NJ: Pearson Education, Inc.

Fullan, M. G., & Miles, M. B. (1992). Getting reform right: What works and what doesn' t. *Phi Delta Kappan, 73,* 745-752.

Furman, G. C. (2004). Moral leadership and the ethic of community. *Values and Ethics in Educational Administration, 2*(1), 1-8.

Gardner, J. (1990). *On leadership.* New York: Simon & Schuster.

Grogan, M., & Roland, P. (2003). A study of successful teachers preparing high school students for the standards of learning tests in Virginia. In D. Duke, M. Crogan, P. Tucker, & W. Heinecke (Eds.), *Educational leadership in an age of accountability* (pp. 114-134). Albany, NY: SUNY Press.

Hallinger, P., & Heck, R. (1999). Can leadership enhance school effectiveness? In Bush et al. (Eds.) *Educational management: Redefining theory, policy and practice,* (pp. 178-190). London: Paul Chapman Publishing.

Halpern, D. F. (2004). The development of adult cognition: Understanding constancy and change in adult learning. In Day, D. V., Zaccaro, S. J., & Halpin, S. M. (Eds.), *Leader development for transforming organizations: Growing leaders frr tomorrow* (pp. 125-150). Mahwah, NJ: Lawrence Erlbaum Associates.

Halpin, D. (2003). *Hope and education: The role of the utopian imagination.* London: RoutledgeFalmer.

Hansen, J. (1998). Creating a school where people like to be. *Educational Leadership, 56,* 14-17.

Hockaday, S., Purkey, W. W., & Davis, K. M. (2001). Intentionality in helping relationships: The influence of three forms of internal cognitions on behavior. *Journal of Humanistic Counseling, Education and Development, 40,* 219-224.

Hoyle, J. R. (2002). *Leadership and the force of love: Six keys to motivating with love.* Thousand Oaks, CA: Corwin Press.

Katzenbach, J. R., & Smith, D. K. (2003). *The wisdom of teams: Creating the high performance organization.* New York: Harper Business Essentials.

Kelly, P. A., Brown, S., Butler, A., Gittens, P. (2008). *A place to hang our hats. Educational Leadership, 56*(1), 62-64.

Kouzes, J. M., & Posner, B. Z. (2003). Challenge is the opportunity for greatness. *Leader to Leader, 28,* 16-23.

Leithwood, K., & Duke D. (1999). A century's quest to understand school leadership. In J. Murphy and K. Seashore-Louis (Eds.) *Handbook of research on educational administration* (2nd edition), 45, 72.

Leithwood, K., Jantzi D., & Steinbach, R. (2000a). *Changing leadership: A menu of possibilities. In Changing leadership for changing times* (pp. 3-20). Philadelphia, PA: Open University Press.

Leithwood, K., Jantzi, D., & Steinbach, R. (2000b). Transformational leadership as a place to begin. In *Changing leadership for changing times,* (pp. 21-39). Philadelphia, PA: Open University Press.

Lencioni, P. (2002). *The five dysfunctions of a team.* San Francisco: Jossey-Bass.

Lezotte, L., Hathaway, D. V., Miller, S. K., Passalacqua, J., & Brookover, W. B. (1980). *School learning climate and student achievement: A social system approach to increased student learning.* Tallahassee: The Site Specific Technical Assistance Center.

Louis, K. S., & Murphy, J. (1994). Florida State University Foundation. The evolving role of the principal: Some concluding thoughts. In J. Murphy & K. S. Louis (Eds.), *Reshaping the principalship: Insights from transfrrmational reform efforts* (pp. 265-281). Newbury Park, CA: Corwin Press.

McCombs, B. L., & Whisler, J. S. (1997). *The learner-centered classroom and school.* San Francisco: Jossey-Bass.

Muijs, D. and Harris, A. (2003) Teacher leadership: A review of research (Nottingham, UK: National College for School Leadership). Retrieved from www.ncsl.org.uk/

mediastore/image2/randd-engaged-harris.pdf

Novak, J. M. (2009). Invitational leadership. In B. Davies (Ed.), *The essentials of school leadership*. London: Sage.

Ogawa, R. T., & Bossert, S. T. (1995). Leadership as an organizational quality. *Educational Administration Quarterly, 31*(2), 224-243.

Patton, Q. M. (1997). *Utilization focused evaluation: The new century text* (3rd ed). London: Sage Publications.

Purkey, W. (1992). An introduction to invitational theory. *Journal of Invitational Theory and Practice, 1*(1), 5-14.

Purkey, W. W., & Novak, J. M. (1984). *Inviting school success: A self-concept approach to teaching and learning*. Belmont, CA: Wadsworth.

Purkey, W., & Novak, J. (1996). *Inviting school success: A sew-concept approach to Teaching and learning* (3rd Ed.). Belmont, CA: Wadsworth.

Purkey, W., & Siegel, B. (2003). *Becoming an invitational leader: A new approach to professional and personal success*. Atlanta, CA: Humantics.

Rosener, J. (1990). Ways women lead. *Harvard Business Review*, 119-125. Routledge/Falmer.

Schein, F. H. (2000). Sense and nonsense about culture and climate. In N. M. Ashkanasy, C. P. M. Wilderom, & M. F. Peterson (Eds.), *Handbook of organizational culture & climate*. Thousand Oaks, CA: Sage Publications.

Sergiovanni, T. J. (1992). Why we should seek substitutes for leadership. *Educational Leadership, 5*, 41-45.

Sergiovanni, T. J. (2000). Leadership as stewardship: "Who's serving who?" *In Educational Leadership*, (pp. 269-286). San Francisco: Jossey-Bass.

Spears, L., & Lawrence, M. (Eds.). (2004). *Practicing servant leadership: Succeeding through trust, bravery, and forgiveness*. San Francisco: Jossey-Bass.

Stanley, P. H., Juhnke, C. A., & Purkey, W. W. (2004). Using an invitational theory of practice to create safe and successful schools. *Journal of Counseling and Development, 82*(3), 302.

Stillion, J., & Siegel, B. (2005). Expanding invitational leadership: Roles for the decathlon leader. RetrievedJanuary 31, 2006, from www.kennesaw.edu/ilec/Journal/articles/2005/siegeLstillion/expand_leader

Stoll, L., & Fink, D. (2003). *It's about learning (and it's about time)*. New York: Routledge.

Strahan, D., & Purkey, W. W. (1992). *Celebrating diversity through invitational education*. Greensboro, NC: University of North Carolina at Greensboro. The International Alliance for Invitational Education.

Strong, J. H., & Jones, C. W. (May). Middle school climate: The principal's role in influencing effectiveness. *Middle School Journal, 5*, 41-44.

Tallon, A. (1997). *Head and Heart: Affection, Cognition, Volition as Triune Consciousness*. New York:Fordham University Press. Retrieved from www.questia.com/PM.qst?a=o&d=52320252

Witcher, A. E. (1993). Assessing school climate: An important step for enhancing school quality. *NASSP Bulletin, 77*, 1-5.

Yukl, G. (2006). *Leadership in organizations* (6th Ed.). Upper Saddle River, NJ: Prentice Hall.

제10장 구성주의 리더십: 지속가능한 학교 개선을 위한 틀

Barth, R. S. (2001, February). Teacher leader. *Phi Delta Kappan, 82*(4), 34-43.

Bellah, R., Madsen, R., Sullivan,W., Swidler, A., & Tipton, S. (1985). *Habits of the heart: Individualism and commitment in American life*. New York: Harper and Row.

Bodner, G., Klobuchar, M., & Geelan, D. (2001). The many forms of constructivism. *Journal of Chemical Education, 78*(1107).

Bouck, D. H. (2004). *Striving to be a constructivist leader*. Thesis, University of Alberta, Edmonton.

Burrell, G., & Morgan, G. (1979). *Sociological paradigms and organizational analysis: Elements of the sociology of corporate life*. London: Heinemann Educational Books Ltd.

Cobern, W. W. (1993). Constructivism. *Journal of Educational and Psychological Consultation, 4*(1), 111.

Coe, J. G. (2006). *Autonomous learning and constructivist leadership: A case study in learning organizations*. Dissertation, Regent University, Virginia Beach. Gass, M. A., & Priest, S. (2006). The effectiveness of metaphoric facilitation styles in corporate adventure training (CAT) programs. *Journal of Experiential Education, 29*(1), 78-94.

DuFour, R. & Eaker, R. (1998). *Professional learning communities at work: Best practices for enhancing student achievement*. Alexandria, VA: Association for Supervision and Curriculum Development.

Freire, P. (1973). *Education for critical consciousness*. New York: Continuum.

Fullan, M. (2001). *The new meaning of educational change* (3rd ed). New York: Teachers College Press.

Gass, M., & Priest, S. (2006). The effectiveness of metaphoric facilitation styles in corporate adventure training CAT programs. *Journal of Experiential Education, 29*(1), 78-94.

Jacobs, C. D., & Heracleous, L. T. (2006). Constructing shared understanding: The role of embodied metaphors in organizational development. *The Journal of Applied Behavioral Science, 42*(2), 207-226.

Lakoff, G., & Johnson, N. I. (1980). *Metaphors we live by*. Chicago: University of Chicago Press.

Lambert, L. (2003). *Leadership capacity for lasting school improvement*. Alexandria: Association for Supervision and Curriculum Development.

Lambert, L., & Walker, D. (1995). Learning and leading theory: A century in the making. In L. Lambert et al. (Eds.), *The constructivist leader* (pp. 1-27). New York: Teachers College Press.

Lambert, L., Walker, D., Zimmerman, D. P., Cooper, J. E., Lambert, M. D., Gardiner, M. E., et al. (2002). *The Constructivist Leader* (2nd ed.). New York: Teachers College Press.

Little, J. W. (1982). Norms of collegiality and experimentation: Workplace conditions of school success. *American Educational Research Journal, 19*(3), 325-340.

Lueddeke, G. R. (1999). Toward a constructivist framework for guiding change and innovation in higher education. *The Journal of Higher Education, 70*(3), 235-260.

Mayer, R. E. (2004). Should there be a three-strikes rule against pure discovery learning? *American Psychologist, 59*(1), 14-19.

Morgan, G. (1998). *Images of organization* (Ed.). Thousand Oaks: Sage Publications,

Inc.

Northouse, P. G. (2007). *Leadership: Theory and practice* (4th ed.). Thousand Oaks: Sage Publications, Inc.

O' Loughlin, M. (1995). Daring the imagination: Unlocking voices of dissent and possibility in teaching. *Theory into Practice, 34,* 107-116.

Olsen, D. G. (1999). Constructivist principles of learning and teaching methods. *Education, 120*(2), 347-345.

Poplin, M. & Weeres, J. (1993). *Listening at the learner's level.* The Executive Educator.

Richardson, V. (1997). Constructivist teaching and teacher education: Theory and practice. In V. Richardson (Ed.), *Constructivist teacher education: Building new understandings* (pp. 3-14). Washington, DC: Falmer Press.

Senge, P., Cambron-McCabe, N. Lucas, T., Smith, B., Dutton, J. & Kleiner, A. (2000). *Schools that learn. A fifth discipline fieldbook for educators, parents, and everyone who cares about education.* New York: Doubleday/Currency

Tompkins, P., & Lawley, J. (2000). Learning metaphors. RetrievedJune 16, 2007, from www. cleanlanguage.couk/LearningMetaphors.html

Trunk, Sirca, N., & Shapiro, A. (2007). Action research and constructivism: Two sides of the same coin? Or, one side? Int. J. *Management in Education, 1*(1/2), 100-107.

Vadeboncoeur, J. (1997). Child development and the purpose of education: A historical context for constructivism in teacher education. In V. Richardson (Ed.), *Constructivist teacher education: Building new understandings* (pp. 15-37). Washington, DC: Falmer Press.

Weick, K. E. (1976). Educational organizations as loosely coupled systems. *Administrative Science Quarterly, 21,* 1-19.

Weick, K. E. (1979). *The social psychology of organizing* (2nd ed.). New York: McGraw-Hill Inc.

Wheatley, M. J. (1999). *Leadership and the new science* (2nd ed.). San Francisco: Berrett-Koehler.

Wilson, B. G. (1995). Metaphors for instruction: Why we talk about learning environments. *Educational Technology, 35*(5), 25-30.

찾아보기

단어

인명

역자 소개

김이경
- 이화여자대학교 행정학과 학사, 석사
- 미국 The American University 행정학 석사 (M.P.A.)
- 미국 The University of Iowa 박사 (교육정책 · 행정 전공)
- 한국교육개발원 교원정책실장, 기획실장, 충남대학교 교수, OECD 교원정책 국가조정관, UNESCO 컨설턴트 등
- 현) 중앙대학교 교육학과 교수

한민석
- 중앙대학교 대학원 석사 (교육사 · 철학)
- 중앙대학교 대학원 박사 (교육사 · 철학)
- 서원대학교 교양학부 겸임교수, 서울시교육연수원 교육학 교수
- 현) 광주여자대학교 교수 (교육사 · 철학)

박병선
- 중앙대학교 교육학과 학사
- 중앙대학교 대학원 석사 (교육정책 · 행정)
- 현) 한국행동과학연구소 연구원

안지윤
- 중앙대학교 교육학과 학사
- 중앙대학교 대학원 석사 (교육정책 · 행정)
- 현) 한국교육개발원 대학평가본부 대학평가운영실 연구원

민경준
- 중앙대학교 교육학과 학사
- 중앙대학교 대학원 석사 (교육정책 · 행정)
- 현) 한국교육개발원 교육정책연구본부 교육정책네트워크연구실 연구원

최은옥
- 고려대학교 수학교육학과 학사
- 미국 University of Wisconsin-Madison 석사 (M.S, 교육공학전공)
- 유네스코 교육관, 중앙대학교 초빙교수, 교육과학기술부 다자협력과장, 학교정책분석과장, 기획과장, 산학협력관 등
- 현) 교육부 학술장학지원관

박기석
- 중앙대학교 교육대학원 석사 (교육행정)
- 중앙대학교 대학원 박사 수료 (교육정책 · 행정)
- 한국대학교육협의회 고등교육연수원 자문위원, 전국대학교 기획관리자협의회장 등
- 현) 학교법인 중앙대학교 법인사무처 부처장

김서현
- 단국대학교 영어영문학과 학사
- 중앙대학교 대학원 석사 (교육정책 · 행정)
- 중앙대학교 커리큘럼인증원 연구원
- 현) 한국교육개발원 글로벌교육연구본부 국제교류협력실 연구원

김가람
- 덕성여자대학교 불어불문학과 학사
- 중앙대학교 대학원 석사 (교육정책 · 행정)
- 현) 한국지방행정연구원 객원연구원

학교 리더십의 이론과 실제
성공적 리더를 위한 지침서

발행일 | 2015년 1월 19일 초판 발행
저 자 | Matthew Lynch
역 자 | 김이경, 최은옥, 한민석, 박기석, 박병선, 김서현, 안지윤, 김가람, 민경준
발행인 | 홍진기
발행처 | 아카데미프레스
주 소 | 413-756 경기도 파주시 문발동 출판정보산업단지 507-9
전 화 | 031-947-7389
팩 스 | 031-947-7698
웹사이트 | www.academypress.co.kr
이메일 | info@academypress.co.kr
등록일 | 2003. 6. 18. 제406-2011-000131호
ISBN | 978-89-97544-61-5 93370

값 18,000원